Jiaotong Yunshu Shebei
交通运输设备

主　编　吴　晓
副主编　邱　欣　施俊庆

人民交通出版社股份有限公司
China Communications Press Co.,Ltd.

内 容 提 要

本书是交通运输大类本科专业教材,是为适应交通运输行业快速发展的人才培养需要而编写的。本教材根据交通运输专业培养对象的专业能力目标需求,较系统地介绍了交通运输设备的基础知识,包括城市轨道交通设备、铁路运输设备、道路运输设备、水路运输设备、航空运输设备、管道运输设备系统的组成、基本类型和基本功能。

本书共分7章,包括交通运输设备导论、城市轨道交通运输设备、铁路运输设备、公路运输设备、水路运输设备、航空运输设备、管道运输设备等内容。本书重点介绍设备的基本结构、作用和主要技术性能以及部分设备的运用案例,力求紧跟行业发展和技术升级需求,反映交通运输行业最新技术成果和装备,内容结合行业实际,图文并茂,文字通俗易懂。

本书可作为高等学校交通运输大类各相关专业的教学用书,也可以作为交通运输行业和运输部门有关人员的参考资料和培训用书。

图书在版编目(CIP)数据

交通运输设备/吴晓著.—北京:人民交通出版社股份有限公司,2015.2(2025.6重印)
 ISBN 978-7-114-12069-5

Ⅰ.①交… Ⅱ.①吴… Ⅲ.①交通运输工具-教材 Ⅳ.①U

中国版本图书馆 CIP 数据核字(2015)第 032251 号

书　　名:	交通运输设备
著 作 者:	吴　晓
责任编辑:	刘永芬　陈　鹏
出版发行:	人民交通出版社股份有限公司
地　　址:	(100011)北京市朝阳区安定门外外馆斜街 3 号
网　　址:	http://www.ccpcl.com.cn
销售电话:	(010)85285911
总 经 销:	人民交通出版社股份有限公司发行部
经　　销:	各地新华书店
印　　刷:	北京虎彩文化传播有限公司
开　　本:	787×1092　1/16
印　　张:	17.5
字　　数:	400 千
版　　次:	2015 年 2 月　第 1 版
印　　次:	2025 年 6 月　第 3 次印刷
书　　号:	ISBN 978-7-114-12069-5
定　　价:	30.00 元

(有印刷、装订质量问题的图书由本公司负责调换)

前 言

交通运输是社会经济发展的基本条件,现代社会文明的重要标志。交通运输行业作为国民经济的先行部门,对促进社会分工、推进经济发展、加强国防建设和保障人民生活等方面都发挥着重要的作用。随着我国社会与经济的发展,在国土开发、民生改善、社会稳定、国家安全等方面,对交通运输保障提出了越来越高的要求。现代交通运输方式主要有铁路运输、公路运输、水路运输、航空运输、管道运输等多种形式。近年来,我国城市化进程的推进,城市轨道交通正在成为我国大中城市公共交通发展的重要形式。因此,交通运输设备包括铁路运输设备、公路运输设备、水路运输设备、航空运输设备、管道运输设备以及城市轨道交通运输设备。

《交通运输设备》是高等院校交通运输专业大类专业必修课程。浙江师范大学自2005年开办交通运输本科专业以来,十分重视《交通运输设备》课程建设,2010年成为浙江师范大学校级精品课程建设项目。教材一直使用由北京交通大学宋瑞教授主编的《交通运输设备》教材教学,使用了近10年。随着交通运输行业的发展和产业格局的变化,交通运输行业新技术和新装备的不断运用,《交通运输设备》教学内容需要不断更新和完善。为适应交通运输行业快速发展,满足交通运输专业人才培养需求,2012年6月,浙江师范大学交通运输系教学团队在《交通运输设备》课程教学基础上,着手编写《交通运输设备》教材,历时两年多终于编写完成。《交通运输设备》教材编写还得到浙江师范大学重点建设教材项目基金资助。

本书作为高等教育交通运输专业教材,是依据交通运输专业本科人才培养方案和交通运输行业发展趋势及现状而编写,教材涵盖交通运输设备的主要内容。为适应交通运输行业技术人才需求,实现"重基础、宽口径、高素质"专业人才的培养目标,教材从交通运输行业发展角度出发,根据专业培养对象的专业能力目标要求及课程标准,系统地介绍交通运输设备的基础知识,包括城市轨道交通设备、铁路运输设备、道路运输设备、水路运输设备、航空运输设备、管道运输设备系统的基本组成、基本类型、基本功能和主要技术性能以及案例,并结合交通运输行业实际,阐述各种运输形式设备的发展趋势。

本书共分七章:第1章 交通运输设备导论、第2章 城市轨道交通运输设备、第3章 铁路运输设备、第4章 公路运输设备、第5章 水路运输设备、第6章 航空运输设备、第7章 管道运输设备。根据交通运输专业人才培养特点和现状,教材力求体现当代教育新理念、新思路,在教材内容设计上,力求创新,突出实用性,结合相关运用案例,理论联系实际,有利于培养学生综合能力;为紧跟交通运输行业发展和技术升级需求,教材力求反映行业最新技术成果和装备,在教材内容组织上,重点加强和突出城市轨道交通运输设备、高速铁路、高速公路和重载运输设备等相关章节。

本书由浙江师范大学吴晓任主编,邱欣、施俊庆任副主编,参加编写还有杨青、郑丽娟,具体编写分工如下:吴晓(第 1 章、第 2 章)、施俊庆(第 3 章)、邱欣(第 4 章、第 7 章)、郑丽娟(第 5 章)、杨青(第 6 章)。教材编写框架及内容体例由吴晓设计,并由吴晓负责统稿。教材在编写过程中得到了许多交通运输行业专家和浙江师范大学领导与同仁的大力支持,在此表示衷心感谢!

在本书的编写中,我们参考了许多专家学者有关书籍、文献、论文等资料,也引用了交通运输设备制造企业和运输企业的部分技术数据和图片信息,我们已尽可能地在参考文献中详细地列出,谨在此对他们表示衷心的感谢!同时,也可能由于我们疏忽有些资料引用了而没有指出资料出处,若有此类情况发生,深表歉意。

由于交通运输行业处于快速发展期,技术装备日新月异,同时交通运输设备种类繁多,资料收集很难达到齐全和最新,再加上作者、编者水平所限,书中技术资料和数据肯定存在不足和差异,错误和疏漏在所难免,在此敬请大家见谅,亦恳请大家多提宝贵意见和批评指正,我们将十分感谢。

本书适合作为高等学校交通运输大类各相关专业的教学用书,也可以作为交通运输行业和运输部门有关人员的参考资料和培训用书,力求能为交通运输事业的发展,尽绵薄之力。

编　者
2014 年 12 月

目 录

第1章 交通运输设备导论 （1）
1.1 交通运输的方式与特点 （1）
1.2 交通运输设备的种类与特征 （2）
1.2.1 城市轨道交通运输设备 （2）
1.2.2 铁路运输设备 （3）
1.2.3 公路运输设备 （4）
1.2.4 水路运输设备 （5）
1.2.5 航空运输设备 （6）
1.2.6 管道运输设备 （7）
1.3 交通运输设备现状和发展趋势 （7）
1.3.1 交通运输设备现状 （7）
1.3.2 交通运输设备发展趋势 （8）
复习与思考题 （9）

第2章 城市轨道交通运输设备 （10）
2.1 城市轨道交通系统 （10）
2.1.1 城市轨道交通系统的构成 （10）
2.1.2 城市轨道交通的类型 （10）
2.1.3 城市轨道交通的技术等级划分 （11）
2.2 城市轨道交通线路与站场 （11）
2.2.1 城市轨道交通线路 （11）
2.2.2 城市轨道交通站场 （20）
2.3 城市轨道交通车辆与牵引系统 （24）
2.3.1 城市轨道交通车辆 （24）
2.3.2 车辆转向架 （32）
2.3.3 车钩缓冲装置 （33）
2.3.4 制动系统 （35）
2.4 城市轨道交通车辆电气牵引传动系统 （36）
2.4.1 城市轨道交通车辆电气牵引传动系统构成 （36）
2.4.2 城市轨道交通车辆电气传动及控制方式 （37）
2.4.3 受流设备 （37）
2.4.4 牵引电动机 （40）
2.4.5 牵引控制系统 （41）
2.4.6 牵引电动机与传动装置 （42）

— 1 —

2.5 城市轨道交通供电系统 …………………………………………（44）
2.5.1 城市轨道交通供电系统构成 …………………………（44）
2.5.2 城市轨道交通供电系统的作用 ………………………（44）
2.5.3 城市轨道交通外部供电方式 …………………………（44）
2.5.4 变电所 ……………………………………………………（45）
2.5.5 城市轨道交通触网设备 ………………………………（47）
2.5.6 城市轨道交通动力及照明设备 ………………………（48）
2.5.7 城市轨道交通电力监控系统设备 ……………………（49）

2.6 城市轨道交通通信设备 …………………………………………（51）
2.6.1 城市轨道交通信号系统 ………………………………（51）
2.6.2 城市轨道交通信号基础设备 …………………………（52）
2.6.3 道岔及转辙机 …………………………………………（53）
2.6.4 轨道电路 ………………………………………………（54）
2.6.5 联锁设备 ………………………………………………（55）

2.7 城市轨道交通通信系统 …………………………………………（58）
2.7.1 城市轨道交通通信系统构成及功能 …………………（58）
2.7.2 通信传输系统 …………………………………………（58）
2.7.3 数字程控系统 …………………………………………（60）
2.7.4 电话系统 ………………………………………………（61）
2.7.5 无线通信系统 …………………………………………（62）
2.7.6 闭路电视系统 …………………………………………（62）
2.7.7 广播系统 ………………………………………………（63）
2.7.8 时钟系统 ………………………………………………（64）
2.7.9 乘客信息系统 …………………………………………（64）
2.7.10 电源及接地装置 ………………………………………（65）

2.8 列车自动控制系统 ………………………………………………（65）
2.8.1 列车自动控制（ATC）系统的构成 …………………（65）
2.8.2 ATC系统的基本功能 …………………………………（66）
2.8.3 列车自动防护（ATP）子系统 ………………………（66）
2.8.4 列车自动驾驶（ATO）子系统 ………………………（67）
2.8.5 列车自动监控（ATS）子系统 ………………………（68）
2.8.6 基于无线通信的列车控制系统（CBCT） ……………（69）

2.9 自动售检票系统（AFC） ………………………………………（71）
2.9.1 自动售检票系统（AFC）的构成 ……………………（71）
2.9.2 自动售检票系统（AFC）的基本功能 ………………（72）
2.9.3 几种常见的车站终端设备 ……………………………（73）
2.9.4 车票 ……………………………………………………（75）

2.10 电扶梯系统 ………………………………………………………（76）
2.10.1 电梯 ……………………………………………………（76）

| 2.10.2 自动扶梯 … (77)
| 2.10.3 楼梯升降机 … (78)
| 2.11 屏蔽门系统 … (79)
| 2.11.1 屏蔽门系统的组成 … (79)
| 2.11.2 屏蔽门系统的功能 … (79)
| 2.11.3 屏蔽门的类型 … (80)
| 2.12 消防系统 … (80)
| 2.12.1 城市轨道交通消防系统的组成 … (80)
| 2.12.2 城市轨道交通消防系统设备及功能 … (80)
| 2.12.3 地铁消防设备案例 … (82)
| 2.13 环控系统 … (83)
| 2.13.1 环控系统的组成 … (83)
| 2.13.2 环控系统的运行模式 … (84)
| 2.13.3 环控系统的功能 … (84)
| 2.13.4 隧道通风系统 … (84)
| 2.13.5 车站空调系统 … (85)
| 2.13.6 空调系统的新技术案例 … (85)
| 2.14 新型城市轨道交通 … (86)
| 2.14.1 单轨铁路 … (86)
| 2.14.2 新交通系统 … (88)
| 2.14.3 磁悬浮交通 … (91)
| 复习与思考题 … (95)
| 第3章 铁路运输设备 … (97)
| 3.1 铁路线路 … (97)
| 3.1.1 铁路线路的组成及分类 … (97)
| 3.1.2 铁路线路的平面和纵断面 … (98)
| 3.1.3 路基和桥隧建筑物 … (101)
| 3.1.4 轨道 … (105)
| 3.1.5 限界 … (108)
| 3.2 铁路车站 … (109)
| 3.2.1 铁路车站与线路 … (109)
| 3.2.2 中间站 … (111)
| 3.2.3 区段站 … (112)
| 3.2.4 编组站 … (113)
| 3.2.5 铁路枢纽 … (115)
| 3.3 铁路车辆 … (116)
| 3.3.1 铁路车辆的类型 … (116)
| 3.3.2 铁路车辆的基本构造 … (118)
| 3.3.3 车辆代码、标记和技术经济参数 … (124)

3.4 铁路机车 (126)
3.4.1 铁路机车的类型及牵引性能 (126)
3.4.2 内燃机车 (127)
3.4.3 电力机车 (129)

3.5 铁路信号与通信设备 (132)
3.5.1 铁路信号设备 (132)
3.5.2 联锁设备 (136)
3.5.3 闭塞设备 (139)
3.5.4 铁路通信设备 (141)

3.6 铁路信息化综合管理系统 (143)
3.6.1 铁路运输管理信息系统(TMIS) (143)
3.6.2 铁路客票发售和预订系统(TRS) (145)
3.6.3 铁路车号自动识别系统(ATIS) (147)
3.6.4 铁路列车调度指挥系统(TDCS) (148)
3.6.5 分散自律调度集中系统(CTC) (150)

3.7 高速铁路 (152)
3.7.1 高速铁路的线路 (152)
3.7.2 高铁车站 (153)
3.7.3 高速铁路的动车组 (154)
3.7.4 高速铁路的信号与通信 (159)

3.8 铁路重载运输 (159)
3.8.1 铁路重载运输组织形式 (159)
3.8.2 我国铁路重载运输技术成果 (160)
3.8.3 重载运输对铁路工务设备的要求 (160)
3.8.4 重载运输对铁路供电设备的要求 (161)
3.8.5 重载运输对铁路机务设备的要求 (161)
3.8.6 重载运输对铁路车辆设备的要求 (162)
3.8.7 重载运输对铁路站场改造的要求 (163)

3.9 铁路运输设备的发展趋势 (164)

复习与思考题 (165)

第4章 公路运输设备 (166)
4.1 公路运输系统 (166)
4.1.1 公路系统的组成 (166)
4.1.2 公路的技术等级 (167)
4.1.3 我国国道系统 (170)

4.2 高速公路 (170)
4.2.1 高速公路的分类 (170)
4.2.2 高速公路的功能及特点 (170)
4.2.3 高速公路的设施 (171)

4.2.4　高速公路的车道 …………………………………………… (172)
　　4.2.5　我国高速公路系统 ………………………………………… (172)
4.3　客货运站场 ……………………………………………………………… (174)
　　4.3.1　客运车站 …………………………………………………… (175)
　　4.3.2　货运站场 …………………………………………………… (175)
4.4　公路运输车辆 …………………………………………………………… (176)
　　4.4.1　汽车的类型 ………………………………………………… (176)
　　4.4.2　汽车的基本结构 …………………………………………… (177)
　　4.4.3　货车 ………………………………………………………… (178)
　　4.4.4　客车 ………………………………………………………… (179)
　　4.4.5　公路集装箱 ………………………………………………… (182)
4.5　城市道路运输设备 ……………………………………………………… (184)
　　4.5.1　城市道路及其分类 ………………………………………… (184)
　　4.5.2　城市干道网类型 …………………………………………… (185)
　　4.5.3　城市停车设施 ……………………………………………… (186)
　　4.5.4　城市道路交通管理设施 …………………………………… (187)
　　4.5.5　快速公交系统 ……………………………………………… (187)
4.6　公路运输设备的发展趋势 ……………………………………………… (190)
　　4.6.1　公路运输的发展趋势 ……………………………………… (190)
　　4.6.2　公路交通新技术 …………………………………………… (190)
复习与思考题 …………………………………………………………………… (192)

第5章　水路运输设备 …………………………………………………………… (193)

5.1　水路运输系统 …………………………………………………………… (193)
　　5.1.1　水路运输系统的构成 ……………………………………… (193)
　　5.1.2　水路运输的分类 …………………………………………… (193)
5.2　航道 ……………………………………………………………………… (194)
　　5.2.1　航道的分类 ………………………………………………… (194)
　　5.2.2　航道的等级 ………………………………………………… (195)
　　5.2.3　航道的航行条件 …………………………………………… (195)
5.3　港口 ……………………………………………………………………… (196)
　　5.3.1　港口的功能 ………………………………………………… (196)
　　5.3.2　港口的分类 ………………………………………………… (197)
　　5.3.3　港口的组成 ………………………………………………… (198)
5.4　船舶 ……………………………………………………………………… (202)
　　5.4.1　船舶的基本结构 …………………………………………… (202)
　　5.4.2　船舶的主要技术指标 ……………………………………… (203)
　　5.4.3　船舶的尺度 ………………………………………………… (205)
　　5.4.4　船舶的种类 ………………………………………………… (205)
　　5.4.5　船舶动力装置 ……………………………………………… (210)

5.4.6　船舶的其他设备 ……………………………………………………（211）
　5.5　航标 …………………………………………………………………………（212）
　　　5.5.1　航标的功能 …………………………………………………………（212）
　　　5.5.2　航标的种类 …………………………………………………………（213）
　　　5.5.3　水运通信导航系统 …………………………………………………（215）
　5.6　水路运输设备的发展趋势 …………………………………………………（218）
　复习与思考题 ………………………………………………………………………（218）

第 6 章　航空运输设备 …………………………………………………………………（220）
　6.1　航空港 ………………………………………………………………………（220）
　　　6.1.1　机场的构成 …………………………………………………………（221）
　　　6.1.2　机场的分类 …………………………………………………………（227）
　　　6.1.3　机场等级划分 ………………………………………………………（228）
　6.2　飞机 …………………………………………………………………………（229）
　　　6.2.1　飞机的分类 …………………………………………………………（229）
　　　6.2.2　飞机的构造 …………………………………………………………（231）
　　　6.2.3　飞机系统 ……………………………………………………………（235）
　　　6.2.4　飞机的主要技术参数 ………………………………………………（237）
　6.3　通信与导航设施 ……………………………………………………………（238）
　　　6.3.1　通信设备 ……………………………………………………………（238）
　　　6.3.2　导航设备 ……………………………………………………………（238）
　　　6.3.3　空中交通运行与管理 ………………………………………………（241）
　6.4　航路、航线和航班 …………………………………………………………（243）
　　　6.4.1　航路和航线 …………………………………………………………（243）
　　　6.4.2　航班 …………………………………………………………………（243）
　6.5　航空集装箱运输设备 ………………………………………………………（244）
　　　6.5.1　航空集装箱 …………………………………………………………（244）
　　　6.5.2　搬运与装卸设备 ……………………………………………………（245）
　6.6　航空运输设备的发展趋势 …………………………………………………（245）
　　　6.6.1　航空运输设备的发展现状与问题 …………………………………（245）
　　　6.6.2　航空运输的发展目标与策略 ………………………………………（246）
　　　6.6.3　航空运输设备的新技术 ……………………………………………（246）
　复习与思考题 ………………………………………………………………………（247）

第 7 章　管道运输设备 …………………………………………………………………（249）
　7.1　输油管道设备 ………………………………………………………………（249）
　　　7.1.1　输油管道的组成 ……………………………………………………（249）
　　　7.1.2　输油管道的分类 ……………………………………………………（249）
　　　7.1.3　输油管道的特点 ……………………………………………………（251）
　　　7.1.4　输油管道的主要设备及功能 ………………………………………（251）
　　　7.1.5　长距离输油管道的输送方式 ………………………………………（254）

7.1.6　输油管道防腐措施与检漏方法 ………………………………………(254)
　　7.1.7　输油管道发展趋势 ………………………………………………………(255)
7.2　输气管道运输设备 …………………………………………………………………(256)
　　7.2.1　输气管道系统的组成 ……………………………………………………(256)
　　7.2.2　输气管道的分类 …………………………………………………………(256)
　　7.2.3　输气管道的主要设备及功能 ……………………………………………(257)
　　7.2.4　输气管道系统的特点 ……………………………………………………(259)
　　7.2.5　输气管道发展趋势 ………………………………………………………(259)
7.3　固体料浆管道运输设备 ……………………………………………………………(259)
　　7.3.1　固体料浆管道设备的组成 ………………………………………………(259)
　　7.3.2　固体料浆管道的分类 ……………………………………………………(259)
　　7.3.3　固体料浆管道功能 ………………………………………………………(260)
　　7.3.4　固体料浆管道输送工艺特点 ……………………………………………(261)
7.4　管道运输的发展趋势 ………………………………………………………………(262)
复习与思考题 ………………………………………………………………………………(263)
参考文献 …………………………………………………………………………………(264)

第1章　交通运输设备导论

交通运输是国民经济和社会发展的重要纽带,是促进社会分工、经济发展和保障人民生活的基本条件。交通运输不仅是国土资源开发、城市布局和经济规模形成的重要因素,而且对加强国防建设、保卫国家安全、扩大国际经贸合作和人员往来等方面都发挥着重要的作用。保持交通运输的可持续发展,对社会、政治、经济和国防具有重要的意义。

1.1　交通运输的方式与特点

现代交通运输方式主要有铁路运输、公路运输、水路运输、航空运输、管道运输以及城市轨道交通运输等多种形式。

铁路运输与其他运输方式相比,具有运输能力大、运行速度快等特点。铁路运输有运输能力大、运输范围广、客货到发时间准确性高、运输过程安全可靠等优势,同时具有运输成本低、能耗较低,环境污染小等优点。铁路运输也具有投资高、占地较多、建设周期长等不足。因此,铁路运输适合于内陆运输量比较大的地区及运送经常的、稳定的大宗货物;适合中长距离的货物运输以及城市间的旅客运输。

水路运输与其他运输方式相比,具有占地少、运量大、投资省、运输成本低、劳动生产率高、平均运距长等特点。在各种运输方式中,水路运输能力最大。水路运输基础是利用江河湖海等自然水利资源,因而水运建设投资省。水路运输范围也比较广,通过能力几乎不受限制,特别对过重、过长的大重件货物,铁路、公路无法承运,而水上运输都可以完成。特别是远洋运输方面,在我国对外经济贸易方面占有独有的优势和地位;在保卫我国海防线、增强国防能力中具有其他任何运输方式无法代替的战略地位。水路运输也存在着受自然条件的限制较大和运送速度慢等不足。水路运输综合优势较为突出,适宜于运距长、运量大、时间性不太强的各种大宗物资运输。

公路运输是现代运输的主要方式之一,它的主要优点是机动性强,而且对客运量、货运量大小具有很强的适应性。公路运输的主要交通工具是汽车,汽车运输灵活方便,可实现门到门的直达运输,有利于保持货物的质量和提高客货的时间价值。公路运输还负担着铁路、水路运输达不到的区域内的运输,是补充和衔接其他运输方式的运输。公路建设具有投资少、资金周转快、投资回收期短以及技术改造较容易等优点。公路运输也存在着运输能力小、运输能耗高、劳动生产率低等缺点。此外,公路建设占地多,公路运输对环境污染比较大;由于运载工具能力的限制,不适宜运输大宗货物以及长距离运输。因此,公路运输较适宜内陆地区短途运输;适宜与铁路、航空、水路开展联运,为铁路、机场、港口集疏运旅客和货物;适宜乡村道路运输;适宜远离铁路的区域的干线运输。

航空运输与其他运输方式相比,最大的特点是运行速度快,机动性能好。航空运输的主要交通工具是飞机。运行速度一般在 800~900km/h,可缩短两地间的运输时间;航空运输不受地形地貌、山川河流的阻碍,机动性能好;航空运输在抗震救灾等应急运输和保卫我国边防疆土等方面具有独特优势和战略地位,发挥着其他任何运输方式无法代替作用。航空运输也存在着运输能力小、能源消耗大、运输成本以及技术难度相对复杂等缺点。因此,航空运输比较适宜长途旅客和体积小、价值高的物资运输,适宜鲜活产品及邮件等货物运输。

管道运输是用管道输送液体、气体、固体料浆等物资的主要运输方式。管道运输运输量大,在长距离由生产地向目的地输送油气与浆料运输方面,具有投资少、运输成本低、环境友好、自动化程度高等独特优势。管道运输只需铺设管线,修建泵站,建设占地少,工程量小;管道运输以管道输送能耗小、成本低、无污染;设备运行比较简单,易于就地自动化和进行集中遥控,且不受气候影响,全天候运输;由于管道运输专用性强,运送的货物具有局限性,目前仅局限于运输石油、天然气及固体料浆(如煤炭等)。因此,管道运输合理输量范围较窄,只适宜于长期定向、定点、定品种输送,目前不能用于输送不同品种的货物。

1.2 交通运输设备的种类与特征

1.2.1 城市轨道交通运输设备

(1)线路和站场

城市轨道交通线路是列车所行驶的轨道式通道,按其空间设置位置,有地下、地面和高架三种形式。城市轨道交通站场作为城市轨道交通配套系统,是为乘客提供上下车、候车及换乘等服务的场所,也是车辆停靠、运营调度、管理及维护等活动和管理的场所。

(2)车辆与牵引系统

城市轨道交通车辆是运送乘客的运载工具。车辆包括车体、转向架、车辆连接装置、制动装置、受流装置、车辆服务设备、车辆电气系统以及列车信息网络控制系统。城市轨道交通车辆通常以列车编组形式运行,一列城轨车辆通常由3~8动车和拖车组成。列车的牵引动力来自牵引电动机,牵引电动机悬挂在车辆转向架或车轴上,并借传动装置驱动车辆前进。

(3)供电系统

城市轨道交通供电电源一般取自城市电网,通过城市电网一次电力系统和城市轨道交通供电系统实现输送或变换。城市轨道交通供电系统由外部电源、主变电所或电源开闭所、牵引供电系统、动力照明供电系统、电力监控系统等几个部分构成。城市轨道交通牵引供电系统中,电能从牵引变电所经馈电线、接触网输送给电动列车,再从电动列车经钢轨称走行轨道、回流线流回牵引变电所。城市轨道交通供电系统还为运营服务的其他设备提供电能,如照明、通风、空调、给排水、通信、信号、防灾报警、自动扶梯等。

(4)通信与信号系统

城市轨道交通信号与通信设备是城市轨道交通的主要技术装备。信号系统是轨道交通的行车组织的中枢控制系统,担负着指挥、控制列车运行,提供设备状态信息、列车位置信息,实现列车运行过程管理,保证列车运营安全和提高运营效率的重任;通信设备是保持通信联系、控制信息实时传送的重要技术设备。交通信号设备包括轨道交通信号基础设备、联锁设备、列车自动控制设备;通信设备包括通信传输系统、数字程控系统、闭路电视系统、车站及列车广播系统、无线通信系统、时钟控制系统等。

(5)列车自动控制系统

城市轨道交通运营采用ATC自动列车控制的行车组织方式,列车自动控制(ATC)系统包括列车超速防护(ATP)子系统、列车自动驾驶(ATO)子系统和列车自动监控(ATS)子系统。ATC系统通过ATS系统实现远程、现场控制,以联锁设备转换道岔、建立进路、开放信号等,把闭塞设备的综合信息通过ATP的控制和防护,以ATO方式实现列车自动运行。ATP系统通过ATS系统实现远程、现场控制,以联锁设备转换道岔、建立进路、开放信号,把闭塞设备的综合信息通过ATP的控制和防护,以ATO方式实现列车自动运行。

(6)车站客运设备

车站自动售检票系统(AFC)集计算机、网络、通信、嵌入式系统集成、大型数据库、机电一体化、自动识别、传感和精密仪器加工等多种高新技术为一体,通过自动售检票系统和各种AFC终端设备,完成售票、检票、计费、收费、统计、清分、管理等功能。AFC终端设备包括分拣编码机、自动检票机、自动售票机、半自动售/补票机、自动充值机、便携式验票机和车票读写器等。电梯与自动扶梯是城市轨道交通站台、站厅、地面间运送客流的主要设备,对及时疏散客流起着至关重要的作用。屏蔽门系统是安装于沿线车站站台边缘,用以提高运营安全系数、改善乘客候车环境、节约城市轨道交通运营成本的机电设备系统。

(7)消防与环控系统

城市轨道交通有防灾报警系统(FAS)、自动气体灭火系统、防排烟风机、给排水设备等。FAS系统由中央级火灾自动报警系统和车站级火灾自动报警系统组成。车站火灾报警系统监视车站消防设备的运行状态,接收车站火灾报警信号,并显示报警部位,优先接收控制中心发出的消防救灾指令和安全疏散命令。环控系统就是对地铁内部的空气温度、空气湿度、气流速度和空气质量等空气环境因素进行控制,为乘客和工作人员创造一个心理和生理上都能够满意的适宜环境,并满足地铁设备正常运转要求的专用设备系统。

1.2.2 铁路运输设备

(1)铁路线路

铁路线路是列车运行的基础,由路基、轨道及桥隧建筑物组成。铁路线路按照轨距分为准轨、宽轨和窄轨铁路;按照线路的用途分为正线、站线、段管线、岔线、安全线和避难线;按照区间线路数量分为单线、双线和多线铁路。

(2)铁路车站

铁路车站是办理旅客运输和货物运输的基地,也是铁路和旅客、货主联系的纽带。车站按其主要用途和设备的不同,从业务性质上可以分为货运站、客运站和客货运站;从技术作业性质分为中间站、区段站和编组站,编组站和区段站统称为技术站;按客货运量和技术作业量的大小以及铁路网上的地位,车站划分成特等站和一、二、三、四、五等站。

(3)铁路车辆

铁路车辆是运送旅客和货物的工具。一般的铁路车辆没有动力装置,必须把车辆连挂成列,由机车牵引才能沿线路运行。铁路车辆一般由车体、走行部、车钩缓冲装置、制动装置和车辆内部设备五个基本部分组成。车体是旅客乘坐或装载货物的部分,走行部引导车辆沿轨道运行,把车辆的重力和货物重力传给钢轨,保证车辆以最小的阻力在轨道上运行;车钩缓冲装置使机车和车辆或车辆之间连挂在一起,传递牵引力和制动力,缓和列车运行或调车作业时所产生的冲击力;制动装置是用外力迫使运行中的机车车辆减速或停车的一种设备,是列车安全、正点运行的重要保证。

(4)铁路机车

机车是铁路运输的牵引动力,铁路客车或货车连挂成为车列,由机车牵引沿着钢轨运行。在车站车辆的转线以及货场取送车辆等各项调车作业都由机车完成。铁路机车类型很多,按运用分有客运机车、货运机车、调车机车;按牵引动力分为蒸汽机车、内燃机车、电力机车等。采用电力机车牵引的铁道称为电气化铁道。电气化铁道由牵引供电系统和电力机车两部分组成。电力机车目前已成为各国主要的牵引动力,电力机车的牵引动力是电能,但机车本身没有原动力,而是依靠外部供电系统供应电力,并通过机车上的牵引电动机驱动列车前进。

(5)铁路信号与通信设备

铁路信号设备是保证行车安全,提高运输效率的重要技术装备,包括铁路信号、联锁设备、闭塞设备。铁路信号技术正逐步实现微机化、综合化、集成化和智能化。铁路通信设备是指挥列车运行、组织铁路运输生产和铁路业务联络而迅速、准确的传输各种信息的通信系统。通信设备正在成为迅速、准确、安全、可靠,使全国铁路的通信系统能成为一个完善与先进的铁路通信网。

(6)铁路信息化综合管理系统

铁路信息化是铁路运输现代化的主要标志。铁路信息化综合管理系统主要包括铁路运输管理信息系统、铁路运营管理信息系统、货票信息管理系统、确报管理信息系统、集装箱追踪系统、运输调度指挥管理信息系统、车号自动识别系统、客票发售和预定系统、车站管理信息系统等。

(7)高速铁路

高速铁路是一个高科技的集成系统。与普通铁路系统相比,高速铁路线路结构、车辆、轨道、信号与通信系统、车站站台等方面均需要更高的技术标准和要求。高铁线路一般采用无缝线路、无缝钢轨和无砟轨道。高速动车组是高速铁路的标志性装备。高速动车组是具有高度智能化的机电一体化运载装备,车体结构轻量化,头型流线化,采用高性能转向架技术和复合制动技术。高速动车组普遍采用交流传动技术。我国通过引进、消化、吸收及国产化,形成了以"和谐号"为代表的动车组 CRH 产品系列。

(8)铁路重载运输

铁路重载运输是指行驶列车总重大、行驶轴重大的货车或行车密度和运量特大的运输。铁路重载运输是在一定的铁路技术装备条件下,扩大列车编组长度,不降低行车速度,大幅度提高列车载重,充分利用运输设施的综合能力,发挥铁路集中、大宗、长距离、全天候的运输优势,达到增加运输能力、提高运输效率、降低运输成本的目的。铁路重载运输对铁路重载装备、重载线路、重载通信信号和重载运输组织等领域都提出更高的要求。

1.2.3 公路运输设备

(1)公路运输系统

公路运输设施与设备主要包括客货运车辆、公路及货运站场等附属设施。公路由路基、路面、桥梁、渡口码头、隧道、涵洞等组成。

(2)高速公路

高速公路是专供汽车高速分向、分道行驶的公路,并全线控制出入的干线公路。高速公路设计通常有双向四车道、六车道、八车道等。四车道的高速公路设计年限的平均昼夜交通流量为 25000~55000 辆;六车道的高速公路设计年限的平均昼夜交通流量为 45000~80000 辆;八车道的高速公路设计年限的平均昼夜交通流量为 60000~100000 辆。我国国家高速公路是国道网的重要组成部分。

（3）客货运站场

公路客运站站场是办理公路客、货运输业务及保管、保修车辆的场所，是汽车运输企业的技术基地，是公路运输网点的重要组成部分。客运站是从事客运业务的基本营运单位，是兼有公益事业与运输企业两重性的特殊服务单位。我国公路客运站分四个等级。

（4）公路运输车辆

汽车是公路运输中重要的运载工具。汽车总体构造由发动机、底盘、车身和电气设备四个部分组成。发动机是汽车的动力装置，燃料燃烧后产生动力，然后通过底盘的传动系驱动汽车行驶。底盘是汽车的基础装置，接受发动机的动力使汽车产生运动，并保证正常行驶。车身安装在底盘车架上，车身用以安置驾驶员、乘客和货物。

（5）城市道路运输设备

城市道路是城市中担负城市交通的主要设施，是行人和车辆往来的专用地。城市道路空间又是城市基本空间环境的主要构成要素。道路分为快速路（城市快速干道）、主干路（城市主干道）、次干路（城市一般道路）和支路（地方性道路）四类。城市停车设施指城市社会公共停车设施，是现代城市不可缺少的组成部分。城市道路交通管理设施是按照交通组织设计对道路实施交通管理而设置的交通信号设备、交通标志、交通标线、交通隔离物等。

1.2.4 水路运输设备

（1）水路运输系统

水路运输系统由船舶、港口、各种基础设施和服务设施组成。水路运输设备系统主要包括水路运输技术设施和水路运输运载工具。水路运输的主要技术设备包括航道、港口、船舶及通信导航等设施。现代港口是具有仓储运输、商业贸易、工业生产和社会服务功能的现代化、综合性助工商业中心和集海陆空运输为一体的立体交通运输枢纽。水路运输工具主要包括船、驳、舟、筏等。随着水路运输的发展，水上通信导航新技术日益呈现出多样性。

（2）航道

航道是在江河、湖泊、海洋、港湾等水域内供船舶安全航行的通道，由可通航水域、助航设施和水域条件组成。现代水上航道已不仅是天然航道，而是包括人工水道、运河、进出港航道以及保证航行安全的航行标志系统和现代通信导航设备系统在内的工程综合体。航道有国家航道、专用航道和地方航道等。我国航道由高到低分七个等级。影响航道通行能力的主要因素包括航道深度、航道宽度、转弯半径、水流速度、潮汐及季节性水位变化等。

（3）港口

港口通常由人工建筑而成的，具有完备的船舶航行、靠泊条件和一定的客货运设施的区域，是供船舶安全进出和停泊的运输枢纽。港口由水域和陆域以及水工建筑物等组成。港口水域包括港外水域和港内水域；陆域包括码头、泊位、仓库、堆场、起重运输机械及辅助生产设施和铁路及道路等。港口设施分为船舶航行作业、装卸作业、货物存储以及集疏运四大部分。现代港口装卸工作是由各式各样的机械来完成。

（4）船舶

船舶是水上运输的工具。船体结构主要由船壳、船体骨架、甲板、船舱和船面建筑五个部分构成。船舶的主要技术指标包括船舶的吨位、船舶的航速与载重线和船舶的尺度。船舶有客船、货船和兼运的客货船。船舶动力装置是保证船舶推进及其他需要提供各种能源的全部动力设备。船舶动力装置由推进装置、辅助装置、管路系统、甲板机械及自动化设备组成。船舶其他设备主要设备包括舵设备、锚设备、系泊设备、起货设备、救生设备等。

（5）航标

航标是帮助引导船舶航行、船舶定位和标示碍航物与表示警告的人工标志。航标包括过河标、沿岸标、导标、过渡导标、首尾导标、侧面标、左右通航标、示位标、泛滥标和桥涵标等。航标设置在通航水域及其附近，用以表示航道、锚地、碍航物、浅滩等，或作为定位、转向的标志等。航标也用以传送信号，如标示水深，预告风情，指挥狭窄水道交通等。

船舶自动识别系统是一种新型的集网络技术、现代通信技术、计算机技术、电子信息显示技术为一体的数字助航系统和设备。航标遥测遥控系统是集现代网络技术、电子海图技术、GPS技术、通信技术和数据处理技术的导航系统。船舶远程识别与跟踪系统通过从船载自动识别系统（AIS）提取数据，结合全球海上遇险和搜救系统提供的数据，实现船舶的远程识别与跟踪。

1.2.5 航空运输设备

（1）航空港

航空港俗称机场。机场是供飞机起飞、着陆、停驻、维护、补充给养及组织飞行保障活动所用的场所。机场主要有飞行区、航站区及进出机场的地面交通系统构成。航空港内的服务设施主要包括客、货运输设施，有候机楼、货运站等。大型的航空港还配有商务、餐饮、娱乐等附属设施。航站区是飞行区与机场其他部分的交接部。航站区设备包括航站楼、助航设施地面活动引导和管制系统、地面特种车辆和常务设备。

（2）飞机

飞机是航空运输的主要运载工具。民用飞机主要是指民用的客机、货机和客货两用飞机。飞机由机身、机翼、尾舵起落装置、动力装置、操纵系统等部件组成。飞机系统包括有操纵系统、液压传动系统、空调系统、防冰系统；机载设备有指示飞行状况设备、发动机仪表设备、导航、通信设备。飞机的主要技术参数包括机长、机高、翼展、最大起飞质量、最大着陆质量、空机质量、转弯半径等基本参数以及商务重载、航段燃油、巡航速度、爬升速度、升限、最大平飞速度、航程和续航时间等性能参数。

（3）通信与导航设施

民航客机的通信设备包括高频通信系统（HF）、甚高频通信系统（VHF）、选择呼叫系统（SELCAL）。导航任务是确定飞机飞行中所在的位置，以及确定飞机的飞行方向。导航方法有目测导航、定点推算导航、天文导航、无线电导航和卫星导航等。空中交通管理系统是保证飞行安全及提高空域和机场飞行区的利用效率而设置的各种助航设备和空中交通管制机构及规则。空中交通管制机构及规则包括飞行层的配备，垂直间隔和水平间隔的控制等内容。

（4）航路、航线和航班

航路是政府有关部门批准使飞机能够在地面通信导航设施的指挥下沿着一定高度、宽度和方向在空中飞行的空域，是多条航线共用的公共空中通道。航线是飞机飞行的路线，航线由飞行的起点、经停点、终点等要素组成。航班是指飞机定期由始发站按规定的航线起飞，经过经停站至终点站或不经经停站直达终点站的运输飞行。

(5) 航空集装箱运输设备

国际航空运输协会(IATA)采用"成组器"这一术语命名航空运输中使用的集装箱,表示它是成组装载用的一种工具。航空运输中的集装箱设备主要是指为提高飞机运输效率而采用的托盘、货网和集装箱等成组装载设备。通常飞机的货舱和甲板都有设置与集装箱配套的固定系统。航空集装箱在各种机型中的互换性很大,能够适应不同货物的运输需求,对于提高航空运输装卸效率、缩短飞机停场时间、减少货损。

1.2.6 管道运输设备

(1) 输油管道设备

输油管道运输是管道运输的后起之秀,正在成为成品油运输的重要方式。输油管道是由油管及其附件所组成,按照工艺流程的需要,配备相应的油泵机组,设计安装成一个完整的管道系统,以完成油料接卸及输转任务。输油管道的主要设备包括离心泵与输油泵站、输油加热炉与储油罐、清管设备与计量标定装置、管线连接以及附件和配件等。输油系统一般采用有缝或无缝钢管,大口径者可采用螺旋焊接钢管。

(2) 输气管道设备

输气管道是将天然气从开采地或处理厂输送到城市配气中心或工业企业用户的管道。输气管道系统包括矿场集气管网、干线输气管网、城市配气管网、相关站场等设备。天然气从气田井口装置,经矿场集气、净化、干线输送,再由配气管网到用户,形成一套统一、密闭的输气系统。输气管道可分为集气管道、输气管道、配气管道三类。输气管道的主要设备包括集气设备、输气站、输气干线和城市配气等设备。

(3) 固体料浆管道运输设备

固体料浆管道是将固体破碎成粉粒状,与适量的液体配制成浆液,利用管道进行长距离输送的运输设备。目前固体料浆管道主要用于输送煤、赤铁矿、磷矿、铜矿、铝矾土和石灰石等矿物。料浆管道的基本组成部分与输气、输油管道大致相同,就是增加一些制浆、脱水干燥设备。固体料浆管道系统包括浆液供应系统、制浆厂、干线管道、中间加压泵站、浆液后处理系统等部分。长距离、大输量的固体料浆管道都采用浆液输送工艺。

1.3 交通运输设备现状和发展趋势

1.3.1 交通运输设备现状

在铁路运输方面,铁路建设加速实现了客货分线运输,使铁路货运能力大幅提升。我国在高速铁路和重载运输的核心技术有跨越式的发展。目前,我国铁路营业里程达 10.31 万 km,路网密度 107.4km/万 km^2;全国铁路机车拥有量 2.08 万台,国家铁路客车拥有量达 5.68 万辆,货车拥有量达 71.55 万辆。

在公路运输方面,公路建设完成"五纵七横"12 条国道主干线全部建成,西部开发 8 条省际通道基本贯通,基本形成国家高速公路网骨架,全面实施农村公路通达工程,构建了城市间的公路运输通道,提高了综合运输通道能力,优化了综合运输体系结构。目前,我国公路总里程达 435.62 万 km,公路密度为 45.38km/百 km^2。高速公路里程达 10.44 万 km;全国农村公路里程达 378.48 万 km。全国拥有公路营运汽车 1504.73 万辆。拥有载客汽车 85.26 万辆、2170.26 万客位,拥有载货汽车 1419.48 万辆、9613.91 万吨位。

在水路运输方面,我国港口的基础设施规模明显扩大、生产能力显著增强,港口布局日趋合理、结构不断优化升级、功能逐步拓展,港口的服务能力和水平明显提高。目前,我国内河航道通航里程12.59万km,全国港口拥有生产用码头泊位31760个、拥有万吨级及以上泊位2001个;全国拥有水上运输船舶17.26万艘,净载重量24401.03万t;载客量103.30万客位,集装箱箱位170.16万TEU。我国港口吞吐量已经连续多年保持世界第一。

在航空运输方面,我国民航基础设施5年投资2500亿元,民航航线里程和网络不断完善,民航航空业务规模快速增长。目前,我国共有定期航班航线2876条,航线里程634.22万km。我国共有民用航空机场193个,定期航班通航城市188个,国际定期航班通航50个国家的118个城市,民用飞机达2145架,年旅客吞吐量达到100万人次以上的通航机场有61个,年旅客吞吐量达到1000万人次以上的有24个,年货邮吞吐量达到10000t以上的有50个。

在管道运输方面,我国基本建成横跨东西、纵贯南北、覆盖全国、连通海外的油气管道干线网,油气战略通道和国内骨干管网建设取得重要进展,并发挥着越来越重要的作用。目前,我国陆上油气管道总里程已经达到12万km;管道输油(气)能力为6.6亿t。我国第一条超长距离、大口径、高压力、大输量的天然气西气东输管线,于2011年全线建成投运,并与中亚天然气管道实现对接后,将把来自土库曼斯坦的天然气输送到我国中西部地区、长三角和珠三角地区等用气市场,是迄今世界上距离最长、等级最高的天然气输送管道。中国-中亚油气管道,真正将中亚多个国家"串联并联"起来,成为"丝绸之路经济带"的亮点。

在城市公共交通方面,优先发展城市公共交通,城市公共交通基础设施建设加快,为居民提供安全、方便、经济、舒适的公共交通服务。目前,全国拥有公共汽电车运营线路41738条,运营线路总长度74.89万km,BRT线路长度2753km;城市轨道交通运营线路81条,运营线路总长度2408km;城市客运轮渡运营航线143条,运营航线总长度575km。全国城市及县城拥有公共汽电车50.96万辆、57.30万标台,其中BRT车辆4484辆。全国有18个城市开通了轨道交通,拥有轨道交通车站1549个,运营车辆14366辆、34415标台。

1.3.2 交通运输设备发展趋势

未来中国交通将更加注重城市间和城市内部交通发展,随着交通基础设施建设和现代综合交通运输系统的逐步形成,交通运输设备将朝着运输网络集成化、运输设备大型化、运输速度快捷化、运输组织智能化、运输管理信息化等方向发展。同时,交通运输设备发展要顺应节能环保绿色交通理念,节省建设期的资源,采用新型环保产品,降低运营期的能源消耗和全面推进设备国产化。

(1)旅客运输设备的舒适性和高速化

旅客运输更加注重体现高效性和舒适性。构建以快速铁路、高速公路为主的客运系统,以高速铁路、民航建设发展为契机,集高速公路长途客运、城市轨道、公交枢纽、水上运输于一体,形成便捷换乘的综合客运枢纽。进一步提升和调整运输设施与装备结构,满足人们日益增长的对交通出行的舒适度和时效性需求。

(2)货物运输设备的便捷性和重载化

货物运输更加注重经济性、快捷性和便捷性。加快多式联运设施建设,发展海铁联运、铁水联运、公铁联运、陆空联运,加快推进大宗散货水铁联运、集装箱多式联运,构建与铁路、机场和公路货运站能力匹配的公路集疏运网络系统。货物运输方面,集中化、单元化和大宗货物运输重载化是各国发展的共同趋势。货物运输设备将发展甩挂车、多轴重载车、集装箱车辆等大型装备。货运车船等运输设备向大型化、标准化、专业化、清洁化方向发展。

(3) 交通运输组织的信息化和智能化

注重利用信息技术提升交通运输服务质量。推进交通运输信息化、智能化建设,运用移动互联网、物联网、车联网、北斗系统、电子支付等技术手段,对交通领域进行全方位、全过程管控支撑。建立不同运输方式之间的信息共享机制,推进与相关信息平台间的数据交换,促进信息资源共享共用。构建综合运输公共信息平台,实现交通基础设施、应急管理和运营服务的一体化。实现综合运输换乘换装衔接技术、装备和工艺创新。推进条码、射频、全球定位系统、行包和邮件自动分拣系统等先进技术的研发和应用。

(4) 倡导绿色环保的交通运输基础设施

交通资源将向公共交通、轨道交通和水上运输等绿色方式发展。树立节约的"安全、可靠、适用、经济、先进"的建设理念,因地制宜,通过设备系统的集成与共享,降低相关用房的土建规模,以节省建设期的工程投资。支持新能源开发利用,发展应用安全可靠、先进高效、经济适用、绿色环保的各类装卸设备、运输工具和标准化的成组运载装备,提升技术和装备整体水平。实现交通运输全面、协调和可持续发展,着力构建网络设施布局完善、技术装备先进适用、运输服务安全高效的现代化综合交通运输体系。

复习与思考题

1. 简述交通运输主要形式的特点。
2. 试分析各种运输方式在城市公共交通的作用。
3. 简述城市轨道交通车站站厅层和站台层的平面布置。
4. 联系当前实际,分析交通运输设备发展现状。
5. 试谈你对交通运输设备发展趋势的认识。

第 2 章　城市轨道交通运输设备

城市轨道交通系统(Urban Mass Transit System),简称城轨系统(Urban Rail System),指在城市中具有固定线路,铺设固定轨道,配备运输车辆及服务设施,以电力驱动的公共交通运输系统。城市轨道交通是现代城市公共交通的主要形式,具有安全、快捷、准时等优点,可满足日益增长的城市居民出行需求,是一种节约资源、保护环境的城市公交系统。

本章主要介绍城市轨道交通系统和城市轨道交通运输系统设备,包括城市轨道交通线路与站场设备、车辆与牵引设备、供电系统、信号与通信设备、车站客运设备以及环控和消防等机电设备。

2.1　城市轨道交通系统

2.1.1　城市轨道交通系统的构成

城市轨道交通系统,以轨道运输方式为主要技术特征,是城市公共客运交通系统中具有较大运量的轨道交通系统,主要为城市范围内(涵盖郊区及城市圈范围)公共客运服务,在城市公共客运交通中起骨干作用的现代化立体交通系统。在中国国家标准《城市公共交通常用名词术语》中,将城市轨道交通定义为"通常以电能为动力,采取轮轨运输方式的快速大运量公共交通的总称"。

城市轨道交通系统由轨道路线、车站、车辆、维护检修基地、供变电设备、通信信号设备、指挥控制中心等组成。在运输组织方面,城市轨道交通实行集中调度、统一指挥、按运行图组织行车;在功能实现方面,城市轨道交通各专业领域如线路、车站、隧道、车辆、供电、通信、信号、机电设备及消防系统确保良好状态和正常运行;在安全保证方面,城市轨道交通主要依靠行车组织和设备正常运行,保证必要的行车间隔和正确的行车线路,为居民安全、正点的出行提供保障。

城市轨道交通系统,采用以电子计算机处理技术为核心的各种自动化设备,从而代替人工的、机械的、电气的行车组织、设备运行和安全保证系统。列车自动控制(ATC)可以实现列车自动驾驶、自动跟踪、自动调度;电力自动化监控系统(SCADA)系统可以实现主变电所、牵引变电所、降压变电所设备系统的遥控、遥信、遥测和遥调;环境监控系统(BAS)和火灾报警系统(FAS)可以实现车站环境控制的自动化和消防、报警系统的自动化;自动售检票系统(AFC)可以实现自动售票、检票、分类等功能。所有系统全线各自形成网络,均在控制中心(OCC)设中心计算机,实现统一指挥,分级控制。

2.1.2　城市轨道交通的类型

城市轨道交通种类繁多,目前有城市地下铁道、轻轨交通、有轨电车、单轨交通、市郊铁路、磁悬浮线路、机场联络铁路、全自动旅客捷运系统等形式。

城市轨道交通的类型,有不同的分类方法。若按容量指运送能力,可分为高运量、大运量、中运量和低运量;若按导向方式,可分为轮轨导向和导向轨导向;若按线路架设方式,可分为地下、高架和地面;若按线路隔离程度,可分为全隔离、半隔离和不隔离;若按轨道材料,可分为钢轮钢轨系统和橡胶轮混凝土轨道梁系统;若按牵引方式,可分为旋转式直流、交流电机牵引和直线电机牵引;若按运营组织方式,可分为传统城市轨道交通、区域快速轨道交通和市郊铁路;按运能范围、车辆类型及主要技术特征可分为有轨电车、地下铁道、轻轨道交通、市郊铁路、单轨道交通、磁悬浮交通等类型。

2.1.3 城市轨道交通的技术等级划分

根据《城市轨道交通技术规范》(GB 50490—2009),城市轨道交通的技术等级分为5级,见表2.1。

城市轨道交通技术等级表　　　　　　　　　　　表2.1

等级		Ⅰ级	Ⅱ级	Ⅲ级	Ⅳ级	Ⅴ级
系统类型		高运量地铁	大运量地铁	中运量轻轨	次中量轻轨	低运量轻轨
使用车辆类型		A型车	B型车	C-Ⅰ、C-Ⅱ型车	C-Ⅱ型车	现代有轨电车
最大客运量(单向万人次/h)		4.5~7.5	3.0~5.5	1.0~3.0	0.8~2.5	0.6~1.0
线路	线路形态	隧道为主	隧道为主	地面或高架	地面为主	地面
	路用情况	专用	专用	专用	隔离或少量混用	混用为主
站台	平均站距(m)	800~1500	800~1200	600~1000	600~1000	600~800
	站台长度(m)	200	200	120	<100	<60
	站台高低	高	高	高	低(高)	低
车辆	车辆宽度(m)	3.0	2.8	2.6	2.6	2.6
	车辆定员(人)	310	240	320	220	104~202
	最大轴重(kN)	16	14	11	10	9
	最大时速(km/h)	80~100	80	80	70	45~60
	平均运行速度(km/h)	34~40	32~40	30~40	25~35	15~25
	轨距(mm)	1435	1435	1435	1435	1435
供电	额定电压(V)	DC1500	DC750	DC750	DC750(600)	DC750(600)
	受电方式	架空线	第三轨	架空线/第三轨	架空线	架空线
信号	列车自动保护	有	有	有	有/无	无
	列车运行方式	ATO/司机驾驶	ATO/司机驾驶	ATO/司机驾驶	司机驾驶	司机驾驶
	行车控制技术	ATC	ATC	ATP/ATS	ATP/ATS	ATS/CTC
运营	列车最大车辆编组	6~8	6~8	4~6	2~4	2
	列车最小行车间隔(s)	120	120	120	150	300

2.2 城市轨道交通线路与站场

2.2.1 城市轨道交通线路

1)城市轨道线路基本组成

城市轨道交通线路是列车所行驶的轨道式通道,按其空间设置位置,有地下、地面和高架三种形式。城市轨道线路由轨道结构及路基、涵洞或桥梁、隧道等建筑物组成,可分为下部基础及上部建筑。

(1)线路下部基础

城市轨道线路下部基础多采用整体道床结构,也有些地面线路沿用传统铁路的方式。最为普遍的是混凝土整体式道床,将道床路基轨枕结合组成钢筋混凝土整体结构的轨下基础。

整体式道床采用就地连续灌注混凝土基床或纵向承轨台,简称PACT型轨道。也可把预制好的混凝土枕与混凝土道床浇筑成一个整体,或采用预制的钢筋混凝土支承块与混凝土道床浇注成一体,如图2.1所示。

桥上整体道床结构也称无砟无枕梁结构,是通过扣件直接把钢轨和混凝土桥面连接起来,主要用于地下隧道与高架结构布置方式的地铁、轻轨等线路。

单轨交通线路结构比较简单,由轨道梁、支柱、基础组成。

由于单轨交通车辆一般采用橡胶走行轮,导向轮(稳定轮)构成的走行部,因此,其轨道梁结构中主要包括承重面、导向侧面及供电、自动控制、通信设备等附属设施。

(2)上部建筑

城市轨道交通采用整体道床结构时,只需将钢轨用弹性扣件安装在整体道床上。钢轨是轨道结构的重要组成部分,是轨道的基本承重结构。它用来引导城市轨道交通车辆的行驶,并将所承受荷载传至轨枕、道床及路基,为车轮滚动提供最小阻力的接触面。

钢轨断面形状为"工"字形,由轨头、轨腰和轨底三部分组成。钢轨断面如图2.2所示,钢轨的类型是按每延米的质量来区分的,现行的主要钢轨类型有38kg/m、43kg/m、50kg/m、60kg/m、70kg/m等;60kg/m以上为重型钢轨。钢轨的标准长度为25m和12.5m。目前,城市轨道交通系统正线一般采用60kg/m或50kg/m的钢轨,在车辆段(停车场),由于主要是供空车运行且速度又低,考虑到经济性,可采用50kg/m或43kg/m的钢轨。

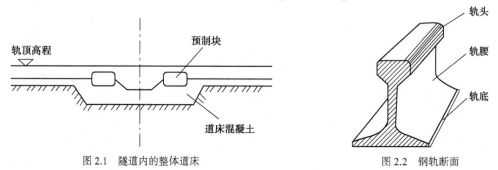

图2.1 隧道内的整体道床　　　　图2.2 钢轨断面

轨枕的功能是支承钢轨,保持轨距和方向,并将钢轨对它的各向压力传递到道床上。轨枕按其使用部位可分为用于区间线路的普通轨枕,用于道岔上的岔枕及用于无砟桥上的桥枕。城市轨道交通中轨枕现均采用预应力钢筋混凝土轨枕,其稳定性好,坚固耐用。在直线区段,一般每千米配置1600~1680根。

联结零件分为接头联结零件和中间联结零件。接头联结零件由夹板、螺栓和垫圈等组成。通过接头联结零件把钢轨连接起来,使钢轨接头部分具有和钢轨一样的整体性,以抵抗弯曲和移位,并满足热胀冷缩的要求。城市轨道交通基本上采用无缝线路结构,钢轨接头联结零件数量大大减少。钢轨和轨枕的联结是通过中间联结零件实现的,这种联结零件称为扣件。其作用是将钢轨固定在轨枕上,保持轨距和阻止钢轨相对于轨枕的纵、横向移动。城市轨道交通线路多采用弹条式扣件。弹条式扣件用锚固法把螺旋道钉固定在轨枕上预留的孔内,再装上弹条,拧上螺帽,使弹条压紧轨底。在钢轨和承轨台之间,设减振垫层以减小车辆振动,降低噪声。

(3)轨道线路标志与限界
①线路标志。
线路标志包括百米标、坡度标、曲线要素标、曲线始终点标、道岔编号标、水准基点标、桥号标、涵洞标、水位标等。

百米标,设在一条线路自起点计算每一百米处。坡度标,安设在变坡点处,如图2.3所示。标示该坡道的坡度大小及坡段长度,用箭头表示上坡和下坡,其正面和背面分别标明两边的坡度和坡段长度值,箭尾处数字表示坡度,下面数字表示坡段长度,侧面标明变坡点的里程,如图2.4所示。

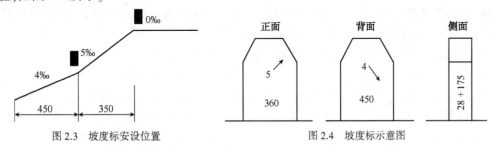

图2.3 坡度标安设位置　　　　图2.4 坡度标示意图

曲线要素标,设在曲线中点处,标明曲线中心里程、曲线长度、缓和曲线长度、曲线半径、超高、加宽。桥号标,标明桥梁编号及桥梁中心里程,安设在计算里程方向线路的右侧桥头前。信号标志有限速标、停车位置标、警冲标等。

②限界。
城市轨道交通列车需要在特定的空间中运行,根据各种参数和特性,经计算确定足以保证列车安全运行、限制车辆断面尺寸、限制沿线设备安装尺寸及确定的建筑结构有效净空尺寸的图形称为限界。根据《地下铁道工程设计规范》(GB 50157—2003)城市轨道交通系统构成和设备运营要求,地铁限界分为车辆限界、设备限界和建筑限界。受电弓限界或受流器限界是车辆限界的组成部分,接触轨限界属于设备限界的辅助限界。

车辆限界是车辆在正常运行状态下形成的最大动态包络线。直线地段车辆限界分为隧道内车辆限界和高架或地面线车辆限界,高架或地面线车辆限界应在隧道内车辆限界的基础上,另外加上当地最大风荷载引起的横向和竖向偏移量。

设备限界是为保证城市轨道交通系统的列车等移动设备在运营过程中的安全,而为线路周围所有固定设备以及土木工程(接触轨及站台边缘除外)的任何部分规定的不得侵入的最小尺寸轮廓线。直线地段设备限界是在直线地段车辆限界外扩大一定安全间隙后形成:车体肩部横向向外扩大100mm,边梁下端横向向外扩大30mm,接触轨横向向外扩大185mm,车体竖向加高60mm,受电弓竖向加高50mm,车下悬挂物下降50mm。转向架部件最低点设备限界离轨顶面净距:A型车为25mm,B型车为15mm。

建筑限界是行车隧道和高架桥等结构物的最小横断面有效内轮廓线。在建筑限界内、设备限界以外的空间,应能满足固定设备和管线安装的需要。一般地,在宽度方向上设备和设备限界之间应留出20~50mm的安全间隙。当建筑限界侧面和顶面没有设备或管道时,建筑限界和设备限界之间的间隙不宜小于200mm;在困难条件下不得小于100mm。

建筑限界分为隧道建筑限界、高架线及地面线建筑限界等。高架桥建筑接近限界宽度一般为8600mm。线路中心至防护栏内距离为2400mm,侧向人行道宽度为750mm。如两线之间设接触轨受电,线路间距宜为3800mm。侧式站台桥面建筑限界的总宽度与选用的车辆宽度和侧站台的宽度有关,如选用车辆宽2800mm,侧站台的宽度为4000mm,其建筑限界的纵宽度宜为14600mm。

(4)区间隧道与高架结构工程

①区间隧道。城市轨道交通线路中占有较大比重的是地下隧道。城市轨道交通的区间隧道与铁路隧道基本相同。区间隧道分明挖法隧道和暗挖法隧道。

明挖法隧道。当城市地面空间足够时,可采用明挖法修筑隧道。对应的区间隧道一般采用框架结构,上部设计荷载以回填土重加路面荷载来考虑,侧面荷载考虑侧土压力。其特点是整体性好,防水要求容易得到保证,断面内轮廓与城市轨道交通线路接近,内部净空利用充分。根据线路设置条件,区间隧道分为单线隧道和双线隧道两种。

暗挖法隧道。暗挖法隧道有盾构法隧道、矿山法隧道和新奥法隧道。

盾构法是一种在盾构机的保护下进行土体开挖和拼装衬砌的施工方法。盾构法具有进度快、作业安全、衬砌质量可靠、防水性好、地表沉降小、不影响城市交通等优点。盾构是松软地层中修建隧道的专门机具,其断面形式有圆形或椭圆形、半圆形、马蹄形、箱形,大多数为圆形。盾构既是一种施工机具,又是一种强有力的临时支撑结构,其开挖和衬砌工作均在盾壳保护下进行。

矿山法是充分利息围岩的自稳能力,在围岩失稳前及时进行初期支护,在初期支护的保护下,再作二次衬砌,最终形成永久结构的施工方法。矿山法工艺简单、灵活、在变截面地段尤为适宜,施工时对道路交通无干扰,但施工中需要大量的钢和木材作为临时支撑,工人的劳动强度大,施工环境差,因而近年来已逐渐被新奥法所取代。

新奥法,新奥地利隧道施工法的简称,新奥法的基本原则概括为:"少扰动,早喷锚,勤量测,紧封闭"。新奥法施工按其开挖断面的大小及位置,基本上可以分为全断面法、台阶法、分部开挖法三大类及若干变化方法。

②高架结构工程。高架桥梁部结构有槽形梁结构、脊梁结构、超低高度板结构、箱梁结构和T形梁结构。

高架槽形梁结构:跨度有10m、20m、30m及35m,建筑高度为0.35~0.5m。

高架脊梁式结构:跨度有25m、30m、35m和40m,建筑高度一般为0.5~0.6m。

超低高度板式结构:跨度10m,建筑高度0.44~0.8m;跨度15m,高度0.54~1.00m;跨度20m,建筑高度0.66~1.40m等。超低高度板梁结构形式如图2.5所示。

箱梁结构:箱梁能适应种类条件,是广泛采用的高架结构形式之一,具有闭合薄壁截面,抗扭刚度大、整体受力性能好,动力性能好、动力稳定性好。箱梁外观简洁、使用性强,在区间直线段、曲线段、折返线及渡线段处均可采用,对于斜弯桥尤为有利。

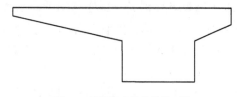

图2.5 超低高度板梁横截面图

T形梁结构:T形梁是国内大多数高架铁路及城市高架道路广泛采用的一种梁形,在轨道交通高架桥上,由于采用一片梁对一根轨形式,结构受力非常明显。多采用预制吊装的方法施工,结构吊装量力轻,施工方便,适用于 20~30m 的中等跨径的简支梁桥。

2)城市轨道线路平面

城市轨道线路中心线在水平面上的投影称为线路平面。它表明线路的直、曲变化状态。线路中心线是指两根钢轨间距的中心连线。单轨交通为轨道梁的中心线。

线路平面由直线、圆曲线以及连接直线与圆曲线的缓和曲线组成。线路平面设计技术要素包括:最小圆曲线半径、缓和曲线线形和长度、最小夹直线长度、最小圆曲线长度等。

(1)圆曲线

线路在转向处所设的曲线通常为圆曲线,其半径的大小,反映了曲线弯曲度的大小。曲线半径宜按标准半径从大到小合理选用。在实际情况下,最大半径一般很少超过 3000m。由于 400m 以下的小半径曲线具有限制车速、养护比较困难、钢轨侧面磨耗严重及噪声大等缺点。因此,小半径圆曲线应尽量少用,并应有一定限制。

城市轨道交通系统应根据其运行特征及车辆性能等要素选择一个统一适合的 R_{min} 值,便于设计与施工。城市轨道交通的正线 R_{min} 常用 300m,困难地段不小于 250m;联络线 R_{min} 常用 150m,车辆段根据作业情况及布局需要,R_{min} 还可适当取较小的值(最小 R 值仅有 100m 左右)。单轨铁路(跨坐式):正线 R_{min} = 60m;其他 R_{min} = 30m。我国轨道交通正线设计,最小曲线半径标准为:A 型车 300~350m,B 型车 250~300m。具体见表2.2。

城市轨道交通最小曲线半径(单位:m)　　表2.2

线　路		一般情况		困难情况	
		A 型车	B 型车	A 型车	B 型车
正线	V≤80km/h	350	300	300	250
	80km/h<V≤100km/h	550	500	450	400
联络线、出入线		250	200	150	
车场线		150	110	110	

注:除同心圆曲线外,曲线半径应以 10m 的倍数取值。

(2)缓和曲线

圆曲线与直线相连时,存在两个问题:一是 ZY(直圆点)处的平面曲率有突变;二是 ZY(直圆点)处的外轨超高有突变。设置缓和曲线的目的就是解决这两个问题,实现平面曲率的渐变及外轨超高的渐变。缓和曲线的技术要素有线形及长度两项。

在城市轨道交通中,由于列车速度只有 70~120km/h,缓和曲线线形一般采用三次抛物线,长度则根据圆曲线半径及列车行车速度不同而变化,具体见表2.3。

缓和曲线长度(单位:m)　　表2.3

$\frac{L}{R}$ v	100	95	90	85	80	75	70	65	60	55	50	45	40	35	30
3000	30	25	20	—	—	—	—	—	—	—	—	—	—	—	—
2500	35	30	25	20	20	—	—	—	—	—	—	—	—	—	—
2000	40	35	30	25	20	20	—	—	—	—	—	—	—	—	—
1500	55	50	45	35	30	25	20	—	—	—	—	—	—	—	—
1200	70	60	50	40	35	30	25	20	20	—	—	—	—	—	—

续上表

L v R	100	95	90	85	80	75	70	65	60	55	50	45	40	35	30
1000	85	70	60	50	45	35	30	25	25	20	—	—	—	—	—
800	85	80	75	65	55	45	40	35	30	25	20	—	—	—	—
700	85	80	75	70	60	50	45	35	35	25	20	20	—	—	—
650	85	80	75	70	60	55	45	40	35	30	20	20	—	—	—
600		80	75	70	70	60	50	45	40	30	20	20	20	—	—
550			75	70	70	65	55	45	45	35	20	20	20	—	—
500				70	70	65	60	50	50	35	20	20	20	20	—
450					70	65	60	55	55	40	25	20	20	20	—
400						65	60	60	55	45	25	20	20	20	—
350							60	60	60	50	30	25	20	20	20
300								60	60	60	35	30	25	20	20
250									60	60	40	35	30	20	20
200										60	40	40	35	25	20
150												40	40	35	25

注:表中 R ——曲线半径(m); v ——设计速度(km/h); L ——缓和曲线长度(m)。

(3)夹直线

两相邻曲线转向相同,称为同向曲线;若转向相反,则称为反向曲线。线路上两条相邻的曲线不应直接相连,而在两条相邻的曲线间设置一定长度的直线,以保证列车运行的平稳,这条直线称为夹直线。

我国地铁设计规范规定:正线及辅助线上相邻曲线的夹直线长度(不含超高顺坡及轨距递减段的长度),A 型车不宜小于 25m,B 型车不宜小于 20m,在困难情况下,不得小于一个车辆的全轴距;车场线上的夹直线长度不得小于 3m。

(4)曲线附加阻力

列车在通过曲线段时,除了克服基本阻力外,还需克服曲线附加阻力。曲线阻力与曲线半径成反比,即曲线半径越大,曲线阻力越小,对运行有利;但曲线半径越小,线路适应地形、避让障碍物的能力越强。

(5)道岔设置

道岔一般设置在直线上,在困难情况下,道岔也可设在曲线上,但道岔端部至曲线端部的距离不宜小于 5m,车场线可减少到 3m。道岔宜靠近车站位置,但道岔基本轨端部至车站站台端部的距离不小于 5m。

城市轨道交通线路一般不宜采用复曲线,在困难地段,有充分技术依据时才采用复曲线。当两圆曲线的曲率差大于 1/2500 时,应设置中间缓和曲线,其长度应根据计算确定,在困难情况下,不得小于 20m。

3)城市轨道线路的纵断面

线路中心线在垂直平面上的投影称为线路纵断面(单轨铁路以轨道梁中心线为准),它表明线路的坡度变化。线路纵断面由平道、坡道及设在变坡点处的竖曲线的组成。

(1)坡道

坡道是由于选线及避让障碍物需要及适应运行需要而设置的路段,坡道的特征用坡段长度和坡度值来表示。

坡段长度:指两个坡段的连接点,即坡度变化点,称为变坡点。一个坡段两端变坡点之间的水平距离称为坡段长度。如果坡段长度小于列车长度,那么列车就会同时跨越2个或2个以上的变坡点,各个变坡点所产生的附加应力和局部加速度会因叠加而加剧,影响列车平稳运行和旅客的舒适。因此,线路坡段长度不宜小于远期列车计算长度。按每节车19.11m计算,当列车编组为8节车厢时,约为150m;当列车编组为6节编组时,约为115m。与干线铁路不同,城市轨道交通线路不要求坡段长度取整为50m 的整数倍。

坡度值:一段坡道两端点的高差 H 与水平距离 L 之比,用 $i‰$ 表示,如图 2.6 所示。

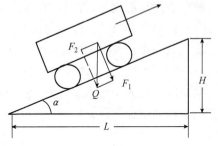

图 2.6 坡道与坡道阻力示意图

$$i‰ = \frac{H}{L} = \tan\alpha$$

式中:α——坡道夹角,°;

H——坡道高差,m;

L——坡道水平距离,m。

(2)坡度

城市轨道线路坡度应在满足排水及高程控制要求的前提下尽可能平缓,其坡度取值有以下规定:

①正线的最大坡度不宜大于30‰,困难地段可采用35‰,联络线、出入线的最大坡度不宜大于40‰(均不考虑各种坡度折减值)。

②车站坡度,地下车站站台计算长度段线路坡度宜采用2‰,以防止车辆溜动,也便于站内线路排水;在困难条件下一般不大于3‰。

③地面和高架桥上的车站宜设在平道上,以利于列车在车站停车平稳;困难地段不大于3‰,便于停车和启动。

④车站站台计算长度段线路应设在一个坡道上,以简化设计、施工,也便于排水处理;车站宜设置在纵断面的凸形部位上,设置合理的进、出站坡度,使得进站上坡,出站下坡,有利于节省列车制动和启动时的能耗。车场线宜设在平道上,困难时库外线不大于1.5‰,以防止溜车。

⑤道岔宜设在不大于5‰的坡道上,困难地段不大于10‰。折返线和停车线宜布置在面向车挡的下坡道上,隧道内的坡道宜为2‰,地面和高架线上的折返线、停车线,其坡度不宜大于1.5‰,以防止溜车,确保停车安全,同时又保证必要的最小排水坡度。

(3)竖曲线

在线路纵断面上,若各坡段直接相连则形成一条折线,列车通过变坡点时,产出的车辆振动和局部竖向加速度增大,乘客舒适度降低。车辆处在最不利位置时,可能导致车轮脱轨或相邻车辆脱钩,影响行车安全。因此,必须在变坡点处用竖曲线把折线断面平顺地连接起来,以保证行车安全、平顺和乘客乘坐的舒适度。

竖曲线设置有以下规定：

①两相邻坡段坡度差大于或等于2‰时,应在变坡点处设置圆曲线形竖曲线连接。

②车站站台计算长度内和道岔范围内不得设置竖曲线,竖曲线离开道岔端部的距离不应小于5m。

③碎石道床线路竖曲线不得与平面缓和曲线重叠;不设平面缓和曲线时,竖曲线不得与超高顺坡重叠,否则立面轨顶超高顺坡与平面缓和曲线率渐变将形成复杂的空间曲线,施工中很难做成设计形状,运营中碎石道床也难以保持。

④车站站台和道岔范围不得设竖曲线,竖曲线离开道岔端部距离不应小于5m。

⑤渡线应设在5‰以内的坡度上,而且竖曲线不应伸入道岔范围之内。竖曲线起点至道岔基本轨起点的距离,或距离辙叉跟端以外短轨端点的距离,均不应小于5m。

竖曲线半径大小与速度有关,速度越高,要求半径越大。我国地铁设计规范规定城市轨道交通竖曲线半径见表2.4。

城市轨道交通竖曲线半径　　　　　　　表2.4

线　别		一般情况(m)	困难情况(m)
正线	区间	5000	3000
	车站端部	3000	2000
联络线、出入线		2000	—
车场线		2000	—

单轨铁路竖曲线半径不小于1000m。

(4)合理纵断面

城市轨道线路纵断面既要满足有利于列车运行、提高效率、降低消耗、安全可靠的要求,又要兼顾施工方便和经济等需要。其合理纵断面如图2.7a)所示,不合理纵断面如图2.7b)所示。

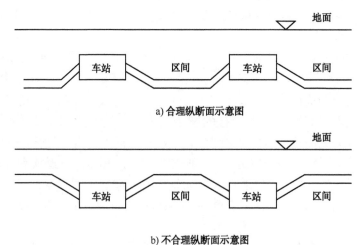

图2.7　纵断面示意图

4)城市轨道交通线路的类型

城市轨道交通的线路主要包括正线、辅助线和车场线。

(1)正线

正线是指供载客列车运行的线路,包括区间正线、支线、车站正线及站线。

(2)辅助线

辅助线为空载列车提供折返、停放、检查、转线及出入段作业所需的线路,包括折返线、临时停车线、渡线、车辆段出入线、联络线、试车线等。

①折返线:提供折返作业的中间站上需要为列车设置折返线。折返线一般分为站前、站后折返两种。站前折返对正线行车有干扰并影响折返能力;站后折返不影响正线行车,折返能力大。折返线有效长度按规定为远期列车长度加40m。常见折返线的布置形式有环线折返线,俗称灯泡线,一般适用于线路较短、线路延伸可能性较小且该端点站又往往在地面的情况;尽头折返线,又可分为单线折返、双线折返和多线折返等不同布置形式,如图2.8所示。

②临时停车线及渡线:轨道交通线路沿线每隔3～5个车站的站端,应加设渡线或车辆停放线。渡线的作用是使离开车辆段的故障列车能及时调头返回车辆段,停车线的作用是临时停放事故列车。在站前或站后设置渡线,用以完成折返作业的布置方式,如图2.9所示。

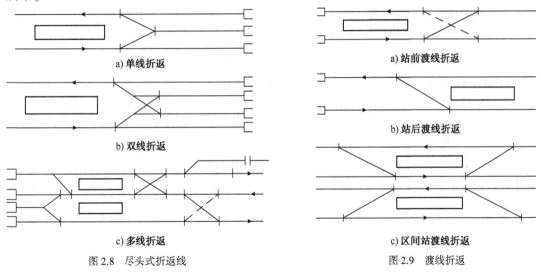

图2.8 尽头式折返线　　　　　　图2.9 渡线折返

③联络线:城市轨道交通路网中,同种制式的线路实现列车过轨运行,这种过渡需要通过线与线之间的联络线来实现,如图2.10所示。

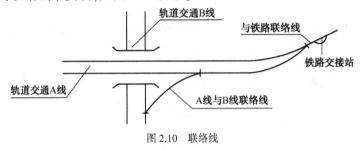

图2.10 联络线

④车辆段出入线:为保证运行列车的停放和检修,在轨道交通沿线适当的位置应设置车辆段,车辆段与正线连接的线路为车辆段出入线。出入线可以设计为双线或单线,与城市道路或其他方式的交叉处可采用平交或立交,具体方案要根据远期线路通过能力需要来确定。

⑤安全线:为防止在车辆段(场)出入线、折返线和岔线(支线)上行驶的列车未经允许进入正线与争先列车发生冲突事故,在无其他列车运行隔开设备的下列情况设安全线,以保证列车安全、正常的运行。一般安全线为尽头线,有效长一般不少于40m。折返线末端接正线形式,如图2.11所示。

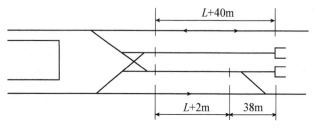

图2.11　折返线末端接正线形式

(3)车场线

当一条线路长度超过20km时,在适当位置应增设停车场,车场线是场区作业线路,不载客,行车速度低,故线路标准只要能满足场区作业即可。

2.2.2　城市轨道交通站场

1)场站的功能及组成

城市轨道交通场站是城市轨道交通系统中为乘客提供上下车、候车及换乘等服务的场所,也是车辆停靠、运营调度、管理、维护等活动进行和管理人员工作的场所。场站由场站主体(站台、站厅、设备用房及管理用房等)、出入口及通道、通风道及地面风亭(仅地下场站)三大部分组成。

(1)场站主体

场站主体的作用是供乘客集散、换乘,同时它又是轨道交通运营设备设置的中心和办理运营业务的地方。场站主体建筑根据使用功能的不同,可分为乘客使用空间和场站用房两大部分。乘客使用空间可进一步分为非付费区(一般指站前广场区)和付费区(一般指候车区),如图2.12所示。

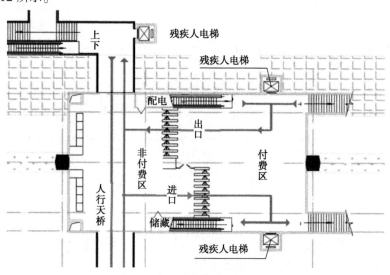

图2.12　场站乘客使用空间示意图

非付费区是乘客未正式进入场站前的流动区域，具有一定的空间，设置售检票设施，根据需要还可设银行自动取款机、公用电话及小卖部等。非付费区的最小面积一般可以参照能容纳客流高峰时段，5min 内可能聚集的客流量的平均水平来推算。

付费区包括部分站厅、站台及楼梯、自动扶梯等。站厅是上、下车乘客的售、检票和集散的公共空间，是客流进、出车站的咽喉，站厅设有售票、检票、问讯等为乘客服务的各种设施。站台是供乘客上、下车及候车的场所。付费区部分的站厅实际上是一个乘客进出站闸机(检票机)和站台间的缓冲区域。场站的核心是站台，站台结构柱、楼梯栏杆等至站台边缘的距离要保证 2.5m，为乘客上下列车的区域，距站台边缘 400mm 设宽度不小于 80mm 的纵向醒目安全线。站台上设置进出站台的通道、楼梯及自动扶梯以及进出站台、上下车客流缓冲区。

(2)场站用房

城市轨道交通场站用房包括运营管理用房、设备用房及辅助用房三部分。场站用房与乘客、运营有关的用房，一定要布置在站厅、站台内，如售票房、车控室、站务员室等。

运营管理用房是为保证场站具有正常运营条件和营业秩序而设置的办公用房，由进行日常工作和管理的部门及人员使用，是直接或间接为列车运行和乘客服务的，主要包括站长室、行车值班室、业务室、广播室、会议室、公安保卫室及清扫员室等。

场站设备管理用房是为保证设备正常运行、保证场站内具有良好环境条件及在事故灾害情况下能够及时排除灾情不可缺少的设备用房，是进行运营管理和为乘客服务而设置的，是车站的重要组成部分。设备用房是直接或间接为列车运行和乘客服务的，主要包括环控机室、变电所、控制室、通信机械室、信号机械室、泵房、票务室、工区用房、附属用房及设施等。

辅助用房是为保证场站内部工作人员正常工作所设置的用房，直接供站内工作人员使用，主要包括厕所、盥洗室、更衣室、休息室、茶水间及储藏室等。

(3)场站出入口及通道

场站出入口及通道是供乘客进出场站的建筑设施，主要作用在于吸引和疏散客流。场站出入口位置都在轨道交通沿线主要街道的交叉路口或广场附近，以确保地下通道顺畅而又不宜过长，能均匀地、尽多地吸纳地面客流，尽量扩大服务半径，方便乘客。场站出入口通道是乘客进出场站的咽喉，其位置的选择、规模大小，应满足城市规划和交通的需求，并应便利于乘客进出站。图 2.13 所示为杭州地铁龙翔桥站出入口方位示意图。

地铁场站出入口平面类型和出入口通道一般有一字形、L 形、T 形、n 形、Y 形等基本形式。

一字形出入口指出入口、通道一字形布置。这种出入口占地面积少、人员出入方便。由于口部宽度要求，一字形出入口不宜修建在路面狭窄地区。

L 形出入口指出入口与通道呈一次转折布置。由于端口部较宽，这种形式的出入口不宜修建在路面狭窄地区。

T 形出入口指出入口与通道呈 T 形布置。这种形式的出入口人员出入方便，由于口部比较窄，适用于路面狭窄地区。

n 形出入口指出入口与通道呈两次转折布置。由于环境条件所限，出入口长度按一般情况设置有困难时，可采用这种布置形式的出入口，但这种形式的出入口人要走回头路。

Y 形出入口布置常用于一个主出入通道有两个及两个以上出入口的情况，这种形式布置比较灵活，适应性强。

场站出入口的平面形式如图 2.14 所示。

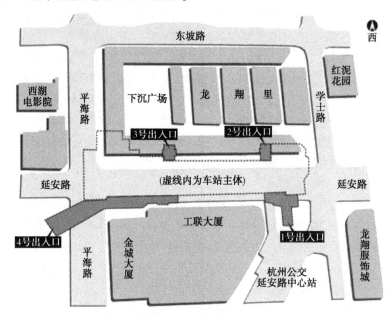

图 2.13　杭州地铁龙翔桥站四个出入口方位示意图

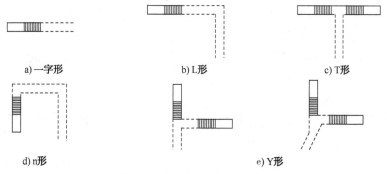

图 2.14　场站出入口的平面形式

（4）通风道及地面通风亭

地下场站需要考虑通风道及地面风亭,其作用是保证轨道交通场站具有一个舒适的地下环境。埋设于地下的场站四周封闭,空气不流通,由于客流量大,机电设备多,站内湿度较大,空气较污浊,为了及时排除场站内的污浊空气,给乘客创造一个舒适的环境,轨道交通场站内设置环控系统,及通风与空调系统。

地下场站按通风、空调工艺要求设置活塞风井、进风井及排风井。活塞风井是为站间隧道的通风而设置的,在场站一端需设置一个进风井和一个排风井,以及两个进出隧道的活塞风井。地面风亭与地面建筑相结合,独建的风亭可采用敞口较低的风井,风井底部设置排水设施,风口最低高度应满足防淹要求,开口处设安全装置。

2）场站的分类

（1）按场站运营性质分类

中间站：即一般站,仅供乘客上下车之用,功能单一,是城市轨道交通系统线网中数量最多的场站。

区域站:即折返站,是设在两种不同行车密度交界处的场站,设有折返线路和折返设备,区域站兼有中间站的功能。

换乘站:位于两条及两条以上线路交叉点上的场站。它除了具有中间站的功能外,更主要的是,它还可以从一条线路上的场站通过换乘设施转换到另一条线路上的场站。

枢纽站:由此站分出另一条线路的场站,该站可接、送两条线路上的乘客。

联运站:指场站内设有两种不同性质的列车线路,进行联运及客流换乘。联运站具有中间站及换乘站的双重功能。

终点站:设在线路两端的场站,就列车上、下行而言,终点站也是起点站(或称为始发站),终点站设有可供列车全部折返的折返线和设备,也可供列车临时停留检修。如线路远期延长后,则此终点站即变为中间站,如图 2.15 所示。

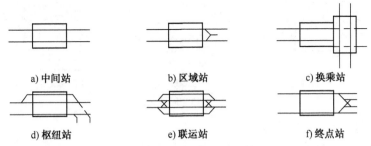

图 2.15　城市轨道交通场站站台运营形式

(2)按场站与地面的相对位置分类

地面场站:地面场站位于地面,与城市建筑群融合,其建筑品位直接影响城市的美观。

地下场站:位于地面以下,空气湿度相对较大。地下场站需要考虑良好的通风、照明、卫生、防灾设备等,给乘客提供舒适、温馨、清洁的环境。

高架场站:位于高架桥上,与地面场站相同,建筑物品位要融合于城市建筑群。

城市轨道交通场站的相对位置,如图 2.16 所示。

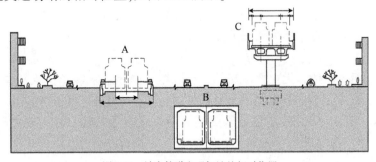

图 2.16　城市轨道交通场站的相对位置
A—地面场站;B—地下场站;C—高架场站

(3)按场站站台形式分类

岛式场站:站台位于上、下行行车线路之间,这种站台布置形式称为岛式站台。具有岛式站台的场站称为岛式站台场站(简称岛式场站)。岛式场站具有站台面积利用率高,能灵活调剂客流,乘客中途改变乘车方向方便,不用通过楼梯或地道换边到另一侧站台,场站管理集中,站台空间宽阔等优点,一般用于客流量较大的场站。但岛式站台一旦建成,要扩建延长站台长度比较困难的。

侧式场站：站台位于上、下行车线路的两侧，这种站台布置形式称为侧式站台。具有侧式站台的场站称为侧式站台场站（简称侧式场站）。侧式场站的站台上下行乘客可避免相互干扰，正线和站线间不设喇叭口，造价低，易改建，但站台面积利用率低，不能调剂客流，乘客中途改变乘车方向必须经地道、天桥、站厅或者更简易地使用进口楼梯平台作为换边通道。侧式站台管理较分散，站台空间不及岛式宽阔，侧式站台多用于两个方向客流量较均匀或流量不大的场站。

岛、侧混合式场站：将岛式站台及侧式站台同设在一个场站内，具有这种站台形式的场站称为岛、侧混合式站台场站（简称岛、侧混合式场站）。岛、侧混合式场站主要用于两侧站台换乘或列车折返，站台可布置成一岛一侧式或一岛两侧式。

城市轨道交通场站站台形式如图 2.17 所示。

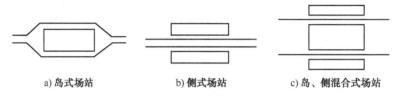

a) 岛式场站　　　　b) 侧式场站　　　　c) 岛、侧混合式场站

图 2.17　城市轨道交通场站站台形式

(4) 按场站施工埋深位置分类

浅埋式场站：场站结构顶板位于地面以下的位置较浅。

深埋式场站：场站结构顶板位于地面以下的位置较深，一般设在地面以下稳定地层或坚固地层内。

2.3 城市轨道交通车辆与牵引系统

2.3.1 城市轨道交通车辆

1) 城市轨道交通车辆的组成

城市轨道交通车辆由车体、转向架、车辆连接装置、制动装置、受流装置、车辆电气系统、列车信息网络控制系统和车辆内部服务设备等组成。

(1) 车体

车体分有司机室车体和无司机室车体两种。主要是容纳乘客和司机驾驶（对于有司机室的车辆）的地方，安装与连接其他设备和部件的基础。车体一般采用整体承载的钢结构或轻金属结构，以达到满足强度、刚度要求的同时最大限度地减轻自重。它由车顶、底架、端墙、侧墙、车窗、车门等组成。

(2) 转向架

转向架是车辆的走行装置，安装于车体与轨道之间，用来牵引（对动力转向架而言）和引导车辆沿轨道行驶，承受并传递车体与轨道之间的各种荷载并缓和其动力作用，是保证车辆运行品质的关键部件。一般由构架、轮对轴箱装置、弹簧悬挂装置和制动装置等组成。

(3) 车辆连接装置

车辆连接装置包括车钩缓冲装置和贯通道装置，车钩是连接车辆使其编组成列车，并传递纵向力的装置。在车钩的后部通常装设缓冲装置，缓和车辆之间的纵向冲击。通过车钩还可将车辆之间的电路和空气管路进行连接。贯通道装置是车辆与车辆之间的客室连接通道。

(4)制动装置

制动装置是保证列车运行安全所必不可少的装置。不管是动车还是拖车都设有制动装置,以保证运行中的列车按需要减速或在规定的距离内停车。

(5)受流装置

通过接触导线(接触网)或导电轨(第 3 轨)将电流引入动车的装置称为受流装置或受流器。

受流装置根据其受流方式可分为以下 5 种形式:

①杆形受流器:外形为两根平行杆,上部有两个受电轨(导线)。

②弓形受流器:形状如⊓,属上部受流,弓可升可降,其接触有一根导线,下面有导轨构成电路回路。

③侧面受流器:在车顶的侧面受流,又称为"旁弓"。

④轨道式受流器:从底部导电轨受流,又称第 3 轨受流,空间可得到充分利用。

⑤受电弓受流器:属上部受流,形状如▽,弓可升可降。

(6)车辆服务设备

车辆服务设备包括服务于乘客的设备和服务于车辆运行的设备。服务乘客的设备有照明、广播、通风、取暖、空调、座椅、吊环、扶手等;服务于车辆运行的设备一般不占车内空间。吊挂于车底的有蓄电池箱、斩波器、逆变器、继电器箱、主控制箱、接触器箱、空气压缩机组和储风缸等,安装于车顶的有空调单元和受电弓等。

(7)车辆电气系统

车辆电气包括车辆上的各种电气设备及其控制电路。按其作用和功能可分为主电路系统、辅助电路系统和电子与控制电路系统三个部分。

(8)列车信息网络控制系统

列车信息网络控制系统主要由列车信息中央装置、列车信息终端装置、列车信息显示器以及车内各种设备的监控、诊断和显示装置等组成。

2)城市轨道交通车辆的类型

建设部 1999 年颁布的《城市快速轨道交通工程项目建设标准(试行本)》中,根据我国城市轨道交通车辆选型要求和发展现状提出 A、B、C 型车的概念。在《地铁车辆通用技术条件》(GB 7928—2003)和《轻轨交通车辆通用技术条件》(CJ/T 5021—1995)中,对用于地铁运营车辆的技术规格都有相应规定。主要按车体宽度的不同分类,其各类车型主要技术规格见表 2.5。

各类车型主要技术规格 表 2.5

序号	项目名称		A 型车	B 型车	C 型车		
			四轴车	四轴车	四轴车	六轴车	八轴车
1	车辆基本长度(m)		22	19	18.9	22.3	29.5
2	车辆基本宽度(m)		3	2.8	2.6		
3	车辆高度(m)	受流器车(m)(加空调/无空调)	3.8/3.6	3.8/3.6	3.7/3.25		
		受电弓车(m)(落弓高度)	3.8	3.8	3.7		
		受电弓工作高度(m)	3.9~5.6				

续上表

序号	项目名称		A型车 四轴车	B型车 四轴车	C型车 四轴车	C型车 六轴车	C型车 八轴车
4	车内净高(m)		2.10~2.15				
5	地板面高(m)		1.1		0.95		
6	车辆定距(m)		15.7	12.6	11	7.2	
7	固定轴距(m)		2.2~2.5	2.1~2.2	1.8~1.9		
8	车轮直径(m)		φ840		φ760		
9	车门数(每侧)(个)		5	4	4	4	5
10	车门宽度(m)		≥1.3				
11	车门高度(m)		≥1.8				
12	定员人数(人)	单司机室车	295	230	200	240	315
12	定员人数(人)	无司机室车	310	245	210	250	325
13	车辆轴重(t)		≤16	≤14	≤11		
14	站立人员标准	定员(人/m²)	6				
14	站立人员标准	超员(人/m²)	9				
15	最高运行速度(km/h)		≥80		≥70		
16	起动平均加速度(m/s²)		≥0.9		≥0.85		
17	常用制动减速度(m/s²)		1.0		1.1		
18	紧急制动减速度(m/s²)		1.2		1.3		
19	噪声[dB(A)]	司机室内	≤80		≤70		
19	噪声[dB(A)]	客室内	≤83		≤75		
19	噪声[dB(A)]	车外	80~85(站台)		≤82		

城市轨道交通车辆以动车组的编组形式运行，车辆有动车和拖车之分，动车以 M 表示，拖车以 T 表示。由于车载设备的不同，为了便于车辆的管理与维护，车辆供应商及运营公司对其车辆又进行分类，分为 A 车、B 车和 C 车，这与前面按车体宽度分类的 A、B、C 型车不同，A 车为拖车，一端设有司机室；B 车为动车，车顶装有受电弓；C 车为动车，车下装有一套空气压缩机组。

3) 城轨车辆的主要技术参数

(1) 车辆性能参数

①自重、载重。自重指车辆整备状态下的本身结构及设备组成的全部质量；载重指正常情况下车辆允许的最大装载质量，以吨(t)为单位。

②最高运行速度。最高运行速度指车辆设计时按照安全及结构强度等条件所决定的车辆最高行驶速度，并要求连续以该速度运行时车辆具有足够良好的运行性能。

③轴重。轴重指按车轴形式及在某个运行速度范围内，车轴允许负担(包括轮对自身的质量)的最大质量。轴重的选择与线路、桥梁及车辆走行部的设计有关。

④通过最小曲线半径。通过最小曲线半径指配用某种型式转向架的车辆在站场或厂、段内调车时所能安全通过的最小曲线半径。当车辆在此曲线区段上行驶时不得出现脱轨、

倾覆等危及行车安全的事故,也不允许转向架与车体底架或车下其他悬挂物相碰撞。

⑤轴配置或轴列式。轴配置或轴列式是指用数字或字母表示车辆走行部结构特点的方式。例如,4轴动车,两台动力转向架,则轴配置记为B—B;6轴单铰轻轨车辆,两端为动力转向架,中间为非动力铰接转向架,其轴配置记为B—2—B。

⑥制动形式。制动形式指车辆获得制动力的方式,有摩擦制动、再生制动、电阻制动以及磁轨制动等多种形式。

⑦起动平均加速度。起动平均加速度是指在平直线路上,列车荷载为额定定员,自牵引电动机取得电流开始,至起动过程结束(即转入其自然特性时),该速度值被全过程经历的时间所除的商。

⑧制动平均减速度。制动平均减速度指在平直线路上,列车荷载为额定定员,自制动指令发出至列车完全停止的全过程,相应的制动初始速度(一般取最高运行速度)被全过程经历的时间所除得的商。

⑨冲击率。由于工况改变引起的列车中各车辆所受到的纵向冲击。冲击率说明车辆本身电气及制动控制系统所应达到的冲动限制。用加速度变化率来衡量,以 m/s^3 为单位。地铁车辆正常运行(包括起动加速和电制动,紧急制动情况例外)时,纵向冲击率不得超过 $1m/s^3$。

⑩列车平稳性指标。车辆平稳性是评定旅客舒适程度的主要依据,反映了车辆振动对人体感受的影响。评定平稳性的方法主要以人的感觉疲劳程度为依据,通常以平稳性指标表示。

我国主要用斯佩林公式来计算平稳性指标 W。W 值越大,说明车辆的平稳性越差,并规定地铁、轻轨车辆运行的平稳性指标应小于2.5。

斯佩林公式计算方法如下:

$$W = 0.896 \sqrt[10]{\frac{j^3}{f} F(f)} \tag{2.1}$$

式中:j——振动加速度,cm/s^2;

f——振动频率,H_z;

$F(f)$——与频率有关的修正公式,反映人体对不同方向和频率振动的敏感度。

(2)车辆主要尺寸

①车辆长度。车辆处于自由状态,车钩呈锁闭状态时,两端车钩连接面之间的距离。区别于车体长度的概念,车体长度指不包含牵引缓冲装置或折棚的车体结构的长度。

②车辆最大宽度。车体横断面上最宽部分的尺寸。

③最大高度。车辆顶部最高点与钢轨顶面之间的距离。

④车辆定距。同一车辆的两转向架回转中心之间的距离。

⑤固定轴距。同一转向架的两车轴中心线之间的距离。

⑥车钩中心线距离钢轨面高度。车钩连接面中点至轨面的高度。列车中各车辆的车钩高基本一致,是保证车辆正确连挂、列车运行中正常传递牵引力及不会发生脱钩事故所必需的。

⑦地板面高度。车辆地板面与钢轨顶面之间的距离。地板面高度与车钩高一样,指新造或修竣后空车的数值。它将受到两方面的制约:一是车辆本身某些结构高度的限制,如车

钩高及转向架下心盘面的高度;二是又与站台高度的标准有关,规定车辆地板面应与站台高度相协调。

4) 城轨车辆车体

车体是容纳乘客和司乘的部分,也是安装和连接其他设备及组件的基础。车体支撑在转向架上,其底架下部及车顶上部安装大量机电设备,构成车辆的总体。

城轨车辆车体按材料可分为耐候钢车体、不锈钢车体、铝合金车体三种。按照车体结构可分为带司机室车体和无司机室车体两种。按照车体尺寸分为 A 型车车体、B 型车车体和 C 型车车体。按照车体结构工艺分为一体化结构和模块化结构。

城轨车辆的车体采用由车底架、侧墙、车顶、端墙(司机室)四大部分组成的封闭筒形薄壳整体承载结构。

图 2.18 钢制车体底架结构图
1-端梁;2-枕梁;3-边梁;4-横梁;5-牵引缓冲梁

(1) 底架

列车底架由各种纵向和横向梁组成的长方形构架。车底架承托着车体,是车体的基础,其承受上部车体及载装物得全部重量,并通过上、下心盘将重量传给行走部。在列车运行时,它还承受机车牵引力及列车运行中所引起的各种冲击力及其他外力。钢制车体底架如图 2.18 所示,枕梁固定在底架上用来连接转向架。

(2) 侧墙

钢制车体的侧墙由边梁、立柱、窗立柱和墙板等零部件组成。铝合金车体的侧墙,左右各有 5 个车门和 4 个车窗,而侧墙的上部又与车顶部件组合在一起。

(3) 端墙

城轨车辆司机室端墙设有端门,余端墙设贯通道,端板安装在两侧墙板和车顶之间,用于贯通道连接。

(4) 车顶

钢制车体的车顶由边梁、弯梁、纵向梁、顶板和车顶端部组成。不锈钢车体的车顶有波纹顶板、车顶弯梁、车顶边梁、侧顶板、空调机组平台等几部分组成。车顶采用波纹顶板无纵向梁结构,机组平台由纵梁、弯梁、顶板点焊组成部件。铝合金车体的车顶,两侧小圆弧部分采用形状复杂的中空挤压铝型材,中部采用大圆弧部分带有纵向梁加强杆件的挤压成型的车顶板,其长度与车顶等长。一般车体承载结构,如图 2.19 所示。

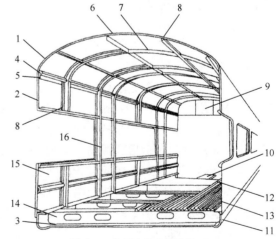

图 2.19 钢制车体承载结构
1-车顶;2-侧墙;3-底架;4-车顶边梁;5-侧墙上边梁;6-顶板;7-弯弯;8-纵向梁;9-车顶端部;10-牵引梁;11-边梁;12-枕梁;13-波纹地板;14-端梁;15-墙板;16-立柱

5) 客室车内设备

车辆客室有车门、车窗、座椅和挡风

板、扶手栏杆、安全锤、灭火器、排水管罩等组成。客室车厢一般由客室座椅、扶手、屏风、车窗、车门和其他设备构成的。

（1）客室座椅

车辆客室座椅一般采用靠侧墙纵向布置于两侧车门间，如图2.20所示；也有车型客室设有横向座椅，如图2.21所示。一般每个座椅宽为430mm，按2个座位或6个座位为一组，固定在车体侧墙上，没有与地板连接。

图2.20　纵向布置座椅

图2.21　横向布置座椅

（2）立柱、扶手

为让站立乘客扶稳，客室内设有立柱、扶手、吊环和侧边屏风等设施。以某地铁车辆为例，每节A车有14个垂直扶手，13个水平扶手与垂直扶手连接，10个屏风在每节车的右侧，9个对称的屏风在车的左边，1个水平拉手，22个把手。每节B、C车有15个垂直扶手，14个水平扶手与垂直扶手连接，10个屏风在每节车的右侧，10个对称的屏风在车的左边，24个把手。

（3）客室车窗

客室侧门之间设有车窗，其结构有单层玻璃或双层玻璃的，有楣窗与无楣窗的，连续式与分连续式的。一般每节A车有4扇大窗、1扇小窗、1扇小前窗，每节B、C车有4扇大窗，2扇后窗和前窗，窗玻璃厚约27mm。

（4）其他设备

①空调和应急通风系统：该系统主要由带电加热的冷气机，风道，电加热座椅，座椅下的电加热器，地板电加热等组成。风口多布置在客室车顶上。

②紧急报警器：紧急报警器装在每扇客室车门旁，推开滑门，按动红色按钮，就可直接与驾驶员通话报告险情。

③LED显示屏：每节车厢一般安装8块LED显示屏（乘客信息系统），为乘客提供运行信息，紧急信息，商务广告及新闻娱乐等。

④门区电子线路图：在每个车门顶部，都安装了门区电子线路图，本车运行的具体方位由红色和绿色的小灯显示，防止乘客错过站点。

⑤车门紧急解锁开关：在每节车的车门上方，设有紧急解锁开关，当列车已停在车站，并且车门已对应站台位置，需要乘客自行疏散时使用。

⑥消防设施：每个客室必须设置烟雾传感器、火灾报警设施、灭火器和全角度监控摄像头等消防设施，放置在规定的地方，通常放置在两端控制柜下部，每个客室设置两个安全锤放置在两侧顶内，并有明显标志，以便紧急时使用。

6)司机室设备

司机室主要设备与列车操纵有关,设备布置应方便司机操纵列车和提供舒适的工作环境。带司机室车辆位于列车前端部,前端设有紧急疏散梯等设施。

司机司机室一般由以下几个部分组成:内部设备(驾驶员座椅),司机两侧设有边窗、司机室门、开/关客室门的按钮,司机室上部设有司机室空调、内部照明、外部信息显示器、光亮度探测器,司机室后方设有司机室隔墙,司机室前方设有司机控制台、遮阳窗帘、无线电设备,在司机的左手边设有应急逃生门、应急逃生梯、司机室灭火器、安装在后面的水箱,司机台下设有音频控制单元 ACU、110/24DC-DC 变换器。司机室外部设有护手、风窗玻璃、刮水器、外部车头灯、无线电天线(在司机室顶)。地铁司机室操纵台,如图 2.22 所示。

2014 中国国际轨道交通展上,中国首列无人驾驶地铁列车亮相。这辆由中国北车集团长客制造无人驾驶地铁列车为 3 节编组,最大载客约 1500 人,外观与普通地铁相似,不设司机室。这种新型车将无需司机和乘务人员介入,可实现列车自动唤醒、自动发车离站、上下坡行驶、到站精准停车、自动开闭车门等操作。图 2.23 为无人驾驶地铁列车内部。

图 2.22 地铁司机室操纵台

图 2.23 无人驾驶地铁列车内部

7)车门

车门的分类:

①按驱动方式分,可分为电控风动门、电传动门。

电控风动门是由压缩空气驱动传动气缸,再通过机械传动系统和电气控制系统完成车门的开关动作。机械传动系统的作用使将传动气缸活塞杆运动传递至车门,使车门动作,电气控制系统有气动门控制、再开门控制、车门动作监视和列车控制电路连锁等。电传动门即电气驱动车门由电动机、传动装置、控制器、闭锁装置和紧急开门装置组成。齿形皮带与两个门翼相固定,闭锁和解锁所需的扭矩由电动机提供。

②按开启方式分,可分为内藏钳入式对开侧移门、外侧移门、塞拉门和外摆式车门。

内藏钳入式对开侧移门,当开关车门时,门翼在车辆侧墙的外墙与内护板之间的夹层内移动,传动装置设于车厢内侧车门的顶部,装有导轮的门翼可在导轨上移动并与传动装置的钢丝绳或皮带相连接,借助气缸或电动机驱动传动机构,从而使钢丝绳或皮带带动门翼动作。车门机械装置如图 2.24。每扇门叶的顶部装有四个尼龙轮,吊嵌在 C 形的导轨内,只要准确地调整好尼龙轮与导轨的间隙,就可使门叶平稳地灵活滑动。尼龙轮(上轮)与导轨的间隙一般在车两端的车门为 0.3mm,而在中间的车门为 0.5mm。

外侧移门,与内藏钳入式对开侧移门区别仅在于开关车门时,门翼均处于侧墙的外侧,车门驱动机构工作原理与内藏钳入式对开侧移门相同。外侧移门,如图 2.25 所示。

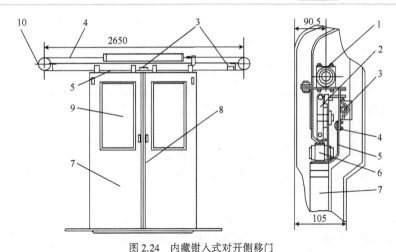

图 2.24 内藏钳入式对开侧移门
1-气缸;2-滚轮;3-行程开关;4-钢丝绳;5-导轨;6-小滚轮;7-门页;8-橡胶密封条;9-车门玻璃;10-定滑轮

塞拉门,车门上端的传动机构和导轨使得车门开启状态时门翼贴靠在侧墙的外侧,车门在关闭状态时,门翼外表面与车体外墙成一平面。车门上方设有门翼导轨,气缸(或螺杆)带动连杆机构使门翼沿着导轨滑移。塞拉门,如图 2.26 所示。

外摆式车门,开门时通过转轴和摆杆使车门向外摆出并贴靠在车体外墙板上,门关闭后门翼外表面与车体外墙成一平面。这种车门结构特点为开门时具有较大的门翼摆动空间,如图 2.27 所示。

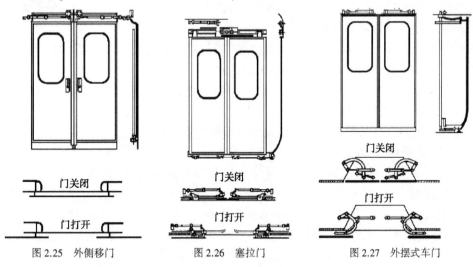

图 2.25 外侧移门　　图 2.26 塞拉门　　图 2.27 外摆式车门

③按用途的不同分,可分为客室车门、紧急疏散门和司机室车门。

客室车门,供乘客正常情况下上下车使用。紧急疏散门,当列车发生火灾或其他险性事故时,必须疏散车上的乘客。此时司机可打开设在前后 A 车端墙中间的紧急疏散门,引导乘客通过紧急疏散门走向路基中央,然后向两端的车站疏散。紧急疏散门为可伸缩的套节式踏级板,两侧设有扶手栏杆,中间铝合金踏板上涂有防滑漆,故乘客在上面行走时不会滑跌。其门锁在司机室内或室外都可开启,一旦门锁开启车门能自动倒向路基,并且还有缓冲器,不至于使倒下的加速度过大使疏散门装置损坏。司机室车门,在司机室两侧墙上各有一扇单叶的内藏式滑动移门,其结构与客室车门类似,只是没有气动装置,用人工开关,以供司机上下车。在司机室背墙中间有一通客室的通道门,是供司机走入客室的通道。在客室一侧没有开门手把,乘客是不能开启这扇门的。但在其上方有一红色紧急拉手,其用途是当乘客发现司机因突发急病时,可用紧急手柄开启通道门对司机进行抢救。

2.3.2 车辆转向架

1)转向架的组成

车辆走行部是支承车体重力、传递各种作用力及引导车辆沿轨道方向运行的一种装置。转向架一般由构架、轮对、轴箱装置、弹性悬挂装置、制动装置和牵引电机与齿轮变速传动装置等部分组成。

(1)构架

构架是转向架各组成部分的安装基础,通过构架把转向架的组成部件组合成一个整体,构架也是转向架承载的主要部件。构架上设空气弹簧座、中心座安装座、轴箱吊框、电机安装座、齿轮箱吊座、制动吊座、牵引拉杆安装座、高度控制阀座、抗侧滚扭杆座、减振器座和止挡等,用于安装相关设备。

(2)轮对与轴箱装置

轴箱与轴承装置是连接构架和轮对的活动关节,使轮对的滚动转化为车体沿着轨道的直线运动。

①轮对。轮对是由一根车轴和两个同型号车轮通过过盈配合组装而成。轮对引导车辆沿钢轨运动,同时还承受着车辆与钢轨之间的荷载。我国城轨车辆普遍采用整体辗钢轮。整体辗钢轮由踏面、轮缘、辐板和轮毂组成。车轮与钢轨的接触面称为踏面,轮对踏面具有一定的斜度,所以称为锥形踏面。

②轴承轴箱装置。轴承与轴箱的组合体称为轴承轴箱装置,主要有滑动轴承和滚动轴承两种。滚动轴承有圆柱滚动轴承、圆锥滚动轴承、球面滚动轴承等几种形式。

③轴箱定位。约束轮对与轴箱之间相对运动的机构称为轴箱定位装置,它对转向架的横向动力性能、抑制蛇行运动具有决定性作用。常见的定位装置的结构形式有拉板式定位、拉杆式定位、转臂式定位、层叠式橡胶弹簧定位、导柱定位等。

(3)弹簧减振装置

弹簧减振装置也称弹性悬挂装置,弹性悬挂装置包括弹簧、减振器及定位装置等。为保证轮对与构架、转向架与车体之间连接,减少线路不平顺和轮对运动对车体的影响,在轮对与构架、转向架与车体之间装设有弹性悬挂装置,前者称为轴箱悬挂装置,后者称中央悬挂装置,也可称一系悬挂装置和二系悬挂装置。两系悬挂有轴箱悬挂装置和中央悬挂装置,轴箱悬挂装置设置在转向架构架与轴箱之间,中央悬挂装置设置在底架与转向架构架之间。

(4)牵引电机与齿轮变速传动装置

牵引电机与齿轮变速传动装置是动力转向架所特有的一套装置,转向架通过它使牵引电机的扭矩转化为轮对或车轮上的转矩,利用轮轨之间的粘着作用,驱动车辆沿着轨道运行。

(5)制动装置

制动装置为对运行中的列车进行调速或使其在规定的距离内停车,必须安装制动装置,其基础制动装置吊挂于构架上。它的作用是使制动缸的空气压力转化为闸瓦压向车轮的力,从而产生制动作用。

2)转向架的类型

按有无牵引电机分可以分为动车转向架和拖车转向架两种类型。两种转向架一般满足相同部件互换性,其基本结构相同,主要区别在于驱动系统。动车转向架由于要提高动力,通常配置牵引电机、联轴器、齿轮箱、齿轮箱悬挂装置。

从轴箱定位结构分,有导柱式、拉板式、拉杆式、转臂式和橡胶弹簧式轴箱定位转向架。轴箱定位装置是约束轮对和轴箱之间相对运动的装置。

从车轴的数目分,有2轴、3轴和多轴转向架。从转向架结构形式分,有构架式和侧架式。从二系悬挂结构分,有摇动台、无摇动台及无摇枕结构转向架等;从二系悬挂弹簧形式分,有椭圆弹簧、圆弹簧及空气弹簧悬挂转向架等。从车轴的轴型分,有 B、C、D、E 四种轴型转向架。

一般,城市轨道交通车辆转向架采用二轴构架式转向架,并普遍采用无摇枕结构。主要特点:一系悬挂主要有金属螺旋弹簧、人字形(或称八字形)和锥形金属橡胶弹簧三种结构;二系悬挂主要由空气囊加橡胶金属叠层弹簧构成。

3)转向架的作用

(1)转向架可以增加车辆的载质量、长度和容积,提高列车运行速度。

(2)车体可靠的座落在转向架上,运行时通过轴承装置使车轮沿着钢轨的滚动转化为车体沿线路的平动。

(3)转向架可支撑车体,承受及传递来自车体与轮对之间或钢轨与车体之间的各种荷载及作用力,使轴重均匀分配。

(4)转向架安装制动装置或传动装置,适应轮轨接触状态的变化,充分利用轮轨之间的黏着,传递牵引力和制动力。

(5)转向架安装弹簧减振装置,具有良好的减振特性,缓和车辆和线路之间的相互作用,减小振动和冲击,提高车辆运行的平稳性和安全性,减小噪声。

(6)保证车辆客室地板面与站台面的高度相协调,方便旅客的乘降。

图 2.28 为转 K5 型转向架,中国南车集团在原型摆动式转向架基础上进行改进设计的新型快速转向架。主要特点有:结构上属于铸钢三大件式转向架,悬挂系统为二系的摇枕弹簧和一系的摆动机构的组合,垂向、横向都具有两级刚度特性,大大增加了车辆的横向柔性,降低了轮轨间的磨耗,提高了车辆的运行品质。

2.3.3 车钩缓冲装置

1)车钩缓冲装置的作用

车钩缓冲装置是地铁列车各车辆之间的连接装置。车钩缓冲装置使各车辆之彼此保持一定的距离,并且传递和缓和列车在运行中或在调车时所产生的纵向力或冲击力。图 2.29 为车钩缓冲装置。

2)车钩缓冲装置的组成

车钩缓冲装置由车钩钩头、缓冲装置、对中装置和钩尾冲击座等部分组成。

(1)车钩

城轨车辆所用车钩可分为自动车钩、半自动车钩和半永久性牵引杆三种。

图 2.28　转 K5 型转向架
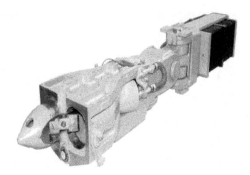
图 2.29　车钩缓冲装置

①自动车钩。自动车钩位于列车端部,其电气和风路连接装置都组装在钩头上。密接式车钩缓冲装置主要有车钩钩头、橡胶金属片式缓冲器、风管连接器、电器连接器和风动解钩系统等几部分组成。

②半自动车钩。半自动车钩用于两编组单元之间的车辆连挂。在半自动车钩上,设有贯通道支撑座,用于车辆运行过程和解钩之后支撑贯通道。半自动车钩可自动实现列车单元之间的机械连接和风管连接,电气连接只能手动;解钩时机械和气路部分可自动,也可手动,但不能在司机室集中控制。

③半永久性牵引杆。半永久性牵引杆用于同一单元内车辆之间的编组。每个半永久牵引杆上有贯通道支撑座,用于车辆运行过程和解钩之后支撑贯通道。半永久牵引杆只是将两车的连接方式有车钩连接改为牵引杆连接,风路和电路的连接只能依靠手动连接。

(2)缓冲装置

缓冲装置是车辆牵引连挂装置的重要组成部分,主要用来传递和缓和纵向冲击力。

层叠式橡胶金属片缓冲器由橡胶金属片、前从板、牵引杆、缓冲器后盖、滑套、缓冲器体和后从板构成;环弹簧缓冲器由弹簧盒、弹簧前后座板、外环弹簧(共 7 片)、内环弹簧(5 片内环弹簧、1 片开口环弹簧和 2 片半环弹簧)、端盖、球形支座、牵引杆等构成;环形橡胶缓冲器的结构由牵引杆、缓冲器体、环形橡胶弹簧等组成;弹性胶泥缓冲器由牵引杆、弹簧盒、内半筒、端盖和弹性胶泥芯子等组成;带变形管的橡胶缓冲器由拉杆、轴套、锥形环圈、法兰、垫圈、橡胶弹簧和以及变形管组成;可压溃变形管可作为车钩缓冲装置的重要部件,用来吸收车辆冲击能量。层叠式橡胶金属片缓冲器如图 2.30 所示。

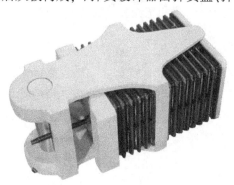
图 2.30　缓冲装置

(3)附属装置

①风管连接器。不带自闭装置的风管连接器:当车钩互相连挂时,密封圈互相接触受压,借助于滑套、橡胶套和前弹簧使压力达到 70～160N,保证气路开通时不会泄漏。在制动主管连接器后端的管路上装有一个截止阀。

自动开闭式风管连接器:当两车钩连挂时,顶杆与密封圈同时受压,密封圈防止泄漏的同时,顶杆压缩阀垫、滑阀和顶杆弹簧,阀垫和滑阀后退,使阀垫与阀体脱开,气路开通。解钩时由于密封圈和顶杆失去压力,在弹簧的作用下,各部件恢复原位,风路断开。

②电气连接器。通常设于机械钩头的两侧,通过悬吊装置使钩体与电气连接器成弹性连接。箱体的一侧有一个定位销,对称侧有定位孔,两钩连挂时定位销插入对应的定位孔,以保证触头的准确连接;密封条是防雨水和灰尘的。解钩时,将盖盖好,防止触头损坏。

③车钩对中装置。在缓冲器的尾部下方左、右各设有一个对中气缸,它的活塞头部安有一个水平滚轮,当气缸充气活塞向外伸出时,能自动嵌入固定在球铰座下方的一块呈桃子形凸轮板左、右的两个缺口内,使车钩缓冲装置的中心线与车体中心线在一个垂直平面内,以便使一个车钩钩头对准对方车钩的钩坑。通过钩头心轴顶部的凸轮来驱动二位五通阀的阀芯,使对中气缸进行充气或排气。

2.3.4 制动系统

1)制动装置

制动是指人为地使列车减速或阻止其加速的过程,使列车减速或阻止其加速的力称为制动力。制动系统是用以实现和控制列车动能转换的一整套装置。制动装置包括两个部分:制动控制装置和制动执行装置。制动控制装置由制动信号发生与传输装置和控制装置组成,有空气制动机、电空制动机、手制动机等种类。制动执行装置就是基础制动装置,主要有闸瓦制动装置、盘形制动装置、磁轨制动等形式。

2)制动方式

(1)摩擦制动和电制动

①摩擦制动。常用的摩擦制动方式主要有闸瓦制动、盘形制动和轨道电磁制动。通过摩擦副的摩擦将列车的运动动能转变为热能,逸散于大气,从而产生制动作用。

闸瓦制动,又称为踏面制动,是一种最常用的制动方式。制动时闸瓦压紧车轮,轮、瓦间发生摩擦,将列车的运动动能通过轮、瓦间的摩擦转变为热能,逸散于空气中。

轨道电磁制动,也叫磁轨制动。制动时将电磁铁放下,使磨耗板与钢轨吸住,列车的动能通过磨耗板与钢轨的摩擦转化为热能,逸散于大气。

盘形制动,有轴盘式和轮盘式之分。一般采用轴盘式,当轮对中间由于牵引电机等设备使制动盘安装发生困难时,可采用轮盘式。制动时,制动缸通过制动夹钳使闸片夹紧制动盘,使闸片与制动盘间产生摩擦,把列车的动能转变为热能,热能通过制动盘与闸片逸散于大气。图 2.31 为盘形制动装置。

②动力制动。动力制动,也称电制动。列车制动时,将牵引电机变为发电机,使动能转化为电能。动力制动主要有再生制动和电阻制动。

图 2.31 盘形制动装置

再生制动:再生制动是把列车的动能通过电机转化为电能后,再使电能反馈回电网。显然这种方式既能节约能源,又减少制动时对环境的污染,并且基本上无磨耗。

电阻制动:将发电机发出的电能加于电阻电器中,使电阻器发热,即电能转变为热能,也称能耗制动。电阻器上的热能靠风扇强迫通风而散于大气中。电阻制动一般能提供较稳定的制动力,但车辆底架下需要安装体积较大的电阻箱。

(2)黏着制动与非黏着制动

①黏着制动。列车制动时,车轮在钢轨上滚动的同时又有滑动的趋势,这种状态称为黏着状态。此状态车轮与钢轨间的最大水平作用力称为黏着力。制动时,可能实现的最大制动力不会超过黏着力。黏着力与轮轨间垂直载荷的比值,称为黏着系数。依靠黏着滚动的车轮与钢轨黏着点之间的黏着力来实现车辆的制动称为黏着制动。

②非黏着制动(黏着外制动)。

列车制动时,制动力的提供不再依靠轮轨之间的黏着力,而由其他方式提供,制动力的大小不受黏着力限制,这种制动方式称为非黏着制动。非黏着制动的制动力不是从轮轨之间获取,实现的最大制动力可能超过轮轨之间的黏着力。

闸瓦制动、盘形制动、电阻制动和再生制动均属于黏着制动;磁轨制动属于非黏着制动。

(3)气制动和电制动

制动的源动力主要有压缩空气的压力和电磁力。以压缩空气为源动力的制动方式称为气制动,如闸瓦制动、盘形制动等都为气制动方式;以电磁力为源动力的制动方式称为电制动,动力制动及轨道电磁制动等均为电制动;还有机械制动、液压制动等方式。

3)制动控制系统

制动控制系统主要有空气制动控制系统和电控制动控制系统两大类。当以压力空气作为制动信号传递和制动力控制的介质时,该制动装置称为空气制动控制系统,又称为空气制动机。以电气信号来传递制动信号的制动控制系统,称为电气指令式制动控制系统,其制动力的提供可以是压力空气、电磁力、液压等方式。

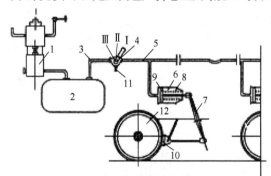

图2.32 直通空气制动机结构示意图

Ⅰ-缓解位;Ⅱ-保压位;Ⅲ-制动位;1-空气压缩机;2-总风缸;3-总风缸管;4-制动阀;5-制动管;6-制动缸;7-基础制动装置;8-缓解弹簧;9-制动缸活塞;10-闸瓦;11-制动阀EX口;12-车轮

(1)空气制动机

空气制动机分为直通空气制动机、自动空气制动机和直通自动空气制动机。直通空气制动机结构如图2.32所示。

(2)电气指令式制动控制系统

电气指令式制动控制系统是以电气信号来传递制动信号的制动控制系统。以压缩空气作为制动源动力的电气指令式制动控制系统称为电空气制动机。电空气制动机在各车辆都设有制动、缓解电空阀,通过设置于司机室的制动控制器使电空阀得、失电,最后控制制动缸的充、排气而实现列车的制动或缓解。

城市轨道交通车辆除了空气制动外,一般还有动力制动等其他制动方式与之配合,其制动控制系统必须能较好地协调各种制动方式的制动力大小和施加时机,因而制动控制系统也较复杂,一般由计算机系统来完成制动力的匹配协调。

2.4 城市轨道交通车辆电气牵引传动系统

2.4.1 城市轨道交通车辆电气牵引传动系统构成

城市轨道交通通常以列车编组形式运行,一列城市轨道交通车辆通常由3~8辆动车和拖车组成,也可以是全动列车编组,依据客流而定,通常称为电动列车。带有牵引动力装置的车辆称为动车,无牵引动力装置的车辆称为拖车。动车分为有受力弓的动车(Mp)和无受力弓的动车(M);拖车分为有司机室的动车(Tc)和无司机室的动车(T)。

国内比较常见的几种编组方式有3节、4节、6节和8节编组。如图2.33所示为常见的列车编组示意图。不同城市电动列车编组方式有所不同。目前,国内列车编组中车型表示方法还采用A、B、C等字母来表示,其中A-代表带司机室的拖车;B-代表带受电弓的动车;C-代表不带受电弓的动车。同时连接方式用"—"表示自动车钩,"="表示半自动车钩,"＊"或"+"表示半永久性牵引杆。

图2.33 常见的列车编组示意图

城市轨道交通车辆电气牵引系统主要包括受流设备和各种电气牵引设备及其控制电路。车辆电气牵引有直流电气牵引系统和交流电气牵引系统。直流电气牵引系统,采用直流牵引电动机,交流电力牵引系统,采用异步电动机和直线电动机两种。

2.4.2 城市轨道交通车辆电气传动及控制方式

城市轨道交通车辆的牵引动力来自牵引电动机。牵引电动机悬挂在车辆转向架或车轴上,并借传动装置驱动车辆前进。在起动、牵引及制动等各种工况,都是通过电气传动控制系统改变牵引电动机的转速以到达车辆调速的目的。牵引电动机将电能转变为机械能,驱动列车运行并控制运行速度。

传统技术模式的地铁车辆是依靠轮轨间黏着作用来发挥牵引及制动力,但由于物理黏着的限制,其加、减速度性能和爬坡能力都受到了制约。随着城市轨道交通技术的发展,直线电机车辆应运而生。与传统轮轨车辆的最大区别在于牵引传动系统,直线电机车辆是利用单边式直线感应电机作为地铁或轻轨车辆的驱动。这种驱动方式的推进力是由直线感应电机产生,车辆的车轮仅起支撑承载作用。

城市轨道交通车辆牵引传动控制方式如图2.34所示。

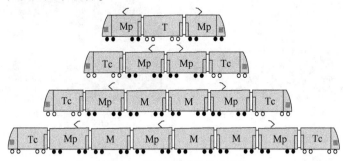

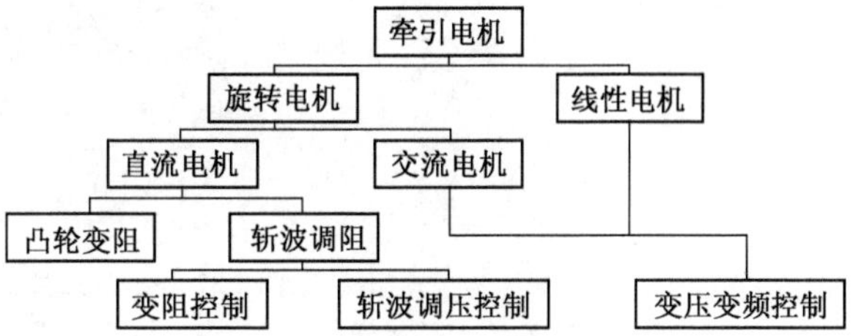

图2.34 城市轨道车辆牵引传动控制方式

2.4.3 受流设备

1) 受流器的形式

城市轨道交通车辆通过受流器与导线滑动接触,从供电电网吸收电能。受流设备将外部电源引入车辆电源系统,是列车接受供电的重要设备。常用的馈电方式有接触网和接触轨两种形式,基本采用直流1500V和直流750V供电。根据线路供电方式的不同,列车受流器通常有受电弓和集电靴两种形式。

直流1500V供电一般采用架空线接触网式，车辆采用受电弓受流(图2.35)。直流750V供电一般采用第三轨受电(图2.36)，车辆转向架上装有集电靴，其接触方式分为上部受流和下部受流。

图2.35 接触网—受电弓馈受电模式

图2.36 第三轨—集电靴馈受电模式

2)受电弓

(1)受电弓的结构

受电弓按结构可分为单臂型和双臂型；按驱动形式可分为气动型及电动型。受电弓由滑板、上框架、下臂杆(双臂弓用下框架)、底架、升弓弹簧、传动气缸、支持绝缘子等部件组成。菱形受电弓，也称钻石受电弓，以前非常普遍，后由于维护成本较高以及容易在故障时拉断接触网而逐渐被淘汰，近年来多采用单臂弓，如图2.37所示。

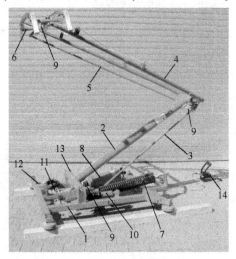
图2.37 受电弓的构成
1-底部框架；2-下臂；3-下导杆；4-上臂；5-上导杆；6-集电头；7-主张力弹簧；8-气压升弓装置；
9-导电桥线机构；10-阻尼器；11-弓托；12-最低点位置指示器；13-高位止挡；14-吊钩闭锁器

(2)受电弓主要部件及作用

底部框架：底部框架由方形管或型钢焊接而成，用于支撑整个框架，底部框架上还安装有铜接线排与连接列车主电源电缆。并通过轴承与下部撑杆相连。

绝缘子：绝缘子安装在底部框架上，用于支撑底部框架，并将车体与受电弓隔离。绝缘子要求具有良好的电气绝缘性和机械性能,一般常来用瓷或玻璃纤维聚醋压制而成。

下部框架:由下部撑杆和下部导向杆组成。下部撑杆由无缝冷拉钢管焊接而成。在下部撑杆上安装有接线扳,主张力弹簧连杆、缓冲器冲击块、上部导向杆的轴承支座及驱动汽缸的安装支座。下部导向杆由钢管制成,其长度可改变。通过改变下部导向杆长度来调节受电弓最低位置。下部导向杆上还安装有受电弓高位止挡。止挡决定受电弓最大升起高度。

上部框架:上部框架由上部撑杆和上部导向杆组成。上部撑杆由锥形角钢管焊接而成,包括铰链及斜支撑杆。斜支撑杆使上部撑杆具有侧向稳定性。上部导向杆长度可改变,安装了集电头。

集电头:集电头是受电弓与接触网接触的部分,主要由滑板、转轴、弓角、弹簧盒组成。由轻金属制成的弓角可以防止在接触网分叉处接触导线进入滑板底下,避免刮弓事故的发生。滑板由电石磨碳制成的接触部件及由轻金属制成的支撑物组成。弹簧盒中装有螺旋压缩弹簧,可为集电头在垂直方向提供一定的自由度。

主张力弹簧:主张力弹簧安装在下部撑杆上,按轴向布置。通过调节螺栓可改变弹簧连杆的有效长度,使受电弓在整个工作范围内有一个恒定的接触力。

传动汽缸:传动汽缸安装在受电弓底部框架上,通过活塞杆和在下部撑轴上的杆来使受电弓动作。升弓和落弓速度可通过节流阀来调节。

3) 集电靴

(1) 集电靴的结构

集电靴由绝缘底座、调整支架、调整丝槽、手动回退工具插入位置、气动回退装置、拉簧压力系统、集电靴止挡、调整螺栓等部件构成。

集电靴结构如图2.38所示。

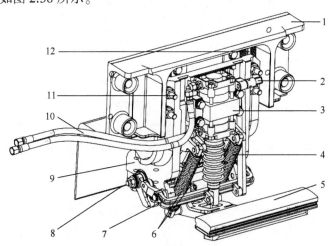

图2.38 集电靴结构总图

1-绝缘底座;2-手动回退工具插入位置;3-气动回退装置;4-拉簧压力系统;5-碳滑板;
6-集电靴止挡;7-回退柄;8-臂轴;9-调整支架;10-气管;11-调整螺栓;12-调整丝槽

(2) 集电靴主要部件及作用

调整支架:通过调整螺栓11可以整体调整集电靴高度,主要是调整臂轴8的高度。

调整丝槽:调整丝槽共有20个槽,每个丝槽距离为4mm,调整范围为80mm。这主要是针对列车轮对磨耗来设计的。因为列车新轮直径为730mm,半磨耗为690mm,全磨耗为

650mm,即轮对磨耗范围是80mm。当列车轮对有磨耗时,可以通过调整集电靴在丝槽上的位置来调整集电靴臂轴的高度,保证臂轴高度在183mm±4mm。

手动回退工具插入位置:通过在手动回退工具插入位置插入绝缘棒可以实现集电靴手动升降靴。

拉簧压力系统:用来保持集电靴升靴所需的力。

集电靴止挡:集电靴止挡有升靴止挡和降靴止挡,集电靴止挡主要是调整集电靴升降靴的极限高度。集电靴升靴止挡有刚性止挡和橡胶止挡。刚性止挡起主要的止挡作用;橡胶止挡主要起缓冲作用,因为受流臂很长,所以橡胶止挡最好高于刚性止挡5mm。

气动回退装置:气动回退装置主要由集电靴气缸和回退柄组成,气动控制集电靴升降。

集电靴供风单元箱:主要由两个二位五通的脉冲电磁阀、一个过滤减压阀及五个截断赛门集成在一个阀板上组成。

2.4.4 牵引电动机

牵引电动机分旋转电动机和直线电动机两大类。旋转电动机有直流电动机和交流电动机。线性电机即直线牵引电动机,是异步感应电动机的简称。

1)直流电动机

(1)直流电机的组成及作用

直流牵引电动机主要由静止的定子和旋转的转子两大部分组成。定子由主磁极、换向极、电刷装置、机座、端盖和轴承等部件组成,其作用是产生磁路和作电机的机械支撑。转子由电枢铁芯、电枢绕组、换向器和转轴等部件组成,用来产生感应电势和电磁力矩,它是实现能量转换的主要部件。

主磁极包括主极铁芯和激磁线圈,主磁极通常由钢板叠成,可降低电枢旋转时齿和槽相对磁场移动时产生磁场脉震在极靴表面的涡流损耗。主极铁芯分极芯和极靴,极靴与电枢表面间的缝隙是不均匀的。换向极由极芯和换向线圈组成,换向极的作用是产生换向磁场用来改善电机的换向。电枢铁芯是电机磁路的一部分,作用是承受电磁力。电枢绕组镶嵌在电枢铁芯的槽中,电枢线圈按一定的规律和换向器连接起来构成电枢绕组。电枢绕组由许多绕组元件组成,分单匝元件和多匝元件。电机旋转时,绕组元件将受到很大的离心力作用。换向器由许多相互绝缘的换向片组合而成,其作用是将电枢绕组中产生的交流电势转换为电刷间的直流电势。电刷装置的作用是使转动的电枢绕组与外电路连接起来,由电刷、刷握、刷握架和刷杆组成。

(2)直流电机的特点

直流牵引电动机的调速有两种基本形式:变阻控制和斩波调压控制。

变阻控制:通过调节串入电机回路的电阻以改变直流牵引电动机端电压来达到调速目的。主要有凸轮控制和斩波调阻控制两种方式。

斩波调压控制:通过接在电网与牵引电动机之间斩波器的导通与关断改变牵引电动机端电压来达到调速目的。

直流牵引电动机的励磁方式可分为他励、串励和复励等。

2)交流电动机

(1)交流电动机的组成及作用

城轨车辆交流牵引通常采用异步电动机。三相笼式异步牵引电动机主要由固定部分的定子和旋转部分的转子两大部分组成。定子和转子之间有一很小的间隙称为气隙。与其他电机一样，异步电动机的定子和转子之间必须有一气隙。定子的两端还有端盖。

异步牵引电动机的定子由定子铁芯、定子绕组和机座三部分构成。定子铁芯作为电动机中磁路的一部分和放置定子绕组，其作用为了减少旋转磁场在铁芯中引起的损耗，铁芯一般用导磁性良好的电工硅钢片叠成。定子绕组的作用主要是产生感应电势，通过电流以实现机电能量转换。机座的作用是固定和支撑定子铁芯，要求有足够的机械强度和刚度。

异步牵引电动机的转子由转子铁芯、转子绕组和轴承等部分构成。转子铁芯作为电动机中磁路的一部分，一般由硅钢片叠成，铁芯安装在轴承上。转子铁芯上开有槽，供放置浇筑转子绕组使用。转子绕组的作用主要是产生感应电流电势，流过电流和产生电磁转矩，其结构外形常为鼠笼式。异步牵引电动机的转子绕组不需外界电源供电，可以自行闭合而构成短路绕组。每个转子槽中插入一根导条，在伸出铁芯两端的槽口处用两个端环分别把所有导条连接起来。

(2) 交流电动机的特点

交流电动机没有换向器，构造简单、运行可靠、效率较高、维护很少、价格低廉；转子坚固，定子绕组沿圆周均匀分布，电机体积小，能获得较大的单位质量功率；其机械特性较硬，具有较好的防空转性能，使黏着利用提高，且微电子技术的发展使异步电动机的调压变频调速得以顺利实现。

图 2.39 为 YQ-190-8A 型地铁、轻轨牵引电机，其体积长×宽×高为 780cm×703cm×593cm，质量590kg 额定输出功率 190kW，额定电压 1500V，额定电流 131A，额定转速 1800r/min，最大额定转速 3469r/min，额定转矩 1008N·m，绝缘等级 200 级。

3) 直线电机

直线电机一般分为直线同步电机和直线感应电机两种类型，城市轨道交通中一般使用直线感应电机，简称直线电机。

图 2.39　YQ-190-8A 型地铁、轻轨牵引电机

(1) 直线电机的组成及作用

直线感应电机类似于传统的旋转感应电机。直线电机可视为一台旋转电机沿半径方向切开而展平的感应电机，即将旋转感应电机静止的定子(铁芯和绕组)安装在车辆的转向架上，将旋转的转子(感应板)连接在轨道中间的感应轨上，当直线电机的定子绕组通过交流电流时，两部分产生的磁场相互作用，直接推动车辆前进；反之产生斥力，可使车辆制动。改变交流电的电压及频率，就可控制磁场的变化，从而完成列车的起动和制动。

(2) 直线电机的特点

直线电机是以直线运动代替旋转运动进行牵引与制动的。直线牵引电机传动方式由旋转运动变为直线运动。

2.4.5　牵引控制系统

牵引控制系统用于控制列车电机工作，为列车提供所需动力及制动力。牵引控制系统由高速开关、主电路、变流设备、制动电阻及牵引控制单元等部件组成。

(1)高速开关

高速开关是用来接通和分断电动列车的高压电路,是电动车辆的主要保护装置。高速开关装置由基架、短路快速跳闸装置、过载跳闸装置、合闸装置、灭弧栅和辅助触点等几个部件组成。

(2)主电路

主电路由主接触器等构成。主接触器由电磁机构、传动装置、主触头、灭弧装置、辅助开关等组成。电磁接触器是用来频繁地接通和切断主电路的自动切换器,能进行远距离的自动控制。

(3)变流设备

变流设备由斩波器、牵引逆变器及其他辅助设备所组成。变流设备按牵引电机种类的不同,可分为直流-直流变流设备、直流-交流变流设备、交流-直流变流设备、交流-直流交流变流设备。城市轨道交通线路供电基本采用直流电源模式,因此其变流设备通常采用直流-直流和直流-交流两种形式。

(4)制动电阻

制动电阻由框架、带状电阻、绝缘子等部件组成。一个制动电阻单元由几个制动电阻模块组成。制动电阻用于城轨车辆的电阻制动,承担电机电流中不能再生的那部分制动电流。

(5)牵引控制单元

牵引控制单元由一个微机实时测控,处理由司机发出的指令,通过参考值设置、牵引(制动)控制电路的数据和应答信号,并根据相应程序对牵引电路进行控制。同时控制单元还具有故障检测及故障存储功能。图2.40为交流传动控制单元DCU。

图2.40 交流传动控制单元DCU

2.4.6 牵引电动机与传动装置

牵引电动机与齿轮变速传动装置是动力转向架所特有的一套装置。动力转向架无论采用直流牵引电动机还是交流牵引电动机,均通过机械减速装置,再利用轮轨的黏着作用,驱动车辆沿着轨道运行。

(1)中央牵引装置

图2.41所示是一种典型中央牵引装置,长春客车厂设计的地铁无摇枕转向架就采用了这种结构的中央牵引装置。

(2)传动装置

传动装置可分为爪形轴承的传动、横向牵引电动机-空心轴传动、两轴-纵向驱动骑马式结构、全弹性结构的两轴-纵向驱动、牵引电动机对角配置的单独轴-纵向驱动和牵引电动机置于车体上的驱动装置6种结构形式。

图2.42所示是爪形轴承的传动装置。它是直接利用牵引电动机驱动轴上的齿轮带动轮对轴传递扭矩,电机驱动轴与轮对轴之间呈平行配置,牵引电动机的一部分质量通过两个爪形轴承支承于轮对轴上,另一部分质量通过弹簧支承于构架梁上,也称为抱轴式。

图2.43所示是横向牵引电动机—空心轴传动装置。它将牵引电动机支承于构架横梁,采用电动机空心轴和高弹性联轴器驱动齿轮减速箱,可以解决电动机直接支承于轮轴增加

簧下质量和传动件过小的扭转弹性常导致集电器过载的问题。牵引电动机质量全部由转向架构架承担,这是一种典型的架悬式(全悬挂)结构。由于电动机采用空心轴,所以又称为电动机空心轴式结构。

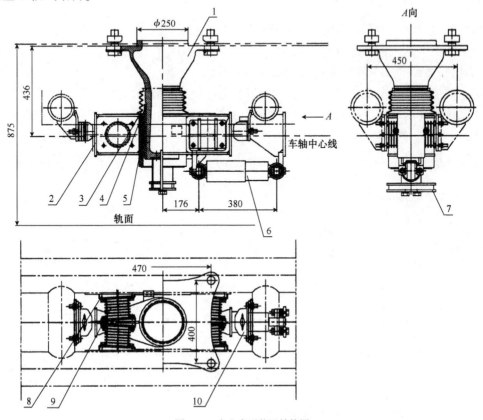

图2.41 中央牵引装置结构图
1-中心销;2-牵引梁;3-防尘罩;4-衬套;5-中心销套;6-横向油压减振器;
7-空气弹簧异常上升止挡;8-安装板;9-牵引叠层橡胶;10-横向缓冲橡胶

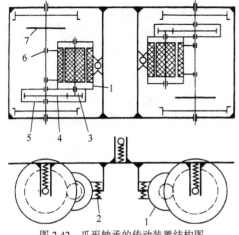

图2.42 爪形轴承的传动装置结构图
1-牵引电动机;2-电机弹性悬挂;3-驱动小齿轮;4-车轴上大齿轮;5-减速齿轮箱;6-爪形轴承;7-制动盘

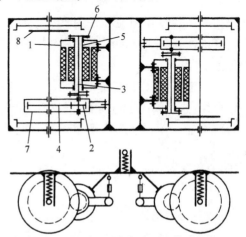

图2.43 横向牵引电动机-空心轴传动装置结构图
1-牵引电动机;2-小齿轮;3-驱动轴;4-大齿轮;5-空心轴;6-联轴器;7-减速齿轮箱;8-制动盘

2.5 城市轨道交通供电系统

2.5.1 城市轨道交通供电系统构成

城市轨道交通电力系统为电动列车提供牵引用电,为城市轨道交通运营服务电能。城市轨道交通供电系统由外部电源、主变电所或电源开闭所、牵引供电系统、动力照明供电系统、电力监控系统等几个部分构成,如图 2.44 所示。

城市轨道交通供电系统,根据用电性质的不同可分为两部分,即由牵引变电所为主的牵引供电系统和降压动力变电所为主的动力供电系统。牵引供电系统包括牵引变电所和牵引网系统,动力照明供电系统包括降压变电所和动力照明配电系统。城市轨道交通牵引供电系统组成如图 2.45 所示。

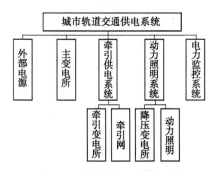

图 2.44 城市轨道交通供电系统

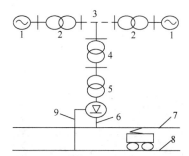

图 2.45 城市轨道交通牵引供电系统组成示意图
1-发电厂(站);2-升压变压器;3-电力网;4-主变电所;5-牵引变电所;6-馈电线;7-接触网;8-走行轨;9-回流线

2.5.2 城市轨道交通供电系统的作用

发电厂(站)是城市电网发出电能的中心。

升压变压器:发电厂的发电机发出的电能,要先经过升压变压器升高电压。

电力网:将高压电流通过三相传输线输送到主变电所或区域变电所。

主变电所:将来自城市电网(发电厂)的高压交流电能经过降压转变为轨道交通系统中压交流电。

牵引变电所:将中压交流电整流为城市轨道交通系统规定的直流电能。

馈电线:连接牵引变电所和接触往的导线,将牵引变电所的直流电送到接触网上。

接触网:沿车辆走行轨架设的特殊供电线路,轨道车辆通过受流器与接触网直接接触获得电能。

走行轨:电动列车的走行轨,走行轨道构成牵引供电回路的一部分,也是行车信号电路的一部分。

回流线:将轨道回流回送到牵引变电所。

2.5.3 城市轨道交通外部供电方式

外部电源供电方式直接涉及城市电网与城市轨道交通系统的接口问题,是城市轨道交通供电系统设计中的重要组成部分。

（1）集中式供电

集中式供电指在轨道沿线，根据用电容量和轨道线路的长短，为轨道交通建设专用的主变电所或区域变电所，这种由主变电所构成的供电方式称为集中式供电。集中式供电发电厂或城市电网区域变电所，以110kV高压向主变电所供电，经降压并在沿线结合牵引变电所、降压变电所形成中压环网。每个主变电所由城市电网提供两路电源，再由主变电所集中对地铁牵引、动力系统负荷供电。集中式供电如图2.46所示，图中H代表牵引/降压混合变电所。

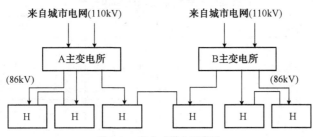

图2.46 集中式供电示意图

（2）分散式供电

分散式供电是指不设主变电所，直接由城市电网区域变电所的中压输压电线直接向沿线设置的牵引变电所、降压变电所供电并形成环网。根据城市轨道交通供电系统需要，在城市轨道交通沿线直接由城市电网引入多路电源，电源电压等级一般为10kV，供给各牵引或降压变电所。分散式供电如图2.47所示。

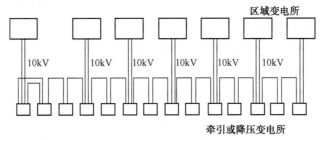

图2.47 分散式供电示意图

（3）混合式供电

混合式供电即为前两种供电方式的结合，根据城市电网情况，以集中供电方式为主，个别地段引入城市电网电源采用分散式供电作为集中式供电的补充，使供电系统更完善可靠。

2.5.4 变电所

1）变电所主要电气设备

变电所的主要电气设备包括：变压器、断路器、隔离开关、母线、熔断器、电压互感器、电流互感器、避雷器、整流器等。

变压器：一种变换器，用于传递和变换交流电能。

断路器：一种对电路进行控制（开断、关合）和保护的高压电器开关，用于自动切断负载电流和短路电流。

隔离开关：高压电器开关，可在无负荷电流时接通和断开电路。

母线：导线，用于汇合和分配电能。

熔断器:利用过负荷或短路电流导致熔体发热熔断原理设计的保护电器设备。
电压互感器:用于测量、控制和保护回路用的变压器。
电流互感器:用于电气测量、控制和保护回路用的变流器。
避雷器:防止雷电波损坏电器设备绝缘的保护电器。
整流器:用于与牵引变压器组合为变压整流的变换装置。
变电所中主要电气设备的图形和符号见表2.6。

主要电气元件设备的图形和符号 表2.6

名称	图形	符号	名称	图形	符号
三相变压器	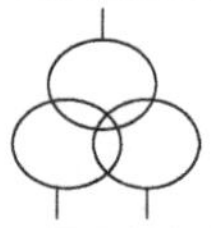	B	电压互感器	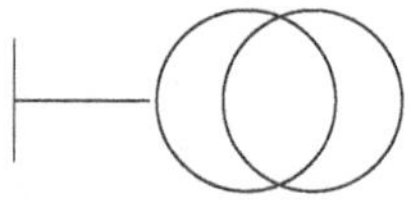	YH
断路器	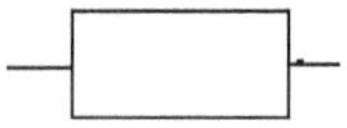	DL	电流互感器	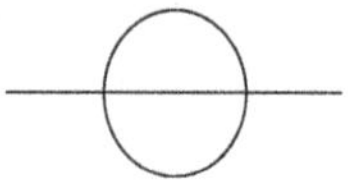	LH
带隔离触指断路器	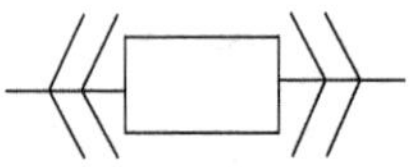	DS	带隔离触指直流高速开关		SK
隔离开关	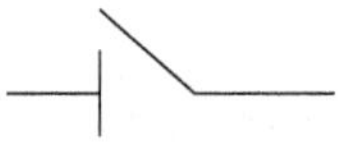	G	低压交流开关		DK
母线		M	阀型避雷器	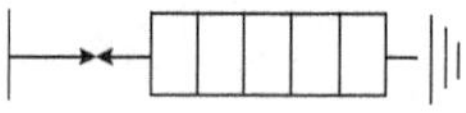	BL
熔断器	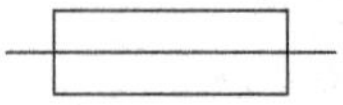	RD	整流器	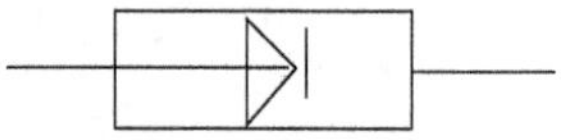	ZL

2)主变电所
(1)主变电所系统的组成
主变电所至少设置两台变压器,有开路电路的开关、汇集电流的母线、计算和控制互感器、仪表、继电保护装置和防雷保护装置、调度通信装置等。
(2)主变电所系统的设备及功能
主变电所承担着向城市轨道交通全线提供电能的任务。主变电所将城市电网提供的两路相互独立的、可靠的110kV交流电压的电源,降压为中压35kV的电源,再配送到城市轨道交通系统所有用户的供电。两路110kV进线,每路设有三台110kV开关。主变压器将110kV的交流电降至35kV的交流电。经主变压器输出的35kV电压,需要通过母线配送至各个牵引变电所和降压变电所,35kV开关负责通、断电路的开关装置。隔离开关(闸刀)负责接通或切断所接入的电路。自动监控设备对变电所的电气设备的监测和控制,并能对其进行远程控制和数据采集。主变电所系统的功能如图2.48所示。

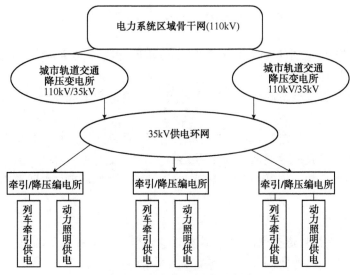

图 2.48 主变电所的功能示意图

3)牵引变电所

(1)牵引变电所系统的组成

牵引变电所系统由 35kV 交流开关柜、整流变压器、整流器、直流开关柜、所用交直流屏和钢轨电位限制器等设备构成。牵引变电所的关建设备是整流机组,为提高供电质量,降低直流电源的脉动波动量,整流器通常采用多相整流的方法,它可以是六相、十二相整流,甚至可以增加到二十四相整流。例如,采用两套 12 脉波硅二极管三相桥式整流器,并联运行构成等效 24 脉波整流。直流牵引变电所安装多相整流设备,其中的整流元件采取有效的过电流保护和降温冷却保护。

(2)牵引变电所系统的功能

牵引变电所将城市电网区域变电所或城市轨道交通的主变电所送来的电能,经过降压和整流变成轨道交通电动列车使用的直流电源,再通过沿线架空接触网及回流网等,不间断地供给轨道交通电动列车电能。

4)降压变电所

(1)降压变电所系统的组成

降压变电所系统由 35kV 交流开关柜、动力变压器、400V 交流开关柜等设备集成。车站独立设置的降压变电所,另配钢轨电位限制器。

(2)降压变电所系统的功能

降压变电所将来自于主变电所或相邻变电所的 35kV 电源,通过中压网络分配给降压变电所,并通过降压,变成车站、区间动力照明等设备使用的低压 380V/220V 电源,再通过低压配电系统不间断地供给动力照明等设备使用。降压变电所一般设在车站附近,既可对车站较集中的电气设备供电,也可以向车站两侧区间用电设备供电。

2.5.5 城市轨道交通触网设备

1)触网设备

牵引供电系统由牵引变电所和牵引网组成。在城市轨道交通牵引供电系统中,电能从牵引变电所经馈电线、接触网输送给电动列车,再从电动列车经钢轨称走行轨道、回流线流回牵引变电所。一般称接触网、馈电线、走行轨道、回流线为牵引网。

2) 触网设备作用

接触网是指将牵引变电所的电源传送给城市轨道交通车辆的导体,经过电动列车的受电器向电动列车供电的导电网。

馈电线:连接牵引变电所和接触网的导线,把牵引变电所电能变换成牵引制式用电的电能馈送给接触网。

走行轨道:电动列车的走行轨,在非电牵引情形只是列车的钢轨,在电力牵引时除仍具有导轨功能外,还需要完成导通回流的作用。

回流线:连接轨道和牵引变电所的导线,通过回流线把轨道中的回路电流导入牵引变电所。

3) 牵引供电制式

牵引供电制式是指轨道交通的供电系统向电动车组供电所采用的电流制、电压等级和供电方式,一般分地面接触轨制式和架空接触网制式两种。

(1) 直流 750V 地面接触轨制式

地面接触轨制式又称为第三轨—集电靴模式。接触轨是沿着走行轨道一侧平行铺设的附加第三轨。第三轨一般是具有高导电率的特殊软钢制成的钢轨,安装在车辆走行轨道外侧处,高出轨面 4040mm 处,由导电接触轨、绝缘子、绝缘支架、防护罩、隔离开关和电缆组成。城市轨道交通车辆侧面或是底部伸出的受电器(集电靴)与第三轨接触获得电能。采用第三轨—集电靴模式受电的车辆需装置四架集电靴,工作电压一般为直流 750V。

根据集电靴和第三轨配合的方式,可分为为上接触式、侧面接触式和下接触式。

上接触式:三轨安装在绝缘子组件上,由接触轨、绝缘子、三轨夹板、防护支架、防护板、端部三轨弯头、防爬器等构件组成。受流器滑靴从上压向接触轨轨头顶面受流。受流器的接触力是由下作用弹簧的压力调节的,受流平稳,由于端部弯头的过渡作用,能够减少在断电区的电流冲击。

下接触式:下接触式三轨轨头朝下,通过绝缘肩架、橡胶垫、扣板收紧螺栓、支架等安装在底座上。下接触式的优点是防护罩从上部通过橡胶垫直接固定在接触轨周围,对人员安全性好。

侧面接触式:侧面接触式就是接触轨轨头端面朝向走行轨,集电靴从侧面受流。跨座式独轨车辆就采用侧面接触形式。其受流器装在转向架下部,接触轨装在轨道梁上。

(2) 直流 1500V 架空接触网制式

架空式接触网是架设在走行轨道上部的接触网,由电动车辆顶部伸出的受电弓与其接触取得电能。架空式接触网悬挂类型大致为简单悬挂、链形悬挂和刚体悬挂三种。架空线的悬挂方式,要根据架线区的列车速度、电流容量等输送条件以及架设环境进行综合决定要采取方式。其中,前两类又称为柔性悬挂,后者称为刚性悬挂。

2.5.6 城市轨道交通动力及照明设备

1) 动力照明设备系统组成

动力及照明供电系统提供车站和区间各类照明、提供车站内的动力设备包括扶梯、风机、水泵、消防等动力机械设备电源和通信、信号、防灾报警、自动售检票、自动监控系统、屏蔽门等自动化设备电源动力用电。

动力照明供电系统由降压变电所和动力照明配电线路组成,城市轨道交通动力照明系统如图 2.49 所示。

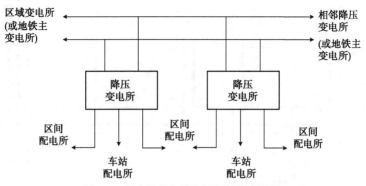

图 2.49 城市轨道交通动力照明系统示意图

城市轨道交通供电系统动力照明与通常动力照明供电系统基本相同。车站及区间动力照明系统其电压等级一般采用 380V/400V 三相五线制和 220V 的单相三线制两种供电方式。

2)动力及照明供电系统负荷等级划分

根据用电设备对用电可靠性要求,一般分为三级。其中,一、二级负荷占大多数。

(1)一级负荷

一级负荷包括主控系统、通信系统、信号系统、火灾报警系统、气体灭火系统、机电设备监控系统、门禁系统、屏蔽门、防淹门、消防泵、废水泵、雨水泵、站厅站台公共区照明、事故及疏散标志照明、事故风机及风阀、排烟风机及风阀等设备。

(2)二级负荷

二级负荷包括设备区和管理区照明、非事故风机及风阀、出入口通道照明、污水泵、集水泵、自动扶梯、电梯、楼梯升降机、自动检售票系统、民用通信电源、维修电源等。

(3)三级负荷

三级负荷包括公共区和管理用房空调系统的冷水机组、冷冻水泵、冷却水泵、冷却塔风机、补水泵、广告照明、清扫机械以及生活用电源等。

3)动力及照明设备系统的的功能

配电所:配电所起到电能分配作用。降压变电所通过配电所将三相 380V 和单相 220V 交流电分别供给动力、照明设备,各配电所对本车站及其两侧区间动力和照明等设备配电。

配电线路:配电所与用电设备之间的导线。

2.5.7 城市轨道交通电力监控系统设备

1)电力监控系统的构成

电力监控系统(简称 SCADA)主要由调度控制中心、供电复示系统和变电所综合自动化系统三部分构成。电力监控系统结构如图 2.50 所示。

SCADA 系统分为主站监控系统、子站系统和通信传输系统。主站监控系统主要设备有控制计算机、计算机冗余网络系统、人机接口设备、打印记录设备、显示屏及控制服务器和数据传输及数据处理设备;子站系统主要设备有运动终端、变电所自动化设备包括水压表、气压表、流量计、电压送变器、电流送变器、继电器控制电泵开关、电动调节阀等;通信传输系统主要设备有通信前置服务器、路由器、调制解调器和光通信线路等。

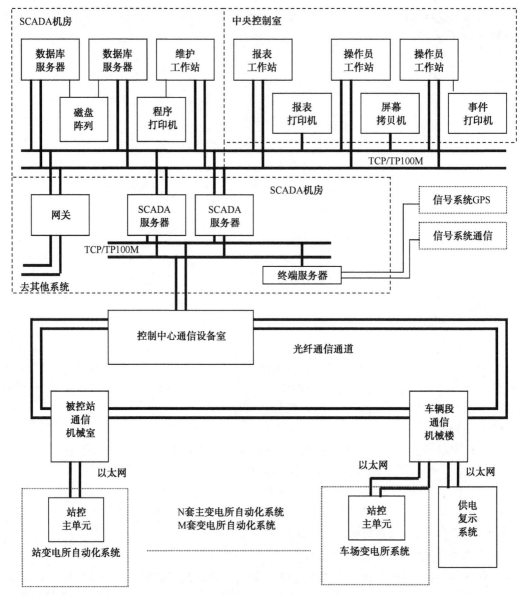

图2.50 电力监控系统结构示意图

2)电力监控系统的作用

电力监控系统主要利用"遥控、遥信、遥测、遥视和遥调"对主变电所、牵引降压混合所和降压变电所的运行实施实时监控,及时完成变电所事故分析处理和维护维修调度管理。

(1)调度控制中心

通过调度控制中心与被控站之间的通信系统专用网络通信通道,与各变电所自动化系统之间实行实时监控。SCADA 系统可连续采集和处理轨道交通供电系统有关的重要测量信息及设备状态信号,提供全面的电力系统的运行状态和监控操作手段,以便向调度操作人员提供有关的运行信息,及时进行操作处理,实现系统安全运行。

(2)复视系统

复示系统功监视全线变电所设备、接触网设备的运行情况,使供电维护人员及时了解现场事故信息,提高处理事故的工作效率,缩短停电时间。与控制中心实现远程通信,完成维修调度作业计划的发送和接收。

(3)变电所综合自动化系统

变电所综合自动化系统可以实现变电所各种设备监控功能。包括各个设备的电流、电压、功率、电度采集和电气一次设备的控制、监视、联动、联锁、闭锁功能、自动投切等。重要设备之间不仅利用二次回路实现硬线的联动、联锁、闭锁,还可以利用综合自动化软件实现逻辑判断、计算、继电器等功能。

2.6 城市轨道交通通信设备

2.6.1 城市轨道交通信号系统

1)城市轨道交通信号系统的构成

城市轨道交通信号系统通常由列车运行自动控制系统和车辆段信号控制系统构成。列车运行自动控制系统(ATC)包括列车自动防护系统(ATP)、列车自动驾驶系统(ATO)和列车运行自动监控系统(ATS)。城市轨道交通信号系统的构成如图2.51所示。

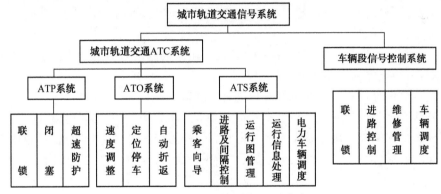

图 2.51 城市轨道交通信号系统构成

2)城市轨道交通信号系统的功能

城市轨道交通信号系统的功能主要包括联锁、闭塞、列车控制和调度指挥,由ATC系统和车辆段信号控制设备完成。

(1)列车自动防护(ATP)系统

ATP系统的主要功能是列车速度监控和超速防护。根据安装在列车车身上的编码里程计、信标天线和安装在轨旁的欧式应答器进行列车安全测速和定位。通过采集驾驶员输入和轨旁有源信标或区域控制器获得的变量信息和EOA信息,确定列车的驾驶模式,并对列车的速度、间隔、能量、退行、车门开关等进行监控,在列车发生超速、超能、冒进、退行时对列车施加紧急制动,保证列车运行和乘客安全。

(2)列车自动驾驶(ATO)系统

ATO系统的主要功能是完成站间自动运行调度命令。根据安装在列车车身上的编码里程计、信标天线和安装在轨旁的欧式应答器进行列车精确测速和定位。根据运行调整指令自动驾驶列车运行,保证列车运行时的乘客舒适性和自动精确停站。

(3)列车运行自动监控(ATS)系统

ATS系统是整个城市轨道交通系统的运营核心,在ATP系统、ATO系统的支持下实现对列车运行状态的监督和控制,辅以调度人员对全线列车进行管理,包括调度区段内列车运行情况的集中监视与控制、检测进路控制、列车间隔控制、运行图管理与运行信息处理以及乘客向导等。

(4)车辆段信号控制设备

车辆段设ATS系统分机和一套联锁设备。ATS分机采集段内裤线的列车占用情况及列车进出车辆段的列车信号机状态。联锁设备用以实现车辆段的进路控制,通过ATS分机与行车指挥中心交换信息。

2.6.2 城市轨道交通信号基础设备

1)信号机的种类

①透镜式色灯信号机。透镜式色灯信号机是以透镜组合获得不同颜色的信号显示,并满足显示距离要求。透镜式色灯信号机有高柱和矮型两种类型。高柱信号机机构安装在钢筋混凝土(或钢性)信号机柱上,由信号机构、机柱、托架、梯子等部分组成。矮型信号机的机构安装在信号机基础上。

②组合式色灯信号机。组合式色灯信号机的机构增加反光镜和偏散镜,以改善列车通过曲线段的瞭望条件,实现信号的连续瞭望,该信号机透镜采用带偏光镜的非球面镜结构,构成合理光束偏散现象。

组合式色灯信号机每个机构只有一个灯室,使用时根据信号显示分别组装成二显示、三显示体,信号机构壳体采用铝合金材料。

透镜式色灯信号机和组合式色灯信号机每个灯室均安装一个灯泡。

③LED组合式色灯信号机。LED组合式色灯信号机的机构大小同透镜式色灯信号机,机构由铝合金材料构成。信号机发光体采用发光二极管(LED)的组合单元,一般由36个发光二极管布阵构成,信号机重量轻、节省能源、使用寿命长,少数二极管故障时不影响信号机的显示效果,当三分之一的发光二极管故障时,发出故障报警信号,提醒维修更换。

2)信号机的作用

信号机作为进入进路的凭证,指使列车或车列的运行。信号关闭时,列车或车列不能越过信号机;进路建立信号开放后,列车或车列根据信号显示进入进路内方;进站信号机平时点亮红灯,不准列车进站;信号开放后,列车根据进站信号的显示进入预期的股道,正线出站信号机开放允许列车进入区间。

车辆段出站信号开放允许信号,允许列车进入联络线;车辆段出站信号机兼有调车功能,又叫出站兼调车信号机。开放调车信号时允许车列越过信号机进行调车作业。正线还有折返信号机,通过信号机,车辆段还有咽喉区和尽头线的调车信号机等。

信号机多采用灯泡或发光二极管(LED)组板构成的色灯透镜信号机等。根据安装位置和瞭望的需要等分为高柱和矮柱信号机。不同的灯光显示表示运营要求:红灯或蓝灯表示禁止信号,一个黄灯允许进入正线停车,或区间只有一个闭塞分区空闲,两个黄灯表示,允许进入侧线,绿灯表示正线通过(因车辆段是尽头型车站,进站信号机没有绿灯显示),白灯允许调车,正线信号机显示白灯允许列车经道岔曲股折返、进入存车线,或与红灯同时点亮表示开放引导信号。

为了方便使用,对信号颜色和信号机显示等实际情况引入一些图形符号和标识。信号机的图形符号和平面图常用颜色见表2.7。

信号图形符号　　　　　　　　　　　　　　　　　　表2.7

信号机显示	图形符号	信号复示器显示	图形符号	信号机标识	图形符号
红色灯光	●	稳定绿灯	⊗	左向高柱信号机	⊙⊣
黄色灯光	⊘	稳定红灯	⊗	右向高柱信号机	⊢⊙
绿色灯光	○	闪光黄灯	⊗	左向矮柱信号机	⊙⊣
蓝色灯光	⊙	空灯位	⊗	右向矮柱信号机	⊢⊙
月白灯光	◎				

3) 信号机设置的技术要求

城市轨道交通信号机原则上设置在运行线路的右侧。若因地形地物影响或其他原因需要设置在左侧时,须在有关《站场细则》中标注并加以说明。如折返线中的信号机,站台出站信号机等,高柱信号机的显示距离不少于800m,矮柱信号机显示距离不少于200m,正线高柱信号机的建筑限界为2440mm、矮柱信号机的建筑限界为1875mm。

2.6.3　道岔及转辙机

1) 道岔及转辙机的构成

道岔是轨道线路分歧的线路连接,是轨道线路的分岔部分,转辙机是转换道岔的装置,通过道岔线路的不同开向引领车辆轮对进入不同的线路,转辙机控制道岔尖轨的开通方向,保证轮对安全顺畅地通过道岔线路。道岔及转辙机的构成如图2.52所示。

图2.52　道岔及转辙机的构成

(1) 道岔的结构

道岔包括两条基本轨、两条尖轨、两条导曲轨、一组岔心和两根护轮轨等。其中基本轨是道岔线路的基本组成部分,两条活动尖轨同时只能一边与基本轨密贴(不大于4mm间隙),另一边处于分开位置(满足规定的动程),轮对一边由基本轨过渡到尖轨,另一边沿基本轨运行,通过导轨到岔心,由护轮轨牵引保证轮对安全、顺利通过岔心。

(2) 转辙机的组成

转辙机种类很多,一般包括电动机、液压抽油泵、减速/调整装置、主轴、锁闭齿轮、齿条块、动作杆、表示标、自动开闭器、移位接触器、安全接点等组成。

2）转辙机的类型

按动作能源和传动方式分，转辙机分为电动转辙机、电动液压转辙机和电空转辙机。按供电电源方式分，可分为直流转辙机和交流转辙机。按动作速度分，分为普通动作转辙机和快动转辙机。按锁闭道岔的方式分，分为内锁闭转辙机和外锁闭转辙机。按是否可挤分，分为可挤型转辙机和不可挤型转辙机。

3）道岔及转辙机的作用

道岔线路是轨道分岔的地方。转辙机控制着道岔的转换并实现道岔的锁闭。道岔线路的开通位置和转辙机的工作状态与列车运行安全直接相关，建立进路时进路上道岔必须转换到规定的位置，并连续检查道岔位置正确，才能保证信号的开放。进路锁闭、道岔区段有车占用或轨道电路故障时道岔不能转换（确认道岔区段空闲，办理道岔强解后可以转换）。调度中心或车站控制室能够实现道岔的自动控制，发布道岔控制命令或进路控制命令进路中的道岔自动转换至安全位置。调度中心或车站控制室可以实现道岔自动排列进路命令驱动和人工操作控制。道岔设备故障情况下可以实现手工摇动和锁闭。

2.6.4 轨道电路

1）轨道电路的组成

（1）导体

轨道电路的导体部分包括：钢轨、连接夹板、导接线等。其中正线钢轨采用60kg/M无缝长轨，车厂钢轨采用50kg/M短轨，连接夹板、导接线主要用于车厂线路和正线折返线、存车线等处。

（2）钢轨绝缘

正线运营轨道电路以电气绝缘方式实现相邻区段轨道电路的分割，电气绝缘是通过谐振槽路的选频方式，发送/接收本区段的中心频率，折返线/存车线及车厂区域的轨道电路以机械绝缘方式分割，机械绝缘包括轨端绝缘、槽形绝缘、绝缘套管和绝缘片等。

（3）送电设备

车厂工频轨道电路的送电设备包括送电电源、送电（降压）变压器、熔断器等；正线数字轨道电路送电设备包括控制板、辅助板、电源板，耦合单元、感应环线、连接棒线等，实现数字信息的调制、传送等。

（4）受电设备

车厂工频轨道电路的受电设备包括升压变压器、连接电缆、轨道继电器等；正线数字轨道电路受电设备也包括控制板、辅助板、电源板，耦合单元、感应环线、连接棒线等，与送电设备不同的是接收钢轨信息，并对多样的数字信息进行衰耗、选频和解码等，动作轨道继电器。

（5）限流电阻

限制送电端信号电流，并调整送电端信号的幅值等。

2）轨道电路的分类

轨道电路按使用地点分，主要有车厂轨道电路，运营正线轨道电路等；按绝缘性质分，车厂及正线折返线/存车线等采用机械绝缘轨道电路，正线运营线路采用不同中心频率的电气绝缘轨道电路；按道岔区段分，可分为无岔区段轨道电路，道岔区段轨道电路，包括多受区段轨道电路；轨道电路按传输电流特性，车厂轨道电路采用工频信号电流，正线轨道电路采用音频数字轨道电流。

3) 轨道电路的作用

轨道电路的基本作用是通过轨道继电器(GJ)的状态反映轨道区段的空闲与占用情况。轨道区段空闲时,GJ↑,控制台上没有光带显示,可以转换该轨道区段范围的道岔,利用该轨道区段建立进路等;轨道区段有车或轨道电路故障时,GJ↓,控制台上对应区段点亮红光带,该轨道区段范围的道岔不能转换,不得利用该轨道区段建立进路等。正线数字轨道电路除检查轨道区段的空闲与占用情况,还具有传输列车运行信息的作用,通过编码、调制方式传递目标距离、目标速度、目的地代码、车次号等列车运行信息。

2.6.5 联锁设备

控制车站的道岔、进路和信号,并实现它们之间的联锁关系的信号设备,称为联锁设备。城市轨道交通车站联锁控制采用电气集中联锁控制、计算机联锁控制。

1) 电气集中联锁

(1) 电气集中联锁设备组成

电气集中联锁是把联锁区域的信号机、道岔、轨道区段的运用状况以继电器接点的形式集中控制,实现其相互制约的关系的设备。电气集中联锁设备包括控制台、区段人工解锁按钮盘、电源屏、继电器组合与组合架、分线盘、轨道电路测试仪、电缆绝缘测试仪、信号机、轨道电路设备、转辙机等设备。

(2) 电气集中联锁设备的功能

控制台控制站区范围的信号、进路和道岔转换并监督其运行状态的设备;区段人工解锁按钮盘完成区段的故障解锁和强行关闭信号等任务;电源屏提供信号设备及环境使用种功能组合,并按一定规律排列起来形成了组合架;分线盘,室内外设备分线的地方,实现室内外设备的线性连接;轨道电路测试仪,测试轨道电路受电端电气参数;电缆绝缘测试仪,测试各部连接电缆的线间绝缘和对地绝缘;进站信号机、出站信号机、调车信号机,各区段的轨道电路设备,各组道岔对应的转辙机设备等。

(3) 电气集中联锁的基本原理

电气集中联锁,采用单元式按钮控制台,控制台上装有进路按钮,上部操作按钮和下部功能按钮,光带表示灯,位置表示灯和报警电铃等。通过控制台排列进路、解锁进路,操纵道岔、锁闭道岔,开放信号、关闭信号等,控制台平时处于非排列进路状态,信号复示器处于信号关闭状态,进路按钮、轨道光带等都处于释放状态,道岔可要随时操纵,各项条件满足办理进路要求,为建立进路做好准备。

办理基本进路,先后按压进路始端、终端按钮,始终端按钮闪灯,通过继电器联锁机构选路,由左向右顺序选出信号点和道岔位置,确定进路始、终端位置,转辙道岔,检查进路的选、排一致性,检查信号开放的基本联锁条件,锁闭进路,开放信号。

2) 计算机联锁

(1) 计算机联锁系统的构成

以计算机联锁运算方式实现联锁关系的设备称计算机联锁,计算机联锁设备由两台带有操作键盘和鼠标的显示控制器、监控机、智能电源屏、联锁机、执表机、维修终端、轨道继电器组合、信号继电器组合、道岔驱动电路、信息上传接口等。室外有信号机、轨道电路设备、转辙机等组成。

计算机联锁系统为分布式多计算机系统,主要由控制台、监控机、联锁机和电务维修机,还有综合配电和远程诊断中心在线支持。其系统结构如图 2.53 所示。

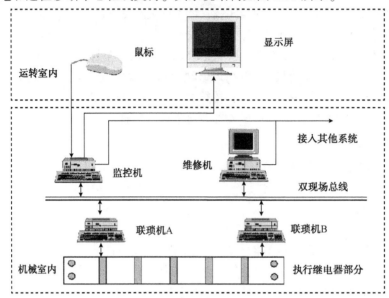

图 2.53　计算机联锁系统结构示意图

控制台:每个监控机输出一个显示器,两个显示器组成供行车值班员使用的控制台。两个屏可以显示同样的站场图形,也可显示不同的站场局部,两个屏可互相切换。

联锁机:采用多套联锁机冗余工作,组成切换系统,CPU 主机的工作时间与母钟时钟同步。

监控机:监控机也称上位机,采用双套冗余互切的高可靠性的工业控制计算机,两台监控机可以同时工作,也可以独立使用。

电务维修机:采用高可靠性的工业控制计算机,与监控机大致相同的硬件配置。

综合配电:为计算机联锁系统提供各种稳定、可靠的电源。

远程诊断中心在线支持:采用调制解调器以电话拨号的网络方式进行远程诊断,允许计算机联锁系统通过网络连接到指定的维修机的终端机,获取联锁系统信息,记录联锁系统的运行信息,为系统故障诊断提供支持。

(2)计算机联锁设备的功能

操作显示控制器:控制和监督车站管辖范围内的信号设备的动作,排列或取消进路等,控制列车或调车车列的运行,并实时监督信号设备的运行状态和列车所在的位置等。

监控机:监督信号控制显示器的工作状态,转换信息格式,实现联锁机/执表机和控制显示器之间的信息畅通。

智能电源屏:为信号设备提供智能性的电源,并能够实现电源的自动监测、保护、转换和报警等工作。

联锁机:接受监控机的控制指令,进行信号系统的联锁关系逻辑运算,向驱动设备发出正确的逻辑控制命令。

执表机:执行联锁机发出的控制命令,接受现场设备的采集信号,经过处理后向控制显示器上传显示信息。

维修终端:记录信号系统的工作信息,为信号设备的工作过程查寻提供方便,并为信号系统故障分析提供信息支持。

轨道电路继电器组合:集合轨道电路受电端继电器,实现轨道电路状态的统一检测等。

信号继电器组合:集合信号继电器,集中反映各架信号机的工作状态。

道岔驱动电路:控制道岔转换,提供道岔表示信息等。

信息上传接口等:为信号系统信息的上传提供可能。

室外设备:信号机、轨道电路设备、转辙机等,与电气集中联锁设备相同,实现信号系统现场设备的动作。

(3)计算机联锁的工作原理

计算机联锁控制台是彩色显示器,其上设置进路按钮、功能按钮,光带表示灯,报警音响设备等,点击进路铵钮、功能按钮,发出相应的指令,完成排列进路、转换道岔、开放信号等任务。排列进路时先点击进路始端按钮,始端按钮闪光,所有能够构成进路条件的终端按钮都闪光,作为候选进路条件,点击进路终端按钮,通过联锁机中的软件程序检查进路排列的程序、进行联锁条件运算等,输出道岔转换命令,通过道岔控制电路驱动道岔转换,检查轨道区段空闲等条件,最终输出信号机开放指令,驱动信号机开放,对应信号机显示相应灯光。

(4)全电子计算机联锁技术

全电子计算机联锁系统取消了传统计算机联锁中的继电器接口部分,采用电子执行单元直接控制信号设备。整个联锁系统由3个部分组成,分别为人机界面层(MMI)、联锁层(CIL)和执行层(EEU)。系统组成结构如图2.54所示。

全电子计算机联锁系统的电子执行单元(EEU)包含道岔模块、信号机模块、轨道模块和零散模块(通用输入输出模块和6D闭塞模块等)。

道岔模块是用于驱动道岔转辙机的电子执行模块。道岔模块完成控制功能和道岔位置表示功能。模块与联锁逻辑部通过总线交互信息,根据联锁逻辑部下发的命令执行道岔的定/反操作,并向联锁逻辑部实时反映道岔当前的状态信

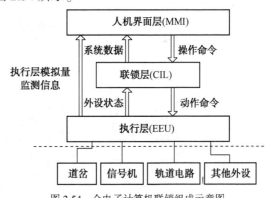

图2.54 全电子计算机联锁组成示意图

息。单个模块能够控制转辙机,两系模块冗余控制,交替工作。道岔模块同时也采集道岔的动作电流、表示电压的交直流分量等模拟量信息。

信号机模块是用于控制信号机的电子执行模块。信号机控制模块具有控制和监测功能。信号机控制模块与联锁逻辑部通过总线交互信息,根据联锁下发的命令实现点灯操作,并向联锁逻辑部实时反映信号机当前的状态信息。

轨道模块与室外电路配合、用于检测轨道占用的电子执行模块。

全电子计算机联锁系统具有扩展灵活、维护量小、安全性高节约资源等特点,促进了信号设备由继电电路联锁向以智能化全电子电路为基础的计算机联锁的转变,代表信号控制系统的发展趋势。

2.7 城市轨道交通通信系统

2.7.1 城市轨道交通通信系统构成及功能

城市轨道交通通信设备主要包括通信传输系统、数字程控系统、闭路电视系统、车站及列车广播系统、无线通信系统、时钟控制系统、旅客信息引导显示系统及安全接地装置等。

通信系统是实现信息传输、交换的所有通信设备连接起来的整体。通信系统设备由终端设备、交换设备和传输设备三大要素组成。

(1)终端设备

终端设备是通信网的外围的设备,主要功能是将用户发出的各种信息变换为适合在信道上传输的电信号,以完成发送信息。终端设备的种类有普通电话机、移动电话机、计算机终端、数据终端、电报终端、传真机、可视图文终端设备等。

(2)交换设备

交换设备是通信网络的核心,主要功能是对所接入的链路进行汇集、接续和分配。话音、数据、图像等不同通信业务其交换设备也各有不同。

(3)传输设备

传输设备是传输信息的通道,主要功能是将携带信息的电磁波信号从发出地传送到目的地。传输设备有线传输和无线传输。有线传输系统包括明线、电缆、光缆等类型;无线传输设备有长波、短波和微波等。

传输设备将终端设备和交换设备连接起来,形成通信网络。城市轨道交通通信系统构成,如图 2.55 所示。

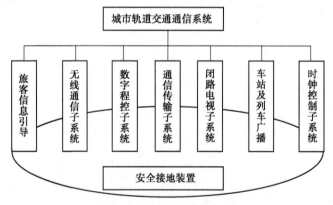

图 2.55 城市轨道交通通信系统

2.7.2 通信传输系统

1)通信传输系统的组成

通信传输系统由光纤骨干网络、网络节点、用户接口卡、网络管理系统组成。通信传输系统网络结构如图 2.56 所示。

信息传输子系统包括公务电话子系统、列车运行专用通信子系统、列车运行信息广播子系统、监视车站客流动态和列车停靠状况的闭路电视监控子系统、传送信息的数据通信子系统、控制中心与车站通信传输系统等。通信传输系统通过电缆、光缆以及电磁波等传输媒体将各子系统组成一个完整的通信传输体系。

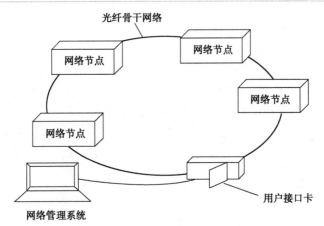

图 2.56　通信传输系统结构示意图

2）通信传输系统的基本功能

通信传输系统是运营各系统、各部门提供话音、数据和控制等信息传输通道,包括程控电话交换网、城市轨道交通电话专用网的中继信道,调度(行车、电力、消防)电话信道,邻站热线电话信道,无线通信系统的有线音频通道以及有线广播、闭路电视、信号 ATC、自动售检票、电力监控、消防报警等系统的中央控制信道。传输系统以光纤通信为主要传输手段,通常采用光缆通信设备和光缆构成数字传输网。

通信传输系统的基本功能是为列车控制(ATS)系统、电力监控(SCADA)系统、自动售检票(AFC)系统、环控系统、办公系统等提供语音、数据和图像传输,保证信息的同步、不失真传递。

3）通信传输系统的网络技术

(1) SDH 网络技术

同步数字体系(SDH)是一种完整严密的网络传送技术,采用矩形块状帧结构、段开销技术,实现不同速率等级数字流的接入,符合 ITU-T 国际性标准光接口规范。SDH 可以直接从 155Mbit/s 的光纤线路中,提取 2Mbit/s 的电信号,也可直接将 2Mbit/s 的电信号插入光纤传输系统。SDH 特别适合构成线性通信网和环状通信网,具有标准的网络接口,容易实现标准的光纤同步信息传送。

(2) ATM 网络技术

异步传输模式(ATM)是为了满足不同特性信息的传输的网络技术,ATM 技术对各种业务按照动态流量进行划分,对其服务质量进行分别设定和控制,ATM 技术根据需求灵活地建立起集语音、视频和数据交换于一体的综合网络,可以实行高度的模块化,支持星形网络、环状网络和链形网络拓扑。ATM 系统符合 ITU-T 标准,基于最新的软件技术,将窄带与宽带业务集成于同一网络通信平台上,实现对不同要求用户的通信传输。

(3) OTN 传输网络

开放传输网络(OTN)网络架构基于光纤骨干、双环路网、介质、拓扑结构 4 种组件,采用光纤技术,传输信息量大、速度快,传输距离几乎没有限制,利用接口模块处理已有物理接口,具有较强的灵活、多样的业务(接口卡)接入能力较强,是较理想的轨道交通信息传输工具。

2.7.3 数字程控系统

1）数字程控系统的组成及作用

程控交换系统由硬件和软件两部分组成。硬件又分话路系统和中央控制系统。数字程控交换机由程序软件实行电路的续接、信息交换及网络接口选择、转接，进行设备运行管理、维护、控制功能等。数字程控交换系统的基本结构如图 2.57 所示。

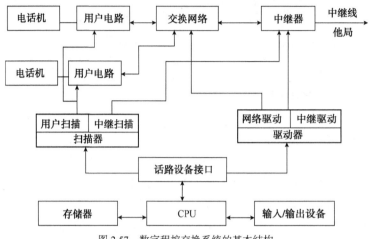

图 2.57 数字程控交换系统的基本结构

话路系统由交换网络和外围电路组成，外围电路包括用户电路、中继电路、扫描器电路、网络驱动部分和话路接口等。

交换网络是为音频信号或经编码的话音信号提供接续网络；用户电路是交换网络和用户线间的接口电路，一方面将语音信号传送给交换网络，另一方面把用户线上信号等与交换网络分隔开来，以防损坏交换网络；中继器电路是程控数字交换机和其他交换机的接口电路，是系统与其他系统的远距离传输的中间接口号能量补充装置；扫描器用于收集用户信息、用户状态、中继器状态的变化，并将此变化及时送到控制系统。网络驱动器在中央控制系统的控制下建立和释放交换网络对应的网络通路；话路设备接口协调信号的接收、传送和分配。

中央控制系统根据外部用户和内部维护管理的要求，执行存储程序和各种命令，处理呼叫信号，管理、监测和维护整个交换系统；中央处理器（CPU）进行中央信息处理；存储器可存储系统常用程序、执行程序和执行数据；输入/输出设备包括键盘、打印机等设备可根据指令或定时打印系统数据；外存储器储存常用运行程序、机器运行时调入内存储器等。

2）程控交换机的分类

（1）按交换机工作方式分可分为电路交换方式、报文交换方式和分组交换方式。

电路交换方式采用连接方式，通信双方分配固定的通信电路，在通信过程中一直占用先前分配的资源，电路的建立、分配、释放等需要一定的通信限令，直到通信结束。

报文交换方式以报文为数据交换单位，报文中包含目标地址、信源地址、交换内容，交换节点采用存储转发的传输方式。

分组交换方式是在报文交换的基础上，将报文分割分组传送，传输时延和效率上进行平衡。采用分组传送技术时在通信之前无需建立链路，每个节点将前一节点送来的分组收下并保存在缓冲区内，再根据分组头部中的地址选择适当和链路将其发送至下一节点。在通信过程中根据客户要求和网络分配能力动态分配带宽,分组交换比电路交换时的链路利用率高,但延时较大。

(2)按交换机控制方式分,有集中控制方式、分级控制方式和全分散控制方式。

集中控制方式是指交换机的全部控制由中央处理机控制。中央处理机对全部交换机的工作状态有全面的了解和控制,是一个完整的控制程序,修改、调试比较容易。

分级控制方式是指程控交换机中配置有若干个分区处理机,用于监视用户线、中继线状态、接收拨号脉冲等简单而又频繁的工作。中央处理机属于上层管理机构。

全分散控制方式的程控交换机中取消了中央处理机,在终端设备的接口部分配置了微处理器负责接收、处理和发送相关的通信信号,网络的控制功能,采用专用的微处理器控制呼叫功能转移。

2.7.4 电话系统

1)公务电话

公务电话网主要供城市轨道交通系统内部包括管理部门、运营部门、维修部门等工作人员进行内部联系以及与外部公务通信联络。

公务电话网用户分布在城市轨道交通的每一个车站及运营管理部门、车厂、控制中心等处,采用数字交换机的程控分配方式工作,用户电话号码采用直接与外部联系和经中继端再分配两种方式。公务电话相当于城市轨道交通企业的内部电话网,其核心是程控数字交换机,通过中继线路与城市话网相连,实现轨道交通与外界的通信联系。

2)专用电话

专用电话网由调度电话、站间行车电话、轨旁电话和站内集中电话4个子系统组成。专用电话系统为控制中心调度提供专用电话通道,如行车调度、电力调度、环控调度、设备维修调度、防灾调度等,具备单呼、组呼、全呼、紧急呼叫和录音功能。专用电话系统还提供车站内部、车站之间及车站与区间的通信电话。

(1)调度电话系统

调度电话系统由交换设备、调度总机、分机及录音机组成,包括行车调度电话、电力调度电话、防灾报警调度电话三个独立的调度系统。总机设在控制中心,采用带有高阻抗接口的数字多功能电话机,通话时自动启动录音装置,对通话过程进行录音记录。分机设在各车站控制室、降压变电站、牵引变电站、主变电站等处。

(2)站间行车电话

站间电话用于相邻车站之间车站值班员热线通信,各车站值班员采用具有LED监视灯的数字多功能电话机呼叫邻站值班员。

(3)轨旁电话

轨旁电话用于列车在区间紧急停车时司机通话和维修人员在区间工作时通话,采用全天候轨旁话机。话机设置在隧道内,间隔为150m;设在地面上时,间隔为250m。

(4)站内集中电话

站内集中电话类似调度电话系统,由总机和分机组成,总机设在车站控制室,采用数字多功能话机,分机设在车站值班员控制的部门。

(5)紧急电话

紧急状态下供乘客或车站工作人员使用,用户摘机即可与本站车控室值班员或具有车控功能的客服中心值班员进行通话。

2.7.5 无线通信系统

1) 无线通信系统的构成

城市轨道交通无线通信系统由控制中心无线通信、车站无线通信、列车调度无线通信、车厂调度无线通信、紧急无线通信、公安无线通信、消防无线通信等组成。

无线通信系统设备包括基地站、接/发天线、射频电线、漏泄同轴电缆、列车无线电台、集群无线交换机和控制设备、调度台、电源及便携式无线电台等。

2) 无线通信系统的基本功能

无线通信系统主要实现轨道交通系统中控制中心、车站、列车、公安系统和消防等系统的无线通信。

(1) 列车调度无线通信

列车调度无线通信系统覆盖全线所有车站及区间隧道，满足列车运行调度中央集中控制管理的要求。系统设置列车调度、紧急呼叫、设备维修3个无线通信子系统，采用专用信道，接受控制中心、车站等无线调度，紧急呼叫信息。

(2) 紧急无线通信

紧急无线通信系统的覆盖范围、组网方式及功能与列车调度无线通信系统相同。该系统仅在列车发生重大故障、事故、火灾等紧急情况下，供列车司机与行车调度员的通信。

(3) 调度无线通信

车厂调度无线通信系统覆盖整个车场地区，提供信号楼值班员、车库运转值班员与列车司机、地面作业人员之间的无线通话功能。

(4) 地铁公安无线通信

公安无线通信实现公共安全调度。地铁公安无线通信网络属公安二级网，一级网为市公安局与地铁分局之间的联系，归属市公安局管辖；二级网为地铁公安分局内部管理的网络，组网方式与列车调度无线系统相类似，提供地铁公安分局与其管辖的地铁各车站公安值班室及流动公安人员之间的无线通信联系。

(5) 消防无线通信

消防无线通信系统在指定消防范围和消防时间内实现消防调度、控制指挥的作用。

2.7.6 闭路电视系统

1) 闭路电视系统的组成

整个系统由控制中心监控管理子系统、各个车站的车站电视监控子系统、列车电视监控子系统以及传输设备等组成。系统设备包括摄像机、监视器、控制切换设备以及传输线路等。

(1) 控制中心监控管理子系统

控制中心监控管理子系统设备包括由监视器、控制键盘、视频分配器、多画面视频处理器、数字硬盘录像机、多媒体视频服务器等设备和监控软件。

(2) 车站电视监控子系统

车站电视监控子系统设备主要有站厅、站台摄像机、监视器和控制键盘、视频交换机柜及测试监视器和控制盘等。

(3) 列车电视监控子系统

列车电视监控子系统在各车厢设置摄像机设备,通过乘客信息系统提供的无线通道,满足中心调度员对列车的全面监控。

(4) 传输设备

传输设备包括接受、发送设备、中继设备,完成图像、控制命令的传输设备。

2) 闭路电视系统的基本功能

(1) 监视功能

车站值班员、警务人员监视本站站台、站厅及自动扶梯、出入口情况,主任调度、行车调度、防灾调度通过监视器监视全线各车站以及列车的情况。

(2) 图像处理功能

车站值班员可选择本站任一摄像机的图像在任一监视器上显示或按时序切换;控制中心调度员可选择全线摄像机的图像在任一监视器或大屏幕上显示及按时序切换。在控制中心设有长时录像机,供调度员在必要时启动录像功能。

(3) 摄像范围控制功能

控制中心和车站的有关人员分别能在远程或本地控制摄像机的云台和镜头焦距,用以调整摄像机摄像范围和现场大小,并可设置优先等级。

(4) 系统网管功能

控制中心设有网管设备,负责对电视监视系统包括视频前端设备、控制设备和编解码设备的运行状态进行综合监视与管理。

2.7.7 广播系统

1) 广播系统的构成

地铁广播系统由控制中心播音系统、车站播音系统和车载播音系统构成。调度中心广播设备包括广播操作台(信号源、话筒、语音合成、CD机等)、中心广播机柜(含电源、接口中、控制模板等)、中心网管终端等。车站广播设备包括车站广播操作台(行车、客运、防灾广播使用)、车站广播机柜(含电源、接口、控制模块及功放部分)、扬声器及音柱等。车场广播设备包括车场广播操作台、广播机柜、现场通话柱及号筒扬声器等。车场广播不受中心广播系统设备的控制,只接受监视。列车广播设备有司机室无线接收设备、车厢扬声器等。

2) 广播系统的基本功能

(1) 车站广播

主要用于控制中心和车站值班员对地铁车站进行广播,向乘客通告列车进出站信息,进行安全提示和向导,紧急情况下,对乘客进行疏导,同时方便室内外工作人员工作联系。在控制中心,主任调度、行车调度和防灾调度兼用。车站值班室可同时对本车站广播或进行分区、分路多声道广播。控制中心调度员可对本车站进行遥控开关机、选站、选路广播或全线统一广播,且有各站状态回示信息。设定车站播音为第一优先级,中央控制室播音为第二优先级。

(2) 车场广播

主要为车场内的各种作业服务。停车场信号楼值班员对道岔咽喉(或出入口)区域工作人员的广播、车场运转值班员对车场、停车区域现场工作人员的广播、防灾值班室有广播控制台可以进行防灾广播等。

(3)列车广播

主要用于列车司机对每节车厢的乘客进行语言广播,为乘客预报到站站名和通告有关事宜。在特殊情况下控制中心行车调度员也可直接对车厢内的乘客广播。播音信源可以是话音直播、语音合成,具有自动和人工两种播音方式。

2.7.8 时钟系统

1)时钟系统的设备组成

时钟系统主要由控制中心设备(包括GPS/CCTV)信号接收单元、主备一级母钟系统、车站、车厂主备二级母钟、子钟、系统网管及传输通道等组成。

2)时钟系统的基本功能

(1)中心一级母钟

控制中心母钟接收GPS标准时间信号、CCTV标准时间信号,将自身的时间精度与标准信号同步,中心母钟通过传输通道向车站二级母钟传送,统一校准二级母钟,并将同步信号通过接口送与监测控制系统,为其他子系统提供时间信号。

(2)车站二级母钟

二级母钟接收中心母钟的标准时间码信号,与一级母钟同步并产生时间输出驱动信号,驱动车站所有子钟,回馈二级母钟及子钟工作信息。

(3)子钟

接收二级母钟的时间驱动脉冲信号,显示时间信息,向二级母钟反馈状态信息。

(4)系统网管

实现时钟系统的网络管理。

2.7.9 乘客信息系统

1)乘客信息系统的构成

乘客信息系统采用光纤和无线网络传输方式,是一个全方位导乘和其他资讯服务的分布式数字播控网络。乘客信息系统主要包括控制中心、车站、车载和网络传输等子系统。其基本组成如图2.58所示。

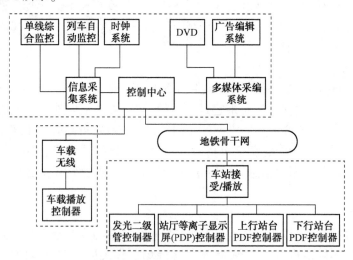

图2.58 乘客信息系统结构示意图

(1) 运营控制中心子系统

该子系统由中心服务器、中心操作员工作站、编辑工作站、数据库、视频流服务器、直播服务器、中心网管工作站、视频切换矩阵、外部信号源以及图像及信息存储设备、动画及视频制作软件等组成。

(2) 车站子系统

车站子系统主要由站台设备、站厅设备和机房设备构成,包括车站操作员工作站、中继服务器、媒体控制器、分屏器、AP 设备、PDP 等离子显示终端、电源配电盘、UPS、交换机等。站厅设备主要包括分屏器、PDP 等离子屏、吸顶喇叭等。机房设备主要包括媒体控制器、交换机、车控室维护终端等。

(3) 车载子系统

车载子系统由车载节目播控设备、LCD 显示屏、数据网络等设备构成。车载设备通过无线通信系统网络经由车站中继控制设备取得列车营运信息、车控室和总调室人工控制信号。实时显示列车行进方向、前方到站预报等导乘资讯。

(4) 网络传输子系统

网络传输子系统网络分为三级。第一级是连接控制中心、各个车站的环形或星形光纤骨干网;第二级是车站局域网;第三级为车载移动系统,车载播控设备通过无线网络接口与站台无线接入点连接。

2) 乘客信息系统的基本功能

乘客信息系统利用在列车内的液晶显示屏和沿线站台的大型等离子显示屏,发布各种信息,准确预报运营车辆到站时间、沿线车站、人文景观等资讯,为乘客提供一个更加舒适,更加人性化的乘车环境。

控制中心子系统主要负责外部信息流的采集、播出版式的编辑、视频流的转换、调度发布播放列表、监视系统的设备工作状态以及网络的管理等。车站子系统通过传输信道转播来自控制中心的实时信息,并能迭加本站的信息。车载子系统负责接收列车定位信号和列车运营信息信号,营运信号及节目调度控制服务,支持分区、分组显示功能,能对特定的车厢进行单独操控。

2.7.10 电源及接地装置

通信电源系统由高频开关电源、阀控密封铅酸蓄电池组、UPS 不间断电源等组成。通信电源系统为轨道交通通信提供可靠的通信电源,保证通信系统的安全、稳定地工作。根据轨道交通系统的特点,除对通信系统电源的一般性要求,还应具备防止电力牵引的迷流干扰,防止通信系统电源与其他电源的串扰等,采用一定的防护办法,增强通信电源的抗干扰能力,采用屏蔽电缆等,增强对 IP 地址的防护能力。采用综合接地方式,由供电专业统一设置弱电综合接地体。

2.8 列车自动控制系统

2.8.1 列车自动控制(ATC)系统的构成

城市轨道交通列车自动控制系统(Automatic Train Control,ATC)是以技术手段对列车运行方向、运行间隔和运行速度进行控制,保证列车能够安全运行、提高运行效率的系统。

ATC 系统分 ATC 地面子系统和车载子系统。在不同的应用场合,ATC 系统的设备构成有所不同。ATC 系统主要由列车自动监控系统(ATS)、列车自动防护(ATP)、列车自动运行系统(ATO)和计算机连锁系统(CI)构成。

城市轨道交通列车自动控制(ATC)系统的设备结构,如图 2.59 所示。

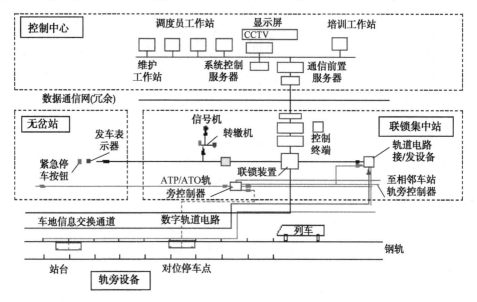

图 2.59 ATC 系统设备结构示意图

2.8.2 ATC 系统的基本功能

城市轨道交通 ATC 系统,自动控制列车行驶、确保列车安全和指挥列车驾驶。ATC 系统属信号设备的上层控制系统,通过 ATS 系统实现远程、现场控制,以联锁设备转换道岔、建立进路、开放信号等,把闭塞设备的综合信息通过 ATP 的控制和防护,以 ATO 方式实现列车自动运行。

调度员在控制中心 OCC 通过调度员工作站输入行车计划,行车计划以时刻表的形式输入至 OCC 计算机储存,并通过光纤网络将行车命令传输至车站 ATS 计算机,待列车到达辖区区段,验证列车车次号、目的地代码等信息后,驱运联锁设备排列进路、开放信号,通过轨旁设备向车载 ATP 设备传递信号指令,经车载 ATP 的校验后送往车载 ATO 装置实现列车自动驾驶。控制中心主要实现 ATS 的功能,而 ATP/ATO 的功能则由车载和轨旁部分共同实现。

2.8.3 列车自动防护(ATP)子系统

1) ATP 子系统的主要设备

列车自动防护系统 ATP 又称列车超速防护系统,是整个 ATC 系统的基础。ATP 子系统主要包括轨旁设备,联锁设备、车载设备等。ATP 地面设备以一定间隔或连续地向列车传递信息,车载 ATP 根据地面传递的信息进行计算,提供控制信息,使列车在限制速度下运行,列车开门前必须经过 ATP 检测。条件满足后,方可操作。ATP 系统能自动检测列车实际运行位置,自动确定列车最大安全运行速度,连续不间断地实行速度监督,实现超速防护,自动监测列车运行间隔,以保证实现规定地行车间隔。

2) ATP 子系统的类型

(1) 点式地面应答器

地面应答器通常无源应答器,安装在轨道交通需要限速坡段处,其内储存有线路状态和限速信息,列车经过时车载应答器以一定的频率激活地面应答器,地面应答器随即以频移键控方式(FSK)通过电磁感应向车载传送应答器中存储的数据限速信息,通过车载计算机计算出最高限制运行速度。

(2) 轨旁电子单元

轨旁电子单元又称有源应答器,通常与信号机以电子接口的形式储存有关于信号机不同显示状态的限制速度信息,列车经过轨旁电子单元时,直接由轨旁电子单元向车载设备传输编码的限制速度信息,作为列车入口的速度限制信息。

(3) 车载设备

根据地面传递到车上的限速信息,计算出两信息点之间的速度控制曲线,实现列车超速防护。列车正常运行时,该控制曲线对列车没有速度限制。当列车的实际速度达到或稍有超过最高限速时,发出报警,提醒司机降速。如果司机没有反应,系统会自动启动制动器并作出记录,一般先启用常用制动,如果继续超速,将采取紧急制动。

3) ATP 子系统的基本功能

(1) 安全停车点防护

车载 ATP 系统接收地面 ATP 的限制速度,通过计算得出紧急制动速度曲线,确保列车不能越过安全停车点。

(2) 速度监督与防护

根据轨道交通线路状况、列车运行的最大允许曲段速度和列车临时限制区域速度,车载 ATP 计算列车控制运行速度,一旦超速立即报警并采取常用制动或紧急制动措施。

(3) 列车间隔控制

根据前行列车的位置、与后续列车的目距离、目标速度及线路参数计算(确定)后续列车的运行速度等,保证最小安全间隔,提高运营效率。

(4) 测距与测速

ATP 通过轮轴上的速度传感器测量列车当前速度,进行给出行驶距离,以便与限制速度比较,采用自动运行措施。

(5) 车门控制

ATP 检测到所有安全开门条件后,给出开门信号,实现安全开门。ATP 能实现紧急停车、给出发车命令、列车倒退控制等。

2.8.4 列车自动驾驶(ATO)子系统

1) ATO 系统的主要设备

ATO 设备主要包括控制器,接收/发送天线,标志线圈等。ATO 有利于列车节能并提高旅客乘坐的舒适度和减轻司机的劳动强度。从 ATS 子系统和地面标志线圈接受到列车运行等级等信息。

2) ATO 系统的基本功能

列车自动驾驶 ATO 子系统是一种完整的闭环自动控制系统,ATO 辅助 ATP 工作,接受来自 ATP 的信息,其中有 ATP 速度指令、列车实际速度和列车走行距离。

(1)站间自动驾驶

通过车载计算机生成牵引和制动控制信号,实现列车站间自动运行,调整列车运行间隔。

(2)车站定位停车

ATO 系统负责自动调整列车车速,形成平滑控制牵引力和制动力的指令、引导列车运行、在一定精度范围内对位停车。停车误差范围不超过±300mm。

(3)运行时间控制

ATO 系统根据 ATS 的控制指令自动运行,区间实际走行时间与时刻表时间误差不大于15%,自动运行过程中可以对较小的运行误差自动调整,以时刻表和节能要求实现自动运营。

(4)区段限速

固定性线路限速数据事先输入到 ATO 系统中,临时限速信息通过数字轨道电路或轨间环线传输到车载 ATP 系统中,再由 ATP 将限速命令经 ATO 系统传送到车辆牵引系统,实现列车限速运行。

(5)车门控制

根据停车站台位置和停车精度对车门进行控制,先由 ATP 检查停车精度,送出开门信号,ATO 自动打开车门。

(6)运行信息记录

在 ATO 系统的缓存区内记录列车运行、制动信息,包括起动时间、运行速度、制动时分、制动力和司机信息等,以便事故调用及分析。

2.8.5 列车自动监控(ATS)子系统

1)ATS 子系统的主要设备

ATS 子系统在列车自动控制 ATC 系统中处于管理阶层,ATS 系统属非安全管理系统,主要包括控制中心 ATS 设备、车站 ATS 设备、车载 ATS 设备和车厂 ATS 设备。其系统设备结构如图 2.60 所示。

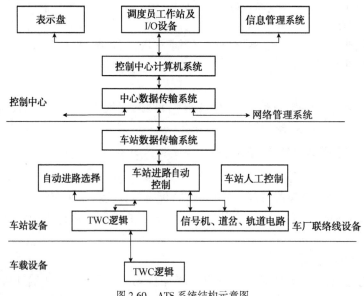

图 2.60 ATS 系统结构示意图

控制中心ATS设备由数据传输计算机系统、工作站及I/O设备、I/O设备以及绘图及打印设备组成;车站ATS设备由车站控制盘、数据传输系统、自动进路选择系统、车—地信息交换系统(TWC)等组成;车载ATS设备主要由TWC信息发送设备、车载计算机,存储列车特征信息,接受控制命令,向地面TWC设备传送列车特征信息,运行速度等。车厂联络线ATS设备供调度员及时了解车厂联络线状态,以方便与车厂接发列车,实现列车自动追踪排列进路。计轴设备为监督轨道交通区间线路上列车的位置、区段占用、出清情况等而设置的区段监测设备。

2)ATS子系统的基本功能

(1)列车运行自动监控

ATS能采集轨旁及车载ATP提供的轨道占用状态、进路状态、列车运行状态以及信号设备故障等控制和监督列车运行的基础信息,对轨道区段、道岔、信号机和在线运行列车等进行监控。自动调整运行计划,自动描绘或复制列车运行实迹,对列车进路、信号机、道岔实现中央控制。

(2)自动排列进路

ATS能自动显示列车车次、运行位置和信号设备工作状态,自动办理进路。根据当天运行时刻表确定列车进路命令,当列车占用进路的触发点后,车站远程终端将进路控制命令传给计算机连锁系统,完成自动排列进路。

(3)自动生成时刻表

ATS能根据不同的运行要素编制基本时刻表,自动生成列车时刻表和运行图。能存储适合于不同运行情况的多套时刻表,根据时刻表自动完成列车车次号的跟踪与更新,对列车进行自动运行调整,使运行间断或运行时刻符合时刻表。

(4)列车运行模拟仿真

ATS具有模拟列车运行调度等仿真功能。能对列车计划与实迹运行图进行比较,根据列车运行实际的偏离情况,自动生成调整计划,供调度员参考或自动调整列车停站时分,控制发车时间。

(5)数据记录、存储和管理

ATS能记录设备状态信息、人工操作和系统自动操作信息与执行结果,提供数据备份和恢复功能,可回放和查询,并对运行数据自动统计和制表,提供运行分析报告。

(6)监测与报警

ATS能及时记录被监测对象的状态,有顶警、诊断和故障定位能力,能监测列车是否处于ATP保护状态以及监测信号设备和其他设备结合部的有关状态。当列车运行或信号设备发生异常时,中心计算机自动将有关信息在调度员工作站报警窗中显示报警,对重要的报警进行有声光报警,以引起调度员的注意。

(7)列车识别号跟踪、传递和显示

ATS能自动完成正线区段内列车识别号(服务号、目的地号、车体号)跟踪,列车识别号可由中央ATS自动生成或调度员人工设定、修改,也可由列车经车—地通信向ATS发送识别号等信息。

2.8.6 基于无线通信的列车控制系统(CBCT)

1)CBTC系统的构成

基于无线通信的CBCT系统是指通过无线通信方式,实现车—地双向实时通信,自动控制列车运行的信号系统。CBTC 系统可分为 4 个主要的子系统:CBTC 轨旁子系统、CBTC 车载控制器(CC)、数据通信系统(DCS)、列车自动监控系统。

(1)CBTC 轨旁子系统

轨旁设备支持两种配置,一个轨道区段可同时受方式 A,即 ZC(不含联锁功能)和分开的联锁 IL 共同控制,或受方式 B,即包含联锁功能的 ZC 单独控制。轨旁的 ZC 容纳了在其区域内所有列车送来的位置信息,负责根据已知所有障碍物的位置,确定所有在其区域内列车的移动授权。障碍物包括列车、封锁的区域、失去表示的道岔,或侵限设备。ZC 也响应来自相邻 ZC 的移动授权请求。方式 A 由 ZC 通过联锁 CI 与轨旁设备接口(如道岔/站台屏蔽门等),CI 根据收到的 ATS 进路请求来控制道岔。方式 B 中 ZC 包含联锁功能,ZC 直接与道岔和屏蔽门等接口,并根据从 ATS 接收到的进路请求,由 ZC 控制道岔完成联锁功能。

(2)CBTC 车载控制器

车载控制器(CC)位于车上,管理列车控制模式(ATO、AT PM 和 RM 等),并依据 ZC 提供的信息对列车进行控制。车载控制器由执行安全和非安全功能的车载控制单元(OBCU);速度、位移传感器;用于列车定位的查询应答器及天线(TIA);显示必要驾驶信息、CBTC 状态和报警的司机操作单元(TOD)以及用以列车位置初始化和提高列车位置测量精确度的轨旁应答器组成。

(3)数据通信系统

DCS 提供不同 CBTC 单元之间的通信。DCS 为所有 CBTC 单元提供 IEEE 802.3(以太网)接口。DCS 对所有 CBTC 单元均透明,并符合时限和流通量的要求。接入安全保密功能也由 DCS 完成。

(4)列车自动监控系统

ATS 是监测控制 CBTC 单元和与外部接口的子系统。ATS 的控制方式:分散与集中控制方式。控制中心 ATS 通过采用网络计算机和自动化功能,确保高效地铁运营,保证从联锁系统的自动监控到列车自动跟踪直至自动进路排列及自动列车调整。

2)CBTC 系统的基本原理

CBTC 系统的地面设备周期性地接收本系统控制范围内所有列车传来的列车识别号、位置、方向和速度等信息,根据接收到的列车信息,确定各列车的移动授权,并向本系统控制范围内的每列列车周期性地传送移动授权。CBTC 系统的车载设备根据接收到的移动授权以及列车速度、线路参数、司机反应时间等信息,动态地计算出列车的紧急制动触发曲线和紧急制动曲线,以确保列车不会超越现有的移动授权点。

地面 ATP 设备将根据前车的位置信息和线路障碍物的状态信息为后行车计算移动授权,指导后行列车的安全运行,CBTC 系统基本信息流程如图 2.60 所示。

3)CBTC 系统的基本功能

CBTC 系统的基本功能如图 2.61 所示。

基于无线通信的列车控制系统相对传统的信号系统,以更短的行车间隔、更少的硬件数量、更为简单的施工维修、更为优越的传输方式,更高的灵活性和安全性等优势将在城市轨道交通中发挥更大的作用,代表了城市轨道交通信号系统的发展方向。

第2章 城市轨道交通运输设备

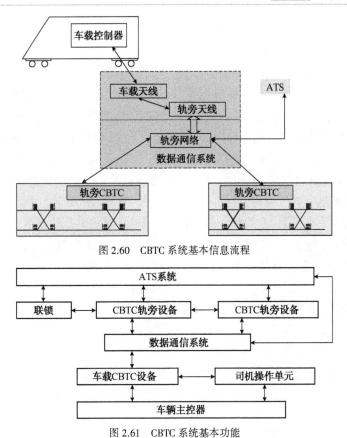

图 2.60 CBTC 系统基本信息流程

图 2.61 CBTC 系统基本功能

2.9 自动售检票系统(AFC)

2.9.1 自动售检票系统(AFC)的构成

城市轨道交通车站自动售检票系统(Automatic Fare Collection,AFC)集计算机、网络、通信、嵌入式系统集成、大型数据库、机电一体化、自动识别、传感和精密仪器加工等多种高新技术为一体的系统。城市轨道交通线网自动售检票系统具有五层架构,如图 2.62 所示。

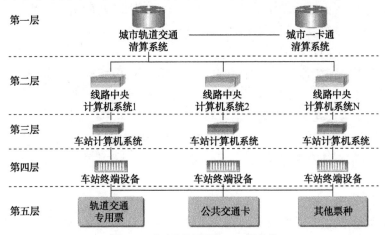

图 2.62 自动售检票系统 AFC 的架构

2.9.2 自动售检票系统(AFC)的基本功能

(1)第一层:清分系统(综合中央计算机系统)

清分系统其功能是统一自动售检票系统(AFC)内部的各种运行参数、收集单程票的(AFC)产生的交易和审计数据并进行数据清分和对账,负责单程票的初始化和调配,应急票的制作、进行线路之间的票款清分和客流统计,辅助各业务部门进行分析决策,并对城市轨道交通自动售检票系统(AFC)与城市一卡通清算系统之间的对账、清分和结算。清分系统不仅对票务数据汇总和处理,也对全路网各条线路和车站客流的数据分析。当某一线路或某一车站发生突发事件时,可以及时地向相关线路和相关车站作出应急处置。

(2)第二层:线路中央计算机系统

线路中央计算机系统是 AFC 的管理控制中心,可自动采集全线路自动售检票系统的交易数据和设备运营状态信息,进行财务和客流统计。线路中央计算机系统能下传费率表、优惠表、黑名单及其他参数和控制命令至各车站计算机系统及车站终端设备。系统将需要清分的信息上传给清分系统,接收清分系统下传的数据信息,实现本线路 AFC 系统数据的集中采集、统计及管理,实现本线路 AFC 系统运行、收益及设备维护集中管理,实现对本线路系统设备的监控。通过通信系统的时钟子系统获取标准时间,自动进行同步,并将标准时间信息下传至车站计算机系统和各车站终端设备。

线路中央计算机系统的设备安装在线路控制中心内,由若干台服务器、磁盘阵列、磁带机、工作站(系统管理工作站、数据管理工作站、网络通信管理工作站、参数下载工作站、车票管理工作站、设备监控工作站、报表查询工作站、中央及远程维修工作站)、千兆交换机和路由器等局域网设备、打印机、不间断电源及编码机等组成。

(3)第三层:车站计算机系统

车站计算机系统主要担任监视、控制和收集来自车站设备的数据的任务。车站计算机系统安装在各车站的车控室内,其功能是负责采集本车站范围内的售检票交易数据、设备状态数据和其他运营数据,监视终端设备的运行状态,根据需要向单个或者一组终端设备下达运营参数和设备控制指令。车站控制系统的业务功能包括:票务管理、收益管理、设备管理、设备控制、运营参数下载。

车站计算机系统,由车站操作员控制计算机(SOC)和车站网络计算机(SNC)、监视器、紧急控制系统、网络系统及不间断稳压电源系统所组成。

(4)第四层:车站终端设备

车站终端设备安装在各车站的站厅,是直接为乘客提供售检票服务的设备。自动售检票系统的终端设备根据用途可分为:分拣编码机、自动检票机、自动售票机、半自动售/补票机、自动加值机、便携式验票机和车票读写器等。

车站终端设备接受中央控制系统和车站控制系统的管理,按照系统参数配置的方式上传交易数据、设备状态和事件报警,接收运营参数和控制指令,根据需要在正常运营模式和降级运营模式下工作。

(5)第五层:车票

车票直接面向旅客,是乘客乘车的凭证。车票记载了乘客从购票开始,完成一次完整行程所需要和产生的费用、时间、乘车区间等信息。

2.9.3 几种常见的车站终端设备

（1）分拣编码机

分拣编码机通常安装在票务中心，根据需要可以安装在车站票务室。分拣编码机是专门用于对车票进行批量处理的设备，其主要功能包括分拣和编码两大类。分拣指将一批车票按照某个或某几个特征值将其分开，分别存放到不同的票箱中，车票分拣操作中一般不改变车票内的数据内容。编码指对车票进行某种功能的批量处理，如初始化、预赋值、注销、更新等操作，编码将改变车票内某一字段或某几个字段的数据。使用编码功能时，通常要为每张车票生成一条交易记录，而使用分拣功能时大多数情况下只要生成统计记录即可。

分拣编码机一般由显示器、控制面板、IC 卡车票读写器及天线、主控单元、卡管理单元、车票读/写模块、票卡传送装置、票卡安放装置、机身、电源模块、支持软件和操作平台等部件组成。支持软件由初始化模块、参数设置模块、状态监控模块、动作控制模块、报警指示模块、日志处理存储模块、通信模块、设备诊断测试模块等组成。分拣编码机主要功能模块包括分拣编码工作站，主控制器，车票处理装置，车票读写器，打印机，紧急按钮及 UPS 等。

（2）自动检票机

自动检票机安装于车站付费区与非付费区的交界处，用于实现自动的进出站检票。自动检票机是实现乘客自动进出站检票交易（在非付费区和付费区间通行）的设备，对有效车票，检票机通道阻挡解除（门扇开启或释放转杆），允许乘客进出站。自动检票机一般包括乘客显示器、方向指示器、警示灯及蜂鸣器、读写器及天线、通道阻挡装置（门式检票机采用拍打扇门或剪式扇门，转杆式检票机采用转杆装置）、乘客通行传感器（适用于门式检票机）、检票机控制单元、主控单元、票卡传送/回收装置、维修键盘/移动维护终端接口、电源模块、机身和支持软件等部件。

自动检票机根据功能可以划分为进站检票机、出站检票机和双向检票机三种。进站检票机用于完成进站检票，检验端在非付费区。出站检票机用于完成出站检票，检票端在收费区。双向检票机既可完成进站检票也可完成出站检票，在非收费区和收费区可分别按照进站和出站的处理规则完成检票功能。

自动检票机根据通道宽度可以分为普通检票机和宽通道检票机两种类型。根据阻挡装置的类型可分为三杆检票机和门式检票机两大类型，最常见的包括三杆装置、扇形门装置、拍打门装置等。图 2.63 为三杆式检票机。图 2.64 为扇形门检票机。图 2.65 为拍打门检票机。

图 2.63 三杆式检票机

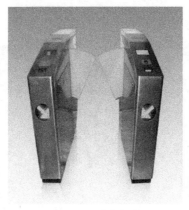

图 2.64 扇形门检票机

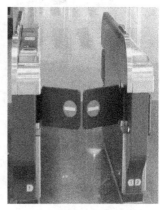

图 2.65 拍打门检票机

（3）自动售票机

自动售票机安装于车站非付费区，用于实现乘客自助购买车票。自动售票机由乘客显示器、触摸屏、运营状态显示器（可选）、IC卡票读写器及天线、纸币处理单元、纸币找零模块（可选）、硬币处理单元、主控单元、票卡发送装置及控制单元、维修面板/移动维护终端接口、乘客接近传感器（可选）、机身、电源模块（含UPS或电池）、支持软件等部件组成。

自动售票机的机箱是支撑和保护机内机电部件，有机械锁定装置，须使用钥匙开启，自动售票机后门可以开启，装有传感器防止非法开启；乘客显示器和红外触摸屏上有站点、票价等信息，供乘客购票时选择目的站和购票张数；有出票口和找零口；乘客操作有疑问，可使用"召援"按钮请求帮助；维护单元是工作人员对设备进行登录、加币、加票、回收清点等日常操作及维护人员使用。

自动售票机的纸币识别单元用于识别乘客购票的小额纸币，识别币种可通过参数设置，不符合识别参数指标的纸币和假币退还乘客；主控单元是自动售票机的中枢，负责自动售票机总体管理。在自动售票机LCD显示器上能调取售票机各种状态，一般可以回溯最近100次的交易信息。当停电时，自动售票机由UPS支持供电完成最后一个处理过程和数据保存。整机状态指示器显示设备工作状态，当票盒里的票出售完（或将出售完时）或钱箱快满时，自动售票机向车站计算机报警，并显示设备号，出售完时自动停止使用，并有停用显示；当对自动售票机的票盒或者钱箱进行调换安装结束后，售票机能自动恢复服务，并向车站计算机发送相关信息。出现故障，能及时向车站计算机报警，并传递故障码等。图2.66为自动售票机。

（4）半自动售/补票机

半自动售/补票机通常由主控单元、乘客显示器、操作显示器、票卡发送装置（可选）、读写器与天线、键盘与鼠标、机身、电源模块（含UPS或电池）、支持软件等部件组成。半自动售票机的主要设备有票据打印机、乘客显示屏、密码键盘、自动出票机构、外置读卡器、收银钱箱等。

自动出票机用于出售车票和储值，可监测票箱空、满状态。出票快速平稳，不会对车票有任何的损伤。乘客显示屏供乘客查看信息用，采用LCD点阵方式显示字符和数字。外置读写器可读/写单程票、储值纪念票、一卡通储值卡等。密码键盘用于记名卡用户密码的录入和设置。收银箱有各档的纸币和硬币存放格，可按面值存放，提供电子锁和机械锁双重锁定。票据打印机可根据需要打印乘客单据。图2.67为半自动售票机。

图2.66　自动售票机

图2.67　半自动售票机

(5) 自动加值机

自动加值机由乘客显示器、触摸屏、IC 车票读写器及天线、纸币处理单元、主控单元、维修面板/移动维护终接口、乘客接近传感器、机身、支持软件、电源模块等部件组成。

自动加值机具有储值票加值功能,允许乘客使用现金或银行卡对储值票进行加值操作,具有车票查验功能,可以用于乘客验票,给出车票内的各种信息和历史交易;自动加值机还可增加其他自助式查询功能,即提供多媒体查询能力,例如,查询路网票价、车站出入口分布图、地面道路及公交换乘信息等。

2.9.4 车票

在自动售检票系统(AFC)中,车票是最为重要的一种中间媒介,车票媒介通常有纸质、磁卡和智能卡等多种形式。地铁车票作为一种乘车凭证,也蕴涵了许多技术与文化元素,在追求时尚与经典的文化底蕴中,车票的作用已经不仅限于是乘车凭证,而是通过精心设计与市场营销策略将城市文化和企业文化传递给市民和乘客的一项重要载体。

根据乘客需求,地铁车票有单程票、多程票、储值票、纪念票、计次票、学生票、老人票、员工票、公共交通卡、一卡通等多类型。详见表 2.8 城轨车票类型一览表。

城轨车票类型一览表　　　　　　　　表 2.8

单程票	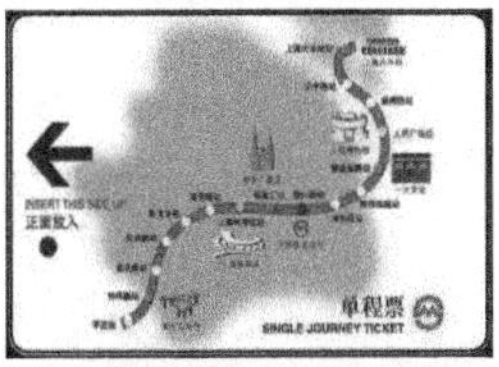	多程票	
储值票	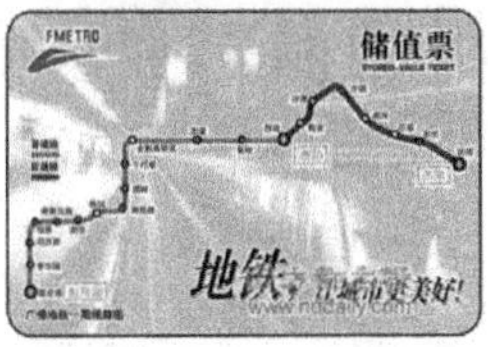	学生储值票	
老人储值票		老人免费票	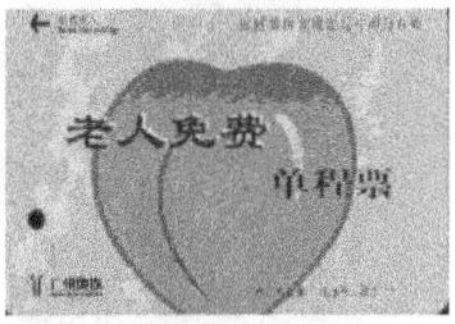
纪念票		纪念计次票	
计次票		员工卡	

续上表

公共交通卡	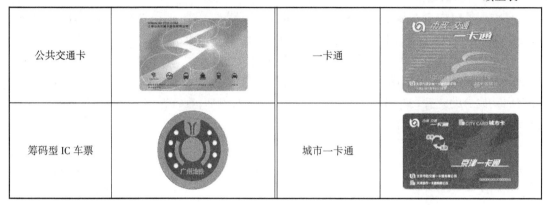	一卡通	
筹码型 IC 车票		城市一卡通	

2.10 电扶梯系统

电扶梯系统是城市轨道交通站台、站厅、地面间运送客流的主要设备,对客流的及时疏散起到了至关重要的作用。城市轨道交通电扶梯系统主要包括是垂直升降电梯、自动扶梯及楼梯升降机(或称轮椅升降台)等机电设备。

2.10.1 电梯

1)升降电梯的结构

电梯是垂直运行的交通工具,由曳引机牵引上下运动。升降电梯的结构如图 2.68 所示。

2)升降电梯的功能装置

升降电梯安装有限速器、安全钳、强迫换速开关、限位开关和极限开关、缓冲器等装置,起到防电梯超速、打滑和断绳以及防超越行程的保护功能。

(1)防电梯超速、打滑和断绳的保护装置

防超速和断绳的保护装置是安全钳和限速器系统组成。安全钳是一种使轿厢停止向下运动的机械装置。限速器是限制电梯运行速度的装置,一般安装在机房。当轿厢上行或下行超速时,通过电气触点动作使电梯停止运行,当下行超速电气触点动作仍不能使电梯停止,速度达到一定值后,限速器机械动作,拉动安全钳夹住导轨将轿厢制停。当断绳造成轿厢坠落时,也由限速器的机械动作拉动安全钳,使轿厢制停在导轨上。安全钳和限速器动作后,必须将轿厢提起,并经专业技术人员调整后方可恢复使用。

(2)防超越行程的保护装置

防止越行程的保护装置,由强迫换速开关、

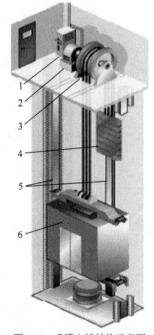

图 2.68 升降电梯结构示意图
1-供电及控制系统;2-曳引机;3-曳引轮,钢缆(传动装置);4-对重;5-导轨;6-轿厢

限位开关和极限开关组成。强迫换速开关(又称减速开关)安装在电梯井道顶部和底坑内,当电梯失控冲顶或撞底时,轿厢上的上、下开关先使强迫换速开关断开,将快车继电器切断转入平层慢车速度,能保证电梯有足够的换速距离,防止轿厢越位。对于高速电梯,考虑到短距离运行(如单层运行)时换速距离不够,可假设一单层强迫减速开关,其位置在多层减速开关之后,井道顶部和底坑各有两个减速开关。限位开关由上、下限位开关组成,当减速开关失灵未能使电梯减速、停车,轿厢越过上、下端站平层位置时,上或下限位开关动作,迫使电梯停止。上限位开关动作后,如轿厢下面层楼有召唤,电梯能下行。下限位开关动作后,如轿厢上面层楼有召唤,电梯能上行。缓冲器是电梯最后一道安全保护装置,当电梯失控撞向底坑时吸收和消耗电梯的能量,使其安全减速停止在底坑里。

2.10.2 自动扶梯

1) 自动扶梯的结构

自动扶梯带有循环运动梯路向上或向下倾斜输送乘客的固定电力驱动设备。自动扶梯通常由一台链式输送机和两台胶带式输送机组合而成的升降传送系统。

自动扶梯包括主驱动系统、润滑系统、安全保护系统和电气控制系统。其结构主要由桁架、梯级、裙板、扶栏、驱动链、梯级链、减速机、电动机、主驱动轴、梯级链、张紧装置、导轨、扶手装置、梳齿板、控制系统、安全装置等组成。

(1)桁架:机架假设在建筑结构上,供支承梯级、踏板以及运动机构等部件。

(2)梯级:在扶梯桁架上循环运行,供乘客站立的部件。

(3)围裙板:与梯级、踏板两侧相邻的金属围板。

(4)驱动链:传递运动并带动梯级运行的部件。

(5)梯级导轨:供梯级滚轮运行的导轨。

(6)梳齿板:位于运行的梯级出入口,为方便乘客的上下过渡,与梯级踏板相啮合的部件。

(7)驱动装置:指驱动扶梯运行的部件,包括电机、减速器、驱动链轮主轴、驱动链轮等。

(8)扶手装置,在扶梯两侧,对乘客起安全防护作用,也便于乘客扶握的部件。

(9)张紧装置:指当扶手带被拉长或安装过紧是,用于调节其长度的部件。

(10)电气控制系统:电气控制系统包括主控制柜、操纵面板、检修控制盒及各种安全保护开关。主要由主机板、变频器、主开关、各种继电器、接线端子、通信接口、接地保护装置等构成。

(11)自动润滑系统:对主驱动链、扶手带驱动链及扶梯进行实时润滑,确保扶梯平稳运行。

(12)安全装置:为了保证自动扶梯乘客绝对安全,要求装设多种安全装置。

2) 自动扶梯的类型

自动扶梯按驱动装置位置分类,可分为端部驱动自动扶梯和中间驱动自动扶梯。

端部驱动自动扶梯,驱动装置位于自动扶梯的头部,并以链条为牵引元件。它由一系列的梯级与两根牵引链条连接在一起,运行在按一定线路布置的导轨上。牵引链条绕过上牵引链轮,下张紧装置并通过上、下分支的若干直线、曲线区段构成闭合环路。该环路的上分支中的各个梯级应严格保持水平,以供乘客站立。上牵引链轮通过减速器等与电动机相连以获得动力。扶梯两边装有与梯级同步运行的扶手装置,以供乘客扶手之用。

中间驱动自动扶梯,驱动装置位于自动扶梯的头部,并以齿条为牵引元件。一台自动扶梯可以装多组驱动装置,也称多级驱动组合式自动扶梯。运行时,电动机通过减速器将动力传递给两侧的构成闭合环路的传动链条,每侧的传动链条之间铰接一系列的滚子,滚子与牵引齿条的牙齿啮合,驱使自动扶梯运行。

2.10.3 楼梯升降机

1) 楼梯升降机的结构

楼梯升降机一般设置在出入口或站厅至站台,专为坐轮椅的残疾人服务,属于车站无障碍的重要部分。楼梯升降机由轮椅平台、驱动机、导轨、控制柜、充电装置、低电源蜂鸣器和安全装置构成。

(1) 轮椅平台

轮椅平台包括钢板、安全护栏、活动板、安全挡板等部件,可通过操作按钮来控制平台收放。在升降机到达终点位置后,只要持续按住上或下按钮,底板便会自动向上折放,护栏会向下折放。在平台折叠或者张开过程中,如果遇到故障,也可以通过手动方式完成。

(2) 扶手导轨

导轨固定在楼梯表面。导轨和支撑件采用钢材制作,表面热镀锌后涂有富锌防锈漆和耐磨面漆共两层,具有很好的防锈蚀功能。

(3) 驱动机

驱动机采用直流电机,安装于升降机内部。升降机运行速度由电机通过齿轮减速后得到。六个钢制驱动滚轮等距地分布在滚轮支架上,在任何地方总有两个滚轮同时附着在导轨上,导轨固定在楼梯表面。也有采用传动链进行传动的,直流电动机带动传动齿轮,齿轮驱动传动链,传动链与导轨配合带动平台慢速运行。驱动机内有制动器,制动器断电抱闸,通电松闸,制动弹簧是压缩弹簧。

(4) 控制主板

控制主板安装在楼梯升降机的内部,包括直流电机、蓄电池、主电源开关、上行继电器、下行继电器、中间继电器、时间继电器、马达辅助继电器等。

(5) 低电源蜂鸣器

当蓄电池电压低于额定电压(视型号而定)时,升降机运行时会发出蜂鸣信号。此时应立即将升降机驶向充电地点,并尽可能向下方行驶。升降机充电 1 次,一般需 6~8h,当充电完毕后,蜂鸣器会停止鸣叫。

(6) 安全装置

为保证楼梯升降机安全可靠的运行,楼梯升降机内配备必要的安全装置,主要包括限速器开关、侧板开关、底板开关、护栏开关、限位开关、极限开关、抱闸装置、旁通开关等。

2) 楼梯升降机的类型

(1) 座椅式楼梯升降机

座椅式楼梯升降机主要为行动不便者提供上下楼梯的服务,由座椅、托架和导轨等组成。座椅设有座位、扶手、靠背和搁脚板。为了方便乘坐,座椅一般设计成能转动的。在不使用时,座椅和搁脚板能够折叠起来,以减少对空间的占用。

(2) 轮椅平台式楼梯升降机

轮椅平台式楼梯升降机主要为使用轮椅者提供上下楼梯的服务,为了防止平台倾翻,设两根导轨。驱动装置分为内部驱动和外部驱动两种:内部驱动的驱动装置安装在轮椅平台内,外部驱动的驱动装置安装在楼梯的上部。图2.69为楼梯升降机。

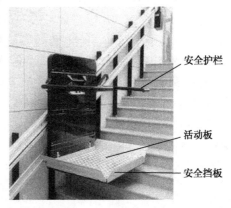

图2.69　楼梯升降机

2.11　屏蔽门系统

2.11.1　屏蔽门系统的组成

屏蔽门是安装于地铁、轻轨等轨道交通车站站台边缘,使轨道与站台候车区隔离,设有与列车门相对应,可多级控制开启与关闭滑动门的连续屏障。

屏蔽门系统由机械和电器两部分组成,机械部分包括门体结构和门机系统,电气部分包括电源系统和控制系统。门体结构由钢架、顶盒、门体组合、下部支撑结构组成。门机系统主要由驱动装置、传动装置、锁紧装置、DCU等组成。

2.11.2　屏蔽门系统的功能

按使用功能屏蔽门有应急门、端头门,按物理性质有固定门和活动门。各种屏蔽门的基本功能如下:

应急门:在正常情况下不开启。在紧急情况下,列车停车位置与活动门不对应时,可通过应急门疏散乘客。应急门设有锁紧装置,且开启方便。应急门使用后必须确保关闭与锁紧。

端头门:主要用于车站工作人员在站台和轨道之间的进出,是车站工作人员通道,可在轨道一侧推动端头门的推杆锁的解锁装置或由站台工作人员在站台一侧使用专用钥匙打开。同时兼顾紧急情况下疏散乘客的要求,端头门有门锁装置,并在列车活塞风作用下不会开启。

固定门:主要用于隔断站台和轨道。固定的端头门配有极安全的通用门锁,在轨道侧可用把手进行开/闭操作,在站台侧均可用"通用"钥匙进行开/闭操作。应急门被当做固定门使用,在列车进站无法停靠在允许的误差范围位置时,必有一道车门对准应急门。

活动门:关闭时隔断站台和轨道、开启时供乘客上下列车。活动门为中分双开式门,设手动开锁机构,并与置于顶盒内的闭锁机构联动。在活动门关闭后,闭锁机构可防止外力作用将门打开。在开启并处于正常运行模式时,活动门的门锁可自动解锁;在非正常运行模式和紧急运行模式时,站台工作人员或乘客可手动打开活动门,实现解锁,可作为疏散通道。

2.11.3 屏蔽门的类型

屏蔽门主要有两种类型。一类屏蔽门是全立面玻璃隔墙和活动门,沿车站站台边缘和站台两端头设置,把站台乘客候车区与列车进站停靠区域分隔开,属于全封闭型。这种形式的屏蔽门一般应用于地下车站。这种屏蔽门系统的主要功能是增加车站站台的安全性,节约能耗以及加强环境保护。全封闭型屏蔽门如图 2.70 所示。

另一类屏蔽门系统是一道上不封顶的玻璃隔墙和滑动门或不锈钢篱笆门,属于半封闭型。其安装位置与第一种方式基本相同。这种类型的屏蔽门系统比第一种类型屏蔽门相对简单,高度比第一种屏蔽门低矮,通常为 1.2~1.5 m,空气可以通过屏蔽门上部流通,主要起隔离作用,保障站台候车乘客的安全,也称安全门。半封闭型屏蔽门如图 2.71 所示。

图 2.70　全封闭型屏蔽门

图 2.71　半封闭型屏蔽门

2.12　消防系统

2.12.1　城市轨道交通消防系统的组成

城市轨道交通由防灾报警系统(Fire Alarm System,FAS)、自动气体灭火系统、防排烟风机、给排水设备等组成。

当车站或地铁车辆上发生火灾时,FAS 系统能够及时检测到火灾的发生及发生地点,并将信息传送给机电设备监控系统,由该系统向气体灭火装置、防排烟风机和给排水设备发出控制指令,进行灭火工作。防排烟风机是将火灾发生时产生的大量浓烟排出地铁车站或隧道的设备;给排水设备提供灭火所需的水源,机电监控系统控制所有机电设备的协调工作。

2.12.2　城市轨道交通消防系统设备及功能

FAS 系统分布在站厅、站台、一般设备用房和办公用房等位置,能监视车站消防设备的运行状态、接收车站火灾探测器、手动报警按钮等现场设备的报警信号并显示报警位置;优先接收控制中心发出的消防救灾指令和安全疏散命令,并能在火灾时发出模式指令使机电设备监控系统运行转入火灾模式,实现消防联动,同时可通过事故广播系统和闭路电视系统组织疏散乘客,对气体灭火系统保护区域进行火灾监视,起到及早发现火灾、通报并发送火灾联动指令的作用。FAS 系统采用集中和分站管理,并采用由中央级火灾自动报警系统和车站级火灾自动报警系统组成的两级控制,通过光缆形成网络实现信息和指令传输。

(1)中央级设备

OCC 控制中心一般配置两台用于监控全线 FAS 系统的图形控制计算机和一台火灾报

警控制主机,其功能是监视地铁全线各车站、区间隧道、控制中心大楼、车辆段和主变电所等下属所有区域的火灾报警、消防联动和故障情况,在火灾发生时承担全线灭火指挥任务。

根据不同级别的登录密码,分为主图形控制计算机和备用图形控制计算机。图形控制系统接收并储存全线消防设备主要运行状态,接收全线车站、车辆段、主变电所及集中冷站的火灾报警并显示报警部位,包括火灾报警、监视报警、设备离线故障报警、网络故障报警、报警存储、操作人员的各项操作记录等。各项记录都可以在图形控制中心上进行在线编辑,可分类检索(按车站、时间、设备类型、故障类型、报警类型分类,能跟踪人员的操作记录)并输出至打印机或磁盘等,进行历史档案管理。中央级设备的构成如图2.72所示。

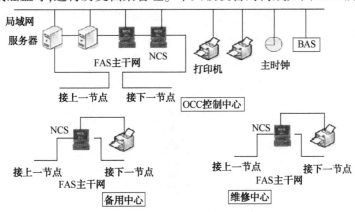

图 2.72 中央级设备构成示意图

(2)车站级设备

车站 FAS 设备主要有 FAS 主机操作盘、图形监视计算机、FAS 联动控制盘,设备都集中在车站控制室。地面或高架车站只配有消防水泵及消火栓等手动灭火装置,地下车站还配有气灭主机、RP 操作盘,气瓶等现场级设备。车站级设备的构成如图2.73所示。

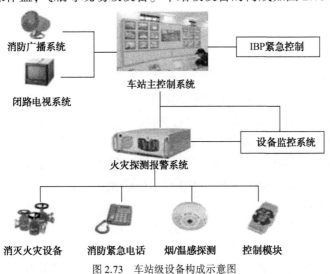

图 2.73 车站级设备构成示意图

车站级设备主要是负责车站范围内火灾的监视、报警、控制以及其他系统的连动。火灾监控与报警控制器随时监控和接受各探测点的报警信号,可发出声光报警信号,并能自动或手动执行对有关消防设施的联动控制。模拟图形显示终端按照车站建筑平面分级、分区显示本站系统的详细信息,并能够实时打印输出各种有关数据报告。视频传输系统在车站站台、站厅等公共场所安装全方位的监视器,实时收集站内的视频信息,并反映到值班室的闭路电视监控器上,由值班人员进行监控和处理。

(3)现场级设备

现场设备主要包括火灾传感器、手动报警器、感温电缆和紧急电话插孔等,主要负责火灾监控与报警设备的具体功能。火灾传感器用于对站内设备用房、站厅、站台旅客公共区等进行火灾自动探测。手动报警器安装于在站内旅客公共区、设备用房区域及列车上,以便现场人员及时通报火灾。感温电缆用于对站台层变电所下的电缆夹层,实施火灾自动探测报警。为便于紧急报警,在站内旅客的公共区以及设备用房区域设置的消火栓箱上,以及区间隧道和站内轨道外侧所设的消火栓箱上,配置有紧急电话插孔。图 2.74 为现场火灾报警设备。

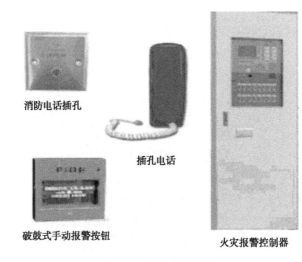

图 2.74 现场火灾报警设备

2.12.3 地铁消防设备案例

(1)火灾报警控制器

火灾报警控制器是火灾自动报警系统的心脏,是用来接收火灾信号并启动火灾报警装置。该设备也可用来指示着火部位和记录有关信息,能通过火警发送装置启动火灾报警信号或通过自动消防灭火控制装置启动自动灭火设备和消防联动控制设备,自动监视系统的正确运行和对特定故障给出声、光报警。火灾报警控制器在发生火灾或各种联动设备动作时,以 LCD(液晶)画面显示详细内容。LCD 显示构成如图 2.75。

(2)自动灭火系统

自动灭火系统是指根据 FAS 或 BAS 的指令,自动控制相关的消防设备和固定式灭火装置进行联动灭火的一套自动化系统。自动灭火系统配备所需的固定式灭火装置主要有:喷洒水设备、消火栓设备、卤化物灭火设备、室外消火栓设备、消防泵和管路电动阀等。根据自动灭火系统的不同配置不同的固定式灭火装置。自动灭火喷淋系统有水喷和气喷两种,可以针对不同的火灾原因进行调控。图 2.76 为 IG541 气体灭火系统。每套瓶组包含灭火剂、储存瓶、瓶头控制阀、安全阀、手动阀和压力表。

用于自动气体灭火的气瓶存放于车站气瓶间,气瓶间外部由 RP 盘进行控制,按下 RP 盘下方的红色按钮(手动启动按钮)启动气体灭火系统;或者在发现启动后的延时时间内(30~40s),按下绿色按钮(手动停止按钮),紧急切断灭火信号,终止灭火系统的启动。

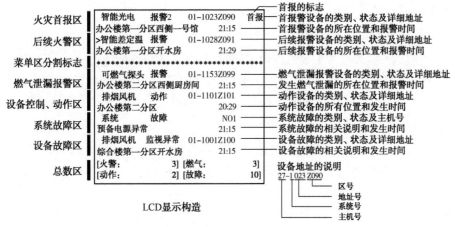

图 2.75 LCD 显示构成

图 2.76 IG541 气体灭火系统

在 RP 盘自动控制无效的情况下,需要到相应的气瓶间找到相应的气瓶,手动拔除电磁瓶头阀上的止动簧片,压下手柄,从而打开电磁瓶头阀,进行手动启动气瓶。

(3)手动报警按钮

车辆段和高架站的消火栓附近,设有手动报警按钮,用于发现火灾的现场人员向车站控制室发出火灾信息,将信号传送至火灾报警控制盘,由火灾报警控制盘发出命令到消火栓泵控制箱,启动相应消火栓泵并接受其反馈信号。为防止误动作,手动报警按钮一般采用玻璃罩罩起。当发生火灾时,可将玻璃罩敲碎,按下报警按钮进行报警。手动报警按钮一般设置在消火栓箱附近的墙体上,其底部距地高度为 1.3~1.5m。

2.13 环控系统

2.13.1 环控系统的组成

环控系统包括环控风系统和环控水系统。环控水系统是为环控风系统提供制冷用冷冻水的系统。环控风系统为环控提供通风和制冷作用的系统,包括隧道通风系统、站厅、站台的空调和通风系统(简称大系统)、车站管理及设备用房的空调、通风系统(简称小系统)。

环控风系统分为开式环控系统、闭式环控系统和屏蔽门式系统。开式环控系统指机械通风或活塞效应使轨道内部与外界交换空气,可利用外界空气冷却车站和隧道,隧道通风系统属开式环控系统。闭式环控系统则不引入外界空气,站内采用空调系统,区间隧道借助"活塞效应"。屏蔽门式系统指安装屏蔽门将站台与隧道隔开,站内安装空调系统,隧道用通风系统(机械通风和活塞通风)。

2.13.2 环控系统的运行模式

环控系统的运行模式包括正常运行模式、列车阻塞模式和事故运行模式。正常运行模式是一种占主导地位的运行方式;列车阻塞模式是指在列车阻塞期间,通风维持列车空调装置连续运转模式。事故运行模式是指发生火灾时,开启通风设施,为乘客提供安全通道的模式。

2.13.3 环控系统的功能

环控系统调节指定区域内的空气温度、湿度,并控制二氧化碳、粉尘等有害物质的浓度,对包括车站站厅、站台、隧道、设备及管理用房等地方的环境起控制调节作用。

(1)排除余热余湿

在地铁正常运营时,排除余热余湿,为乘客创造一个往返于地面和地铁列车间的过渡性舒适环境,并为工作人员创造一个舒适的工作环境。

(2)调控温度湿度

满足车站各种设备和管理用房工艺和功能要求,提供正常所需的温、湿度条件。

(3)隧道送风排风

当列车阻塞在区间隧道时,向隧道提供一定的新风量和冷风量,以维持乘客短时间内能接受的环境条件。

(4)火灾排烟疏散

当发生火灾时,提供迅速有效的排烟手段,向乘客输送必要的新风,诱导乘客疏散。

2.13.4 隧道通风系统

隧道通风系统包括区间隧道通风系统和车站隧道通风系统两部分。常见的通风方式有自然送排风、机械送排风、机械送风自然排风三种方式。

1)区间隧道通风系统

区间隧道通风系统由车站两端端头井内设置的事故/冷却风机与两边隧道相接的活塞风井、隔断风门、旁通风门等组成。区间隧道通风系统主要有正常运行、阻塞运行和事故运行三种运行模式。

(1)正常运行模式

当列车正常运行时,利用列车在隧道内高速运动产生的活塞效应从车站一端风井引入新风,经过区间隧道由下一站风井排风。列车停靠车站时列车下部的制动发热量和顶部的空调冷凝发热量由站台排热通风系统进行排放。

(2)阻塞运行模式

堵塞运行模式是当列车因故滞留在区间隧道时,为使列车空调器正常运转,关闭列车后方站事故机房内的旁通风门,事故风机向区间隧道送入新风,前方站事故风机将区间隧道内的空气排至地面。区间内的气流方向应与列车的行进方向保持一致。

(3)事故运行模式

事故运行模式主要指火灾运行模式。当列车在区间隧道内发生火灾时,隧道通风系统进入火灾运行模式。列车在运行时发生火灾时,应尽量驶向前方车站,在前方车站疏散乘客、排烟和灭火。当列车发生火灾且不得不停在区间隧道内时,应根据列车所处区间位置和列车火灾位置,执行预先设计的方案进行紧急通风。

2) 车站隧道通风系统

车站隧道通风系统主要由轨道排风机、电动风阀和防火阀、风道等设备组成。地下车站所用的风机型式根据车站环控系统的特性和地下工程的特定条件来决定。一般地下车站环控系统具有通风量大、风压低的特点。

车站通风系统日常运营给乘客和设备提供舒适及适宜的环境,确保乘客的安全;事故及灾害情况下进行通风、排烟、排毒、排热,起到生命保障及辅助灭火的作用。

2.13.5 车站空调系统

1) 空调系统的组成及功能

车站一般具有独立的空调系统,包括空调机组、各类风机以及为空调机组提供冷冻水的空调水系统等设备。地铁车站空调系统由公共区空调系统(大系统)、设备及管理用房空调系统(小系统)、空调冷源及水系统组成。

公共区空调系统(大系统)为保证车站公共区的空气环境,满足乘客与工作人员的舒适性要求,设备及管理用房空调系统(小系统)为保证工作人员的空气环境舒适性要求和设备正常运转所需的空气环境条件。空调冷源及水系统为空调系统提供空调用冷冻水,满足冷却空气的需要。

2) 空调系统的运行模式

车站空调系统有空调运行、全新风运行和事故通风运行三种模式。

(1) 空调运行模式

在夏季,当站台和站厅的温湿度值大于设定值时,开始启动空调系统,向站台和站厅送冷风。通过送、回风温湿度变化调节新风与回风的比例及进入空调器的冷水量,保证站台、站厅的温湿度要求。

(2) 全新风运行模式

在春秋两季,当室外空气的焓值低于站内空气的焓值时,启动全新风风机将室外新风送至车站。焓值表示在单位空气中温度和湿度综合后的能力刻度,是一个能量单位。由于空调要对空气进行加热、制冷、加湿、除湿处理,不仅比较温度还要综合考虑湿度,比如在过渡季节对新风阀的开关控制,当地铁隧道空间外空气的焓值低于隧道空间内空气的焓值,说明不需要制冷就可直接引入。

(3) 事故通风运行模式

当站台或站厅层发生火灾时,关闭站台层送风系统及站厅层回/排风系统,启动全新风风机向站厅送风,由站台层回/排风系统将烟雾经风井直接排向地面。

2.13.6 空调系统的新技术案例

(1) 通风空调多功能设备集成系统

通风空调多功能设备集成系统方式是直接针对传统系统中区间隧道通风系统和车站通风空调系统部分进行有机整合,通过设备、风道等的共用,将区间隧道事故通风系统与车站公共区通风空调系统合二为一,将各种工况下的需求统一处理,构造成一种形式简单、功能齐全、节约机房占地、造价低廉的新型通风空调系统。为保证系统功能的更好实现,采用电动可开启式大型表冷器、自动清洗式空气过滤器和风机变频等新型空气处理设备和新技术。

(2)空气—水空调系统

空气—水空调系统将风机盘管布置在车站的非有效利用空间内,空调冷冻水直接送入盘管,新风则通过专用风管送入车站。在通风工况时,新风直接送入车站公共区,而在空调季节新风则通过转换,送入风机盘管与车站回风区的空间,先行混合后再一起进入风机盘管进行冷却处理,而后送入车站公共区,风机盘管的凝结水则被引入行车隧道的排水明沟,并以蒸发冷却的方式降低隧道温度,充分加以利用。

(3)较高纬度的通风空调集成系统

该系统将区间隧道通风系统和车站公共区通风系统进行有机结合,并采用小机型多组合的风机配置方式,结合风机变频技术的应用,组成了通风系统的基本形式,以求达到满意的通风效果。系统特点是:适合东北地区冬季气候寒冷的特点,综合考虑冬夏系统负荷情况和运行的要求,功能完善;系统设备及参数配置更加合理,系统向上和向下的调节能力更大,更合理,配合科学的控制运行方式,可以更好地实现节能运行;设备小型化,便于运输、安装与维修。

2.14 新型城市轨道交通

城市轨道交通种类繁多,技术指标差异较大,按运能范围、车辆类型及主要技术特征可分为城市地下铁道、轻轨交通、城市快速铁路、有轨电车、单轨铁路、新交通系统、磁悬浮交通等类型。采用钢轮、钢轨走行系统的地铁、轻轨、有轨电车、城市快速铁路等通常称为传统型城市轨道交通;而单轨交通、新交通系统、磁悬浮交通等称为新型城市轨道交通。

2.14.1 单轨铁路

单轨铁路又称独轨铁路(Monorail),是一种把单轨铺设在高架桥上的新型铁路。最大特点是车体比承载轨道要宽,是通过单一轨道梁支撑车厢并提供导引作用而运行的轨道交通系统,简称单轨或独轨。

1)单轨交通的类型

单轨铁路按照支撑方式的不同,通常分为跨座式单轨和悬挂式单轨两种。跨座式车辆跨座在轨道梁上行驶,两旁盖过路轨,跨座式单轨见图2.77。悬挂式单轨是车辆悬挂在轨道梁下方行驶,见图2.78。悬挂式单轨也称空中轨道列车。单轨交通的路轨一般以混凝土制造,比普通钢轨宽很多,而单轨铁路的车辆比路轨更宽。单轨交通适用于城市公共交通运载乘客,也可以在大型游乐场内建筑的单轨交通,专门运载游人。

图2.77 跨座式单轨

图2.78 悬挂式单轨

德国乌帕塔的悬挂列车（1901年建成）是目前最早且仍然持续营运的悬挂式单轨铁路。其独一无二钢轨式运行令每日载客量超过7万人次，见图2.79；美国拉斯维加斯连接各赌场及会议中心的单轨铁路，见图2.80。

图2.79　德国乌帕塔悬挂式单轨

图2.80　美国拉斯维加斯跨座式单轨

2）单轨交通的主要技术特点

（1）轨道采用全高架线路

单轨采用一条大断面轨道并全部为高架线路的轨道。跨座式轨道由预应力混凝土制作，车辆运行时，走行轮在轨道上平面滚动，导向轮在轨道侧面滚动导向。悬挂式轨道大多由箱形断面钢梁制作，车辆运行时，走形轮沿轨道走形面滚动，导向轮沿轨道导向面滚动导向。

（2）空间轨道结构宽度小

单轨一般利用城市道路中央隔离带设置构墩柱，圆墩柱直径为1～1.5m。区间双线轨道结构宽度，跨座式为5m；悬挂式为7m。而地铁为8.5～9.0m，轻轨约8.0～8.5m，墩柱直径为2m左右。空间轨道结构宽度相对于地铁与轻轨区间高架结构宽度小。

（3）车辆大多采用橡胶轮胎

单轨车辆采用橡胶轮胎和空气弹簧转向架，运行稳定可靠在车辆运行中振动相对小、噪声也低。单轨车辆每一橡胶轮胎的承载力不超过5.5t，四轴车的总承载力为44t。受橡胶轮胎载重的制约，单轨运送能力也受到限制。能耗与轮轨系统有关，单轨交通的能源消耗比公共汽车节省约15%，但比地铁要高约50%。

（4）中等运量交通系统

单轨属于中等运量交通系统，其运量在公共汽车和轻轨交通之间，单轨车辆由电气牵引，最高速度可达80km/h，平均旅行速度约30km/h，列车可实现2～6辆编组，单向运送能力为0.5万～2.1万人次/h。

单轨电动客车两侧装有导向轮和稳定轮，控制列车转弯，能通过半径为30m的曲线，并且爬坡能力很强，最大坡度可达10%，易适应城市多变的地形地貌和复杂的地理环境。

3）重庆轻轨较新线跨座式单轨交通

2005年，我国"山城"之称的重庆，修建了我国首条跨座式单轨线路。重庆轻轨较新线（较场口至新山村线）单轨交通工程，线路全长17.4km，基标是调整钢筋高度、确定线路方向的基准，共设17座车站。图2.81为重庆跨座式单轨列车。

重庆轻轨较新线一期工程采用专用负极作为回流通路的跨座式单轨交通直流牵引系统。对于正极接触网供电、负极走行轨回流的方式，其直流牵引系统已设置有比较完善的接地保护系统。跨座式单轨快速交通工程的直流牵引系统采用专用的负极回流通路,走行轨不用作回流通路。较新线采用集中供电方式,车辆是 DC1500V 的供电制式。2 号线于 2004 年观光运营,全线共设 2 座主变电所,站台容纳率一般为 2~4 人/m^2。较新线采用二级电压制供电,采用线路变压器组的接线形式,每路电源进线及每台主变压器的容量独立承担本变电站供电范围内的一、二级负荷的供电,其中压网络采用 10kV 分区环网的方式对各变电所进行供电。

图 2.81 中国重庆跨座式单轨列车

重庆单轨列车编组方式为:Mc+M+M+Mc,网压为 1500V DC,牵引电机额定功率为 105kW,最大速度 80km/h,质量 Mc 28.6t,M27.6t,定员 Mc151 人,M165 人,车体长度 Mc14800、M13900mm。采用跨坐式转向架,铝合金车体,车顶单元式空调机组,VVVF 控制,电器指令式再生制动,空—油转换盘型制动装置。我国绝大多数的城市轨道交通均采用正极接触网供电、负极走行轨回流方式,只有重庆轻轨较新线采用负极与走行轨分开的跨座式单轨快速交通技术。

2.14.2 新交通系统

新交通系统(New Transport System),广义上新交通系统概念是指新开发的具有高速、准点、舒适和污染小的交通方式及其运行服务系统的总体,是 20 世纪 60 年代出现的不同于传统运输方式的新型交通工具,为克服现有交通方式在环境和经营上的缺陷,或为满足现有运输方式难以适应的运输需求而开发的新交通方式和新运营服务的总称。狭义上新交通系统则定义为由电气牵引,具有特殊导向、操作和转向方式胶轮车辆,单车或数辆编组运行在专用轨道梁上的中小运量轨道运输系统。这种轨道运输系统多数设置在道路及公共建筑物的上部空间,具有中小运量;其最大速度一般为 90km 以下,广泛用于中短途的干线交通、机场专用线、城市商业区和大型娱乐场所等的交通系统。

1)新交通系统的类型

(1)自动化导轨交通系统

自动化导轨交通系统是导入计算机和全自动控制系统的双轨铁路、独轨铁路,属中量轻轨输送方式,适于承担的运输范围介于公共汽车和市郊铁路间。

(2)新型无轨交通系统

新型无轨交通系统,或称复合交通系统,是以自动控制的新型无轨电车在导向槽中行驶的系统。

(3)步行者援助系统

步行者援助系统由高速人行道、自动扶梯和小座舱组成,用于运送上下飞机的旅客等。

(4)公共汽车运营自动控制系

公共汽车运营自动控制系为适应非大量的乘客需求,通过计算机系统收集信息、并将其组织起来开行无固定路线的小型公共汽车或公共汽车站间运行自动预报系统。

2)自动导向交通系统

新交通系统的核心是新型轨道交通系统和复合交通系统。新交通系统的车辆在线路上可无人驾驶自动运行,车站无人管理,完全由中央控制室的计算机集中控制,自动化水平高。新交通系统与单轨交通有许多相同之处,最大的区别在于该系统除有走行轨外,还设有导向轨。鉴于新交通系统中的列车或车辆都是自动控制和沿着导轨导向运行的,因此,新交通系统又统称为自动导向交通系统。

自动导向交通系统(Automated Guideway Transit,AGT),是非常规的轮轨城市轨道交通系统,通常以单辆或数辆胶轮车编组在专用混凝土轨道上导向运行的。我国和日本将AGT称为"新交通系统",其他国家所指的新交通系统一般还包括道路轨道双模式交通系统等。

3)自动导向交通的技术特征

(1)交通线路与轨道结构

自动导向交通线路以单线为主,路权专用。线路形式多为高架线路,也有部分走行于城市地下以及高架向地下过渡的少量地面线。

轨道通常为混凝土整体道床结构,在轨道的中央或两侧矮墙上安装导向轨。自动导轨的轨道结构主要包括导向轨(简称导轨)、走形轨道、道岔等。

AGT系统设有专门的导向轨进行行车导向,导向方式分两侧导向和中央导向两种。走形行车轨道由左右分开的两条连续的钢筋混凝土带形平台构成,考虑纵向变形,通常每间隔100m处设置一道伸缩缝。自动导轨交通用以转换行车方向的道岔,通常有垂直沉浮式和平面移动式等类型。

(2)自动导向交通车辆

AGT系统的车辆通常采用轻小型和橡胶轮胎,外观类似公共汽车,车辆定员在20~80人。采用电力驱动和导向运行方式,也有采用直线电机驱动技术。导向运行方式有中央导向和侧面导向两种。在中央导向时,车底架下的导向轮沿着轨道中部的导向轨引导车辆运行;在侧面导向时,车辆走行部外侧的导向轮沿着轨道两侧矮墙上的导向轨引导车辆运行。

(3)牵引供电系统

AGT系统的牵引供电,通常由城市电网将高压交流电输入AGT系统的各变电所,再由变电所变成600V三相交流电或750V的直流电,通过导电轨输送给车辆上的驱动电动机,牵引车辆行驶。

(4)运营调度管理

自动导向交通实现运营调度管理自动化。运营调度管理自动化包括接发车控制,列车运行状态及车辆、线路和信号等设备的监控,车辆调度和车站管理等的自动调度管理。

(5)列车控制系统

AGT系统采用由列车自动防护(ATP)、列车自动驾驶(ATO)和列车自动监控(ATS)等子系统组成的列车自动控制系统(ATC)。AGT系统采用列车自动控制管理系统,包括列车运行、行车指挥、设备监控、车站业务管理等全自动化的监控管理。

4) 新交通系统案例

(1) 网络型小运量自动导向交通(PRT)

网络型小运量自动导向交通(Per-sonal Rapid Transit, PRT),是一种采用小型车辆、设想用来替代私人汽车的网络型小运量新型轨道交通系统。PRT车辆具有私人汽车的优点,可在任何时间运行至导轨网上的任何地点,不存在换乘和搭乘的情况。车辆自动控制、无人驾驶、运行速度较高。乘客可用智能卡启动车辆,根据乘客输入的到站指令,车辆会自动运行到目的地停车。

1979年,美国摩根城建成了世界上第一条商业运营的PRT线路,线路连接市区和西弗吉尼亚大学,单线,大部分是高架结构,全长约7km,设车站5座。车辆定员20人,其中座位8人。单车编组、侧面导向、无人驾驶运行,最高运行速度为48km/h。车辆运行最小间隔时间为15s。全线配备车辆73辆,运营人员72人。

(2) 专线型中运量自动导向交通(PM或AGT)

专线型中运量自动导向交通(People Mover or Automated Guideway Transit, PM or AGT)。PM技术在许多方面与PRT技术类似,主要区别在于PM是一种采用中型车辆、在固定线路上往返或循环运行、设想用来替代步行的专线型中运量新型轨道交通系统。PM车辆也是自动控制、无人驾驶,但运行速度较低。PM的概念和技术在日本等国家称为AGT。

1974年,美国达拉斯的沃斯堡机场建成了世界上第一条商业运营的PM线路。线路为单线高架结构,长约21km,有14个车站,一些车站设有配线,追踪运行列车可在车站内有多条线可以完成列车的超越。车辆定员40人,其中座位16人。列车2辆编组、侧面导向、无人驾驶运行,最高运行速度为27km/h。车辆运行最小间隔时间为18秒。全线配备客车51辆,此外还有货车17辆。

(3) 轨行公共汽车(Rai Bus)

轨行公共汽车能在导轨线路和普通街道上以不同的控制方式行驶,即在导轨线路上沿着导向轨以自动控制和侧面导向的方式运行,在普通街道上以人工驾驶方式行驶。因此,轨行公共汽车既是一种复合交通系统。

1986年,澳大利亚的阿德莱德建成世界上第一条商业运营的轨行公共汽车线路。该线路为双线地面线路,路权专用,全长约12km。车辆的最高运行速度可达100km/h。

(4) 小运量自动客运系统(APM)

小运量自动客运系统(Automated People Mover, APM)。APM系统载客量比PRT要大,技术上也成熟得多,载客量一般为30~100人/车,运行速度低于48km/h。该系统是在客流稠密、分布范围较大的地区载客并迅速运走,主要用在机场等客流活跃场所。为降低噪声,这种系统采用胶轮—导轨。

美国杰克逊维尔的自动客运系统总长2.5mile,总站在佛罗里达社区学院,线路是Y形的,两个分支各有一个终点站,均为无人值守车站,采用跨坐单轨车辆。

中国的天津市于2007年在滨海新区开通了全长7.6km的亚洲首条胶轮导轨线路,北京市于2008年奥运会前开通了服务于首都机场T3航站楼的新交通系统。图2.82为美国杰克逊维尔的自动客运系统。图2.83为北京首都机场T3航站楼的新交通系统。

图 2.82 美国杰克逊维尔的自动客运系统

图 2.83 北京首都机场 T3 航站楼的新交通系统

2.14.3 磁悬浮交通

磁悬浮交通(Magnific Levitation for Transportation)是一种非轮轨黏着传动,悬浮于地面的交通运输系统,是介于常规高速铁路和航空运输之间的一种独特的运输方式。磁悬浮列车是利用常导磁铁或超导磁铁产生的吸力或斥力使车辆浮起,用以上的复合技术产生导向力,用直线电机产生牵引动力,使其成为高速、安全、舒适、节能、环保、维护简单、占地少的新一代交通运输工具。

1)磁悬浮交通的类型

磁悬浮交通系统从悬浮机理上可分为常导型电磁悬浮系统(EMS)、超导型电动悬浮系统(EDS)和永磁补偿悬浮系统(PMS)三种。

(1)常导电磁悬浮

以德国为代表的常导电磁式磁悬浮系统(EMS),其特点为气隙传感式电磁吸浮,气隙传感电磁导向,同步直线电机驱动。EMS 对于车载的、置于导轨下方的悬浮电磁铁通电励磁而产生磁场,悬浮电磁铁与轨道上的铁磁性构件相互吸引,将列车向上吸起悬浮于轨道上,悬浮间隙一般为 8~10mm,通过控制悬浮电磁铁的励磁电流来保证稳定的悬浮间隙。导向原理与悬浮原理相同,是通过车辆下部侧面的导向电磁铁与轨道侧面的导向轨道磁铁相互作用,实现水平方向的无接触导向。列车的驱动是通过直线电机来实现的。由于电磁式悬浮是采用普通导体通电励磁,故又称为常导磁浮。

(2)超导电动悬浮

以日本为代表的超导电动磁悬浮系统(EDS),其特点为超导电动悬浮,被动电磁导向,同步直线电机驱动。(EDS)将磁铁使用在运动的机车上以在导轨上产生电流。由于机车和导轨的缝隙减少时电磁斥力会增大,从而产生的电磁斥力提供了稳定的机车的支撑和导向。超导磁悬浮列车的最主要特征就是其超导元件在相当低的温度下所具有的完全导电性和完全抗磁性。超导磁铁是由超导材料制成的超导线圈构成,它不仅电流阻力为零,而且可以传导普通导线根本无法比拟的强大电流,这种特性使其能够制成体积小功率强大的电磁铁。

(3)永磁补偿悬浮

以中国为代表的永磁补偿悬浮系统(PMS),是利用开放磁场的磁能积幂函数变化规律,由永磁材料(NdFeB)制造的斥悬浮和吸悬浮工作机构相互补偿形成的。磁动机是磁悬浮列车重要的关键核心技术,PMS 是由永磁转子轮和直线定子铁靴构成。永磁转子轮由电机驱动,直线定子靴等间距地固定在轨道上,永磁转子等间距地固定在转子轮基上,间距与定子间距相同。当转子轮转动时,转子与定子之间产生永磁吸力拉力,从而驱动列车运行或制动列车停车。

2)磁浮列车的技术特征

(1)常导型磁浮交通技术

常导电磁悬浮以德国 TR 型为代表。其技术路线为采用"卧轨式"路车布局,列车在 T 形导轨上运行,气隙传感电磁吸悬浮,同步直线电机驱动与制动,气隙传感电磁导向。

①驱动系统。磁浮高速列车系统的驱动和制动,靠同步长定子直线电动机实现。轨道绕组中的电流产生一个电磁波场,作用于车上的悬浮磁铁从而带动列车,用逆变器改变交变电流的强度和频率,可以在静止和运营速度之间无级调速。如果改变行波磁场的方向,将使电动机变为发电机,列车实现无接触制动,制动的能量可反馈回电网。悬浮磁铁从轨道下面利用吸引力使列车浮起,导向磁铁从侧面使车辆保持运行轨迹。运行速度范围为 300~500km/h,起动 5km 之后就可达到速度 300km/h。

②车辆系统。车辆系统主要由轨道、电磁铁、磁浮框、二次系、车厢和控制系统 6 部分构成。根据需要磁浮列车可由 2~10 节车厢组成。每节车厢可安装 90 个座位,每节高速货车最多可承载 18.3t。每个磁浮架的两边各安装一个支承电磁铁,悬浮架之间也安装导向电磁铁。车辆的支承和导向的功能是通过电磁铁与轨道之间的电磁吸引力来实现的。车体的悬浮电磁铁在轨道定子的地面产生一个垂直吸引力,将车体提起。车上的导向电磁铁,在轨道侧面产生侧向吸力为车辆导向。

③供电系统。悬浮和导向系统以及车上的装置,由悬浮磁铁中的直线发电机无接触供电。磁浮高速列车系统不需要划线和集电器,当供电中断时由车上蓄电池供电。车载供电系统是与悬浮电磁铁组合在一起的直线发电机。车载电网通过直线发电机或备用电池为列车提供所需电能。车上最大供电容量为 230kW/车,有四组互相独立的 440V、40A 蓄电瓶组。运行时蓄电瓶由直线发电机充电,在车站或达到终点时,通过滑动接触由地面充电。当列车速度低于 100km/h 时,直线发电机的输出由升压斩波器进行调整;当速度高于 100km/h 时,发电机的输出经电源变换器变换成使列车助悬浮、导向及其车载设备所需的电能,并同时向车载电瓶充电。

④制动系统。磁浮高速列车的线路可以是单线或双线,线路的空间位置可以是地面、高架或地下 3 种形式。列车通过钢制弯曲道岔是一根 78~148m 的钢梁,借助机电扳道装置使钢梁弹性弯曲达到换线目的。有两套相互独立的制动系统:第一套为直线同步电动机制动;第二套为涡流制动器制动。悬浮控制系统(电磁铁控制器)安装在每个悬浮框上,每套电路控制一个电磁铁的一半。一套控制电路由两个间隙测量单元、一个数字控制器、一个斩波器以及电磁铁组成。控制方案能确保列车在整个速度范围内的动态稳定性和非接触运行。

(2)超导型磁浮交通技术

超导电动磁悬浮以日本 MLX 型为代表,其技术路线采用"卧轨式"路车布局,列车在 U 形槽内运行,悬浮力产生的方式是安装于 U 形槽两侧壁上的 8 字形线圈切割列车前后两端的超导磁场而产生的悬浮力,动力与制动为同步直线电机,导向为被动排斥导向。

①驱动系统。超导磁浮系统的超导圈装在车上,与其相互作用产生推进、悬浮、导向功能的各种线圈都装在地面轨道内。借助这些线圈的作用,使车上超导线圈产生推进、悬浮、导向力。悬浮线圈设在地面上,推进与导向两用线圈设在轨道内侧,超导线圈装在车辆框架

的外侧。超导线圈顺着超导磁铁布置,在磁铁的上方有液氦冷却贯供给液氦来冷却超导线圈。

在超导磁浮系统中,推进、悬浮、导向线圈均为无铁心的空心线圈,不存在铁心饱和问题,不加任何控制的磁通在空间是发散的,会产生三维空间力。由于在车上装有超导线圈,其结果导致推进、悬浮、导向三者均有作用,形成了地上线圈具有推进与导向,悬浮与导向的综合功能。

②车辆系统。高速磁浮车辆通常由几节连挂列车编组运行。每车辆由一个车体和两个转向架组成。每辆车分成三段,即两个端部段和一个中间段,车辆采用集中的超导电磁铁结构,每组电磁铁是间隔安装。车辆转向架的固有频率,在高速运行时,转向架不会和超导磁铁及地面线圈产生共振。车辆的辅助支承装置和辅助导向装置,是用橡胶轮胎固定在转向架的4个角,以支承和引导车辆在弱浮力或在低速运行(150km/h)以下时工作。

直线电机的推进线圈设在地面上,超导磁铁装在车上,即固定在转向架上。磁浮转向架的作用是正确传递超导线圈与地面线圈间的作用力。车辆在加速运动时,转向架传递与车辆自重相平衡的力,以及消除外来振动干扰的作用力。在转向架上还装有辅助电气制动装置、机械制动装置,制动驱动用油压动力装置也装在转向架内。

③供电系统。供电系统主要包括变电所、供电电缆、汇流排、集电靴、逆变器、斩波器和各种辅助电源设备。电能通过上述设备送至磁浮列车或地面用电器,以供磁浮列车牵引、悬浮、导向、制动、控制、通信信号、照明以及地面设备使用。通常采用DC1500V作为牵引供电电压制,DC280V作为电磁铁使用的电压。刚性接触导线,为铝和不锈钢制成的车辆提供电力。

车上装有蓄电池组和逆变电源。蓄电池组有多个单节电池构成,车上装有逆变器,从直流变到交流是通过逆变器实现的。车载电源首先是控制电源和常用服务设施的电源,其次是抽泵机、空调电机、氦冷却压缩机电机以及支撑腿和导向腿等的驱动电源。

④制动系统。磁浮车的走行控制是由车上、车下配合进行的,车上控制主要由车载单片机控制装置来实现。车上接收从地面来的控制信号,与安全相关的设备一起对车上设备进行控制。车上还装有计数线圈,用以计测与悬浮线圈相对应的脉冲信号和间隔时间,借以计算出走行速度和位置。在侧壁式悬浮方式中,脉冲的大小与速度有关,实际采用交叉感应线检测方式。当车上检测到交叉感应信号发生故障时,车辆立刻实行制动。当超导磁铁和磁力消失时,将产生浮力和导向力的不平衡。此时应对转向架内相对应位置的磁铁,利用永久电流开关进行消磁,实行机械制动。与此相对应,及时向地面通告运行状态,车辆进行再生制动和安全停车。实现地面和车上的二重位置检测控制,以确保车辆安全运行。

(3)永磁补偿磁浮交通技术

永磁补偿悬浮以中国大连的"中华01号"和"中华06号"为代表。采用"暗轨式"或"吊轨式"布局;悬浮力产生的方式是轨磁与列车翼磁之间的排斥和列车补磁与铁磁性导轨之间的吸引,磁动机驱动,永磁悬浮轮导向。利用"斥悬浮工作机构"与"吸悬浮工作机构"协同工作为磁悬浮对象提供向上悬浮力,实现"静态组合"和"动态组合"的统一。磁悬浮列车核心技术是磁动机,由永磁转子轮和直线定子铁靴构成,均布在永磁悬浮动力舱内。与国外同步直线电机相比,沿路不铺设定子绕组及铁芯。其中牵引力为105N和1500N的磁动机,均由车载电源供电。105N 磁动机额定运行速度 140km/h,最高运行速度 218km/h,用于低速客运永磁悬浮列车;1500N 磁动机额定运行速度 268km/h,最高运行速度 536km/h,用于中速客、货运永磁悬浮列车。我国永磁悬浮的悬浮力强,每延米净悬浮力(扣除自重)大于 4t,相当于现行轮轨火车。永磁悬浮采用的永磁材料由稀土资源合成,悬浮耗能为零,导向耗能是国外的 30%,驱动耗能是国外的 50%,综合节能约 40%。永磁悬浮列车的运载重心在纵横两个方向,从 1/2 移动至 3/4 时,列车仍可正常行驶,不会发生侧偏,平衡性稳定。大连吊轨式永磁补偿悬浮列车如图 2.84 所示。

3)磁悬浮列车案例

(1)上海磁悬浮列车

2004 年 4 月,由我国上海市与德国磁浮国际公司合作的上海浦东龙阳路地铁站至浦东国际机场高速磁浮交通示范运营线正式通车。这是世界上第一条投入商业运行的高速磁悬浮列车。海磁悬浮列车设计最高运行速度为每小时 430km,实际时速约 380km/h,转弯处半径达 8000m,最小的半径也达 1300m。轨道全线两边 50m 范围内装有先进的隔离装置。磁悬浮列车的车窗是减速玻璃,乘客可以更好地观赏窗外的风景。从浦东龙阳路站到浦东国际机场,带车头的车厢长 27.196m,宽 3.7m。中间的车厢长 24.768m,14min 内能在上海市区和浦东机场之间打个来回。上海磁悬浮列车采用常导磁悬浮系统。列车底部及两侧转向架的顶部安装电磁铁,在"工"字轨的上方和上臂部分的下方分别设反作用板和感应钢板,控制电磁铁的电流使电磁铁和轨道间保持 1cm 的间隙,让转向架和列车间的排斥力与列车重力相互平衡,利用磁铁排斥力将列车浮起 1cm 左右,使列车悬浮在轨道上运行。上海磁悬浮列车,如图 2.85 所示。

图 2.84　大连吊轨式永磁补偿悬浮列车

图 2.85　上海常导磁悬浮列车

(2)实用型中低速磁悬浮列车

1990 年,我国第一台小型磁悬浮原理样车在国防科技大学问世。1995 年,在国内首次实现全尺寸单转向架的载人运行。1999 年,国防科技大学与北京控股集团"联姻",合力推进中低速磁浮交通技术的工程化和产业化。2001 年,我国第一条磁浮列车试验线在长沙国防科大校园内建成,试验线长度为 204m。国防科技大学联合国内航空、铁路、汽车等相关领域最具优势的 17 家科研院所和企业共同攻关,经过共同努力所有设备实现国产化,共获得授权专利 36 项,其中发明专利 18 项。2008 年,在唐山建成工程化试验示范线,长度达 1.547km;2009 年,国内首列具有完全自主知识产权的实用型中低速磁悬浮列车在中国北车唐山轨道客车有限公司完成下线。整列车为三辆编组模式,由两辆结构相同的端车和一辆中间车组成,运行时速为 100~120km,首尾车定员为每辆 100 人,中间车为 120 人,使用寿命在 25 年以上。该车采用铝合金车体、宽幅车身,供电电压由直流 750V 提高到直流 1500V,爬坡能力达到 70‰的水平,更加适合在城市复杂线路运行。中低速磁浮列车如图 2.86 所示。2011 年,我国首条中低速磁浮交通运营示范线在北京正式开工建设,这条中低速磁浮交通示范运营线,长度达 10.2km。2014 年,我国具有自主知识产权的湖南长沙磁浮工程开工,线路 2016 年上半年建成通车后,我国将成为世界上第二个拥有这种先进轨道交通运营技术的国家。届时,乘客从长沙火车南站至长沙黄花机场 T2 航站楼,仅需约 10min。湖南长沙磁浮工程如图 2.87 所示。

图 2.86　中低速磁浮列车

图 2.87　湖南长沙磁浮工程

磁悬浮交通系统本质上是现代信息技术、控制技术和传统机电设备相结合的产物,其发展将带动众多高新技术前沿的发展,极大地推动新产业体系的形成和经济增长。随着科学技术的不断发展,磁浮系统的技术性能、经济性等也将不断地趋于成熟完善,有理由相信磁浮交通系统将新型的大运量地面客运交通系统,在我国综合交通体系中发挥应有的作用。

复习与思考题

1. 试分析城市轨道交通线路系统的组成及作用。
2. 举例说明城市轨道交通车站和车站线路的类型。
3. 根据车辆限界、设备限界和建筑限界的概念,分析三种限界的异同。
4. 试分析城市轨道交通车站站厅层和站台层的平面布置。
5. 简述城市轨道交通车辆主要结构及类型,并分析我国城市轨道交通车辆设备国产化趋势。
6. 简述城市轨道交通供电系统构成。
7. 试比较分析城市轨道交通车辆电气传动及控制方式。
8. 试分析城市轨道交通牵引网的组成及作用。
9. 简述城市轨道交通供电系统中变电所的种类,解释各类变电所的不同功能。
10. 试分析城市轨道交通电力监控系统的构成及作用。
11. 简述城市轨道交通信号机的作用和信号机的分布。
12. 试分析轨道交通道岔线路的基本结构和作用。
13. 简述轨道交通中列车自动防护系统(ATP)的功能。
14. 简述城市轨道交通系统中通信设备的组成及功能。

15. 简述 AFC 系统的组成及主要功能。
16. AFC 系统车站终端设备有哪些？其布置位置在哪里？
17. 简述城市轨道交通屏蔽门基本组成和类型。
18. 简述防灾报警系统功能，FAS 系统的车站级设备有哪些？
19. 试分析城市地铁空调系统的种类和工作特点。
20. 试分析新型城市轨道交通设备及发展趋势。

第3章　铁路运输设备

铁路运输(Rail Transport)是现代运输主要方式之一,也是构成陆上货物运输的两个基本运输方式之一。铁路运输是在国民经济中处于重要地位。铁路运输以运输能力大、运输距离长、运行速度快、安全程度高、运行成本低、运输通用性好、能耗低、占地少、环境污染少等优点而得到迅速发展。铁路运输也存在铁路建设投资大、轨道受限制等不足。

铁路运输设备是铁路行车和调车工作的基础,是运输组织活动正常进行的保证。铁路运输设备主要包括线路、车站、车辆、机车、信号与通信设备、信息化综合管理系统等。

3.1 铁路线路

3.1.1 铁路线路的组成及分类

1) 铁路线路的基本组成

铁路线路是铁路运输所需修建的固定路线,机车车辆和列车运行的基础。铁路线路由路基、轨道及桥隧建筑物组成。

(1) 路基

我国《铁路技术管理规程》规定,路基面宽度应考虑远期发展的铁路等级、维修和机械化作业等变化,并根据路拱断面、轨道类型、道床标准形式及尺寸、线间距、电缆槽、接触网支柱、路肩宽度等计算确定。有砟轨道路肩宽度,线路设计速度为200km/h路段的路堤、路堑两侧均不应小于1.0m;线路设计速度为160km/h及以下的铁路路堤不应小于0.8m,路堑不应小于0.6m。牵出线的中心线至路肩边缘的宽度不得小于3.5m。路肩标高受洪水或潮水位控制时,其路肩高程不低于设计洪水位加波浪侵袭高加壅水高再加0.5m。

(2) 轨道

轨道由道床、轨枕、钢轨、联结零件、防爬设备及道岔组成。铁路按照轨距可分为准轨、宽轨和窄轨。为提高轨道结构强度,发展无缝线路、新型轨下基础(无砟轨道)及弹性扣件。轨距是指钢轨头部顶面下16mm范围内两股钢轨作用边之间的最小距离。直线轨距标准规定为1435mm,曲线轨距按规定加宽。曲线地段的外轨超高,应按有关规定的办法和标准确定。最大实设超高双线地段不得超过150mm,单线地段不得超过125mm。

(3) 桥隧建筑物

桥隧建筑物是桥梁、隧道、涵洞、明渠、天桥、地道、跨线桥、调节河流建筑物等的总称。铁路桥隧建筑物包括铁路桥梁、涵洞及隧道。

2) 铁路线路的类型

根据我国《铁路技术管理规程》,铁路线路分为正线、站线、段管线、岔线及特别用途线。正线是指连接车站并贯穿或直股伸入车站的线路;站线是指到发线、调车线、牵出线、货物线及站内指定用途的其他线路;段管线是指机务、车辆、工务、电务等段专用并由其管理的线路;岔线是指在区间或站内接轨,通向路内外单位的专用线路;特别用途线是指安全线和避难线。

3)铁路线路的等级

铁路(线路)等级是铁路的基本标准。我国《铁路线路设计规范》(GB 50090—99)中规定,新建铁路和改建铁路(或区段)的等级,应根据它们在铁路网中的作用、性质和远期的客货运量确定。我国铁路建设标准共划分为三个等级,即Ⅰ级、Ⅱ级、Ⅲ级,铁路等级越高,最高行车速度越大,具体划分条件如表3.1所列。

铁 路 等 级　　　　　　　　　　　　　表3.1

等　级	铁路在路网中的意义	远期年客货运量 (百万t)	最高行车速度 (km/h)
Ⅰ级铁路	在路网中起骨干作用的铁路	≥20	双线140,单线120
Ⅱ级铁路	1.在路网中起骨干作用的铁路	≤20	双线120,单线100
	2.在路网中起联络、辅助作用的铁路	≥10	
Ⅲ级铁路	为某一区域服务,具有区域运输性质的铁路	≤10	单线100

注:其中年客货运量为重车方向的货运量与由客车对数折算的货运量之和,1对/日旅客列车按1.0百万t年货运量折算。

3.1.2　铁路线路的平面和纵断面

铁路线路在空间的位置是用它的线路中心线表示的。线路中心线在水平面上的投影,叫做铁路线路的平面;线路中心线(展直后)在垂直面上的投影,叫做铁路线路的纵断面。

1)铁路线路的平面及平面图

(1)铁路线路平面

铁路线路受地形的影响不可能一直保持直线,在折线转角处,需要用曲线连接。直线和曲线就成为线路平面的组成要素。列车在线路上运行,总会受到各种阻力,主要有两大类:

①基本阻力:指列车在空旷地段沿平、直轨道运行时所受到的阻力,包括车轴与轴承之间、轮轨之间以及钢轨接头对车轮的撞击阻力等。基本阻力在列车运行时总是存在的。

②附加阻力:指列车在线路上运行时受到的额外阻力,如坡道阻力、曲线阻力、启动阻力等。附加阻力随列车运行条件或线路平、纵断面情况而定,方向与列车运行方向相反。

列车通过曲线时,由于离心力的作用,使得外侧车轮轮缘挤压外轨,摩擦增大;同时由于外轨长于内轨,内侧车轮在轨面上滚动时产生相对滑动,从而给运行中的列车带来一种附加阻力,称为曲线阻力。曲线阻力的大小,我国通常用下面的试验公式来计算,即

$$w_r = \frac{600}{R} \tag{3.1}$$

式中:w_r——单位曲线阻力,N/kN;

　　　R——曲线半径,m;

　　　600——根据试验得出的常数。

从式(3.1)中可知,曲线阻力与曲线半径成反比。曲线半径越小,曲线阻力越大,运营条件就越差,说明采用大半径曲线对列车运行的影响较小。而小半径曲线也具有容易适应困难地形的优点,对工程条件有利。为了保证线路的通过能力,并有一个良好的运营条件,对区间线路的最小曲线半径做了规定,具体见表3.2。

区间线路最小曲线半径　　　　表3.2

铁路等级	路段设计行车速度(km/h)	最小曲线半径(m)	
		一般路段	困难路段
Ⅰ	160	2000	1600
	120	1200	800
	80	500	450
Ⅱ	120	1000	800
	80	450	400
Ⅲ	100	600	550
	80	400	—

(2)缓和曲线

铁路线路上的直线和圆曲线不是直接相连的,它们之间需插入一段缓和曲线,以保证行车平顺。缓和曲线的作用主要是在缓和曲线范围内,其半径由无限大渐变到等于它所衔接的圆曲线半径(或相反),从而使车辆产生的离心力逐渐增加(或减小),有利于行车平稳。缓和曲线如图3.1所示。

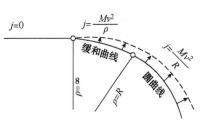

图 3.1　缓和曲线示意图

(3)铁路线路平面图

用一定比例尺,把线路中心线及其两侧的地面情况投影到水平面上,就是铁路线路平面图。从平面图上可以看出线路中心线走向、里程、直曲线情况以及沿线的车站、桥隧建筑物的数量和位置,同时还可以看到等高线(地面上高程相等各点的连线)表示的沿线地形和地物等情况。铁路线路平面图如图3.2所示。

2)铁路线路的纵断面及纵断面图

(1)铁路线路的纵断面

为了适应地面的起伏,除平道线路外,还修成不同的坡道。因此,平道与坡道就成了线路纵断面的组成要素。坡度是指坡道线路中心线与水平夹角的正切值,如图3.3所示。坡道坡度的大小通常是用千分率来表示。

$$i‰ = \sin\alpha \tag{3.2}$$

式中:i——坡度值,‰;

α——坡道段线路中心线与水平线夹角,°。

若 L 为1000m,h 为6m,则 AB 坡道的坡度为6‰。

列车在坡道上运行时,会受到一种由坡道引起的阻力,这一阻力称之为坡道附加阻力。

从图 3.3 中可以看出,机车车辆所受的重力 $Q_g(\text{N})$ 可以分解为垂直于坡道的分力 F_1 和平行于坡道的分力 F_2。前一个分力由轨道的反作用力所抵消,后一个分力 F_2 就成为坡道附加阻力。

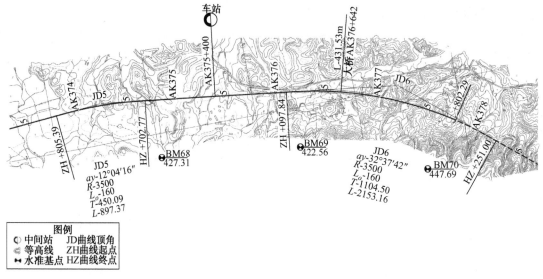

图 3.2　铁路线路平面图

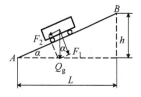

图 3.3　坡度与坡道阻力示意图

$$F_2 = Q \cdot g \cdot \sin\alpha \approx Q \cdot g \cdot \tan\alpha = Q \cdot g \cdot i\text{‰} \quad (3.3)$$

列车平均每单位质量所受到的坡道阻力,叫做单位坡道阻力(w_i)。因此:

$$w_i = \frac{Q \times g \times i}{Q \times g} = i \quad (\text{N/kN}) \quad (3.4)$$

这就是说,机车车辆每单位质量上坡时所受的坡道阻力(牛顿数),等于用千分率表示的这一坡道坡度数。

列车上坡时,坡道阻力规定为"+";而当下坡时,坡道阻力规定为"-"。

由上可见,坡度越大,列车上坡时的坡道阻力也就越大,同一台机车(在列车运行速度相同的条件下)所能牵引的列车重量也就越小。

(2)限制坡度

每一铁路区段都是由许多平道和不同坡度的坡道组成的。坡道的坡度不同,它们对列车重量的影响也就不同。在一个区段上,决定一台某一类型机车所能牵引的货物列车重力(最大值)的坡度,叫做限制坡度 i_x(‰)。

如果在坡道上又有曲线,那么这一坡道的坡道阻力值和曲线阻力值之和,不能大于该区段规定的限制坡度的阻力值,即

$$i + w_r \leq i_x \quad (3.5)$$

限制坡度的大小,影响一个区段甚至全铁路线的运输能力。限制坡度小,列车重量可以增加,运输能力就大,运营费用就越省。但是限制坡度过小时,就不容易适应地面的天然起伏,特别是在地形变化很大的地段,使工程量增大,造价提高。我国《铁路技术管理规程》规定的最大限制坡度的数值见表 3.3。

区间线路最大限制坡度(‰)　　　　　　　　　　表3.3

铁路等级		牵引种类	
		电力机车	内燃机车
Ⅰ	一般路段	6.0	6.0
	困难路段	15.0	12.0
Ⅱ	一般路段	6.0	6.0
	困难路段	20.0	15.0
Ⅲ	一般路段	9.0	8.0
	困难路段	25.0	18.0

平道与坡道、坡道与坡道的交点,叫做变坡点。为了保证列车的运行平稳和安全,我国铁路规定,在Ⅰ、Ⅱ级线路上,相邻坡段的坡度代数差大于3‰,Ⅲ级铁路大于4‰时,应以竖曲线连接。竖曲线是纵断面上的圆曲线。

(3)铁路线路纵断面图

用一定的比例尺,把线路中心线(展直后)投影到垂直面上,并标明平面、纵断面的各项有关资料的图纸,叫做线路纵断面图,如图3.4所示。

铁路线路纵断面图的上部是图的部分,其中主要是设计坡度线,即设计的轨面(或路肩)标高的连线。此外,还有地面线、填方和挖方高度的数字、桥隧建筑物资料、车站资料及其他有关情况。在纵断面图的下部是表格部分,其中主要是轨面(或路肩)设计标高和设计坡度。同时,用公里标、百米标和加标标明线路上各个坡段和设备的位置。此外,还有地面标高及线路平面要素等。

铁路线路平面图和纵断面图是全面、正确反映线路主要技术条件的重要文件,也是指导线路施工工作和在线路交付运营后仍需使用的技术资料。

3)线路标志

为满足行车和线路养护维修的需要,在铁路沿线设有许多表明铁路建筑物及设备位置和状态的标志。其中,常见的有公里标、半公里标、曲线标、圆曲线与缓和曲线始终点标、桥梁及坡度标等,如图3.5所示。

3.1.3 路基和桥隧建筑物

1)路基

路基是轨道的基础,它直接承受上部轨道重量和轨道传来的机车、车辆的压力,并将其传递到大地。路基工程主要由路基本体、路基防护和加固建筑物、路基排水设备三部分建筑物组成。

(1)路基的基本形式

路基常见的两种基本形式是路堤和路堑。当铺设轨道的路基面高于天然地面时,路基以填筑方式构成,这种路基称为路堤,如图3.6a)所示。当铺设轨道的路基面低于天然地面时,路基以开挖方式构成,这种路基称为路堑,如图3.6b)所示。此外,还有半路堤、半路堑、半堤半堑或不填不挖路基,如图3.6c)~f)所示。路基的基本结构如图3.7所示。

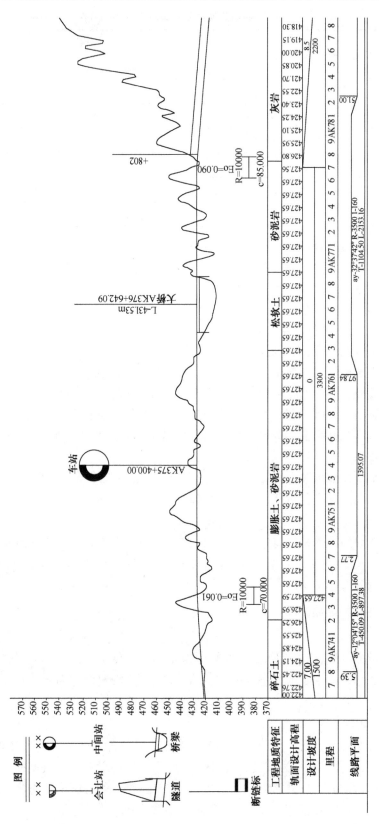

图 3.4 线路纵断面图

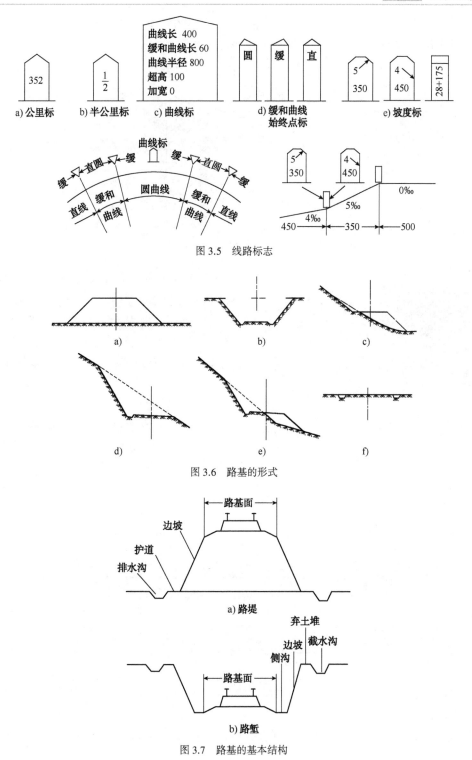

图 3.5 线路标志

图 3.6 路基的形式

图 3.7 路基的基本结构

(2)路基的排水和防护措施

①路基排水。为保持路基经常处于干燥、坚固和稳定状态,路基上设有一套完整的排水设备。纵向排水沟、侧沟和截水沟是为了排除地面水而设置的。

除了地面水以外,地下水也是破坏路基坚实、稳固的一个重要因素。为了拦截地下水,降低地下水位。常采用渗沟和渗管等地下排水设备如图3.8所示。

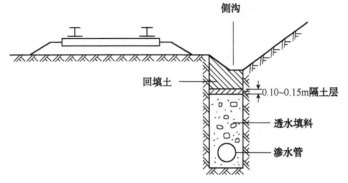

图3.8 渗沟和渗管

图3.9 挡土墙

②路基的防护。路基坡面长期受自然风化及雨水冲刷的破坏作用,会出现边坡剥落、局部凹陷、表土溜滑、坍塌等不同的坡面变形。为保证路基的坚固和稳定,路基坡面常用种草、铺草皮、植树、抹面、灌浆、砌石护坡、修建挡土墙等方式加以防护加固。挡土墙如图3.9所示。

2)桥隧建筑物

当铁路线路要通过江河、溪沟、谷地以及山岭等天然障碍,或要跨越公路、铁路时,就需要修建桥隧建筑物,以使铁路线路得以继续向前延伸。桥隧建筑物包括桥梁、涵洞、明渠、隧道等。

(1)桥梁

桥梁主要由桥面、桥跨结构、墩台及基础三部分组成,如图3.10所示。

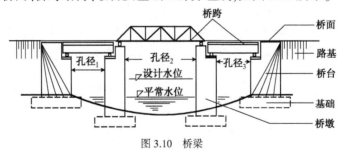

图3.10 桥梁

(2)涵洞

涵洞设在路堤下部的填土中,是用以通过水流的一种建筑物。涵洞如图3.11所示。

(3)隧道

铁路隧道是修建在地下或水下并铺设铁路供机车车辆通行的建筑物。根据其所在位置可分为三大类:为缩短距离和避免大坡道而从山岭或丘陵下穿越的称为山岭隧道;为穿越河流或海峡而从河下或海底通过的称为水下隧道;为适应铁路通过大城市的需要而在城市地下穿越的称为城市隧道。这三类隧道中修建最多的是山岭隧道。隧道如图 3.12 所示。

图 3.11　涵洞

图 3.12　隧道

3.1.4　轨道

在路基、桥隧建筑物修成之后，就可以在上面铺设轨道。轨道由各种不同力学性能材料的部件构成，自上而下依次为钢轨、轨枕、联结零件、道床，此外还包括防爬设备和道岔等。它起着机车车辆运行的导向作用，直接承受由车轮传来的巨大压力，并把它传布给路基或桥隧建筑物。

1) 轨道的结构

轨道是一个整体性工程结构，经常处于列车运行的动力作用下，所以它的各组成部分均应具有足够的强度和稳定性，以保证列车按照规定的最高速度，安全、平稳和不间断地运行。轨道的基本结构，如图 3.13 所示。

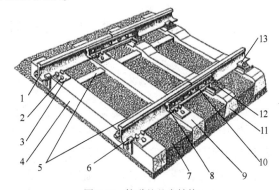

图 3.13　轨道的基本结构

1—钢轨；2—普通道钉；3—垫板；4,9—木枕；5—防爬撑；6—防爬器；
7—道床；8—双头夹板；10—螺栓；11—钢筋混凝土轨枕；
12—扣板式中间联结零件；13—弹片式中间联结零件

注：图中画了多种类型扣件是为示例之用，并非现场线路中的实际使用情况。

(1) 钢轨

钢轨的作用是直接承受车轮的巨大压力并引导车轮的运行方向，因而它应当具备足够的强度、稳定性和耐磨性。为了使钢轨具有最佳的抗弯性能，钢轨的断面形状采用"工"字形，如图 3.14 所示，由轨头、轨腰和轨底组成。

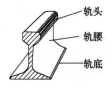

图 3.14　钢轨断面形式

在我国,钢轨的类型是以每米长的钢轨质量千克数表示的,现行的标准钢轨类型有:75kg/m、60kg/m、50kg/m。

(2)轨枕

轨枕的作用是支承钢轨,并将钢轨传来的压力传递给道床,同时可保持钢轨位置和轨距。

轨枕按照制作材料分,主要有钢筋混凝土枕和木枕两种。木枕具有弹性好,形状简单,加工容易,质量轻,铺设和更换方便等优点;主要缺点是消耗大量木材,使用寿命较短。钢筋混凝土轨枕使用寿命长、稳定性能高、养护工作量小,加上材料来源较广,所以在我国铁路上得到广泛采用,不仅可以节省大量木材,还有利于提高轨道的强度和稳定性。

(3)联结零件

联结零件包括接头联结零件和中间联结零件两类。

接头联结零件是用来联结钢轨与钢轨间的接头的,它包括双头夹板、螺栓、螺帽和弹性垫圈等。钢轨接头处必须保持一定的缝隙,这一缝隙叫做轨缝。当气温发生变化时,轨缝可满足钢轨的自由伸缩。

中间联结零件(又称扣件)的作用是将钢轨紧扣在轨枕上。钢筋混凝土枕用扣件有扣板式、拱形弹片式和 ω 形弹条式 3 种。ω 形弹条式扣件(图 3.15)不仅比前两种使用的零件少,结构简单,而且弹性好,扣压力最大,因此在主要干线上被大量采用。

图 3.15　ω 形弹条扣件

(4)道床

道床是铺设在路基面上的石砟(道砟)垫层,主要作用是支承轨枕把轨枕上部的压力均匀地传递给路基,并固定轨枕的位置,阻止轨枕纵向或横向移动;缓和机车车辆轮对对钢轨的冲击。常用的材料有碎石、卵石、粗砂等。其中,以碎石为最优,我国铁路一般都采用碎石道床。

(5)防爬设备

因列车运行时纵向力的作用,使钢轨产生纵向移动,有时甚至带动轨枕一起移动,这种现象叫轨道爬行。轨道爬行往往引起轨缝不匀、轨枕歪斜等线路病害,对轨道的破坏性极大,严重时还会危及行车安全。因此,必须采用有效措施加以防止。通常的做法是,一方面加强钢轨与轨枕间的扣压力和道床阻力;另一方面设置防爬设备(防爬器和防爬撑)。常用的防爬器为穿销式防爬器。

(6)道岔

道岔是使机车车辆能从一股道转入另一股道的线路连接设备,通常设于车站上。常见的道岔有单开道岔、双开道岔、三开道岔和交分道岔等。其中,最常见的是普通单开道岔。

①普通单开道岔。普通单开道岔由转辙器、辙叉及护轨、连接部分所组成,如图 3.16 所示。

转辙器:包括两根尖轨、两根基本轨和转辙机械。尖轨是转辙器的主要部件,通过连接杆与转辙机械相连,所以操纵转辙机械可以改变尖轨的位置,确定道岔的开通方向。

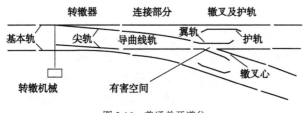

图3.16　普通单开道岔

辙叉及护轨:包括辙叉心、翼轨及护轨。它的作用是保证车轮安全通过两股轨线的相互交叉处。

从两翼轨最窄处到辙叉心实际尖端之间,存在着一段轨线中断的空隙,叫做辙叉的有害空间。道岔上的有害空间是限制列车过岔速度的一个重要因素。为了消灭有害空间,适应列车高速运行的要求,国内外都发展了各种活动心轨道岔。图3.17为活动心轨辙叉。

图3.17　活动心轨辙叉

连接部分:是连接转辙器和辙叉及护轨的部分,使之成为一组完整的道岔。连接部分包括两根直轨和两根导曲线轨。在导曲线上一般不设缓和曲线和超高,所以列车在侧向过岔时,速度要受到限制。

②道岔号数。道岔因其辙叉角的大小不同,有不同的道岔号(N),道岔号数表明了道岔各部分的主要尺寸。对于道岔号我们习惯用辙叉角(α)的余切值来表示,如图3.18所示。即

$$N = \cot\alpha = \frac{FE}{AE} \tag{3.6}$$

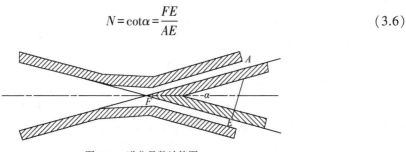

图3.18　道岔号数计算图

由此可见,辙叉角α越少,N值就越大,导曲线半径也越大,机车车辆侧线通过道岔时就越平稳,允许的侧线过岔速度也就越高。所以采用大号码道岔对于列车运行是有利的,然而道岔号数越大,道岔全长就越长,铺设时占地就越多。因此,采用几号道岔来连接线路,要根据线路的用途来决定。

2)轨道的类型

轨道作为列车运行的基础,它的强度应当满足该线路每年通过的最大运量和最高行车速度的要求。在列车质量大、列车密度和运行速度高的线路上,轨道强度应该大些;反之,则可以小些。目前,我国铁路正线轨道共分特重型、重型、次重型、中型和轻型5种类型。

3)钢轨的相互位置

为了确保行车安全,轨道除了应具有合理的组成外,还应保持两股钢轨的规定距离和轨顶面的相对水平位置。

(1)直线部分的轨距和水平

①轨距。轨距是两股钢轨轨头顶面下 16mm 范围内两钢轨作用边的最小距离。我国铁路主要采用 1435mm 的标准轨距。我国台湾省采用 1067mm 窄轨距,昆明铁路局部分铁路采用 1000mm 窄轨距。此外,世界其他国家还有采用 1520mm、1676mm 等轨距。

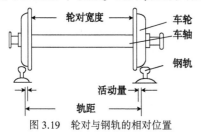

图 3.19 轮对与钢轨的相对位置

从机车车辆轮对和直线地段钢轨的相互位置中(图 3.19)可以看出,轨距应略大于轮对宽度。

②水平。直线地段两股钢轨的顶面应保持在同一水平。如有误差,在正线和到发线上,在规定的距离范围内两股钢轨的轨顶面高差不允许超过 4mm。

(2)曲线部分的钢轨和水平

①轨距加宽。机车车辆走行部中只能保持平行而不能作相对运动的车轴中心线间的最大距离,叫做固定轴距。由于机车车辆具有固定轴距,在曲线上运行时转向架的纵向中心线与曲线轨道中心线并不一致,因而引起转向架前一轮对外侧车轮轮缘和后一轮对的内侧车轮轮缘挤压钢轨的情况。所以小半径曲线的轨距应适当加宽。

为了使机车车辆顺利地通过曲线,我国《铁路技术管理规程》规定曲线轨距加宽如表 3.4 所示。

曲 线 轨 距 加 宽　　　　　表 3.4

曲线半径 $R(m)$	加宽值(mm)	轨距(mm)
$R \geq 350$	0	1435
$350 > R \geq 300$	5	1440
$R < 300$	15	1450

②外轨超高。机车车辆在曲线上运行时,离心力的作用使曲线外轨承受了较大的压力,造成两股钢轨磨耗不均匀现象,并使旅客感到不舒适,严重时还可能造成翻车事故。因此通常要将曲线上的外轨抬高,使机车车辆内倾,以平衡离心力的作用。外轨比内轨高出的部分称为超高。

4)无缝钢轨

无缝钢轨是把 25m 长的钢轨焊接起来连成几百米长甚至几千米长,然后再铺在路基上,无缝钢轨每段之间有 11mm 的空隙。

普通线路钢轨接头是轨道的薄弱环节之一,由于钢轨间接缝(称为轨缝)的存在,列车通过时会发生冲击和振动,并伴随有打击噪声,影响行车平顺和旅客的舒适,使线路钢轨及联结零件的使用寿命缩短,线路维修费用增加,并不能适应现代高速、重载运输的需要。无缝钢轨消灭大量的轨道接头,可以克服上述不足,已经在世界各国铁路得到广泛应用,是轨道现代化的发展方向。

3.1.5 限界

为了确保机车车辆在铁路线路上运行的安全,防止机车车辆撞击邻近线路的建筑物和设备,而对机车车辆和接近线路的建筑物、设备所规定的不允许超越的轮廓尺寸线,称为限界。铁路基本限界可分为机车车辆限界和建筑限界两种。

机车车辆限界是机车车辆横断面的最大极限,它规定了机车车辆不同部位的宽度、高度的最大尺寸和底部零件至轨面的最小距离。机车车辆无论空、重状态,均不得超出机车车辆限界。

建筑限界是一个和线路中心线垂直的横断面,它规定了保证机车车辆安全通行所必需的横断面的最小尺寸。凡靠近铁路线路的建筑物及设备,其任何部分(和机车车辆有相互作用的设备除外)都不得侵入限界之内。

机车车辆限界及直线建筑接近限界如图3.20所示。由图可知,在机车车辆限界和直线建筑限界之间,留有一定的空隙,以避免碰撞,保证行车安全。

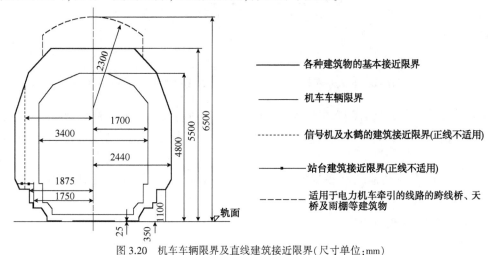

图 3.20　机车车辆限界及直线建筑接近限界(尺寸单位:mm)

3.2　铁路车站

3.2.1　铁路车站与线路

1) 车站的基本功能

铁路车站是办理旅客运输和货物运输的基地,也是铁路和旅客、货主联系的纽带。车站是铁路运输的基层生产单位。

为了完成客货运输任务,组织列车安全运行和保证必要的运输能力,铁路线路都以分界点划分成区间或闭塞分区。分界点是指车站、线路所及自动闭塞区段的通过信号机。线路所和自动闭塞区段的通过信号机是无配线的分界点,其作用是保证行车安全和必要的通过能力;车站是设有配线的分界点,除上述作用外,还办理客运作业(客票发售,旅客乘降,旅客的文化和生活服务,行李和包裹的承运、装卸、中转、保管和交付)、货运作业(货物的承运、装车、卸车、保管和交付,货物的中转,货运票据的编制和处理)和行车技术作业(列车的接车、到达和出发技术作业,列车的解体和编组作业,车辆的摘挂和取送作业)等。

2) 车站的分类

车站按其主要用途和设备的不同,从业务性质上可以分为营业站、非营业站,营业站又分为货运站、客运站和客货运站;从技术作业性质上可分为中间站、区段站和编组站,编组站和区段站统称为技术站。此外,根据客货运量和技术作业量的大小,并考虑车站在政治、经济及铁路网上的地位,车站还划分成特等站和一、二、三、四、五等站。车站等级是车站设置相应机构和配备定员的依据。

3) 车站线路种类

车站应设有正线,根据车站作业的需要还需配置各种用途的站线。正线即直接与区间连通的线路。站线包括到发线、牵出线、调车线、货物线及站内指定用途的其他线,如图 3.21 所示。

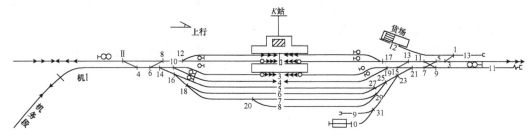

图 3.21 车站线路图

Ⅱ-正线;1、3、4-到发线;5、6、7、8-调车线;9、10-站修线;11、13-牵出线;12-货物线;机 1-机车走行线

到发线是用于接发旅客列车的线路;牵出线是用于进行调车作业时将车辆牵出的线路。货物线是用于货物装卸作业的货车停留线路;调车线是用于车列解体和编组并存放车辆的线路。

站内指定用途的其他线路主要有机车走行线、车辆站修线、驼峰迂回线及驼峰禁溜线等。

4) 站界、股道和道岔的编号及股道有效长

(1) 站界及警冲标

为了保证行车的安全和分清工作责任,车站和它两端所衔接的区间应有明确的界限,通常称为"站界"。在单线铁路上,站界的范围以两端进站信号机柱的中心线为界。在双线铁路上,站界是按上下行正线分别确定的;一端以进站信号机柱中心线,另一端以站界标的中心线为界。

警冲标是信号标志的一种,设在两会合线路线间距离为 4m 的中间,用来指示机车车辆的停留位置,防止机车车辆的侧面冲撞,如图 3.22 所示。

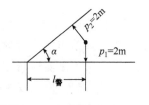 

图 3.22 警冲标

(2) 股道编号方法

站内正线规定用罗马数字编号(Ⅰ,Ⅱ…),站线用阿拉伯数字编号(1,2,3…)。在单线铁路上的车站应当从站舍一侧股道开始顺序编号,如图 3.23 所示。

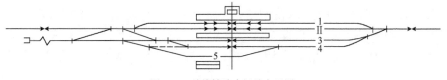

图 3.23 单线铁路中间站布置图

在双线铁路上的车站,下行正线一侧用单数,上行正线一侧用双数,从正线向外顺序编号,如图3.24所示。

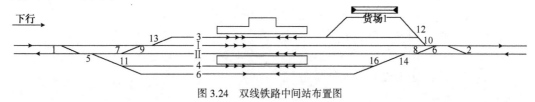

图3.24 双线铁路中间站布置图

在划分车场的车站,车场股道的编号亦应从靠近站舍(信号楼)的股道起,向远离站舍(信号楼)方向顺序编号。股道编号用阿拉伯数字,在股道编号前冠以罗马数字表示车场,如二场三股道,应为Ⅱ3股道。对无站舍(信号楼)的车场,应顺公里标方向从左向右编号。

(3)道岔编号方法

①用阿拉伯数字从车站两端由外而内,由主(接发列车)而次(调车)依次编号,上行列车到达端用双数,下行列车到达端用单数。

②如车站一端衔接两个方向以上(有上行、也有下行),道岔应按主要方向编号。

③每一道岔均应编以单独的号码,渡线道岔,交叉渡线道岔及交分道岔等处的联动道岔,应编为连续的单数或双数。

④站内道岔,一般以信号楼中心线或车站中心线作为划分单数号与双数号的分界线。

⑤当车站有几个车场时,每一车场的道岔必须单独编号。此时道岔号码应使用三位数字,百位数字表示车场号码,个位和十位数字表示道岔号码,应当避免在同一车站内有相同的道岔号码。

(4)股道有效长

股道有效长是指股道上可以停放列车或机车车辆而不妨碍邻线正常运行部分的长度。股道有效长度的起止范围主要由下列因素确定:

①警冲标:不造成侧面冲突。

②道岔的尖轨始端(无轨道电路时)或道岔基本轨接头处的钢轨绝缘(有轨道电路时):不影响道岔转换。

③出站信号机(或调车信号机)DF线或DC线:不影响司机对信号了瞭望。

④其他因素:车挡(为尽头式线路时),挡车器(箭翎线),车辆减速器(驼峰调车场),停车器(调车场),水鹤(到发线)等。

我国铁路采用的货物列车到发线有效长度在Ⅰ、Ⅱ级铁路上为1050m、850m、750m、650m,Ⅲ级铁路上为850m、750m、650m或550m。开行重载列车为主的铁路可采用大于1050m的到发线有效长度。

3.2.2 中间站

1)中间站的作业

中间站是铁路上数量最多的车站,铁路线上运行的大量列车要在中间站通过、交会或避让;同时,中间站还承担着所在地区的旅客乘降和货物发送、到达任务。因此,中间站办理的作业主要是接发列车作业和摘挂列车的调车作业,少数中间站也办理始发直达列车和终到列车的技术作业。

2)中间站的主要设备

为了完成各项客货运及行车技术作业,中间站一般设有以下技术设备:

(1)供接发列车、进行调车作业和装卸货物用的配线(到发线、牵出线、装卸线等);

(2)供旅客服务用的站房、站台、站台间的跨越设备(天桥、地道或平过道)和雨棚等;

(3)供货物作业用的货场、货物站台、仓库、雨棚、装卸设备及货运办公房屋等;

(4)信号、联锁、闭塞设备及通信设备。

3.2.3 区段站

1)区段站的作业

区段站的主要任务是为邻接的铁路区段供应及整备机车或更换机车乘务组,并为无改编中转货物列车办理规定的技术作业。此外,还办理一定数量的列车解编作业及客、货运业务。在设备条件具备时,还进行机车、车辆的检修业务。根据所担负的任务,区段站一般办理下列作业:

(1)客运业务:与中间站所办理的客运业务基本相同,只不过数量较大。

(2)货运业务:与中间站所办理的货运业务大致一样,但作业量较大。在某些区段站上还进行保温车的整备及牲畜车的供水作业。

(3)运转作业:

①与旅客列车有关的运转作业:主要办理通过旅客列车的接发作业,有的车站还办理局管内或市郊旅客列车的始发、终到作业以及个别车辆的甩挂作业。

②与货物列车有关的运转作业:主要办理无改编中转列车的接发和有关作业。对区段和摘挂列车,要进行解体和编组作业。同时,还办理向货场、工业企业专用线取送作业车等。有些区段站对部分改编中转列车,还要办理变更运行方向、变更列车质量或换挂车组等作业。某些区段站还担当少量始发直达列车的编解任务。

(4)机车业务:以更换货物列车机车和乘务组为主,有些车站还更换旅客列车机车和乘务组。当采用循环交路时,在机务段所在的区段站上,列车机车不进段,仅在站内到发线上或其附近进行检查、整备作业。当采用长交路时,有的区段站无需更换机车,仅更换机车乘务组或进行部分整备作业。

(5)车辆业务:主要是办理列车的技术检查和车辆的检修(摘车修和不摘车修)业务,少数设有车辆段的区段站上,还办理车辆的段修业务。

2)区段站的主要设备

为了保证上述作业的完成,在区段站上应设有以下各项设备:

(1)客运业务设备:主要有旅客站房、旅客站台、雨棚及跨越线路设备等。

(2)货运业务设备:主要指货场及其有关设备,如装卸线、存车线、货物站台、仓库、雨棚、堆放场及装卸机械等。

(3)运转设备:

①供旅客列车使用的运转设备:主要有旅客列车到发线,必要时设客车车底停留线。

②供货物列车使用的运转设备:主要有货列车到发线、调车线、牵出线(有时设小能力驼峰)、机车走行线及机待线等。

(4)机务设备:在机务段(或机务折返段)所在的区段站上,如采用循环交路,在到发场或其附近,设有机车整备设备。当采用长交路轮乘制时,可设机车运用段或机务换乘点。

(5)车辆设备:主要指列车检修所(简称列检所)、站修所。在规模较大的区段站上还设有车辆段。

除上述各项设备外,还有信号、通信、给水、排水、电力、照明、技术办公房屋以及城镇道路的平(立)交设备等。

图 3.25 为双线铁路横列式区段站布置。

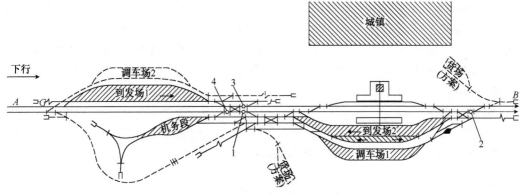

图 3.25 双线铁路横列式区段站布置图

3.2.4 编组站

编组站是在铁路网上办理货物列车解体、编组作业,并为此设有比较完善的调车设备的车站。编组站以处理改编中转货物列车为主,负责路网上和枢纽中车流的组织,同时还供应列车动力,对机车进行整备和检修,并对车辆进行日常维修和定期检修,作业数量和设备规模均较大。

1) 编组站的作业

根据编组站在路网和枢纽内的作用和所承担的任务以及其作业对象,编组站主要办理以下几项作业:

(1)改编中转货物列车作业:包括解体列车的到达作业和解体作业;始发列车的集结、编组作业和出发作业。

(2)无改编中转货物列车作业:主要是换挂机车和列车技术检查作业。

(3)部分改编中转货物列车作业:除进行无改编中转货物列车的作业外,还要变更列车重量、变更列车运行方向或进行成组甩挂等少量调车作业。

(4)本站作业车的作业:本站作业车是指到达本枢纽或本站货场及工业企业线进行货物装卸或倒装的车辆,其作业过程较有调中转车增加了送车、装卸和取车等内容。

(5)机务作业:包括机车出段、入段、段内整备及检修作业。

(6)车辆检修作业:包括列车技术检查及不摘车的经常维修,轴箱及制动装置的经常保养;摘车的经常维修;货车的段修等三类。

(7)其他作业:根据当地需要,编组站有时还需办理客运、货运或军运列车供应作业。

2) 编组站的设备

(1)调车设备:调车设备是编组站的核心设备,包括调车驼峰、调车场(线)、牵出线、调车机车等几部分。当区段车流较大时,可设置专门的辅助调车场。

(2)行车设备:行车设备指接发货物列车的到发线。为保证各衔接方向列车同时到发,避免与其他作业进路的交叉干扰,一般应将上、下行到发线分别设置。编组站作业量较大时,应将到达场与出发场分开,以提高作业的流水性。为加速无改编中转列车作业,减少对其他作业的干扰,有时需单独设置通过车场(直通场)。

(3)机务设备:编组站一般均设机务段,而且规模较大。机务段位置应根据编组站主要车场的配置形式,结合地形、地质和风向等条件确定。路网性的双向编组站,为减少机车出入段的走行距离及与其他作业的交叉干扰,可考虑增设第二套整备设备。

(4)车辆设备:车辆设备是指供到发的车辆进行检查和修理的设备。用于日常检修的列检所通常设在到达场、出发场和到发场的适当地点,以方便与车站运转部门的联系。站修所一般设在调车场的最外侧。车辆段在站内的位置,应从取送便利,联系方便以及不影响车站及本段发展等方面综合考虑。

(5)货运设备:

①整倒装设备:每昼夜办理的整倒装作业量较大时,在调车场内车辆检修设备的一侧,设置相应的整倒装设备,配线连通驼峰和站修线。作业量较小时,此项作业送往附近货场办理。

②加冰设备:供保温车进行加冰作业的加冰所一般设在调车场附近。

③牲畜、鱼苗车的上水换水设备:给水栓一般设在到达线间。

④货场:兼办货运业务的编组站需设置货场,需要办理零担中转作业的编组还应设置零担中转货场。货场(或工业企业线)必须在站接轨时,其衔接方式应视货场到发车流性质及车站布置图型等因素确定。

(6)其他设备:

①客运设备:编组站的客运业务很少,一般利用正线办理客车到发(通过)。

②站内外联接线路设备:有进出站线路、站内联络线和机车走行线等。

此外,编组站还必须具有信、联、闭、通讯和照明等设备。

3)调车驼峰

驼峰是指峰前到达场(不设峰前到达场时为牵出线)与调车场头部之间的部分线段。它包括推送部分、溜放部分和峰顶平台。驼峰如图 3.26 所示。

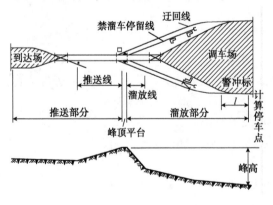

图 3.26 驼峰

推送部分是指经由驼峰解体的车列,其第一钩位于峰顶平台始端时,车列全长所在的线路范围。其中,由到达场出口咽喉的最外警冲标到峰顶平台始端的线段叫推送线。设置这一部分的目的是为了使车辆得到必要的高度,并使车钩压紧,以便摘钩。

溜放部分是指由峰顶(峰顶平台与溜放部分的变坡点)到计算点的线路范围。驼峰调车场的调速制式不同,计算点的位置也不同。

峰顶平台是指驼峰推送部分与溜放部分的连接部分,设有一段平坡地段。

3.2.5 铁路枢纽

铁路枢纽是铁路网的一个组成部分。在铁路网的交汇点或终端地区,由各种铁路线路、专业车站以及其他为运输服务的有关设备组成的总体,称为铁路枢纽。

1)铁路枢纽的作用

铁路枢纽是客货流从一条铁路转运到各接轨铁路的中转地区,也是所在城市客货到发及联运的地区。除枢纽内各种车站办理的有关作业外,在货物运转方面,有各铁路方向之间的无改编列车和改编列车的转线,以及担当枢纽地区车流交换的小运转列车的作业。在旅客运转方面有直通、管内和市郊旅客列车的作业。在货运业务方面,办理各种货物的承运、装卸、发送、保管等作业。此外,还要供应运输动力、进行机车车辆的检修等作业。

2)铁路枢纽的技术设备

(1)铁路线路——引入线路、联络线、环线、工业企业专用线等。

(2)车站——客运站、货运站、编组站、工业站、港湾站等。

(3)疏解设备——铁路线路与铁路线路的平面和立交疏解、铁路线路与城市道路的立交桥和道口以及线路所等。

(4)其他设备——机务段、车辆段、客车整备所等。

枢纽布置图型形成的因素比较复杂,必须根据各个枢纽的具体条件,确定合理的布置图型。根据枢纽范围内专业车站和铁路线路在总图结构上的特征,并结合一定的车流条件,可有多种形式的枢纽图型。

当在铁路网上,需要修建几个专业车站以及连接这些车站的联络线、进站线路等设备时,即形成了三角形、十字形、顺列式、并列式、环形、混合形和尽端式铁路枢纽等。

图3.27为铁路枢纽示意图。

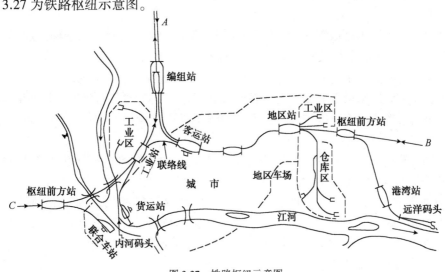

图3.27 铁路枢纽示意图

3.3 铁路车辆

3.3.1 铁路车辆的类型

铁路车辆是运送旅客和货物的工具。它一般没有动力装置,必须把车辆连挂成列,由机车牵引才能沿线路运行。

1) 铁路车辆的分类

铁路车辆按用途可分为客车和货车两大类。常见的客车有硬座车、软座车、硬卧车、软卧车、商务车、餐车、行李车、邮政车等多种。货车又分为通用货车、专用货车、特种货车等不同的类型。通用货车包括敞车、棚车、冷藏车和罐车等。专用货车有家畜车、水泥车、漏斗车、自翻车和集装箱专用平车等。特种货车有长大平车、落下孔车、凹型车、钳夹车等。

铁路车辆按轴数可分有四轴车、六轴车和多轴车。四轴车的每两根车轴分别组成两个相同的转向架,能相对于车底架做自由转动,因此缩短了车辆的固定轴距,使之能顺利地通过曲线。我国铁路上的大部分车辆均采用这种形式。对于载质量较大的车辆,为使每一车轴加在线路上的质量不超过线路强度所规定的吨数(称为"轴重"),可以做成六轴车或多轴车。

2) 车辆的用途

(1) 敞车:主要用来运送煤炭、矿石、钢材等不怕湿的货物。必要时,在所装运的货物上面加盖防水篷布,也可代替棚车装运怕湿的货物。因此,敞车具有很大的通用性,是货车中数量最多的一种。

敞车按卸货方式的不同可分为两类:一类是适合于人工或卸车作业机作业的通用敞车;另一类是适合于大型工矿企业、专用码头,用翻车机卸货的专用敞车。对装卸地点固定的散装货物,还可采用漏斗车或自翻车。

(2) 棚车:主要用来运送日用品、仪器等比较贵重的和怕晒、怕湿的货物。大多数棚车是通用型的。此外,为了固定装运某种货物,还制造了一些专用棚车,如家畜车就是专门用来运送家畜的。

(3) 平车:主要用来运送钢材、木材、汽车、机器等体积或重量较大的货物,也可借助集装箱装运其他货物。有的平车装有活动墙板,这种平车可用来装运矿石等散粒货物。

(4) 冷藏车:冷藏车主要用来运送鱼、肉、水果、蔬菜等鲜活易腐货物。

(5) 罐车:主要用来运送油、酸、水等各种液体、液化气体及粉状货物。装运轻油、重油、酸、碱等的罐车在结构上都不完全相同,每一种罐车只适宜运送一种货物,所以罐车的通用性较差。

(6) 守车:又称望车,是为货物列车车长在列车运行中工作和乘坐用的,一般是挂在货车的尾部,用来瞭望车辆及协助制动。

(7) 特种车辆:长大货车是铁路运输中使用的一种特种车辆,专为装运各种长大重型货物,如大型机床、发电机、化工合成塔等。长大货车按其结构形式可分为长大平车、凹底平车(或称元宝车)、落下孔车和钳夹车等。由于这些车的载重量及自重较大,为适应线路允许的轴重要求,长大货车的轴数较多。

(8) 客车:按其用途不同,又可以分为运送旅客的车辆(如软、硬座车,软、硬卧车)、为旅客服务的车辆(如餐车、行李车)以及特种用途的车辆(如邮政车、公务车、医务车、卫生车、试验车、维修车、文教车、空调发电车等)。

图 3.28 为各种用途铁路货车。

a) 敞车　　　　　　　　　　b) 棚车
c) 平车　　　　　　　　　　d) 冷藏车
e) 罐车　　　　　　　　　　f) 守车
g) 钳夹车　　　　　　　　　h) 石砟漏斗车
i) 行包快运车　　　　　　　j) 自翻车

图 3.28　铁路货车的类型

图 3.29 为各种用途铁路客车。

图 3.29　铁路客车的类型

3.3.2　铁路车辆的基本构造

铁路车辆种类繁多,但其结构大致相似。一般由车体、走行部、车钩缓冲装置、制动装置和车辆内部设备等五个基本部分组成。

1) 车体

车体是旅客乘坐或装载货物的部分,车体一般和车底架构成一个整体,其结构与车辆的用途有关。

车底架是车体的基础。它承受车体和所装货物的重力,并通过上下心盘将重力传给走行部。在列车运行时,它还承受机车牵引力和列车运行中所引起的各种冲击力,所以必须具有足够的强度和刚度。

货车车底架由中梁、侧梁、枕梁、横梁及端梁等组成,如图 3.30 所示。

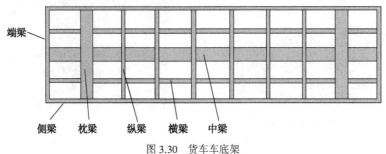

图 3.30　货车车底架

中梁位于车底架的中央,为车底架的骨干,两端是安装车钩缓冲装置的地方,是主要承受垂直荷载和纵向作用力的杆件。

枕梁是车底架和转向架摇枕衔接的地方。在枕梁下部安装的上旁承和上心盘,分别与转向架摇枕上的下旁承和下心盘相对并将重力传给走行部。

客车车底架构造和货车车底架相似。客车两端必须设置通过台,所以它的两端各有一个通过台架。客车车底架,如图 3.31 所示。

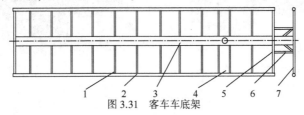

图 3.31 客车车底架

1-横梁;2-侧梁;3-中梁;4-枕梁;5-端梁;6-通过台侧梁;7-通过台端梁

2)走行部

走行部可以引导车辆沿轨道运行,并把车辆的重力和货物载重传给钢轨,它应保证车辆以最小的阻力在轨道上运行,并顺利地通过曲线。

(1)轮对

轮对是两个车轮紧密地压装在一根车轴上组成的。轮对承受车辆的全部重力,并以较高的速度引导车辆在钢轨上行驶。

车轮与钢轨头部的接触面,称为踏面。车轮内侧外缘凸起的部分叫轮缘。它的作用是防止轮对脱轨,保证车辆在线路上安全运行。

车辆两端伸进轴箱的部分叫轴颈,安装车轮的地方叫轮座,车轴的中部为轴身。

(2)转向架、侧架、摇枕及弹簧减振装置

转向架是铁道车辆上最重要的部件之一,它直接承载车体重力,保证车辆顺利通过曲线。同时,转向架的各种参数也直接决定了车辆的稳定性和车辆的乘坐舒适性。

侧架和摇枕是货车转向架的主要部件。侧架把转向架各零、部件组成一个整体。它不仅承受、传递各种作用力,而且在侧架中部设有弹簧承台,是安装弹簧减振装置的地方。图3.32 为侧架式货车转向架。

摇枕中间有下心盘,两旁铸有旁承座,它的两端支座在弹簧上,车体的重力和荷载通过下心盘经摇枕传给两侧的枕弹簧,并通过摇枕将两个侧架联系起来。

下心盘和装在车体枕梁下面的上心盘相对,车体重力集中由心盘传给摇枕。

下旁承装在摇枕两端的旁承座内。当车辆通过曲线时,向下倾斜一侧的上旁承和下旁承相接触,可以防止车体过分摇动和倾斜。

客车转向架是一种无导框式(又称构架式)转向架,构架侧梁下面的轴箱弹簧,直接放置在轴箱体两侧的弹簧托板上。

为了更好地减轻振动,除了弹簧装置以外,还采用其他的减振设备,如我国客车转向架上采用的油压减振器,在高速客车、双层客车和地下铁道车辆转向架上还装有空气弹簧。

图 3.33 为 209t 客车转向架结构简单,重量较轻,运行安全可靠,适用于载重量较大的客车,是我国目前铁路车辆用主要产品。

图3.32 侧架式货车转向架

图3.33 209T客车转向架

3)车钩缓冲装置

车钩缓冲装置的作用是使机车和车辆或车辆之间连挂在一起,并且传递牵引力和制动力,缓和列车运行或调车作业时所产生的冲击力。车约缓冲装置包括车钩和缓冲器两部分,安装在车底架中梁的两端。

(1)车钩

车钩由钩头、钩身和钩尾3个部分组成。车钩前端粗大的部分称为钩头,在钩头内装有钩舌、钩舌销、锁提销、钩舌推铁和钩锁铁。车钩后部称为钩尾,在钩尾上开有垂直扁锁孔,以便与钩尾框联结。

为车辆连接或分离实现挂钩或摘钩,车钩具有以下三种位置:

锁闭位置[图3.34a)]:车钩的钩舌被钩锁铁挡住不能向外转开的位置,称之为锁闭位置。两个车辆连挂在一起时车钩就处在这种位置。

开锁位置[图3.34b)]:即钩锁铁被提起,钩舌只要受到拉力就可以向外转开的位置。

全开位置[图3.34c)]:即钩舌已经完全向外转开的位置。

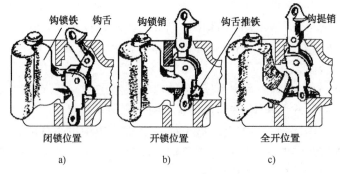

图3.34 车钩三态作用位置图

摘钩时,只要其中一个车钩处在开锁位置,就可以把两辆车分开。当两个车需要连挂时,只要其中一个车钩处在全开位置,与另一辆车钩碰撞后就可连挂。

(2)缓冲器

为了缓和并减小车辆在连挂、起动、制动时产生的冲击力,提高列车运行的平稳性,延长车辆使用寿命,在车钩的后面装有缓冲器。常用的有环弹簧缓冲器,这种缓冲器由弹簧盒、弹簧前后从板、外环弹簧、内环弹簧、端盖、球形支座、牵引杆等构成,如图3.35所示。

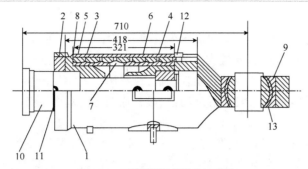

图 3.35 环弹簧缓冲器结构示意图
1-弹簧盒;2-端盖;3-弹簧前从板;4-弹簧后从板;5-外环弹簧;6-内环弹簧;7-开口弹簧;
8-半环弹簧;9-球形支座;10-牵引杆;11-标记环;12-预紧螺母;13-橡胶嵌块

为适应客车高速运行和货车载质量大的要求,还采用环形橡胶缓冲器。环形橡胶缓冲器由牵引杆、缓冲器体、环形橡胶弹簧等组成,如图 3.36 所示。

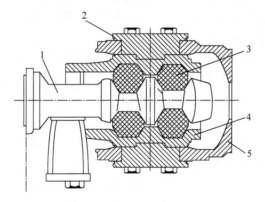

图 3.36 环弹簧缓冲器结构示意图
1-牵引杆;2-安装座;3-环形橡胶弹簧;4-缓冲器体;5-支撑座

密接式车钩是铁路连接器的一种。在使用时,车厢间车钩紧密连接,最大限度地减小纵向连接间隙,使列车的纵向冲动水平大大降低,极大地提高了列车的纵向舒适性和安全性。在我国运行的"中原之星"、"蓝箭"和"中华之星"等动车组上已采用了此连接技术。25t 客车全部采用了密接式挂钩。

图 3.37 为密接式车钩缓冲装置。它主要有车钩钩头、橡胶缓冲器、风管连接器、电器连接器等几部分组成。

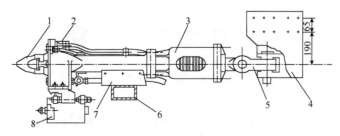

图 3.37 密接式车钩缓冲装置结构示意图
1-密接式车钩钩头;2-风管连接器;3-橡胶缓冲器;4-冲击座;5-十字头;6-托梁;7-磨耗板;8-电器连接器

4)制动装置

制动装置是用外力迫使运行中的机车车辆减速或停车的一种设备。车辆上的制动装置由制动机和基础制动装置两部分组成。我国机车车辆上安装的制动机主要有:空气制动机和人力制动机。空气制动机又叫做自动制动机,是利用压缩空气产生制动力的,一般作为列车制动用。人力制动机是用人力进行制动,一般只在调车时对个别车辆或车组实行制动用。

(1)空气制动机

空气制动机的部件,一部分装在机车上,另一部分装在车辆上。装在机车上的有空气压缩机、总风缸、制动阀等。由空气压缩机产生的压缩空气存储在总风缸内。列车中车辆的制动与缓解作用,由机车司机操纵制动阀来实现。

图3.38所示的是GK型制动机,下面简要介绍安装在货车上的设备。

①制动主管:安装在车底架下面,它贯通全车,是传送压缩空气的管路。它的两端装有折角塞门和制动软管,并用软管连接器与邻车的软管相连。

②截断塞门:安装在制动支管上,用以开通或遮断制动支管的空气通路。它平时总在开放位置,只有当车辆上所装的货物按规定应停止制动机的作用,或当制动机发生故障时,才将它关闭,以便停止该辆车的制动机作用。

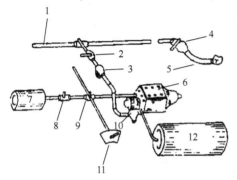

图3.38　GK型空气制动机
1-制动主管;2-截断塞门;3-集尘器;4-折角塞门;5-制动软管;6-制动缸;7-降压风缸;8-安全阀;9-空重车调整塞门;10-GK型三通阀;11-空重调整手把;12-副风缸

通常把关闭了截断塞门、停止制动机作用的车辆叫做"关门车"。

③远心集尘器:利用离心力的作用,将压缩空气中的灰尘、水分、铁锈等杂质,沉淀于集尘器的下部,以免进入三通阀等机件。

④三通阀:是车辆制动机中最重要的部件。它连接制动支管、副风缸和制动缸,用来控制压缩空气的通路,使制动机起制动或缓解作用。

⑤副风缸:是存储压缩空气的地方。制动时,利用三通阀的作用将压缩空气送入制动缸起制动作用。

⑥制动缸:当压缩空气进入制动缸后,推动制动缸活塞,将空气的压力转变为机械推力,然后通过制动杠杆使闸瓦紧抱车轮而起制动作用。

⑦降压风缸:它与制动缸相连,两者之间设有空重车调整装置,可满足空、重车不同制动压力的要求。

⑧空重车调整装置:在GK型制动机上安装。在大型车辆上,如果不论空重状态都施加同样大小的制动力,对空车来说就嫌太大,容易损坏车辆。因此,用它来控制降压风缸与制动缸的通路,可以达到调整制动力的目的。它包括空重车转换手把和空重车转换塞门。

(2)人力制动机

每节车辆的一端,都装有一套人力制动机,可用人力来使单节车辆或车组减速或停车。我国铁路货车上多用链式人力制动机(又叫链子闸),如图3.39所示。它结构简单、操纵灵活、制动力强。

当进行人力制动时,可将制动手轮按顺时针方向转动,使制动链绕在轴上,拉动制动杠杆,就如同空气制动机中制动缸活塞杆向外推动一样,使闸瓦紧压车轮而产生制动作用。

图 3.39　人力制动机

（3）基础制动装置

基础制动装置设在转向架上,是利用杠杆原理,将空气制动机或人力制动机产生的力量扩大适当倍数,再均衡地向各个闸瓦传力的装置。客车多为双瓦式,货车多为单瓦式。

车辆在运行中,闸瓦会因制动时与车辆踏面摩擦而变薄,致使制动力减弱而降低制动效率,为此必须经常调整制动缸活塞的行程。目前,在新造车上安装了闸瓦间隙自动调整器,使车辆在运行过程中可以自动调整制动缸活塞行程的大小,进而保证应有的制动力。

（4）新型车辆制动技术

在一定的制动条件下,列车的制动功率与速度的三次方成正比。高速列车的制动采用综合方式,即多种制动协调使用,方能获得较好的效果。

①盘形制动。盘形制动是利用制动夹钳使闸片夹紧固定装置在车轴上的制动圆盘面产生制动力的,如图 3.40 所示。

世界各国在高速旅客列车上采用盘形制动装置。采用盘形制动的优点是:动能转变成热能后散发快;闸片和制动圆盘材质间相互摩擦性能好,制动时减速均匀、平稳、无噪声,尤其在高速运行制动时更为明显,提高了旅客的舒适度;使车轮的磨耗减轻,消除车轮热裂纹等,减轻维修工作量。

②磁轨制动和轨道涡流制动。闸瓦制动和盘形制动都属于黏着制动。制动力由车轮来传递,其大小受轮轨黏着力的限制,其制动力不能超过黏着力。随着列车速度的不断提高,还必须使用不取决于轮轨黏着系数的附加制动方式(非黏着制动)以缩短列车高速时的制动距离,常用的有轨道电磁制动。

轨道电磁制动分为磁轨制动和轨道涡流制动。磁

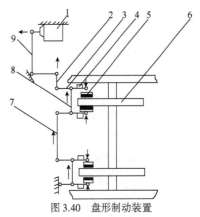

图 3.40　盘形制动装置

1-制动缸;2-拉环;3-水平杠杆;4-缓解弹簧;5-制动块;6-制动盘;7-中间拉杆;8-水平杠杆拉杆;9-转臂

轨制动是通过磁轨制动装置实施制动,当需要制动时,压缩空气进入风缸内,控制升降机将磁轨器落到钢轨上。磁轨器以一定的吸力吸附在钢轨上,磁轨器上的磨耗板与钢轨之间便产生制动力。轨道涡流制动是一种独特的制动装置,在转向架两侧的两车轮之间装设条形电磁铁,电磁感应体为钢轨,电磁铁的磁极端面与钢轨表面保持 6~7mm 的很小间隙。制动时,电磁铁被励磁,由于它与钢轨相对运动,因此在轨头内产生感应电流,即涡流,当这些涡流在磁场运动时,受到一个与运动方向相反的力的作用,这个力就是起制动作用的制动力。目前,它们作为一种辅助制动方式,用在某些粘着制动力不够的高速列车上。

5)车辆内部设备

车辆内部设备是一些能良好地为运输对象服务而设于车体内的固定附属装置。如客车上的电气、给水、取暖、通风、空调、座席、卧铺、行李架等装置均属于车辆内部设备。货车由于类型不同,内部设备也因此千差万别,一般来说比客车简单。如棚车中的拴马环、床托等分别为运送大牲畜及人员所设。其他如冷藏车、家畜车等各有其特殊的内部设备。

3.3.3 车辆代码、标记和技术经济参数

1)车辆代码

为了对车辆识别与管理,特别因全国铁路用微机联网管理的需要,必须对运用中的每一辆车都进行编码,且每一辆车的代码是唯一的,代码分车种、车型、车号 3 段。

车种代码原则上在该车汉语拼音名称中选取一个或两个大写字母构成。客车用两个字母表示,货车一般用一个字母表示。

车型代码必须与车种代码连用,它是为区分同一车种中结构、装载量等不同的车辆而设,一般用 1~2 个数字构成,必要时其后还可以再加大写拼音字母。车型代码作为车种代码的后缀,原则上两代码合在一起不得超过 5 个字符。

如:C62B——C(车种);62(质量系列);B(材质区别)。

N17A——N(车种);17(顺序系列);A(结构区别)。

YW25G——YW(车种);25(车长系列);G(结构区别)。

车号代码均为数字,因车种、车型不同,区分了使用数字的范围,如:

客车:软座车起讫号码为 10000~19999。

硬座车起讫号码为 20000~49999。

软卧车起讫号码为 50000~59999。

硬卧车起讫号码为 60000~89999。

货车:棚车起讫号码为 3000000~3599999;敞车起讫号码为 4000000~4899999;平车起讫号码为 5000000~5099999。

一辆车的代码是该车的重要标识,必须涂刷在车辆显眼的位置(如侧墙)上。

2)车辆标记

为了表示车辆的类型和特征,满足运用、检修和统计上的需要,每一铁路车辆上均应具有运用产权、检修等标记。

(1)运用标记

自重、载重及容积:自重为空车时车辆本身的质量,以 t 为单位,保留一位小数。载重即车辆允许的最大装载质量,以 t 为单位。容积是货车内部可容纳货物的体积,以车体内部长、宽、高的乘积表示。

车辆全长及换长：车辆全长为该车两端钩舌内侧间的距离，以 m 为单位。换长是为了编组列车时统计工作的方便，将车辆全长换算成辆数来表示的长度，换算时以长度 11m 为计算标准。

（2）产权标记

国徽：凡参加国际联运的客车须在侧墙外中部悬挂国徽。

路徽：凡产权归铁道部的车辆均应在侧墙或端墙适当的部位涂刷路徽，表示人民铁道。对于货车还应在侧梁适当部位安装产权牌。

路外厂矿企业自备车辆的产权标志：路外厂矿企业的自备车因运送货物或委托路内厂、段检修而需要在正线上行驶时，一般在侧墙上或其他相应部位用汉字涂打上"××企业自备车"字样。

配属标记：所有客车以及个别有固定配属的货车，必须涂刷上所属局、段的简称。

（3）定期检修标记

检修标记表示车辆进行定期检修的单位和年月，以及下次检修年月的标记。

3）车辆技术经济参数

车辆技术经济参数是表明车辆结构上和运用上某些特征的一些指标。

表明普通客车的技术经济特性指标的有：客车自重、客车自重系数、轴重和每延米轨道载重和最高试验速度等。

表明货车经济特性指标的有：车辆载重、车辆自重、自重系数、轴重、单位容积、每延米轨道载重和最高试验速度等。

（1）自重系数

货车自重系数：货车车辆自重与标记载重的比值。自重系数小，说明机车对运送每一吨货物所做的功少，比较经济，所以自重系数越小越好。

客车自重系数：即为客车自重与旅客定员之比值。

（2）轴重

车辆总重与轴数之比，即车辆每一轮对加于轨道上的重力。车辆的轴重受轨道和桥梁结构强度（允许的荷载）的限制，所以不允许超过规定数值。

国际重载协会认为，经常、正常开行或准备开行轴重 25t 以上（含 25t）的列车可以成为鉴定是否为重载运输的条件之一。

（3）单位容积

车辆设计容积和标记载重之比。这是说明车辆载重力与容积能否达到充分利用的指标。

（4）每延米轨道载重

车辆总重量与车辆全长之比（单位为 t/m）。它是车辆设计中与桥梁、线路强度密切相关的一个指标。按目前桥梁设计规范，允许车辆每延米轨道载重可取到 8t。线路允许荷载我国规定一般不得超过 6.6t/m。

（5）最高试验速度

车辆设计时，按安全及结构强度等条件所允许的车辆最高行驶速度。车辆实际运行速度一般不允许超过最高试验速度。

3.4 铁路机车

3.4.1 铁路机车的类型及牵引性能

机车是铁路运输的牵引动力。由于铁路车辆大都不具备动力装置,需要把客车或货车连挂成为车列,由机车牵引沿着钢轨运行。在车站上,车辆的转线以及货场取送车辆等各项调车作业,也都要由机车完成。因此,为了完成客、货列车的牵引和车站的调车工作,铁路必须保证提供足够数量、牵引性能良好的机车。

1)机车的分类

(1)按机车运用分,可分为客运机车、货运机车、调车机车。

客运机车一般要求速度高。客运机车就是牵引客车的机车,由于客车的编组较少,一般为20节左右,载质量相对货车小得多,旅客出行往往对速度要求比较高。

货运机车需要牵引力大。货运机车是用来牵引货物列车的。我国除了重载列车外,一般的货运列车编组为60节,载质量相对大,故货运机车的牵引力要求比客运机车大得多,而速度没有客运机车那么快。

调车机车主要在车站完成车辆转线以及货场取送车辆等各项调车作业,它的特点是机动灵活,因此车身较短,能通过较小曲线半径,而速度相对要求不高。

(2)按牵引动力分:可分为蒸汽机车、内燃机车、电力机车等。

蒸汽机车:通过蒸汽机把燃料的热能转换成机械能,用来牵引列车的一种机车。蒸汽机车主要由锅炉、汽机、走行部、车架、煤水车、车钩缓冲装置、制动装置组成。

蒸汽机车的应用,迄今已有200多年的历史。由于蒸汽机车的构造比较简单,制造和维修比较容易,成本比较低,因此最早被世界各国铁路所采用。但是,蒸汽机车的热效率太低,其总效率一般只有5%~9%;煤水消耗量很大,需要大量的上煤、给水设备;且对环境有较大的污染。因此,在现代铁路运输中,蒸汽机车已被其他新型机车所取代。

内燃机车:内燃机车的热效率较高(可达30%左右),灵活机动,独立性强,单节机车功率大;机车的整备时间短,持续工作时间长,因此机车交路可延长,减少了机务段的数量;机车驾驶室舒适,视野开阔,乘务人员劳动强度低,工作条件大为改善。此外,内燃牵引对环境的污染也有明显的改进。

电力机车:由电动机驱动车轮的机车。电力机车与内燃机车的不同,在于它所需要的能量是从外部获得的,所需电能由电气化铁路供电系统的接触网或第三轨供运行中的电力机车给,是一种非自带能源的机车,这一差别决定了电力牵引优于内燃牵引。电力机车具有功率大、过载能力强、牵引力大、速度快、整备作业时间短、维修量少、运营费用低、便于实现多机牵引、能采用再生制动以及节约能量等优点。使用电力机车牵引列车,可以提高列车运行速度和承载质量,从而大幅度地提高铁路的运输能力和通过能力。电力机车目前已成为各国主要的牵引动力。

2)机车牵引性能

机车牵引列车运行是由于它具有相当大的牵引力,用来克服列车起动时和运行中所受的阻力,机车牵引力(F)和运行速度(v)的乘积,就是机车的功率(N),即 $F \cdot v = N$,常用"kW"做单位。任何一种机车其最大功率率是固定的,叫做标称功率,例如,DF4B 型内燃机车的标称功率为1985kW。

机车在牵引列车时,所受到的阻力是经常变化的。当阻力增大时,机车就要发挥出更大的牵引力来克服它;反之,当阻力减小时牵引力就可以小一点。为了充分利用机车的功率,要求机车在各种不同运行阻力的情况下,都能具有恒功率输出性能。这就要使 $F \cdot v$ 为常数。

牵引力和速度之间应当成反比关系:当速度小时,牵引力大;当速度大时,牵引力小。把对 F 和 v 的这种要求表示在坐标上,应该是一条双曲线,如图 3.41 所示。这条曲线叫做机车理想牵引性能曲线,无论任何一种机车的牵引性能,都应与它相符合。

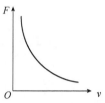

图 3.41 机车理想牵引性能曲线

3.4.2 内燃机车

内燃机车按传动方式的不同可分为电力传动内燃机车和液力传动内燃机车两种类型。电力传动内燃机车是由牵引电动机通过齿轮驱动的,所以机车牵引力和速度取决于牵引电动机的转矩和转速,从而也就决定了机车的牵引特性。

电力传动内燃机车的能量传输过程是由柴油机驱动主发电机发电,然后向牵引电动机供电使其旋转,并通过牵引齿轮传动驱动机车轮对旋转。根据电机型式不同,可分为直—直流电力传动;交—直流电力传动;交—直—交电力传动和交—交流电力传动等类型内燃机车。

内燃机车主要由柴油机、传动装置、走行部、车体、车底架、车钩缓冲装置、制动装置和辅助装置等部分组成。内燃机车如图 3.42 所示。

1) 柴油机

柴油机是利用柴油燃烧后所产生的热能作动力的一种机械,多为四冲程、多缸、废气涡轮增压柴油机。柴油机由固定部件、运动部件、配气机构,以及进排气、燃油、冷却、润滑等系统所组成。

柴油机用一定的型号表示。如 DF4B 型内燃机车,该车上采用的"16V240ZJB"型柴油机如图 3.43 所示,表示它有 16 个气缸;分成两排形成 V 型排列,气缸内径为 240mm;Z 表示装有废气涡轮增压器和增压空气中间冷却器;J 表示铁路牵引用;B 表示产品改进型符号。它是一种四冲程机车用柴油机。

图 3.42 内燃机车

图 3.43 柴油机

四冲程柴油机的工作原理如图 3.44 所示。活塞通过连杆与曲轴相连;在气缸盖上设有进、排气门和喷油器。进、排气门由配气机构驱动,喷油器由供油装置控制。燃油通过喷油嘴喷入气缸并与高温高压空气相遇,燃烧膨胀做功。活塞需要经过往复 4 个行程,柴油机才能完成进气、压缩、燃烧膨胀、排气一个工作循环。四冲程柴油机就是这样不断地工作,把柴油燃烧产生的热能转变成机械能。

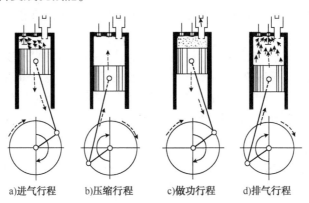

图3.44 四冲程柴油机工作原理示意图

a)进气行程 b)压缩行程 c)做功行程 d)排气行程

2)传动装置

交—直流电传动装置主要由主发电机、整流装置和牵引电动机等组成。

(1)主发电机

主发电机主要由转子和定子两部分构成。

转子上绕有励磁绕组,做成磁极,只要通入直流电就能产生磁场。直流电是由励磁机供给,直流电输入磁极线圈后,使磁极铁芯励磁。

在定子槽中绕有定子线圈,又叫电枢绕组。当转子(磁极)被柴油机带动而旋转时,形成旋转磁场。电枢绕组便切割磁力线而产生感应电势,发出三相交流电。

由于在交—直流电力传动装置中采用的是直流电动机,因此发电机产生的交流电还必须经过整流后才能向直流电动机供电。利用硅二极管的单向导电特性,即可完成整流任务。

(2)牵引电动机

在电力传动内燃机车上,一般都采用直流串励电动机。这是因为这种电动机的转矩和转速能按照列车运行阻力和线路条件的变化自动进行调节。当机车上坡运行或负载加大时,电机的转速能随着转矩的增大而自动降低,两者的关系非常接近理想牵引性能曲线,可以满足列车牵引的要求。

电动机的构造主要包括定子和转子两部分,如图3.45所示。

定子由机座、励磁绕组和电刷等组成,用来形成磁场。

转子又叫电枢,由电枢轴、电枢绕组和整流子等组成。定子上的电刷紧贴整流子,直流电由电刷经整流子而进入电枢绕组后,在定子形成的磁场作用下,使转子转动,将电能转变成机械能,并通过电枢

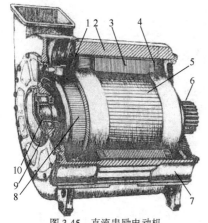

图3.45 直流串励电动机

1-电刷;2-机体;3-磁极;4-电磁线圈;5-转子;6-齿轮;7-抱轴承;8-换向器;9-液柱轴承;10-转子轴

轴上的主动齿轮传给动轮上的从动齿轮,使机车运行。这种电动机的励磁绕组和电枢绕组是串联的,且使用直流电,所以叫直流串励电动机。

3) 走行部

机车走行部(图 3.46)是机车在轨道上运行的装置。内燃机车走行部采用转向架的形式,一般为二轴或三轴转向架,极少数机车用四轴转向架。机车转向架由构架、轮对、轴箱、一系弹簧悬挂装置、二系弹簧悬挂装置、牵引装置、牵引电动机、齿轮传动装置、基础制动装置等部分组成。轴箱与转向架构架之间在垂向用一系弹簧悬挂装置相连,转向架构架与车体之间在垂向用二系弹簧悬挂装置相连。一、二系弹簧悬挂装置通常还并联有油压减振器,使机车在轨道上走行时的垂向冲击得到缓冲和衰减,速度较高的机车转向

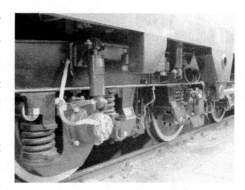

图 3.46 内燃机车走行部

架构架与车体之间设有横向减振器,在横向上能弹性横动,使速度较高时机车的横向平稳性较好。速度超过 120km/h 的机车转向架构架与车体之间在两侧纵向设置抗蛇行减振器,保证机车的横向稳定性。

3.4.3 电力机车

电力机车的牵引动力是电能,但机车本身没有原动力,而是依靠外部供电系统供应电力,并通过机车上的牵引电动机驱动列车前进。采用电力机车牵引的铁道称为电气化铁道。电气化铁道由牵引供电系统和电力机车两部分组成。

1) 铁路牵引供电系统

(1) 电气化铁道供电系统

将电能从电力系统传送到电力机车的电力设备总称为电气化铁道的供电系统。牵引供电系统主要包括牵引变电所和接触网两部分。

发电厂发出的电流经升压变压器提高电压后,由高压输电线送到铁路沿线的牵引变电所。在牵引变电所里把电流变换成所要求的电流或电压后,再转送到邻近区间和站场线路的接触网上供电力机车使用。

电气化铁道接触网供给机车的电流不同,分为直流制和交流制两种。电流制不同,所用的电力机车也不一样。现在世界上大多数国家都采用工频(50Hz)交流制。

(2) 牵引变电所

牵引变电所的任务是将电力系统高压输电线输送来的 110kV(或 220kV)的三相交流电,改变成不低于 25kV 的单相交流电后,向它的邻近区间和所在站场线路的接触网送电,保证可靠而又不间断地向接触网供电。

①牵引变电所的供电方式。牵引变电所向接触网供电有单边供电和双边供电两种方式。接触网通常在相邻两个牵引变电所的中央断开,分成两个供电臂。每一个供电臂只能从一端的牵引变电所获得电流,称为单边供电。其优点是:当某一供电臂内接触网发生故障时,只影响本供电臂,而不影响其他供电臂的正常供电,从而缩小事故范围。我国一般采用单边供电。双边供电可以提高接触网的电压水平,但发生故障时影响范围大,目前较少采用。

②牵引变电所的设备。在牵引变电所里,主要设有主变压器、电压互感器、电流互感器、高压断路器、各种高压隔离开关以及避雷器等电气设备。为使牵引变电所内各种电气设备正常运行,确保安全可靠供电,牵引变电所内还装有各种控制、测量、监视仪表和继电保护装置等。

(3) 接触网

接触网是架设在电气化铁道上空,向电力机车供电的一种特殊形式的输电线路,担负着把从牵引变电所获得的电能直接输送给电力机车使用的任务。因此,接触网的质量和工作状态直接影响着电气化铁道的运输能力。

2) 电力机车的基本构造

电力机车是一种非自带能源的机车。电力机车是靠其顶部升起的受电弓从接触网上取得电能后并转换成机械能牵引列车运行的。电力机车由机械部分、电气部分和空气管路系统三部分组成。

①机械部分:包括走行部和车体。

走行部是承受车辆自重和载重在钢轨上行走的部件,由2轴或3轴转向架以及安装在其上的弹簧悬挂装置、基础制动装置、轮对和轴箱、齿轮传动装置和牵引电动机悬挂装置组成。

车体是用来安放各种设备,同时也是乘务人员的工作场所,由底架、驾驶室、台架、侧墙和车顶等部分组成。驾驶室设在车体的两端,有走廊相通。驾驶室内安装控制设备,如司机控制器、制动阀、按钮开关、监测仪表和信号灯等。两驾驶室之间用来安装机车的全部主要设备,有时划分成小室,分别安装辅助机组、开关设备、换流装置以及牵引变压器等。部分电气设备如受电弓、主断路器和避雷器等则安装在车顶上。车钩缓冲装置安装在车体底架的两端牵引梁上。车体和设备的重力通过车体支承装置传递到转向架上,车体支承装置并起传递牵引力与制动力的作用。

②电气部分:机车上的各种电气设备及其连接导线。包括主电路、辅助电路、控制电路以及它们的保护系统。

主电路是电力机车的最重要组成部分。它决定机车的基本性能,由牵引电动机以及与之相连接的电气设备和导线共同组成。在主电路中流过全部的牵引负载电流,其电压为牵引电动机的工作电压,或者接触网的网压,所以主电路是电力机车上的高电压大电流的动力回路。它将接触网上的电能转变成列车牵引所需的牵引动力。

辅助电路是供电给电力机车上的各种辅助电机的电气回路。辅助电机驱动多种辅助机械设备,如冷却牵引电动机和制动电阻用的通风机,供给各种气动器械所需压缩空气的压缩机等。辅助电机可以是直流的,也可以是异步的。

控制电路由司机控制器和控制电器的传动线圈和联锁触头等组成的低压小功率电路。控制电路的作用是使机车主电路和辅助电路中的各种电器按照一定的程序动作。这样,电力机车即可按照司机的意图运行。

保护系统是保证上述各种电路的设施。

③空气管路系统:它是风压的通道,为机车受电弓上升,机车制动,机车散热提供风源,主要包括供给机车和车辆制动所需压缩空气的空气制动气路系统,供给机车电气设备所需压缩空气的控制气路系统,供给机车撒砂装置、风喇叭和刮雨器等辅助装置所需压缩空气的

辅助气路系统。

我国目前使用的干线电力机车主要是国产韶山型系列交—直流电力机车。投入运用的电力机车有 SS1、SS3、SS4、SS7E、SS9、和谐 HXD1、HXD2、HXD3 型等。图 3.47 为 SS7E 型和 HXD2C 型电力机车。

图 3.47　电力机车

3) 电力机车的电气设备及功能

电力机车上设有各种复杂的电气设备,而所有电气设备,则分别装设在主电路、辅助电路和控制电路这三条电气回路中。

(1) 主电路的电气设备

主电路中包括的电气设备主要有受电弓、主断路器、主变压器(即牵引变压器)、调压开关、整流装置、平波电抗器、牵引电动机和制动电阻等。

①受电弓:机车顶部装有两套单臂受电弓,受电弓紧压接触网导线滑行摩擦从电网上取得电流。运行时机车只需升起一套受电弓,另一受电弓作为备用。接触网上送来的 25kV 工频单相交流电就由此引入机车。

②主断路器:主断路器是用来接通或断开电力机车高压电路的。当主电路发生短路、接地或整流调压电路、牵引电动机等设备发生故障时,它能自动切断机车电源,实现对机车上设备的保护。

③主变压器:又称牵引变压器,它把从接触网上取得的 25kV 高压电降低为牵引电动机所适用的电压。变压器共有 4 个绕组;1 个原边绕组接 25kV 高压电;3 个副边绕组,其中牵引绕组用来向牵引电动机供电,励磁绕组用在电阻制动时给电动机提供励磁电流,辅助绕组用来给机车的辅助电机供电。

④调压开关:用来调节牵引变压器中副边牵引绕组的输出电压,从而使牵引电动机的端电压得以改变,以达到机车的调速目的。

⑤平波电抗器:由于牵引电动机本身的电感极小,不足以将整流后的电流滤平到所需要的范围。因此,在牵引电动机电路中串接一个增大电感的平波电抗器,以减小整流电流的脉动。

(2) 辅助电路的电气设备

辅助电路电源来自主变压器的辅助绕组,通过劈相机将单相交流电转变成三相交流电后,供给牵引通风机、油泵机组和空气压缩机等辅助电机使用。

(3)控制电路的电气设备

控制电路将主电路和辅助电路中各电气设备的控制电器(包括各种控制开关、接触器、电空阀等)同电源、照明、信号等的控制装置连成一个电系统。

以上3个电路系统在电气方面一般是相互隔离的,但三者通过电磁、电空或机械传动等方式相互联系、配合动作,用低压电控制高压电,以保证操作的安全和实现机车的运行。

4)电力机车的制动

当机车需要制动时,除使用空气制动装置外,还可以辅以电阻制动。司机扳动转换开关,使它从牵引位转到制动位,把牵引电动机从串励电动机改成他励发电机,把电枢绕组同制动电阻连接起来。这样,车轴带动电动机的电枢旋转,发出的电流就会被制动电阻变成热能散逸,从而消耗了机车惰行时的机械能。

如果将电能重新反馈回电网中去加以利用,就称之为"再生制动"(或"反馈制动")。

电力机车进行再生制动时,牵引电动机作为发电机工作,将列车在运行中所具有的机械能转换成电能送回接触网。尤其是在长大下坡道上,电力机车可以进行恒速再生制动。从能量利用上看,电阻制动虽然不如再生制动,但电阻制动的主电路工作可靠、稳定,技术比较简单,故目前在电力机车上得到广泛使用。而采用再生制动的电力机车必须采用全控整流线路,控制电路复杂,对主电路的保护系统要求也较高。

电力机车运行方向的控制,与DF4型电力传动内燃机车一样,也是采用改变牵引电动机励磁绕组的电流方向实现的。电力机车上还有防空转系统、过压、过流、短路、接地等各种保护装置,以及驾驶室的显示屏装置等。

3.5 铁路信号与通信设备

铁路信号设备是铁路信号、联锁设备、闭塞设备的总称。其主要功能是保证行车安全,提高运输效率。铁路信号技术的发展应逐步实现微机化、综合化、集成化和智能化。

铁路通信设备是指挥列车运行、组织铁路运输生产和铁路业务联络而迅速、准确的传输各种信息的通信系统的总称。通信设备应能做到迅速、准确、安全、可靠,使全国铁路的通信系统能成为一个完善与先进的铁路通信网。

3.5.1 铁路信号设备

1)信号的功能与类型

(1)信号的功能

信号是指示列车运行和调车工作的命令。有关行车人员必须按照信号的指示办事,以保证铁路运输安全和提高运输效率。

(2)信号的类型

铁路信号分为视觉信号和听觉信号两大类。视觉信号为昼间、夜间及昼夜通用信号,是以颜色、形状、位置、灯光和状态等表达的信号,如用信号机、信号旗、信号灯、信号牌、信号表示器、信号标志及火炬等显示的信号。听觉信号是以不同器具发出音响的强度、频率和音响的长短时间等表达的信号,如用号角、口笛、响墩发出的音响以及机车、轨道车鸣笛等发出的信号。

铁路信号中用手拿的信号灯、信号旗或用手势显示的信号叫手信号；临时设置的信号牌、信号灯等叫移动信号；在固定地点安装的信号设备统称固定信号。铁路信号中，固定信号是主要信号。固定信号是由固定安装在一定位置用于防护固定地点的信号设备，如信号机、信号表示器等。

信号按用途分为12种：进站、出站、通过、进路、预告、遮断、防护、驼峰、复示、调车、容许、引导信号等。

2) 固定信号机

(1) 固定信号机的类型

①按用途分。

主体信号机：进站、出站、通过、进路、防护等信号机，都能独立地显示信号，指示列车运行的条件，叫做主体信号机。

从属信号机：预告、复示信号机等，本身不能独立存在，而是附属于某种信号机的，所以叫做从属信号机。

预告信号机的进站信号机也是它的主体信号机。

②按显示意义的数目分。

单显示：出站、进路的复示信号机及遮断信号机都是单显示的信号机。

二显示：预告信号机就是二显示信号（绿灯或黄灯）。它预告进站、通过或防护信号机的禁止和进行信号显示。

三显示：我国铁路自动闭塞区段的通过信号机是三显示信号（红灯、绿灯或黄灯）。

四显示：适宜于铁路提速、高速区段的通过信号机是四显示信号（红灯、绿灯、黄灯或黄绿两灯）。

③按构造分。

色灯信号机：一种白天和夜间用不同颜色的灯光来显示信号的信号机。目前，主要采用透镜式（又称多灯式）色灯信号机（图 3.48）。透镜式色灯信号机每个灯光颜色都各有一个灯头来显示。根据机柱的有无，色灯信号机又有高柱型和矮型的区别。矮型色灯信号机没有机柱，一般可以用作调车信号机和站内到发线上的出站信号机。进站信号机、正线上的出站信号机等，都应采用高柱信号机。高柱透镜式色灯信号机主要由色灯信号机构、机柱和基础等部分组成的。

臂板信号机：这种固定信号机白天用臂板的不同位置，夜间用不同颜色的灯光显示信号，适用于无可靠电源的车站。按操纵方式来划分，有机械臂板信号机和电动臂板信号机两种。机械臂板信号机用人力操纵、导线传动；电动臂板信号机则由电动机使其动作。按臂板的数目划分，有单臂板信号机、双臂板信号机和三臂板信号机（图 3.49）。臂板的形状和颜色有两种。一种是作为主体信号用的红色臂板，其端部为方形；另一种是端部为鱼尾形的黄色臂板（即预告臂板），它的作用是将主体信号机（如进站、出站、防护、通过信号机）的显示状态提前告诉司机。

(2) 固定信号机的设置

固定信号机应设在列车运行方向的左侧，或设在它所属线路中心线的上空。但在有曲线、建筑物等影响瞭望信号的特殊情况下，也可设在右侧。

①进站信号机:用来防护车站,指示列车能否由区间进入车站以及进入车站的有关条件。进站信号机应设在距车站最外方进站道岔尖轨尖端(逆向道岔)或警冲标(顺向道岔)不少于 50m 的地点。

②出站信号机:用来防护区间,作为列车占用区间的凭证,指示列车可否由车站开往区间。出站信号机应设在每一发车线的警冲标内方(逆向道岔为道岔尖轨尖端外方)的适当地点。

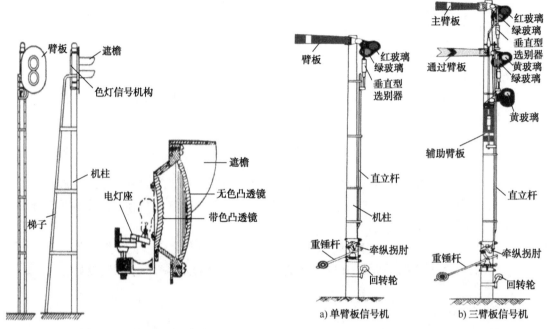

图 3.48　透镜式色灯信号机　　　　　　图 3.49　臂板信号机示意图

③预告信号机:用来向司机预告主体信号机(如进站信号机、通过信号机等)的显示,应设在距主体信号机不少于一个列车制动距离(800m)的地点。

④通过信号机:用来防护自动闭塞区段的闭塞分区或非自动闭塞区段的所间区间,指示列车能否开进它所防护的分区或区间,应设在闭塞分区或所间区间的分界处。

⑤进路信号机:在有几个车场的车站,为了防护从一个车场到另一个车场之间的进路,指示列车能否由这一个车场开往另一个车场,应当设置进路色灯信号机。

⑥调车信号机:设在电气集中联锁的车站经常进行调车作业的线路上(如到发线、咽喉道岔区等),用来指示机车进行调车作业。在到发线上,可以和出站信号机合并,在出站信号机柱上添设一个容许调车的月白灯,成为出站兼调车信号机。

⑦驼峰信号机:在驼峰调车场每条推送线峰顶平台处,应装设驼峰色灯信号机,用来指示驼峰调车机的推送速度及去峰下禁溜线进行调车。

信号机有关闭和开放两种状态。将信号机经常保持的显示状态作为信号机的定位。进站、进路、出站信号机对行车安全起着极其重要的作用,规定以显示停车信号——红灯为定位。调车信号机以显示禁止调车信号——蓝灯为定位。预告信号机以显示注意信号——黄灯为定位。驼峰信号机以显示停止信号——红灯为定位。

以上固定信号机的信号显示方法和意义见表3.5。

固定信号机的信号显示方法和意义　　　　　　　　　　　表3.5

信号名称		显示	信号显示的意义
进站信号		一个红灯	不准列车越过该信号机
		一个黄灯	进正线准备停车
		两个黄灯	进到发线准备停车
		一个绿灯	按规定速度由正线通过
		一个绿灯和一个黄灯	进站内准备停车表示接车进路信号机在开放状态
		一个红灯和一个白等	引导信号,以不超过20km/h的速度进站或通过接车进路,并随时准备停车
出站信号机	半自动闭塞	一个红灯	不准列车越过该信号机
		一个绿灯	准许列车由车站出发
		两个绿灯	准许列车由车站出发,开往次要线路
	三显示自动闭塞区段	一个红灯	不准列车越过该信号机
		一个黄灯	准许列车由车站出发,表示前方有一个闭塞分区空闲
		一个绿灯	准许列车由车站出发,表示前方至少有两个闭塞分区空闲
		两个绿灯	准许列车由车站出发,开往半自动闭塞区间
预告信号		一个黄灯	表示主体信号机在关闭状态
		一个绿灯	表示主体信号机在开放状态
通过信号	半自动闭塞	一个红灯	不准列车越过该信号机
		一个绿灯	准许列车按规定速度运行
	三显示自动闭塞区段	一个红灯	列车应在该信号机前停车
		一个黄灯	注意,前方有一个闭塞分区空闲
		一个绿灯	按规定速度运行,前方至少有两个闭塞分区空闲
调车信号		一个蓝灯	不准通过该信号机调车
		一个白灯	准许越过该信号机调车
		一个白灯闪灯	准许平面溜放调车
驼峰信号		一个红灯	不准越过信号机或停止作业
		一个红灯闪灯	自驼峰退回
		一个黄灯闪灯	减速向驼峰前进
		一个绿灯	按规定速度推进
		一个绿灯闪灯	加速向驼峰推进
		一个白灯	去峰下
		一个白灯闪灯	去禁溜线

3)移动信号、响墩、手信号

当线路上出现临时性障碍或进行施工,要求列车停车或减速时,应按照规定设置移动信号、响墩,或以手信号作出必要的指示,以保证行车安全。

(1)移动信号

在铁路众多的信号中,有一种在施工或维修区段设置的信号牌、信号灯,这就是移动信号。移动信号相对于固定信号而言,是可以根据需要移动,临时设置的信号。

(2)响墩及火炬信号

响墩信号和火炬信号是用于防护线路(包括桥梁、隧道)遇到灾害、发生故障或列车在区间内发生事故或其他原因被迫停车时,为防止前方或后方开业的列车发生列车冲突或脱轨而设置的临时紧急信号。响墩是一种外形扁圆内装有炸药的听觉信号,防护时将其放在钢轨上,当车轮压上后会发出爆炸声要求司机立即停车。火炬是一种在风雨天气都能点燃并发出火光的视觉信号,司机发现火炬信号的火光时立即停车。图3.50为响墩及火炬信号。

(3)手信号

手信号是有关行车人员用手持信号旗或信号灯作出各种规定动作来表示停车、减速、发车、通过、引导等信号。信号旗有三种基本颜色:绿、黄、红;信号灯(也叫号志灯)有四种基本灯光:绿、黄、红、白。图3.51为锂电手提式信号灯和红色信号旗。

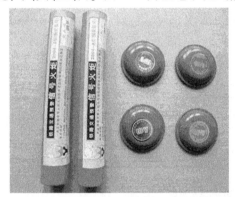

图3.50 响墩及火炬信号

图3.51 信号灯和信号旗

3.5.2 联锁设备

1)联锁设备的功能及类型

列车进站、出站和车站内的调车工作,主要是根据车站上信号机的显示进行的,而列车和机车车辆的运行进路,则又靠操纵线路上的道岔来排列。因此,在道岔和信号机之间,以及信号机和信号机之间,必须建立一种相互制约的关系,才能保证安全和提高运输效率。这种相互制约的关系叫做联锁。为完成这种联锁关系而安装的技术设备,叫联锁设备。联锁设备是行车和调车的安全,提高车站通过能力重要设备。

联锁设备分为集中联锁(继电联锁、计算机联锁)和电锁器联锁(臂板电锁器联锁、色灯电锁器联锁)。编组站、区段站和电源可靠的其他车站,一般采用集中联锁。

2)继电联锁

继电联锁是在信号楼或车站值班员室集中控制信号机和道岔的联锁设备。在继电联锁中实现联锁的主要元件是继电器。联锁设备采用色灯信号机和电动转辙机,操作人员只需在控制台上按压按钮就能办理或解锁进路,还采用了逐段解锁方式,从而缩短了进路建立和解锁的时间,提高了车站通过能力。

(1)继电联锁设备的组成

继电联锁设备由室内设备和室外设备两部分组成。室内设备主要有控制台、继电器组合及组合架、分线盘和电源屏等。室外设备主要有色灯信号机、电动转撤机、轨道电路及电缆线等。

(2)继电联锁的作用原理

信号操纵人员的控制台将控制信号机和电动转辙机开放或关闭的指令,通过连接继电器室内的电缆传送到继电器室内的继电器组合上,继电器组合上的继电器接收到指令后,使继电器的衔铁被吸动或复原,继电器动作的信号再由电缆传送到相应的信号机和控制相应道岔动作的电动转辙机,使信号机处于开放或关闭状态,使道岔处于定位或反位状态,从而使进路上的信号机、道岔与相应的进路实现联锁。

(3)继电联锁的类型

继电联锁按站场规模及运用条件的不同,可分为大站、中站和小站继电联锁;按操纵方式不同,可分为单独操纵、进路操纵以及其他方式操纵的继电联锁;按组装形式分,有组合式、组匣式及插接组合式继电联锁;按型号分,中国有6026型、6031型、6032型、6512型、6501型及6502型等。

目前中国应用最广的继电联锁为6502型。其特点是安全程度高,采用双按钮进路式选路法,进路实行自动分段解锁,调车中途折返能自动解锁,道岔不需保持定位等。

(4)6502电气集中联锁控制台

①进路按钮:按钮为二位自复式带灯按钮,每架信号机处设一个,出站兼调车信号机则设两个,一个为列车按钮(绿色),一个为调车按钮(白色)。进路排列过程始终端按钮表示灯闪光,当进路锁闭时改亮稳定灯光,至信号机开放时灭灯。进路按钮按照操纵顺序的先后,即可作为始端按钮,又可作为终端按钮。始端按钮除用来排进路外,当重复开放信号机、取消进路和人工解锁时也均须使用。

②进路排列表示灯:在控制台的两端各设一个,当排列进路时亮红灯,进路排通或未排进路时灭灯,当红灯未灭前,不能在同一个咽喉再排列其他进路。

③接通光带表示按钮:该按钮为二位自复式按钮,两端各设一个,按下时显示各进路开通状态;用白光带显示,供检查进路用。

④变更按钮:该按钮为二位自复式带灯按钮,设在变更进路处(有调车信号机时与调车按钮兼用)。在需变更基本进路时,先按下始端按钮,再按下变更按钮,然后按下终端按钮。

⑤总取消按钮和总人工解锁按钮:总人工解锁按钮采用二位自复式带铅封按钮,两端各

设一个。取消进路时,要同时按下总取消按钮和进路始端按钮。人工解锁时,也要同时按下人工解锁按钮和进路始端按钮。在办理取消进路或人工解锁时,控制台有红灯表示。

⑥道岔单独操纵按钮、道岔总定位按钮、道岔总反位按钮:道岔单独操纵按钮采用三位带灯按钮。按下为自复式,拉出为非自复式,道岔总定位和总反位按钮用二位自复式按钮,不论单动或双动道岔均设一个单独操纵按钮,两端各设一个道岔总定位和总反位按钮。操纵道岔至定位(或反位)要同时按下道岔操纵按钮和总定位(总反位)按钮。若单独锁闭道岔时则拉出单独操纵按钮,此时按钮表示灯亮红灯,再排列进路时,该道岔不会转动。

⑦接通道岔表示按钮:二位非自复式按钮,两端各设一个,用于检查道岔位置,按下按钮后道岔定反位表示灯亮灯,绿灯表示道岔定位,黄灯表示道岔反位,道岔故障时则灭灯。

⑧引导信号按钮、引导总锁闭按钮:在不能按正常方式开放进站信号时,可采用单操道岔方式准备进路,并用接通光带按钮来检查进路是否正确,再按下引导信号按钮,则引导信号开放,光带显示进路开通位置。在不能按正常引导方式开放引导信号时,要实行全咽喉道岔总锁闭,此时应先按下引导总锁闭按钮,再按下引导信号按钮。

⑨通过按钮:该按钮为二位自复式带灯按钮,在上下行列车通过进路的终端各设一个通过按钮。办理正线通过时,可以按下通过按钮再按下另一端进路始端按钮,该通过进路排出。

⑩切断挤岔电铃按钮:二位自复式带灯按钮,全站或每个独立车场设一个。当道岔被挤成长时间(13s)无表示时电铃响告警,此时可按下按钮切断响铃电路。待道岔修复后,红灯熄灭,电铃再度告响,拉出按钮,电铃停响即恢复正常。

3) 计算机联锁

利用计算机对车站作业人员的操作命令及现场表示的信息进行逻辑运算,从而实现对信号机及道岔等进行集中控制,使其达到相互制约的车站联锁设备,即计算机集中联锁。计算机联锁是最先进的车站联锁设备,具有运作速度快、信息量大、操作方便、安全性高、设备体积小、重量轻、便于调试和维修的特点,提高车站作业的自动化程度和作业效率。

(1) 计算机联锁系统的组成

计算机联锁系统由硬件设备和软件设备构成。硬件设备包括联锁计算机(完成联锁功能和显示功)、安全检验计算机(用以检验联锁计算机的运行情况,发现故障可导向安全)、彩色监视器、微型集中操纵台、安全继电输入输出接口柜、计算机联锁专用电源屏以及现场信号机、转辙机、轨道电路等室外设备。软件设备是实现进路、信号机和道岔相互制约的核心部分,由两部分组成:一是参与联锁运算的车站数据库;二是进行联锁逻辑运算,完成联锁功能的应用程序。车站数据库包括车站赋值表、车站联锁表、按钮进路表、车站显示数据等。应用程序由多个程序模块组成,即系统管理程序模块、时钟中断管理程序模块、表示信息采集及信息处理程序模块、操作命令输入及分析程序模块、选路及转岔程序模块、信号开放程序模块、解锁程序模块和站场彩色监视器显示程序模块等。

(2) 计算机联锁的作用原理

计算机联锁的操作方法与继电联锁相似。办理进路时,只需先按进路始端钮,再按进路终端钮即可完成。此时,计算机就执行操作输入程序和联锁处理程序。根据输入的按钮代码,从进路矩阵中找出相应的进路,然后检查是否符合选路条件,只有完全满足选路条件后,程序才能转入选路部分。然后,先检查对应道岔是否在规定位置,再将需要变换位置的道岔转换位置,接着锁闭进路,并建立对应的运行表区。在执行信号开放程序中,是根据运行表区内容,连续不断地检查各项联锁条件,条件满足后信号机才能开放。当列车进入信号机后方,信号机即自动关闭,随着列车的运行,进路可顺序逐段解锁。

4) 电锁器联锁

电锁器联锁就是道岔靠人力通过机械转换,信号机由有关人员通过电气或机械操纵,用电锁器完成联锁关系。

(1) 电锁器联锁的组成

电锁器联锁设备分为室外设备和室内设备两部分。室外设备主要包括信号机选别器、道岔握柄、锁闭器及轨道电路;室内设备主要包括控制台、继电器架及电源等。

(2) 电锁器联锁的作用原理

分别在道岔和信号机握柄上装设电锁器,通过道岔或信号电锁器的接点的闭合和断开,控制相关信号或道岔电锁器电磁锁的电路,以实现信号机和道岔间以及信号机与信号机之间的联锁。电锁器是一种有接点的电磁锁闭器,它由锁闭系统和接点系统两部分组成。握柄在定位时,闭合的接点为定位接点;握柄在反位时,闭合的接点为反位接点。利用这些接点的闭合和断开就可以达到控制其他电锁器或信号选别器的电路,实现道岔、进路和信号机之间的联锁关系。

(3) 电锁器联锁的类型

电锁器联锁设备因采用信号机类型不同分为臂板电锁器联锁和色灯电锁器联锁。臂板电锁器联锁设备使用直流电源,其进出站信号机为机械臂板信号机,信号握柄按上、下行分别集中在扳道房附近的信号握柄台上,由扳道员操纵。进、出站信号机开放与关闭的控制机由车站值班员用控制台上的手柄进行控制。色灯电锁器联锁设备用于半自动闭塞区段,有可靠交流电源,但尚未具备电气集中条件的车站上。其进、出站信号机采用色灯信号机,道岔转换采用带电锁器的道岔握柄及转换锁闭器。信号机由车站值班员以控制台上的信号按钮或手柄集中控制,道岔由扳道员现场就地转换。

3.5.3 闭塞设备

闭塞是铁路信号的专用名词,用信号或凭证,保证列车按空间间隔制运行的技术方法。空间间隔制就是前行列车和追踪列车之间必须保持一定距离的行车方法。

在单线区间,上行和下行两个方向的列车,按不同的时间都在同一条正线上运行。在复线区间,正常情况下,上行列车和下行列车分别占用一条正线;在区间每一条正线上虽然不会有对向列车,但还是可能有同向列车。为了防止同向列车在区间内尾追,或对向列车在单线区间内对撞,区间两端车站值班员在向区间发车前,必须办理行车联络手续,称为行车闭塞。用来办理行车闭塞的设备叫闭塞设备。闭塞设备分为自动、半自动和路签(牌)闭塞。我国《铁路技术管理规程》规定行车基本闭塞方法采用半自动闭塞和自动闭塞两种。

1) 半自动闭塞

半自动闭塞是指区间两端车站各装设一台具有相互电气锁闭关系的半自动闭塞机,并以出站信号机开放显示为行车凭证的闭塞方法。采用半自动闭塞时,以出站信号机或通过信号机显示允许信号作为列车占用区间的凭证。

(1) 半自动闭塞机的组成

半自动闭塞机由操纵箱(包括按钮、电铃和表示灯等)、继电器箱(闭塞设备的继电器)、轨道电路以及相应的电源设备组成。

(2)半自动闭塞机的作用原理

①操纵箱:半自动闭塞的操纵元件,可以和联锁设备的操纵元件组装在同一个操纵台上,也可以单独设一个闭塞设备的小型操纵箱。在小型操纵箱的面板上,有闭塞按钮、接车表示灯、发车表示灯、事故按钮和计数器,为车站值班员随时了解区间的占用情况和办理闭塞、复原等手续之用。

②继电器箱:两个相邻的车站各有一个继电器箱,并用外部电线互相连接,闭塞设备的继电器都集中地设在箱内。两个车站的出站信号机都受两站闭塞设备的继电器控制。只有当两站办理了必要的闭塞手续,使发车站继电器箱内的开通继电器吸起,才能在发车进路准备妥当的情况下,开放发车站的出站信号机。

③轨道电路:车站出站咽喉的外面进站信号机内方设有一段轨道电路。出发列车经过出站信号机进入轨道电路区段时,轨道继电器的动作,使开通继电器失磁落下,出站信号机就自动关闭。

当铁路的运量不断增大,要求进一步提高区间通过能力时,半自动闭塞也有它自己的局限性;当区间线路发生故障,钢轨折损时,半自动闭塞设备也不能作出反映并导向安全。在一定条件下必须采用自动闭塞来代替半自动闭塞。

2)自动闭塞

自动闭塞是由运行中的列车自动完成闭塞任务的一种设备。利用通过信号机把区间划分为若干个装设轨道电路的闭塞分区,通过轨道电路将列车和通过信号机的显示联系起来,使信号机的显示随着列车运行位置而自动变换的一种闭塞方式。

(1)自动闭塞设备的组成及类型

采用自动闭塞时,列车占用区间的依据是出站信号机或通过色灯信号机的进行显示(绿灯或黄灯)。通过色灯信号机完全由列车自动控制;而出站、进站信号机一般由车站人工控制,只有在中间

图 3.52　自动闭塞设备

站上有连续的通过列车时,可以由车站值班员按压"自动通过"按钮,改由列车自动控制。图3.52 为自动闭塞设备。

我国铁路上采用的自动闭塞主要有单线双向自动闭塞(在线路两侧均设通过信号机)和双线单向自动闭塞(每条线仅一侧设信号机)两种。图 3.53 为双线单向自动闭塞。

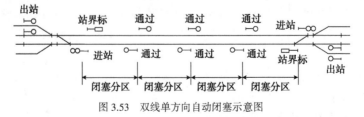

图 3.53　双线单方向自动闭塞示意图

(2)三显示自动闭塞

自动闭塞是提高通过能力和保证行车安全的先进设备。三显示自动闭塞通过用红、黄、

绿三种颜色的灯光来指示列车运行的不同条件。三显示自动闭塞示意图如图3.54所示。

图 3.54 三显示自动闭塞

(3) 四显示自动闭塞

四显示自动闭塞是在三显示自动闭塞红、黄、绿三种灯光的基础上增加了一个黄绿灯光的显示,能预告列车前方三个闭塞分区的状态。要求高速列车按规定速度越过黄绿显示的通过信号机后必须减速,以便使列车在黄灯显示下运行时不大于黄灯所要求的允许速度,保证能在显示红灯的信号机前停车。而对于低速运行的列车来说,越过黄绿显示的通过色灯信号机时,则不必减速。这样就解决了某些线路上按不同速度运行的列车的行车要求。

四显示自动闭塞减少了列车追踪间隔时分(在自动闭塞区段,以闭塞分区间隔运行的前后两列同向列车之间的最小间隔时间),从而增加了区段内通过的列车对数,提高了通过能力。三显示自动闭塞示意图如图3.55所示。

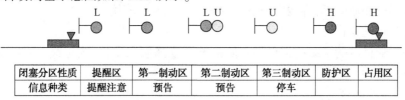

闭塞分区性质	提醒区	第一制动区	第二制动区	防护区	占用区
信息种类	提醒注意	预告	预告	停车	

图 3.55 四显示自动闭塞

3.5.4 铁路通信设备

1) 铁路通信设备的类型

铁路通信按传输方式可分为有线通信和无线通信两大类。按服务区域不同,可分为长途通信、地区通信、区段通信和站内通信等。按业务性质不同,可分为公用通信、专用通信及数据传输等。

铁路专用通信一般是指专门用于组织,指挥铁路运输及生产的专用通信设备。这些设备专用于某一目的,接通一些指定用户,一般不与公务通信的电报、电话网连接。

目前我国铁路通信系统已成为一个独立的主要信息传递系统。可靠、易维修及大容量是对普通通信及铁路专用通信的共同要求。

图像通信、会议电视、可视电话技术已成为现代化通信的发展方向。

移动通信、卫星通信、微波中继通信、室内无线通信等将与光纤通信、程控交换等相结合,形成一个多种方式和手段的通信网,它将大大提高通信的可靠性和有效性,以满足铁路运输的需要。

2) 铁路专用通信设备

(1) 列车调度电话

铁路列车调度电话是调度所调度员指挥沿线各车站及列车段、机务段等有关列车运行人员关于列车运行业务的通信设备。其总机部分安装在调度所,分机安装在沿线各车站。列车调度电话的显著特点是调度员可以对个别车站呼叫,称为单呼;也可以对成组车站呼叫,称为组呼;或者对全部车站集中呼叫,称为全呼。列车调度员可以与车站互相通话,任何车站也可以方便地对列车调度员呼叫并通话。

(2)列车无线调度电话

列车有线调度电话仅供列车调度员和车站值班员之间进行通信联系,而列车无线调度电话则可供列车调度员、机车调度员、车站值班员等调度指挥人员和列车司机相互通话。列车在运行过程中,发生临时故障,或区间线路、桥梁出现不正常现象时,司机可以及时报告调度员或邻近的车站值班员,也可以直接通知邻近区段的机车司机;或车长向司机或车站值班员通报情况,以便及时采取措施,更好地确保行车安全。

(3)铁路站场通信系统

铁路站场通信系统主要是解决站场工作人员相互联系通信的设备。它包括站场电话系统、站场扩音对讲系统、站场无线电话系统和客运广播系统。站场电话是供站内运输人员指挥站内行车和调车作业,以及联系车站日常运输组织工作之用;站场扩音对讲装置,包括行车作业使用的对讲设备和供调车作业使用的对讲设备,并且可向室外扩音;站场无线电话,是站场流动作业人员之间和流动人员与固定作业人员之间互相联系使用的设备,以便保证作业安全和提高作业效率;客运广播系统供客运作业人员使用。

3)铁路调度通信网

铁路调度通信网的网络结构根据铁路运输调度体制来安排,按干线、局线、区段三级调度分三层网络结构。

(1)铁路干线调度通信系统

铁路干线调度通信网络由一套 Hicom382 调度交换机,十多套套 Hicom372 调度交换机,以及外围设备调度功能模块、调度台、多媒体终端、网络管理和调度管理系统等组成。纳入调度台的用户,调度员无需拨号,单键直呼所属调度分机,分机遇忙,调度员可强插通话,调度员还可进行全呼、组呼。

(2)局线调度通信系统

铁路局的局线调度通信网络,由铁路局汇接中心利用干调 Hicom372 调度交换机或另设数字调度交换机与设在各铁路调度区段的数字专用通信系统组成,还可利用区段数字调度通信或专线延伸至区段站、编组站和中间站,构成星型网络结构的局线调度通信网。

(3)区段调度通信系统

区段调度通信系统的主系统放置于调度区段中心调度所或大型调度指挥中心,主要用于接入各调度操作台和各种调度电路,是整个系统的核心。主系统由数字调度主机、调度操作台、集中维护管理系统、录音系统等组成。分系统放置于调度区段管辖范围内各车站,通过数字传输通道与主系统相连,主要用于接入车站操作台、远端调度分机、站间电话、区间电话、站场电话等。分系统由数字调度主机、车站操作台等组成。

区段调度通信系统可以全面实现各项专用通信业务,包括区段调度通信、站场通信、站间通信、区间通信、专用通信等,完成列车调度、货运调度、电力调度、无线列车调度等区段内调度通信业务。

4)铁路综合数字移动通信系统

铁路综合数字移动通信系统(Global System for Mobile Communication for Railways, GSM-R)是铁路专用通信系统。系统在数字蜂窝移动通信系统(GSM)上增加了调度通信功能和适合高速环境下使用的要素,可以满足列车运行速度为500km/h时的无线通信要求,且安全性好,是高速铁路通信最理想的技术解决方案。

(1) GSM-R 网络结构

①基站子系统:包括基站收发信机、基站控制器、编译码速率适配单元等。

②网络交换子系统:包括移动交换中心、网关移动交换中心、拜访位置寄存器、组呼寄存器、归属位置寄存器、鉴权中心、短消息、确认中心、固定用户接入交换机等设备。

③通用分组无线业务系统:包括网关业务支持节点、业务支持节点、分组控制单元、域名服务器、认证服务器等设备。

④智能网系统:包括业务控制点、业务交换点、业务管理系统等。

⑤运行和维护子系统:包括交换网络管理子系统、无线网络管理子系统、GPRS网络管理子系统、直放站管理子系统、FAS网络管理系统等。

⑥终端:包括固定终端和移动终端。

(2) GSM 调度通信业务

根据调度工作的需要,调度通信应提供四类业务,即点对点个别呼叫、组呼、会议呼(临时组呼)、广播呼叫。

①点对点个别呼叫:包括固定终端呼叫移动终端和移动终端呼叫固定终端。

②组呼和广播呼叫:包括移动终端发起组呼、固定终端发起组呼和GSM-R广播呼叫。

③会议呼(临时组呼):会议呼是由一方发起多方参加的会议型的通信方式,在GSM-R网络内提供多方通信的补充业务,实现会议呼。

3.6 铁路信息化综合管理系统

铁路信息化是铁路运输现代化的主要标志。铁路信息化已经覆盖铁路运输和车辆、机车、工务、电务、财务、统计、办公等各系统,功能深入到铁路运输生产内部环节的全路全网型实时性系统。重点围绕运输调度指挥系统、运输生产组织系统、客货营销系统、经营管理系统、客运专线系统、计算机网络建设、信息与网络安全等重点领域推进与实施,铁路信息化对于全面改善铁路的运营管理状况,扩大运输能力,减低运输成本和提高服务质量等具有极其重要的意义。

铁路信息化包括硬件设备和软件设备。硬件设备包括服务器、交换机、路由器、网络传输线、计算机、打印机、传真机、绘图仪、通信设施等。软件设备主要包括各种运营组织及管理信息系统,主要包括铁路运输管理信息系统、铁路运营管理信息系统、货票信息管理系统、确报管理信息系统、集装箱追踪系统、运输调度指挥管理信息系统、车号自动识别系统、客票发售和预定系统、车站管理信息系统等。

3.6.1 铁路运输管理信息系统(TMIS)

铁路运输管理信息系统(Transportation Management Information System,TMIS)是应用信息技术在中国铁路运输系统建立起来的现代化管理系统。铁路运输管理信息系统(TMIS)主要包括确报、货票、运输计划、车辆、编组站、货运站、区段站、分局调度、货车实时追踪、机车实时追踪、集装箱实时追踪、日常运输统计、现在车及车流推算、军交运输等子系统。TMIS系统将全路部、局、分局、主要站段的计算机设备联成一个整体,从而实现对全路近50万辆货车、1万多台机车、2万多列列车、几十万个集装箱及所运货物实施追踪管理。TMIS的应用目标是实现对运输市场信息和客户需求管理、运力资源信息管理、运输作业过程信息管理、管内现在车和集装箱动态分布信息管理和运输信息综合利用等。

我国 TMIS 由中央数据库系统、站段系统、基层站段应用系统和计算机网络（公用数据库）系统构成。TMIS 的总体结构可氛围以下四个部分：

(1) 信息源部分

TMIS 采用集中建库与分布处理相结合的模式,完成中央数据库系统,站段系统,铁路总公司和铁路局应用系统,计算机通信网络系统的建设。中央数据库通过中央系统直接经铁路专用通信网,从编组站、区段站、货运站、分界站、车务段、机务段、车辆段等 2 200 个联网报告点(非联网报告点向车务段或分局上报)等收取列车、货车、机车、集装箱、货票等实时信息。这些站段的信息系统除了向中央系统报告信息之外,还承担处理本站段的业务。

(2) 中央处理部分

在铁路总公司建立中央处理系统,实时收集信息源点的信息并进行处理,建立实时信息库。实时信息库包括以下主要文件：车辆文件——按车号存储 50 万辆车的每一辆车的基本信息和实时动态信息,实现车辆追踪管理。机车文件——按机车号码存储每台机车的基本信息和动态信息,实现机车实时追踪管理。列车文件——按车次存储每列列车的组成信息和动态信息,实现对列车的实时追踪管理。车站文件——按主要站存储车站现车信息,实现现在车的实时管理。货票文件——实时收集每辆重车的货票摘要信息和按日收集整个货票信息,实现货票信息共享,与车辆追踪系统配合,实现货物追踪管理。集装箱文件——按箱号存储每个集装箱的基本信息和动态信息,实现集装箱的追踪管理。按用户需求实时或分阶段向铁道部、铁路局、铁路分局及站段发送,实现节点式实时追踪管理,为全路各级运输生产人员提供及时、准确、完整的信息和辅助管理决策方案,以实现均衡运输,提高运输能力和效率,提高运输管理水平。

(3) 应用系统部分

铁路总公司和铁路局及主要站段从中央处理系统获得有关信息并开发各自的应用程序,从而实现对车辆、列车、机车、集装箱及所运货物的实时追踪管理,实现货票信息、确报信息全路共享,实现现在车和车流推算信息自动化,有预见地组织车流以及实现日常运输统计自动化。

① 车辆信息系统。系统建立车辆技术履历并使车辆编号规范化,实现车辆的精确管理。系统将使全路所有车辆段、工厂、车辆处调度与铁路总公司联网,由铁路总公司车辆局通过网络统一分配车号,更新车号后车辆的详细履历可通过网络传到铁路总公司车辆履历库。系统可帮助用户迅速查询到车辆的各种信息,运输部门可利用此系统实现车号自动识别。

② 确报系统。系统目标是使车站信息系统自动生成确报,通过计算机网络传递,以取代电报确报。并彻底解决确报不及时、不准确、不完整的问题。

③ 货票信息综合应用系统。系统以货票信息管理系统为基本依托,对相关货运信息做综合处理,为路局等各级业务管理部门和政策部门提供基础数据,以便进行宏观决策、业务咨询等活动。货票信息综合应用系统分为路局、铁道部二级,信息分级落地、分级处理、分级建库,建立车号与货物的关系数据库,以实现车与货的静态信息查询、信息交换和综合应用。

④ 集装箱管理信息系统。收集集装箱办理站信息,建立集装箱信息数据库,为运输指挥

人员和货主提供集装箱运输动态信息和有关查询统计信息,满足运输管理部门和客户需要。

⑤货运营销与生产管理系统。系统所涉及的现行业务是从货主物资分配会上的订货合同或货主与铁路部门签订的货运订单开始直至装车完毕过程中有关车、货流计划的信息管理。

⑥路局调度管理信息系统。系统运用计算机网络,实现以路局调度工作为中心,以运输计划为依据,以列车工作、货运工作、机车工作、轮廓计划及日班计划调整、调度命令管理为主要内容的应用系统。

⑦全路运输信息系统。系统实现对全路相关运输信息进行收集、处理、查询及台账编制,自动形成日班计划,对全路运输信息的处理及实时查询。

⑧站段信息系统。系统将立足编组站、区段站、货运站、分界站、车务段等的现车管理系统、货运管理系统、集装箱管理系统,为 TMIS 提供数据源。

(4)公用数据通信网

建立全路数据通信网,将上述三部分联成一个整体,实现信息的交换和共享。

3.6.2 铁路客票发售和预订系统(TRS)

1)总体结构

铁路客票发售和预订系统(China Railway Ticketing and Reservation System,TRS)简称铁路客票系统,主要由旅客服务、市场营销、营运管理和支撑平台四个部分组成。其中面向旅客售票、补票、检票和验票服务的部分包括车站票务子系统、互联网购票子系统、电话订票子系统、列车票务子系统、卡务子系统和电子支付前置子系统等。

铁路客票系统构架,如图 3.56 所示。

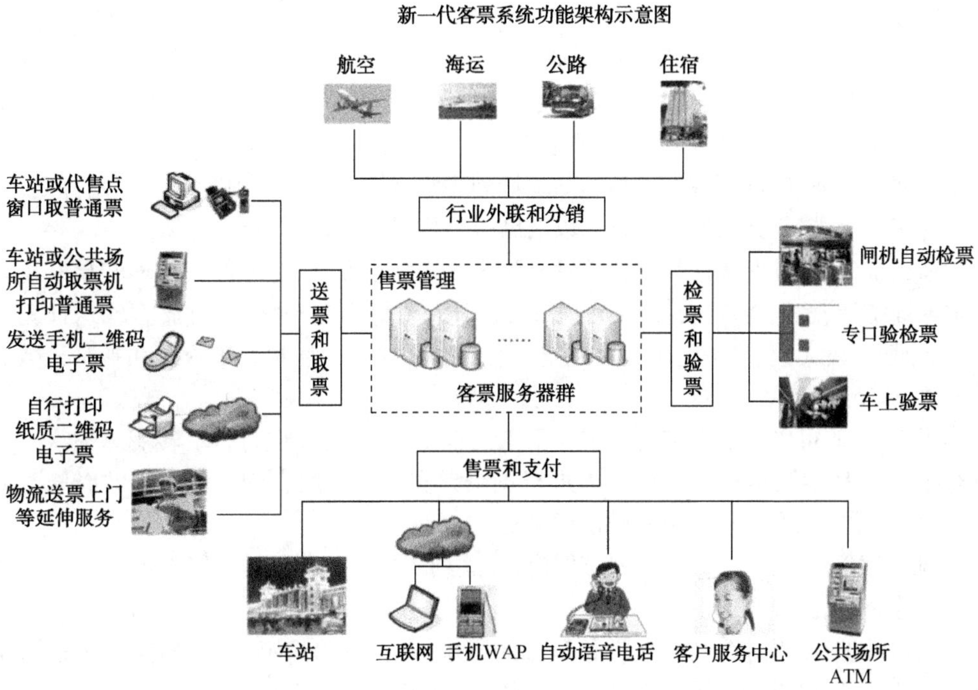

图 3.56 铁路客票系统构架

2）系统的功能服务

（1）地区客票中心的功能服务

①数据维护：录入与修改整个客票系统所需要的基础数据，为制作票额计划使售票系统能够正常运行准备数据，如本中心参数定义、列车数据维护和票价数据维护等。

②值班监控：对中心和车站售票系统的各种功能权限进行管理，对各类售票信息和秩序进行监控，对各类日志进行查询，进而达到保障整个系统正常运行的目的。

③计划管理：主要进行中心票额分配计划的编制、查询、删除、检测和席位的发布，调度命令的制作和查询，席位发布以后票额用途的实时调整以及中心与车站之间、中心与中心之间、车站间票额调度、查询和剩余票额实时查询以及与计划相关基础数据维护。

④综合查询：可以进行按车次查询、按票种查询票价、按席别查询票价、按车次查询票价和余票查询。

⑤营销分析：主要进行席位发售及上车人数统计分析、席位预售统计分析、区段密度统计分析、直通列车分界口通过人数统计分析、售票收入统计分析、代收地方铁路票款统计、运能汇总统计和站到站客流分析。

（2）车站的功能服务

①售票退票：售票员根据旅客要求输入日期、车次、发站、到站、席别、票种、张数、用途等信息，发售旅客车票，办理各种旅客列车签证。根据订单为用户进行合同制票，根据车次或到站进行余票查询。根据旅客要求进行退票操作。本功能一般由车站售票员操作实现。

②订票和订票管理：根据旅客的订票请求，在系统规定的预订期内开展订票业务，根据车次或到站进行订票或余票查询。在订票管理方面可以对订票类型、制票点、取票点等进行定义，进行工作量统计查询、订制票统计查询等项目。本功能一般由车站负责订票的工作人员操作实现。

③计划管理：可以实现票额的生成、调度命令的编制和执行、票额实时或定时的调整、客运数据统计以及与计划管理相关的基础数据维护，同时还提供相应的数据查询功能。本功能一般由车站客运计划室工作人员操作实现。

④计划编制查询：可以进行车站的基本计划和临时计划编制、计划查询、车站计划清除、车站临时席位发布、车站计划日志查询以及席位生成日志查询。

⑤客运统计：按日期统计某车次日发送旅客的实际情况，输出乘车人数通知单。可以进行剩余卧铺统计、发送量日（月）统计和汇总，计算日班计划兑现率，进行旅客输送计划月统计、日班计划区段人数统计、区段人数月统计、计划定员统计、临时列车统计和乘车人数通知单月汇总。

⑥票库查询：可以按数量和席位进行手工调整用途，也可以进行自动转用途输入。可以进行有座席和无座席的票库查询，可以进行剩余票和席位占用查询。可以定义或修改特权口令，进行无效席位删除和转用途操作记录等。

⑦调度命令：主要功能有图定列车停运、停运列车恢复开行、区段调整、座别代用和查询调度命令等20项内容。

⑧数据维护：可以进行基本区段和车次区段维护，特殊用途定义、计划操作员权限定义和车站属性定义，可以进行用途等级划分等共计14项功能操作。

⑨值班监控：通过功能定义、售票监控、信息查询和日志监控等4大功能了解掌握系统

的运行状况和处理系统运行中出现的问题,以保障系统的正常运行。本功能一般由车站系统管理员或售票值班员操作实现。

⑩财务统计:财务统计功能是车站系统区别于地区中心系统的一个重要标志。主要是为了满足铁道部的一些统计要求和车站代售点售票员的快速查询要求。本功能一般由车站统计人员或车站代售点售票员操作实现。

(3)中国铁路客户服务中心网站(简称"12306网站")

中国铁路客户服务中心根据目前国内各大中型铁路部门的实际情况,以铁路现有的客、货信息资源为基础,在国内率先为客户提供智能化、亲情化、高效、优质的车票服务。12306网站是中国铁路客户服务中心网站,是铁路服务客户的重要窗口,将集成全路客货运输信息,为社会和铁路客户提供客货运输业务和公共信息查询服务。客户通过登录本网站,可以查询旅客列车时刻表、票价、列车正晚点、车票余票、售票代售点、货物运价、车辆技术参数以及有关客货运规章。铁路货运大客户可以通过本网站办理业务。

3.6.3 铁路车号自动识别系统(ATIS)

铁路车号自动识别系统(Automatic Train Identification System, ATIS),在机车、货车上安装电子标签,在车站安装地面识别设备。ATIS对运行的机车及车辆信息进行准确的识别,经计算机处理后为TMIS等系统提供列车、车辆、集装箱实时追踪管理所需的准确的、实时的基础信息;为分界站货车的精确统计提供保证;为红外轴温探测系统提供车次、车号的准确信息;还可实现部、局、车站各级现在车的实时管理、车流的精确统计和实时调整等。从而建立一个铁路列车车次,机车和货车号码、标识、属性和位置等信息的计算机自动报告采集系统。

1)系统结构

(1)货车/机车电子标签(TAG)

TAG安装在机车、货车底部的中梁上,由微带天线、虚拟电源、反射调制器、编码器、微处理器和存储器组成。每个电子标签相当于每辆车的"身份证"。

(2)地面识别系统(AEI)

AEI由安装在轨道间的地面天线、车轮传感器及安装在探测机房的RF微波射频装置、读出计算机(工控机)等组成。对运行的列车及车辆进行准确的识别。

(3)集中管理系统(CPS)

车站主机房配置专门的计算机,把工控机传送来的信息通过集中管理系统(CPS)进行处理、存储和转发。

(4)中央数据库管理系统

全路标签编程站的总指挥部。把标签编程站申请的每批车号与中央车号数据库进行核对,对重车号则重新分配新车号,再向标签编程站返回批复的车号信息,即集中统一地处理、分配和批复车号信息,同时又是一个信息管理和信息查询中心。

2)ATIS系统实现的主要技术关键

(1)信息处理的技术关键——CPS多线程多目标存储转发技术

高效充分地利用车号地面识别系统采集到的信息,并与铁路TMIS系统友好接口并交换信息,使基础信息高效的共享集中管理系统(CPS)是信息处理的技术关键。

CPS具有多线程多目标存储转发机制的特点,可以同时向多个目标发送报文,具有较高的发送效率;CPS 转发程序具有准确无误、不丢失报文的特点,有一定的实时性,是一个存储转发装置。当 CPS 收到 AEI 报文时,转发程序立刻向各个预定义目标发送报文,如果此时到达某个目标的网络线路不通,转发程序会把未成功发送的报文存储起来,等线路通时,转发程序自动把以前未成功发送的报文发送出去。

(2)地面识别系统(AEI)的技术关键——微波反射技术

当列车即将进站时,列车的第一个轮子压过开机磁钢时开始计数,大于等于 6 次时开启微波射频装置(RF),微波射频装置在没有列车通过时保持关闭状态。微波射频装置开启后,安装在轨道的地面天线开始工作,向急驰而过的列车的每辆车的底部的无源电子标签发射微波载波信号,为标签提供能量使其开始工作。首先标签在微处理器控制下,将标签内信息通过编码器进行编码,通过调制器控制微带天线,开始向地面反射信息。地面天线立即接收反射回的标签内信息,并传送到铁路旁的探测机房。由机房内无人值守的地面读出计算机(工控机)将接收到的已调波信号进行解调、译码、处理和判别。然后将处理后的信息送入车站机房的 CPS 集中管理系统。当列车的最后一辆车的轮子压过关门磁钢后,关闭射频装置(RF)。CPS 系统对多台地面识别设备进行管理,按照铁路 TMIS 的通信协议规程,将识别后的信息向铁路 TMIS 等系统传送,即有目的的存储转发。

(3)防止标签出现"重号错号"的技术关键——容错技术

出现重车号不但会严重影响车号信息的使用效果,而且会造成 ATIS 整个工程的失败。建立一套完善的、严格的、科学的管理制度和作业流程,避免标签出现"重号、错号"。开发标签编程管理软件应具有合理的流程、严密的防错、纠错及容错技术。

3.6.4 铁路列车调度指挥系统(TDCS)

铁路列车调度指挥系统(Train operation Dispatching and Command System,TDCS)原名为运输调度指挥管理信息系统(Dispatch Management Information System,DMIS)。TDCS 利用无线车次号自动校核系统自动输入、自动校核列车车次号,利用列车占用和出清轨道电路,自动、准确地采集列车到达、出发和通过时分,自动生成列车实绩运行图和阶段调整计划,并在调度台上实时显示区段内进路排列情况、信号设备的运用情况和所有列车的实际运行情况,具有高度的真实性和实时性。以 TDCS 为平台,组建分散自律、智能化、高安全、高可靠的新一代调度集中系统(简称 CTC 系统),是实现铁路提速、高速以及减员增效的跨越式发展的根本保证。

1)系统结构

我国铁路运输调度工作实行分级管理、集中统一指挥的原则。为适应现行的调度管理体制,铁路列车调度指挥系统(TDCS)设计为三层网络体系结构。

(1)全路调度指挥中心

全路调度指挥中心位于第一层,是 TDCS 的最高管理层,由高性能的服务器、工作站、网络设备和相应的软件系统及应用软件构成,并通过 DDN 专线(2M)与各铁路局相连,接收全国铁路系统的各种实时信息与运输数据,监视铁路网列车宏观运行状态、运行统计数据、重点列车实际运行位置和车站站场状态显示,并建有全国铁路调度指挥系统数据库。

(2)铁路局调度指挥中心

铁路局调度指挥中心位于第二层,接收各铁路站段的信息与资料,监视该铁路局列车宏观运行状态、运行统计数据、列车实际运行位置与车次跟踪和站场状态显示,同时与铁道部调度指挥中心及相邻铁路局调度中心进行相关信息的交换。

(3)基层信息采集系统

基层信息采集系统位于最下层,安装在各车站,用以从信号设备及其他设备上采集有关列车运行位置、列车车次、信号设备状态等相关数据,实现列车跟踪、无线车次校核、早晚点统计,并将上述数据通过专用通信线路传送到铁路局。

2)系统功能

(1)列车车次自动跟踪和无线车次自动校核

TDCS 无线车次号校核系统利用既有的机车安全信息综合检测装置、无线列调机车电台、TDCS 车站分机和 TDCS 调度所设备,新增车次号编码器(车站数据接收解码器),实现将车次号、机车号、列车速度、位置、重量和辆数等信息,传送给 TDCS 车站分机,再经 TDCS 车站分机传送给 TDCS 中心,为调度指挥行车提供可靠的数据。

(2)实现区段与站间"两个透明"

区段透明指调度员对其所管辖的调度区段各自动闭塞分区、各车站到发线运用情况一目了然,实现了列车调度员可直接监督车站值班员按列车运行计划的安排正确办理接发列车作业,合理安排车站的调车作业。

站间透明指车站值班员不仅了解本站现场的实际状况,而且能够清楚地了解相邻两端车站和两端区间自动闭塞分区的列车运行情况,能够根据调度员布置的列车运行计划合理安排本站接发列车进路和开放信号时机,能准确地安排穿越正线调车作业的时机和掌握车站调车作业进度。

(3)调度命令、日班计划通过网络自动下达

①日班计划通过网络自动下达。

TDCS 系统的工作方式是由值班主任利用 TDCS 软件工具及固定的模板生成日班计划,然后按下鼠标,把计划下达到各行调台。行调台收到计划后,在本台生成阶段计划。再按鼠标将日班计划下达到有关车站。

②调度命令通过网络自动下达。

TDCS 系统将 26 种调度命令分解成 100 多种,制作成标准模板,使调度员下达调度命令简洁、迅速、准确。

(4)列车运行自动采点

当列车尾部驶过警冲标以后,设备自动记录这一时刻作为列车到点通过网络送到调度台;当列车出发时,当头部驶过警冲标时作为发车通过网络送到调度台。TDCS 自动采点准确,传递迅速及时。

(5)行车日志自动生成

TDCS 可以通过计算机及网络设备自动生成行车日志。

(6)列车实绩运行图自动生成

列车实绩运行图是根据列车的实际运行情况在标准运行图上重新铺画出的,反映列车的实际运行轨迹的运行图。TDCS 能根据机车安装列车运行监控装置收集数据文件自动生成列车实绩运行图。

(7)列车运行方案实时调整和网络下达

三小时列车运行调整和网络下达功能,解决列车运行调整方案下达的难题。

(8) 分界口透明显示和统计分析

分界口透明显示和统计分析功能主要包括：分界口交接列车自动统计、早晚点统计、计划及实绩运行图等信息的实时显示和 13 个月的统计资料历史查询。

(9) 列车早晚点自动计算与部分运输指标自动统计

TDCS 具有列车跟踪和自动采点的功能，可以实时地与基本图的图定时分进行比较，计算出早晚点时分。所有动态操作和有关行车及设备的数据均用适当的格式统计、记录。列车运行和设备状态能自动或按调度员的指示输出、记录。

(10) 站场实际状况、列车运行实际状况历史再现

调度台和值班员台都可以调出再现过去某一时刻的区段画面。

(11) 系统管理功能

对本系统中心设备、车站设备及通信通道状态进行监视、报警、记录和打印。设备信息可保留一个月以上。系统提供上机和下机登录功能，可以记录调度员和操作员在岗或离岗的日期、时间，在岗人员使用系统前需进行注册，离岗前必须注销，下一班调度员将重新登记注册。

(12) 列车运行图管理

包括运行图的显示、编辑、冲突检测、自动调整、计划下达、保存、统计、打印等功能。

(13) 与其他系统接口功能

系统在车站和中心都预留接口，可与其他系统（通信系统、无线通信系统、通信时钟、旅客向导系统和列车识别系统等）交换信息并处理信息，提供给中心的调度员和车站值班员。

(14) 自检功能

系统具有完善的自检功能，同时能够监视各设备的运行状态，故障时报警并记录，维护台可以查阅历史记录，判断系统故障原因和故障范围。具有远程诊断设备功能，在调度中心维护台可以监测到调度中心设备和分布在车站设备的工作状态。维护站通过广域网与主备服务器连接，可以远程访问数据库中的各车站实时信息、信息传送的记录等。

3.6.5 分散自律调度集中系统（CTC）

分散自律调度集中系统（Centralized Traffic Control，CTC），是由传统类型发展而成的新一代调度集中系统。CTC 综合了计算机技术、网络通信技术和现代控制技术，采用智能化分散自律设计原则，以列车运行调整计划控制为中心，是兼顾列车与调车作业的高度自动化调度指挥系统。

1) CTC 系统结构

CTC 由调度中心子系统、车站子系统和调度中心与车站及车站之间的网络子系统三部分构成。

(1) 调度中心子系统

调度中心子系统是 CTC 的网络核心，由中心机房设备及各调度台应用终端组成。中心机房设备包括：数据库服务器、应用服务器、通信服务器、日志服务器、网络通信设备、电源设备、网管工作站、系统维护工作站。调度台应用终端包括：行调工作站、助调工作站、综合维修工作站、计划员工作站、值班主任工作站、培训工作站、备份工作站等。

(2) 车站子系统

车站子系统是 CTC 系统的控制节点，主要设备包括车站自律机、车务终端、综合维修终端、

电务维护终端、网络设备、电源设备、防雷设备、联锁系统接口设备和无线系统接口设备等。

(3)网络子系统

网络子系统是调度中心子系统和车站子系统联络的桥梁,由网络通信设备和传输通道构成双环自愈网络,采用迂回、环状、冗余等方式提高其可靠性。

CTC 的主要设备包括在调度所设有调度集中总机、大表示盘、进路控制终端、车次输入终端、彩色站场显示器、行车信息打印机及列车运行图描绘仪等设备;在每个车站设有调度集中分机和车站的电气集中设备,在每个车站的值班员室内设有车站电气集中的控制台。

在调度终端、车务终端、车站控制台(计算机联锁终端)上设置控制模式状态表示灯。

①亮红灯:非常站控模式。

②亮绿灯:分散自律控制模式。

③亮黄灯:允许转回分散自律控制模式。

非常站控按钮采用带计数器的两位非自复式铅封按钮(计算机联锁终端为带密码的按钮)。正常状态为分散自律控制模式,破封按下为非常站控模式。

2)CTC 的功能

(1)控制功能

CTC 控制区段设有分散自律控制与非常站控两种模式。调度人员或计算机预先存储的运行命令控制系统管辖范围内各车站的信号机、道岔以及排列进路、取消进路等。

(2)表示功能

利用发光二极管组成的大表示盘或彩色站场显示器,直观地显示出各车站信号机开放、关闭;进路排列、股道、道岔区段、闭塞分区占用,列车运行方向的情况等。

(3)车次追踪功能

通过操纵车次终端键盘输入列车车次,并可以将预排的车次输入系统内存储,列车车次可以根据列车运行的实际位置,跟踪显示在大表示盘和彩色站场显示器屏幕的相应位置上。

(4)自动生成

CTC 列车调度台配置运行图操作终端,能自动生成列车运行计划、铺画列车运行线,编辑并下达调度命令,列车实绩运行图自动打印。列车运行早晚点统计打印。

(5)信息传输

CTC 系统与列控系统结合,实现向动车组传送限速信息;与 GSM-R 系统结合,实现向机车传送书面行车凭证及调度命令及调车作业通知单等功能。

(6)标注功能

CTC 系统具备标注有电、无电线路和电力机车(动车组)的功能,根据车站值班员(列车调度员)输入的信息,系统可判别内燃、电力机车(动车组),线路有电无电等状态。

3)调度集中操作方法

(1)程序控制方式(程控):程序根据列车车次、运行地点和车站情况自动选排列车进路。

(2)预排控制方式(预控):即储存控制,调度员根据列车运行,车站股道占用等实际情况,对车站排列列车进路。

(3)试排控制方式(试排):可按正常的方法办理列车进路,但不开放信号。

(4)车站控制方式(站控):车站值班员利用电气集中控制台办理列车进路。

3.7 高速铁路

高速铁路简称为高铁,是一种营运速度较普通铁路更快的铁路运输方式。国际铁路联盟(UIC)认为高速铁路的定义相当广泛,包含高速铁路领域下的众多系统。高速铁路是指组成这一"系统"的所有元素的组合,包括基础设施(新线设计速度250km/h以上,提速线路速度200km/h甚至220km/h)、高速动车组和运营条件。我国高速铁路的定义为:新建设计开行250km/h(含预留)及以上动车组列车,初期运营速度不小于200km/h的客运专线铁路。高速铁路是一个高科技的集成系统,除了需要在列车的营运速度达到一定标准外,铁路车辆、轨道、信号与通信系统等方面均需要技术的配合。

3.7.1 高速铁路的线路

列车高速运行时,列车的横向加速度增大,列车各种振动的衰减距离延长,各种振动叠加的可能性提高,相应旅客乘坐舒适度在高速条件下更为敏感,所以高铁线路的技术标准也相应提高。

1) 高铁线路采用无缝线路和采用无缝钢轨

采用跨区间无缝线路是提高轨道结构连续性、均匀性的重大举措。以往线路主要采用标准长度为25m的钢轨,相邻钢轨间通过接头夹板连接,并留有几毫米到十几毫米的轨缝。无缝线路是把钢轨焊接成没有缝隙的长轨条,以京沪高速铁路为例,从北京至上海1318km长的钢轨没有一个接缝。施工时首先将钢厂生产的100m定尺长钢轨焊接成500m,然后将500m长钢轨运到现场焊接为2km长,形成一个管理单位,最后再将相邻2km长钢轨焊联起来,形成无缝线路。与普通线路相比,列车走行在无缝线路连续的钢轨顶面,保证列车行进的平顺,提高旅客乘坐舒适度,也减少对轨道部件的伤损和养护维修工作量。

2) 高铁线路采用无砟轨道

高速铁路线路结构突破传统的轨道、道床、土路基这种结构形式采用无砟轨道。无砟轨道就是没有碎石的轨道,由钢筋混凝土浇筑而成。与有砟轨道相比,无砟轨道能够长久保持钢轨的形状和位置、在较长的服务期内不需要大规模维修,同时还具有轨道结构耐久性好、整洁美观的特点。我国常用的无砟轨道结构型式有板式和双块式无砟轨道。图3.57为双块式无砟轨道。

图3.57 双块式无砟轨道

3) 高铁线路桥梁跨度不宜过大

由于速度大幅提高,高速列车对桥梁结构的动力作用远大于普通铁路桥梁。桥梁出现较大挠度会直接影响桥上轨道的平顺性,造成结构物承受很大的冲击力,旅客舒适度受到严重影响,轨道状态不能保持稳定,甚至影响列车的运行安全。高速铁路线路桥梁通常选用刚度大的结构体系如简支梁、连续梁、连续刚构、斜拉桥、拱及组合结构;跨度不宜过大,除了小跨度桥梁外,大都采用双线单室箱形截面。双线桥梁一方面提供很大的横向刚度,同时在经常出现的单线荷载下,竖向刚度比单线桥增大了一倍。

4) 高铁线路设置线路安全保护区

为了保护铁路线路安全和行车安全,在铁路线路两侧划出一定的范围设置线路安全保护区。依据《铁路运输安全保护条例》线路安全保护区划定范围是:从铁路线路路堤坡脚、路堑坡顶或者铁路桥梁外侧起向外的距离分别为：城市市区不少于8m；城市郊区居民居住区不少于10m；村镇居民居住区不少于12m；其他地区不少于15m。

3.7.2 高铁车站

1）高速站与既有站分设的布置图

根据技术作业性质高速铁路车站可分为越行站、中间站、始发终到站和通过站。

（1）高速越行站

高速越行站的主要作业是办理中速旅客列车待避高速旅客列车。图3.58为高速越行站布置图，正线Ⅰ、Ⅱ办理高速列车通过，到发线3、4办理中速列车待避。

图3.58　高速铁路越行站布置图

（2）高速中间站

高速中间站主要办理高速和中速旅客列车停站或不停站通过、中速旅客列车待避高速旅客列车、少量高速旅客列车夜间折返停留以及停站旅客列车的客运业务。其布置图有对应式[图3.59a)]和岛式[图3.59b)]两种。

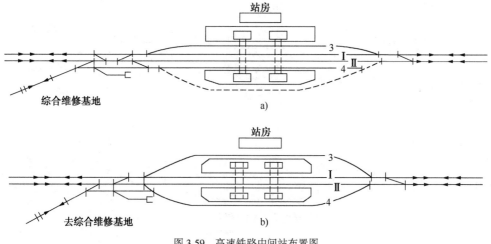

图3.59　高速铁路中间站布置图

（3）始发、终到站

始发、终到车站设于高速铁路的起点和终点，主要办理高速旅客列车的客运业务、高速旅客列车的始发、终到、动车组取送和折返作业以及动车组的整备、检修作业。

图3.60所示为新建的高速始发、终到站布置图，由于没有不停站的高速旅客列车通过，正线可靠近站台，并作为到发线使用。

（4）高速通过站

高速通过站设于高速铁路沿线大、中城市，一般都有普通铁路接轨，主要办理高、中速旅客列车的客运业务和旅客换乘，高、中速旅客列车的通过作业，部分高速列车的始发、终到作业以及高速动车组的整备、检修作业。新建的高速通过站布置图与上述始发、终到站或中间站基本相同。

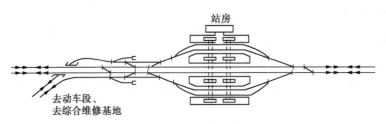

图 3.60　高速铁路始发、终到站布置图

2)高速站与既有站合设的布置图

为充分利用既有客运站的设备、方便旅客换乘,可采用高速铁路车站与既有客运站合设的布置方案。高速站与既有站合设时,客运站场一般应按高速列车车场和中速列车车场分开设计,在中速列车需上下高速线运行的车站,高速车场与中速车场之间应利用渡线或具有立交疏解设备的联络线互相连通。

(1)高速车场与既有站在同一平面并列合设

图 3.61a)为高速线与既有线并行引入既有客运站,将靠近既有站至站房一侧的既有线改建为高速列车到发场,新建副站房,并在该侧扩建普通列车到发场。图 3.61b)为在既有车场一侧扩建高速车场,专供接发高速列车,既有车场供接发中速或普通列车。

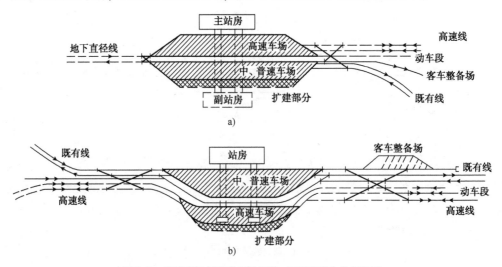

图 3.61　高速车场与既有车场在同一平面并列合设布置图

(2)既有站上方设高架高速车场

若高速线高架引入既有站,可在其上方设高架高速车场,接发高速列车和普通线通过本站的中速列车。既有站接发其他旅客列车。

(3)既有站下方设地下高速车场

若高速线从地下引入,可在既有站地下新建高速车场,既有站与高速车场的固定用途与在既有站上方设高架高速车场相同。

3.7.3　高速铁路的动车组

高速动车组是当今世界高新技术的集成,是高速铁路的标志性装备。动车组是由动车与拖车组成、固定编组使用的车组。动车组往返不需掉转车头或摘挂机车,非常适合高速铁路高密度公交化穿梭运行。因此,高速铁路旅客列车普遍采用动车组型式。

1) 动车组的特点

(1) 头形流线化

随着列车运行速度的提高,周围空气的动力作用一方面对列车和列车运行性能产生影响,同时列车高速运行引起的气动现象对周围环境也产生影响。头形流线化的设计可以有效地减少运行空气阻力,解决好运行稳定性等问题。

(2) 车体结构轻量化

高速列车车体的主要材料是铝合金和不锈钢,从发展趋势看,铝合金将成为动车组车体的主导材料。可以降低高速动车组的轴重,降低列车高速所引起的动力作用对线路结构、机车车辆结构产生的损伤,节省牵引功率,提高旅客乘坐舒适度。

(3) 高性能转向架技术

高速转向架要求具有高速运行的稳定性,良好的曲线通过性能,以满足乘客乘坐舒适度的要求。高速转向架通过采用轴箱弹性定位、空气弹簧、轴箱弹簧、各类减振器、弧形车轮踏面等高性能转向架技术,来保证在车辆运行速度范围内平稳。

(4) 复合制动技术

高速列车采用能提供强大制动力并能更好利用黏着的复合制动系统;制动时电制动与空气制动联合作用,且以电制动为主。复合制动系统通常由电制动系统、空气制动系统、防滑装置、制动控制系统等组成。

(5) 密接式车钩缓冲装置

目前高速列车普遍采用密接式车钩连接装置,该装置两车钩连接面的纵向间隙一般都小于2mm,上下、左右偏移也很小,对提高列车的运行平稳性和电气线路、风管的自动对接提供了保证。

(6) 交流传动技术

高速动车组普遍采用交流传动技术。交流牵引电动机较传统的直流牵引电动机具有结构简单、运行可靠、体积小、质量轻及造价低等一系列优点。交流牵引电动机没有整流子结构对电动机功率的限制,牵引功率可以得到进一步提高。

(7) 列车自动控制及故障诊断技术

列车自动控制系统对高速列车安全运行具有重要作用,世界各国在发展高速铁路时都十分重视列车自动控制系统的研究和开发,许多国家为先进列车控制系统(Advanced Train-control Systems)研制了多种基础技术设备,例如列车超速防护系统、卫星定位系统、车载智能控制系统、车载微机自动监测和诊断系统等。

(8) 倾摆式车体技术

列车通过曲线时,未被平衡的离心加速度超过允许限度时会对乘客产生不舒适感。这种未被平衡的离心加速度与列车速度的平方成正比,由此限制了列车通过曲线时的速度。采用摆式列车可以在既有线路条件下使列车通过曲线时的速度提高约30%。

2) 动车组的类型

动车组可分为动力集中和动力分散两种牵引方式。列车两端固定配置专用动力车,中间均为拖车即为动力集中动车组。列车的动力车有多个且既可在两端又可在中间分布的动车组是动力分散动车组。我国制造的 CRH 系列动车组都是动力分散动车组。动力集中动车组如图 3.62,动力分散动车组示意图,如图 3.63 所示。

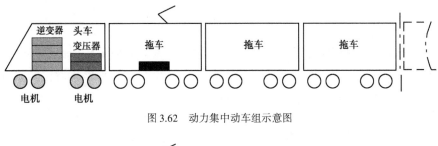

图 3.62　动力集中动车组示意图

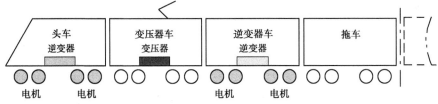

图 3.63　动力分散动车组示意图

3)动车组的组成

高速动车组是具有高度智能化的机电一体化运载装备。主要由车体、牵引装置、转向架、制动装置、列车网络控制部分等组成。

(1)车体

动车组车体分为带驾驶室车体和不带驾驶室车体两种。它是容纳乘客和司机驾驶的地方,又是安装与连接其他设备和部件的基础。

(2)牵引装置

我国高速动车组采用交流传动技术,牵引传动系统包括:主电路、高压设备、受电弓、主断路器、其他高压设备、主变压器、牵引变流器、牵引电机及电传动系统的保护等。动力分散动车组常常由几个动力单元组成,每个动力单元是一个相对独立的牵引系统,运用中如果某个动力单元故障,其余动力单元仍然可以驱动列车运行。这样动力分散动车组不仅拥有轴重小、功率大等优点,而且运用可靠性也更高。

(3)转向架

转向架置于车体和轨道之间,用来牵引和引导车辆沿轨道行驶,承受和传递来自车体及线路的各种荷载,并缓和其动作用力。转向架是保证列车运行品质和安全的关键部件。转向架一般由轮对、轴箱装置、构架、弹簧悬挂装置、车体支承装置和制动装置所组成。转向架分动力转向架和非动力转向架,与非动力转向架相比,动力转向架一般还包括牵引电动机及传动装置。图 3.64 为动车组转向架。

图 3.64　动车组转向架

(4)制动装置

制动装置是保证列车安全运行所必需的装置。动车组常采用动力制动与摩擦制动的复合制动模式,制动控制系统包括动力制动系统和空气制动控制系统。此外,还有电子防滑器及基础制动装置等。

(5)车辆内部设备

车辆内部设备是指服务于乘客的车内固定附属装置,如车内电气、供水、通风、取暖、空调、坐席、车窗、车门、行李架、旅客信息服务系统等。

(6)列车网络控制

列车控制网络主要由列车总线和车辆总线等计算机网络设备组成,是协调牵引、制动、空调、车门、安全监控、信息显示等各车载设备工作的基础平台。列车网络控制系统负责对动车组牵引、制动、转向架、辅助供电、车门、空调等系统的控制、监视和诊断。高速动车组每辆车上都配备有各种控制设备,高速动车组两端的头车驾驶室都安装有列车运行状态信息集中显示器及中央控制单元。运行时只有列车前进方向驾驶室的中央控制单元值班工作,而处于列车尾部驾驶室的中央控制单元工作在热备份状态。

4)"和谐号"动车组

我国通过引进、消化、吸收及国产化,已形成以"和谐号"为代表的动车组 CRH 系列产品系列。为满足不同需求,我国高速铁路动车组分为两个速度等级。其中 200~250km/h 速度等级的有 CRH1、CRH2、CRH5 型,300~350km/h 速度等级的有 CRH2-300、CRH3、CRH380 系列等。

下面以 CRH3 为例简要介绍国产动车组的基本结构。

(1)编组结构

CRH3 动车组为 8 节编组,采用 4M(动车)+4T(拖车)动力分散式的配置,最高运行速度达到 350km/h。CRH3 动车组采用交流传动系统,两端为带驾驶室的动力车,列车正常运行时由前端驾驶室操纵。动车组包括 5 种不同的车,即端车(头车和尾车,EC01/08)、变压器车(TC02/07)、变流器车(IC03/06)、餐座合造车(BC04)和一等车(FC05)。CRH3 编组结构,如图 3.65 所示。

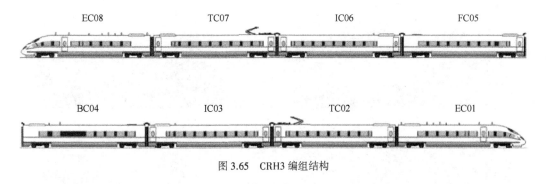

图 3.65 CRH3 编组结构

(2)车辆尺寸

动车组头车长度为 25.860m,中间车长度为 24.825m,总长约 200m,车体宽度为 3.265m,车体高度为 3.890m。

(3)车顶设备

在 2 号、7 号车设受电弓及附属装置,受电弓工作高度最低 4950mm,最高 6500mm。正常操作中只需提升一个受电弓收集 AC25kV 交流电用于整个 8 节车厢装置即可,受电弓由压缩空气驱动。

(4) 车端设备

车端设自动车钩缓冲装置、风挡及电气连接、压缩空气连接设施等,包括高、中和低压供电连接、控制和通信连接、列车空气管路的连接、总风管空气管路连接和车钩解钩空气管路的连接。

(5) 车下悬吊设备

每辆车车下有制动装置、防滑系统和空气弹簧,除了头车和餐车以外,其他车辆车下有污水箱,餐车下有泵水装置、供排水管路,在端车和变流器车下有牵引变流器、牵引电动机,在变压器车下有牵引变压器、单辅助变流器、辅助压缩机单元,在一等车和餐车下有双辅助变流器、充电机、蓄电池。

(6) 车内布置

CRH_3 动车组按座椅布置的不同可分为头车、一等车、二等车、座车和餐车的合造车。客室包括头车休闲区、一等车客室和二等车客室。一等车客室座椅采用"2+2"布置,二等车客室座椅采用"2+3"布置。餐饮服务区设有立式靠座、酒吧立桌、吧台等设施。

全列车除酒吧车、头车外,各种车型均设有两个卫生间。其中包含一个残疾人专用卫生间,这种卫生间布置在带有轮椅区的中间车上。

(7) 车体结构

车体承载结构采用车体全长的大型中空铝合金型材组焊而成,由底架、侧墙、车顶、端墙及设备舱组成为一个整体。头车还设有驾驶室,一旦撞车,头车的车体结构能给司机提供一个安全空间。

图 3.66 为 CRH3 动车组。

a) 外形

b) 驾驶室

c) 二等座

d) 一等座

图 3.66　CRH3 动车组

3.7.4 高速铁路的信号与通信

1) 高速铁路的信号技术

高速铁路信号系统由综合调度系统、列控系统、计算机联锁系统等几个部分组成,各部分之间通过具有保护功能的广域网联接,并传输信息。

高速铁路与普通铁路不同之处主要有:高速铁路设置综合调度系统,对列车运营指挥实行集中控制方式;取消传统的地面信号机,采用列控系统;采用计算机网络传输和交换与行车、旅客服务相关的信息。

高速铁路列控系统包括地面设备、车载设备、信号数据传输网络和车—地信息传输设备。地面设备提供线路参数、目标距离和进路状态。车载设备生成目标距离控制模式曲线,并通过驾驶室内的人机界面为司机提供目标速度、当前速度、最高允许速度、距前方停车点距离等信息,满足高速运行所需的控车要求。信号数据传输网路实现地面设备间的数据信息交互。车—地信息传输设备完成地面设备和车载设备的信息交互。

2) 高速铁路的通信系统

高速铁路通信网为列车控制、综合调度、信息系统等提供安全、稳定、可靠、灵活的通信手段,满足高速铁路语音、数据和图像等综合业务的发展需要。高速铁路通信系统建立在光缆数字数据传输基础上,由计算机整理和处理各种列车运营信息和设备状态信息、排列进路,通过人机对话和调度集中设备编制和调整列车运行图,保证列车正常运行。

3.8 铁路重载运输

3.8.1 铁路重载运输组织形式

铁路重载运输是指行驶列车总重大、行驶轴重大的货车或行车密度和运量特大的铁路运输。铁路重载运输的主要特点,是在一定的铁路技术装备条件下,扩大列车编组长度,不降低行车速度,大幅度提高列车质量,充分利用运输设施的综合能力,采用大功率内燃或电力机车(一台或多台)牵引达到一定质量标准的运输方式,发挥铁路集中、大宗、长距离、全天候的运输优势,达到增加运输能力、提高运输效率、降低运输成本的目的。目前,国内外铁路开行的重载列车组织形式主要有单元式、整列式和组合式重载列车三种。

1) 单元式重载列车

单元式重载列车是以固定的机车车辆(大功率机车+一定编成辆数的同一类型的专用货车)组合成为一个运输单元,并以此作为运营计费单位,在装卸车站间循环直达运行的货物列车。其特点是实行"五固定",即固定机车、车底、货种、装车站、卸车站;货物装卸时不摘机车整列装卸;运行过程中不进行改编;按规定走行公里整列入段检修。在机车车辆充足的情况下,采用这种重载运输组织模式可以最大限度地减少运营支出,大幅度降低运输成本;但要求货源充足,货物品类单一,货物到发地点统一,机车车辆、线路站场、装卸仓储等设备要配套,并要采取最合理的运行图及最佳周转方案。

2) 整列式重载列车

整列式重载列车是采用普通列车的组织方法,由挂于列车头部的大功率单机或多机牵引,由不同型式和载重的货车车辆混合编组,达到规定载重量标准的列车。这种列车的运输特点和普通列车一样,采用一般列车的作业方法,列车到达、解体、编组、出发、取车、送车、装车、卸车和机车换挂等作业均与普通列车相同。这种列车不像单元式重载列车那样要求严格,既不要求"五固定",也不要求整列装卸以及整列入段检修,在运输途中还可根据实际需要进行改编,因此具有更大的通用性。

3) 组合式重载列车

组合式重载列车是由两列及以上同方向运行的普通货物列车首尾相接、合并组成的列车。机车分别挂于原各自普通货物列车首部,由最前方货物列车的机车担任本务机车,运行至前方某一技术站或终到站后,分解为普通货物列车。这种重载运输实质上是在线路通过能力紧张的区段,利用一条运行线行驶两列及以上普通货物列车的一种扩大运输能力的方式。

3.8.2 我国铁路重载运输技术成果

1) 煤炭外运重载铁路

大秦线西起山西省大同市,东至河北省秦皇岛市,横跨山西、河北、北京、天津,线路全长652km,是我国最重要的煤炭通道。大秦铁路作为我国第一条双线电气化重载单元列车运煤专线,单列最大载重达2万t以上。自2003年9月大秦线正式开行1万t重载列车,2006年3月正式开行2万t重载组合列车,日均密度87列,列车速度、密度、重量匹配,创造世界重载铁路之最。"十一五"期间,以大秦重载技术为支撑,带动其他相关线路重载运输发展,大秦重载技术得到广泛推广应用。在京哈、京沪、京广、陇海、侯月等主要干线开行了5000t级重载列车,部分区段达到5500t、6500t,运量连年大幅增长。大秦重载运输大幅度提升了铁路重载装备、重载线路、重载通信信号和重载运输组织等领域的技术水平及设计制造能力,使我国重载运输技术达到世界先进水平。

2) 客货混运铁路重载运输

在铁路客货混运的条件下,繁忙干线开行5000t级以上重载列车,是充分利用有限的线路通过能力,扩大货物输送能力的有效方式。自20世纪90年代以来,我国铁路通过采取延长车站到发现有效长度、双机牵引等技术措施,有计划地在既有路网推行重载列车技术,在京沪、京广、京哈、陇海、哈大等主要干线组织开行了5000~6000t级重载列车。大包、侯月等线5000t级以上重载列车比例已达到70%以上。

3) 铁路重载运输大型设备

随着铁路重载运输发展,铁路运输的大型设备越来越多。此类运输的特点是货物外形尺寸大、运输质量大,有相当部分货物需要使用铁路特种车辆运输。铁路大型车辆如图3.67所示。

3.8.3 重载运输对铁路工务设备的要求

重载列车的机车和车辆轴重、列车总质量和长度都比普通列车增加,对线路、桥梁设备的破坏力加大;长大重载列车长期大运量运营,对线路桥梁等工务设备的承载能力和疲劳寿命都会造成很大影响。为保证重载列车的安全运行,减少维修成本,必须强化重载线路和桥梁的承载能力,使其具有高度的耐久性、可靠性和平顺性。

(1) 线路的钢轨和道岔

重载运输线路必须采用高强度重型钢轨,铺设无缝线路、无缝道岔,发展超长轨节无缝线路,加强道床基础和改进轨枕结构。

(2)线路坡度和最小曲线半径

重载运输线路需要改善线路的基本参数,包括减缓线路的限制坡度、加大最小曲线半径、采用大号码的新型道岔等措施来提高线路平顺性。

图 3.67　铁路大型车辆

(3)线路检测和养路机械

重载线路轨道采用现代化手段检测和大型清筛机和配套的维修机械、钢轨打磨列车、钢轨探伤车、轨道检查车等养路机械,提高线路质量和保证行车安全。

3.8.4　重载运输对铁路供电设备的要求

电气化铁路最适于发展重载运输。电气化铁路供电系统由国家电力供电系统(又称"外网")和牵引供电系统(又称"内网")两大部分组成。重载列车与普通列车相比,牵引车列的电力机车的功率、接触网电流和整个供电设备规模等要大,因此供电设备对铁路通过能力会造成影响。外网供电能力是制约铁路供电能力的根本因素,只有在外网供电能力充足的情况下,铁路部门通过对内网的改造才可大幅度提高铁路供电设备供电能力。内网供电能力受牵引变电所的数量、容量和供电臂的长度等因素影响。电气化双线自动闭塞重载运输线路上,同一供电臂范围内运行的重载列车数量越多、质量越重,对供电系统能力的要求更高。要根据重载列车牵引质量标准、列车追踪间隔时分等对牵引供电的需求来设计变电所容量和供电臂长度,保持供电区间长度和行车区间大小的适配关系,便于运营和检修作业的配合。

3.8.5　重载运输对铁路机务设备的要求

重载列车必须采用大功率的电力或内燃机车。采用低动力作用的转向架以减轻机车对线路的破坏作用;采用电空制动方式提高机车的制动能力;在多机牵引条件下,不仅重视牵引动力在列车头部和中部的合理配置以减少列车纵向冲击力的不利影响,而且通过采用无线遥控同步运转系统,实现机车之间同步操纵和牵引、制动过程的自动调整和良好控制,保证机车较高的运用可靠性。

(1) 多机牵引时机车的编挂方式

重载列车往往多机牵引,牵引机车可采取集中连挂和分散连挂两种编挂方式。集中连挂是采用机车自有的重联装置,多台机车均挂于列车头部集中牵引重载列车,机车集中挂于列车头部时,其牵引质量超过规定的最大牵引力时,需在列车后部加挂补机推送。分散连挂将多台机车分别编挂在列车的头部和中部,连挂方式可多样。如为单元式重载列车,机车分散连挂时,用数节机车组成的补机机组,通常可挂于列车全长的三分之二处,以对其前、后方车辆起到推送和牵引两重作用。

(2) 多机牵引时机车分散布置的控制方法

重载列车质量的大幅度提高,通常是采用机车在列车头部和中部分散布置方式,这样可提高列车牵引力,保证列车安全平稳运行。在运行过程中,为实现列车中不同位置处各机车牵引和制动过程的自动控制和调整,应在重载列车上装设机车同步操纵和遥控装置。

(3) 提高牵引机车性能

重载运输中,机车轮轨间黏着力的限制往往比功率的限制更为突出,应选择合理的功率与黏着质量比,以保证机车有足够的牵引力;要提高动力制动能力,解决空气制动的纵向冲动大、制动力小、需停车缓解的困难;必要时,动力制动与空气制动自动控制配合使用。发展低动力作用转向架,降低对线路的损耗。另外,重载运输对机车各主要部件的强度及其运用可靠性要求较高,要提高机车的运用可靠性。

3.8.6 重载运输对铁路车辆设备的要求

重载货车通常采用载质量大、强度高、自重系数小的大型四轴货车。货车车体大量采用耐腐蚀的钢结构和铝合金材料,高强度、低自重、以增大车辆容积或增加轴重为特征的浴盆式车体,低动力作用的转向架或径向转向架,装备新型的空气制动装置、高强度车钩和大容量高性能缓冲器。

(1) 提高车辆轴重

重载列车的国家已将货车轴重提高到 25t,有的高达 35t。更大轴重的货车经济性和适用性也在进一步研究之中。

(2) 降低车辆自重

通过采用耐候钢、低合金钢及铝合金等轻型高强度的车体结构材料,以及采取改进车体承载型式和优化结构设计的手段来实现货车净载重。

(3) 降低货车动力作用

通过车辆结构合理优化来实现。如采用铰接式转向架、无间隙牵引杆的新型结构设计,可实现车辆无间隙连接,减少车辆间的相对运动,降低列车运行过程中的纵向冲动;采用自导向径向转向架,可降低轮轨横向作用力,减少轮轨、转向架和心盘的磨耗;车体外形采用流线形设计,可减少空气阻力;缩短车长,提高车辆曲线通过能力。

(4) 高车钩强度和缓冲器容量

重载列车编组辆数和牵引质量的增加,机车与车辆、车辆与车辆之间的纵向力也随之增大,特别是在列车牵引启动和制动时,车钩作用力要比普通列车大得多。因此,需加强货车车钩强度,以防列车运行过程中出现断钩事故。可从车钩材质的选取、结构的优化等方面来提高车钩强度,如采用高强度低合金钢,并通过热处理来达到较高的破坏强度和屈服极限;加强车钩装置中薄弱环节零部件;优化车钩纵向力传递过程的设计;尽可能减少车钩间的纵向间隙。

3.8.7 重载运输对铁路站场改造的要求

为保证重载列车正常的接发、通过、办理相关技术作业,重载运输相关车站的站场配置和线路有效长度应能满足列车牵引长度的要求,能保证重载列车的停靠和作业。如整列式重载列车的到、发、解、编和途中越行及技检作业;组合式重载列车的合并、分解和途中越行及技检作业;单元式重载列车的到发和装卸作业等。车站到发线有效长是决定列车牵引质量的基本条件。下面以对开行整列式重载列车的站场改造进行介绍。

1) 中间站站场改造

在开行整列式重载列车的既有繁忙干线上,为满足列车牵引质量达到5000t以上的要求,必须将该干线中间站到发线的有效长延长至1050m,以满足重载列车待避旅客列车的需要。

(1) 调整中间站的分布。中间站改建的车站数量可根据该计算期牵引区段开行重载列车的数量和旅客列车的对数,采用计算机模拟运行图的方法予以确定。改建车站数量及其分布以满足该区段计算期运量的需求为原则。重载运输专线的中间站分布不宜过密,但为满足"垂直"天窗条件下列车等待天窗,以及事故救援情况下的列车运行调整,避免因列车停靠站过少造成的不均衡运输和解决运输通道畅通问题,需在列车技术作业站之间增加部分中间站。一般中间站的合理间隔以70km左右为宜。

(2) 上、下行都开行重载列车的区段,在地形条件允许时,上、下行重载列车的待避线应尽可能设在同一中间站上,以便于管理,节省定员,提高设备利用率。

(3) 区段内只需部分中间站延长站线时,应尽可能选择在没有货场或专用线接轨的中间站上进行改造,以节省工程费用。

(4) 开行重载列车中间站的改建,应尽量选择可以向车站一端延长线路的横列式布置图。有利于改建时道岔拆迁少,节省基建投资,运营后车站作业集中,便于管理。

(5) 重载列车中间站线路的平、纵断面设计应根据既有正线的平、纵断面条件,空、重车流方向及工程条件等因素确定。选择中间站应考虑为重车方向停车的重载列车起动的条件,延长的到发线有效长范围内的平均坡度,必须保证列车起动以及机车单独控制阀能控制住列车的条件。延长到发线部分曲线半径按规定标准尽量向直线或曲线转角小的一端延长。

2) 技术站的站场改造

在开行整列式重载列车的繁忙干线上,既有技术站的改建主要是延长站线。技术站的改建的原则和要求:

(1) 充分利用既有设备,不变更站形结构。延长站线时,一般不变更站型另建车场。尽量利用原有站线、机务段和货场等设备,以减少工程费用。

(2) 尽量少改动车站咽喉和驼峰线路。根据既有设备及地形、地物情况,在车站的一端咽喉延长站线。例如,单向三级三场编组站延长站线时,一般要保持调车驼峰不动。到达场向区间一端延长,调车场向出发场一端延长。困难时可将调车场尾部咽喉与出发场进口咽喉合并,出发场向区间一端延长。

(3) 合理确定延长站线的数量和范围。延长站线的数量应与该站最大可能开行重载列车的比重相匹配,牵出线及到发线的全部线路尽可能都满足有效长1050m的要求。调车场则可以部分线路达到1050m有效长,衔接开行非重载列车的支线的到发线可不延长。

(4)保证延长的站线有良好的纵断面,以利重载列车的启动。

(5)尽量减少施工对运营的干扰。拟定切实可行的施工过渡方案,不中断正常的运输工作。

3.9 铁路运输设备的发展趋势

铁路技术发展的总目标是实现铁路现代化。重点发展方向是:旅客运输高速化,货物运输重载化,运输组织多样化,运营管理信息化,安全装备系统化,牵引动力电气化,机车车辆现代化,经营管理科学化。要实现上述目标,铁路技术装备现代化是关键。

(1)旅客运输高速化

世界铁路的客运发展进入了高速时代。高速铁路是当代高新技术的集成,是一个庞大而复杂的系统工程,包括高速铁路线路、高速铁路安全运输管理系统和高速列车。高速铁路线路是实现高速的基础,所涉及的新技术包括:高标准的平、纵断面设计,高速无砟轨道新结构,高速道岔、高速路基、路桥过渡段、高速铁路桥梁和隧道、高速牵引供电系统等。高速列车是高速铁路新技术的核心,所涉及的新技术包括优良的空气动力学外形设计、车体结构轻量化设计、高性能转向架技术、复合制动技术、密接式车钩缓冲装置、交流传动技术、车厢密封隔声与集便处理技术、高性能受电弓技术、倾摆式车体技术等。

(2)货物运输重载化

在货物运输方面,集中化、单元化和大宗货物运输重载化是各国铁路发展的共同趋势。重载运输对提高运能,减少燃油消耗,节省运营车、会让站、乘务人员等都有显著效果。实现重载运输有两种基本途径。一是扩大列车编组,增加列车长度,开行长大列车;二是提高轴重,加大车辆每延米质量,发展大型货车。从世界重载运输技术的发展趋势来看,尽可能提高列车每延米的有效载重,充分利用现有站线长度,已逐渐成为今后重载运输的主流方向。

重载列车编组长、质量大,给运输组织和列车运行安全提出新技术设备要求。重载车辆的发展趋势是大吨位、低自重系数、大延米荷载、低重心高度、便于迅速装卸、减少纵向冲动、加强纵向力的承受能力、低动力作用转向架等。铁路线路的发展趋势是延长站线、更换重型轨道和道岔、改变线路参数(最小曲线半径、限制坡度、竖曲线半径等)、提高路基密实度等。除此之外,还要制造大功率内燃机车和电力机车,由于多台机车在列车分散配置牵引,要实现多机同步遥控,制造大型货车,改善线路、桥梁结构,采用新型轨下基础,改进信号与通信设备,采用行车调度指挥和运营管理自动化等高新技术设备。

(3)运营管理信息化

铁路运营管理信息化运用电子技术、计算机技术、现代通信技术、现代信息处理技术、控制与系统技术、管理与决策支持技术和智能自动化技术等,以实现信息采集、传输、处理和共享为基础,通过高效利用与铁路运输相关的所有移动、固定、空间、时间和人力资源,以较低的成本达到保障安全、提高运输效率、改善经营管理和提高服务质量目的新一代铁路运输管理信息化系统。全面实现中国铁路运输信息共享,加强综合调度系统、列车控制系统和安全保障系统的建设,确保行车安全。加强电子商务、客货营销系统和信息服务系统的建设,提高服务的质量、效率和适应市场的能力。加强基于管理和控制的智能化综合决策支持建设,提高决策的时效和科学性,系统建成后将覆盖客货运输管理、用户服务、电子商务、多式联运、列车控制与调度、安全保障、基础设施的管理与维护等领域,形成一个完整的集智能化控制、管理、决策于一体的以保障安全、提高运输效率、改善经营管理、提高服务质量,实现我国铁路跨越式发展为目的的新一代铁路运输系统。

(4)安全装备系统化

铁路运输安全的内容,包括旅客运输安全、行李包裹运输安全、货物运输安全、行车安全、道口安全等。其中,行车安全,即列车运行安全是铁路运输安全最重要、最核心的部分。先进的技术装备和完善的现代化信息技术是运输安全的重要物质基础。一方面要加强动态安全监测网络的建设,实现通过分设于线路、车辆上各种移动的安全监测设备分别对线路、机车、车辆基础设施进行连续、动态的监测;另一方面要改进列车调度控制系统和列车运行控制系统,向数字化、网络化、自动化与智能化的方向发展,优化列车控制模式、轨道电路信息传输、轨道电缆信息传输,实现自动连续监督列车运行速度,可靠地防止人为错误操作所造成的恶性事故的发生,保证列车的高速安全运行。

复习与思考题

1. 简述路堤、路堑的定义和组成要素。
2. 简述轨道的组成和各部分的功能。
3. 线路标志有哪些?各标志的含义是什么?
4. 简述车辆的基本结构和各部分的作用。
5. 空气制动机由哪些部件组成?其作用原理及特点是什么?
6. 车辆的标记包括哪些内容?
7. 机车牵引性能曲线的含义是什么?
8. 简述四冲程柴油机的工作原理。
9. 简述电力机车主电路的组成部件、功能。
10. 简述中间站的作业及设备。
11. 简述股道、道岔编号的基本原则。
12. 简述车站线路名称及用途。
13. 铁路信号设备分为哪几类?
14. 简述进站、出站、通过信号机的用途及显示方式。
15. 绘图说明三显示自动闭塞的原理。
16. 我国有几种高速动车组?
17. 高速列车运行控制系统是由哪些设备组成的?
18. 简述铁路客票系统的构成。
19. 例说我国铁路重载运输方面的技术成果。
20. 试谈铁路运输设备的发展趋势。

第4章 公路运输设备

　　公路运输(Highway Transportation)是指使用公路设施、设备运送旅客和货物的运输方式,是交通运输系统的重要组成部分。公路交通的运输工具主要是汽车,也包括人力车、畜力车、拖拉机等,主要承担中、短途客货运输,补充和衔接其他运输方式。在地势崎岖、人烟稀少、铁路和水运欠发达的边远地区,公路为主要运输方式,起着运输干线作用。公路运输具有的特点适应性强、建设投资少、受自然条件限制小,能够方便地实现"门到门"直达运输。

　　本章主要介绍公路运输系统设备与设施,介绍公路系统和高速公路组成与技术等级、道路交通标志、我国高速公路系统,客货运站场、城市道路运输系统以及公路运输车辆等设施与设备。

4.1 公路运输系统

4.1.1 公路系统的组成

1) 公路系统

　　公路是具有一定线型、宽度和强度,供各种无轨机动车、非机动车辆,以及人、畜行驶的人工陆上道路。公路运输设施与设备主要包括货运车辆、公路以及货运站场等附属设施。公路是汽车运输的物质基础,其技术水平和管理水平直接影响整个物流系统的运输效率和经济效益。

2) 公路的基本组成

　　公路通常是指城市间、城乡间、乡村间主要供汽车行驶的公共道路。主要有路基、路面、桥梁、涵洞、隧道、公路渡口、防护与支撑工程、公路用土地以及公路沿线附属设施等组成。

　　(1)路基。路基是公路的基本结构,是支撑路面结构的基础,与路面共同承受行车荷载的作用。路基还承受气候变化和各种自然灾害的侵蚀和影响。路基由土质或石质材料组成,其基本形式是路堤和路堑。路基结构形式可以分为:填方路基、挖方路基和半填半挖路基三种形式。

　　(2)路面。路面是铺筑在公路路基上与车轮直接接触的结构层,承受和传递车轮荷载,承受磨耗,经受自然气候和各种自然灾害的侵蚀和影响。路面的基本要求是具有足够的强度、稳定性、平整度、抗滑性能。路面结构一般由面层、基层、底基层与垫层组成。路面等级与采用的面层材料,见表4.1所示。

路面等级与面层类型 表4.1

路面等级	面层类型	适用条件
高级路面	1.水泥混凝土路面; 2.沥青混凝土路面; 3.厂拌黑色碎石路面; 4.整齐石块或条石路面	高速公路和一、二级公路

续上表

路面等级	面层类型	适用条件
次高级路面	1.沥青灌入式碎、砾石路面; 2.路拌沥青级配石路面; 3.沥青表面处治路面; 4.半整齐石块路面	二、三级公路
中级路面	1.碎石和砾石路面; 2.碎砖和姜石路面; 3.石灰、沥青水泥加固土路面; 4.石灰多合土路面; 5.不整齐石块路面; 6.其他粒料路面	三、四级公路
低级路面	1.粒料加固土路面; 2.以各种当地材料加固或改善土路面	四级公路

(3)桥涵和隧道。桥涵通常是指公路跨越水域、沟谷和其他障碍物时修建的构造物。按照《公路工程技术标准》规定,单孔跨径小于5m或多孔跨径之和小于8m称为涵洞,大于这一规定值则称为桥梁。公路隧道通常是指建造在山岭、江河、海峡和城市地面下,供车辆通过的工程构造物。按所处位置可分为山岭隧道、水底隧道和城市隧道。当公路跨越河流、沟谷,或者和铁路、其他公路交汇时,需设桥梁或涵洞;在翻山越岭时,可能需要修建隧道。桥梁有梁式桥、拱桥、钢架桥和吊桥等多种。隧道内尽可能避免设置曲线,纵坡应为0.3%~3%,以保证行驶安全和排水。

(4)公路渡口。公路渡口是指以渡运方式供通行车辆跨越水域的基础设施。码头是公路渡口的组成部分,可分为永久性码头和临时性码头。

(5)交通工程与沿线设施。公路交通工程与沿线设施是保证公路功能、保障安全行驶的配套设施,是现代公路的重要标志。公路交通工程主要包括交通安全设施、监控系统、收费系统、通信系统四大类,沿线设施主要是指与这些系统配套的服务设施、房屋建筑等。

3)道路交通标志

为保证公路运输的安全运行,设有交通标志、路面标线等各种指挥、显示设施。公路标志是一定的标记,绘以符合、图案、简单文字、号码等,装设在适当的地点,预示前方公路的状况或事故发生的状态,包括指示标志、警告标志、禁令标志、指路标志等。道路交通标志图例,见图4.1~图4.3。

4.1.2 公路的技术等级

我国公路的技术等级划分的定量指标主要有交通量和行车速度。交通量是指单位时间内通过两地间某公路断面处来往的实际车辆数。根据我国现行的《公路工程技术标准》(JTGB01—2014),我国公路按使用任务、功能和适应的交通量分为两大类五个等级。两大类:汽车专用公路和一般公路;五个等级:高速公路、一、二、三、四级公路。

交通运输设备

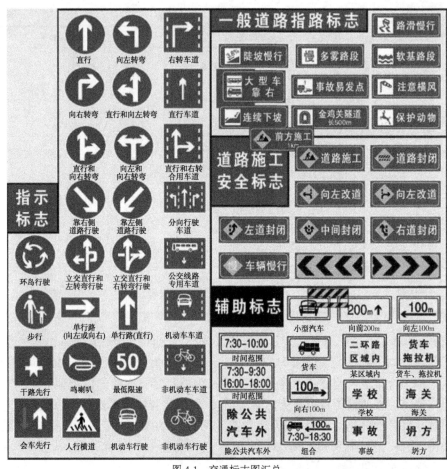

图 4.1 交通标志图汇总

图 4.2 交通标志图汇总

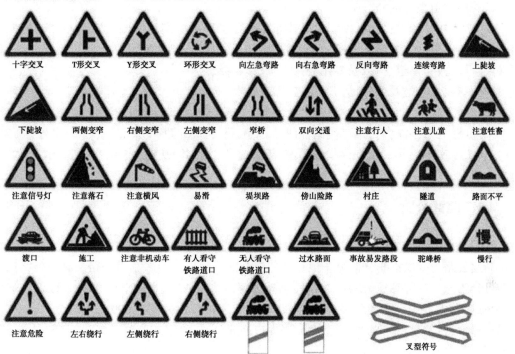

图 4.3 交通标志图汇总

1)汽车专用公路

(1)高速公路的有效行车道至少在 4 条以上,全封闭、全立交,能适应按各种汽车(包括摩托车)折合成小客车的年平均昼夜交通量为 2.5 万辆以上。

(2)一级汽车专用公路要求有 4 条有效行车道,基本封闭,一般设计年限能适应按各种汽车(包括摩托车)折合成小客车的年平均昼夜交通量为 1.0 万~2.5 万辆,为联结高速公路、大城市结合部、开发区经济带以及边远地区干线公路,可供汽车分向、分道行驶,并部分控制出入的公路。

(3)二级汽车专用公路至少要有 2 条有效行车道,基本封闭,一般设计年限能适应按各种汽车(包括摩托车)折合成中型载重汽车的年平均昼夜交通量为 4500~7000 辆,为联结中等城市的干线公路或通往大工矿区、港口的公路,或运输繁忙的城郊公路。

2)一般公路

一般公路既可供汽车、摩托车使用,也可供慢速机动车(如拖拉机)、非机动车以及行人使用。一般公路构成的交通称为混合交通,包括二、三、四级公路。

(1)二级公路的有效行车道宽度为:平原微丘至少 9m,山岭重丘至少 7m。通行能力折合成中型载重车的年平均昼夜交通量为 2000~5000 辆。

(2)三级公路的有效行车道宽度为:平原微丘至少 7m,山岭重丘至少 6m。通行能力折合成中型载重汽车的年平均昼夜交通量为 2000 辆以下,为沟通县及重要乡镇的集散公路。

(3)四级公路的有效行车道宽度至少为 3.5m。通行能力折合成中型载货汽车的年平均昼夜交通量为 200 辆以下,为沟通县、乡(镇)、村等的地方公路。

4.1.3 我国国道系统

1)我国国道系统简介

我国公路的行政等级按《中华人民共和国公路管理条例实施细则》规定,根据公路的作用及使用性质划可分为国家干线公路(国道G)、省级干线公路(省道S)、县级干线公路(县道X)、乡级公路(乡道Y)以及专用公路五个行政等级。

2)国道系统分类及编号

我国国道分为三大类:第一类以北京为中心向全国各地延伸的国道(共12条),1+序号,如107国道(北京—深圳);第二类南北纵线国道(不通过北京)(共27条),2+序号,如210国道(包头—南宁);第三类东西横线国道(不通过北京)(共29条),3+序号,如310国道(连云港—天水)。

4.2 高速公路

4.2.1 高速公路的分类

高速公路为专供汽车分向分车道行驶并应全部控制出入的多车道公路。高速公路按其功能可分为城市内部高速公路和城市间高速公路两大类;按其距离长短可分为近程高速公路(500km以内)、中程高速公路(500~1000km)和远程高速公路(1000km以上)三类;按其布局形式分为:平面立体交叉高速公路、路堤式高速公路、路堑式高速公路、高架高速公路和隧道高速公路。

4.2.2 高速公路的功能及特点

1)高速公路的功能

(1)封闭、全立交、严格控制出入。高速公路实行的是一种封闭型管理,各种车辆只能在具有互通式立交的匝道进出。

(2)汽车专用,限速通行。高速公路只供汽车专用,不允许行人、牲畜、非机动车和其他慢速车辆通行。一般规定时速低于50km的车辆不得上路,最高时速亦不宜超过120km。

(3)设中央分隔带,分道行驶。高速公路一般有4个以上车道,实行上下车道分离,渠化通行,隔绝对向车辆的干扰。通过路面交通标线分割不同车速的车辆,以保证高速公路的连续畅通。

(4)有完善的交通设施与服务设施。高速公路能满足驾乘人员在路上的多种需求,设有各种安全、通信、监控设施和标志;沿线每隔一定距离设置收费站,建有服务区提供停车休息、餐饮、住宿、娱乐、救助、加油、修理等综合服务。

2)高速公路的特点

(1)行车速度快、通行能力大。一般高速公路行车速度在120km/h以上。一条车道每小时可通过1000辆中型车,比一般公路高出3~4倍。

(2)物资周转快、经济效益高。一般运距在300km以内,使用大吨位车辆运输,无论从时间或经济角度考虑,均优于铁路和普通公路运输。

(3)交通事故少、安全舒适好。据国外资料统计,高速公路上发生的交通事故与普通公路相比,美国下降56%,英国为62%,日本为89%。高速公路的线型标准高、路面坚实平整、行车平稳,乘客不会感到颠簸。

4.2.3 高速公路的设施

1）高速公路安全设施

（1）标志：标志分为交通标志和信号标志。交通标志主要包括警告标志、禁令标志、指示标志、指路标志。信号标志用灯光信号或文字、图形显示的色灯信号进行交叉口的交通管理。一般常用绿、红、黄3色。

（2）标线：用文字或图形来指示行车的安全设施，高速公路标志与标线，见图4.4。

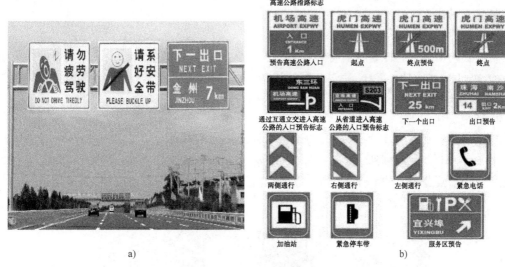

图 4.4　高速公路标志与标线

（3）护栏：护栏设在公路两侧及中央带，用以防止高速公路车辆驶出车道或者闯入对向车道，使乘客受到的伤害及对车辆的损坏减少到最小限度，并使车辆恢复正常行驶方向及便于诱导驾驶员的视线。有刚性护栏、半刚性护栏、柔性护栏等。

（4）隔离设施：对高速公路进行隔离封闭的人工构造物的统称，如金属网、常青绿篱等。通常采用的防噪设施有隔音墙、遮音堤、遮音林带，如图4.5所示。

图 4.5　高速公路护栏与隔离设施

（5）照明及防眩设施：为保证夜间行车的安全所设置的照明灯、车灯灯光防眩板等。高速公路的照明费用较高，一般郊外不设置照明，只有接近市区和所有立体交叉处才采用全照明或局部照明。防眩设备通常以植树防眩,既防眩光又美观,树木可以是常青树,树木之间植以草皮;或采用百叶板式和金属网式防眩栅等。

(6)视线诱导设施:为保证驾驶员视觉及心理上的安全感,所设置的全线设置轮廓标。

2)交通管理设施

交通监控设施包括检测器监控、工业电视监控、通信联系的电话、巡逻监视等。现代化的交通管理系统用电子计算机控制及信号自动化来监视路段区段内的交通情况,迅速测出交通堵塞和交通事故,通过交通信息变换标志和无线电行车信号告知驾驶员相关信息,以保证道路交通畅通。

3)服务性设施

高速公路沿线设有综合性服务站(服务区)、小型休息点和停车场。综合性服务站设有停车场、加油站、修理所、餐厅、旅馆、邮局、通信、休息室、厕所、小卖部等;小型休息点以加油为主,附设厕所、电话、小块绿地、小型停车场等。

4)环境美化设施

高速公路实现互通式立交绿化、边坡、护坡道、隔离栅内侧绿化带绿化和中央分隔带绿化。服务区、停车区、管理所、养护工区、收费站等附属设施的绿化规划设计功能以美化为主,创造优美、舒适的工作和生活空间,以及适宜的休憩、休闲环境。图4.6为某高速公路主线园林景观设计。

图4.6 某高速公路主线园林景观设计

4.2.4 高速公路的车道

高速公路在郊外大多为4或6条车道,在城市和市郊大多为6或8条,甚至更多。四车道高速公路应能适应将各种汽车折合成小客车的年平均日交通量25000~55000辆;六车道高速公路应能适应将各种汽车折合成小客车的年平均日交通量45000~80000辆;八车道高速公路应能适应将各种汽车折合成小客车的年平均日交通量60000~100000辆。

4.2.5 我国高速公路系统

1)高速公路系统简介

我国公路系统实行"统一领导、分级管理"的原则。我国高速公路起步于1988年,大规模建设从 1995 年开始。2004 年,国务院审议通过了《国家高速公路网规划》,采用放射线与纵横网格相结合的布局方案,形成由中心城市向外放射以及横贯东西、纵贯南北的大通道,由 7 条首都放射线、9 条南北纵向线和 18 条东西横向线组成,简称为"7918 网",总规模约 8.5 万 km,其中主线 6.8 万 km,地区环线、联络线等其他路线约 1.7 万 km,是世界上规模最大的高速公路系统;到 2007 年已全面建成"五纵七横"国道主干线,人口在 20 万以上的城市高速公路连接率将达到 90%。2013 年,交通运输部正式公布《国家公路网规划(2013 年—2030 年)》,规划在西部增加了 2 条南北纵线,成为"71118"网,规划总里程增加到了 11.8 万 km,即 7 条首都放射线、11 条南北纵向线和 18 条东西横向线、6 条地区环线、36 条城市环线。四通八达的国家高速公路见图 4.7。

图 4.7 四通八达的国家高速公路

2)国家高速公路网路线的命名规则

国家高速公路网路线名称按照路线起、讫点的顺序,在起讫点地名中间加连接符"-"组成,全称为"××-××高速公路"。路线简称采用起讫点地名的首位汉字表示,也可以采用起讫点所在省(市)的简称表示,格式为"××高速",如杭金衢高速公路。

国家高速公路网路线名称及简称不可重复。如出现重复时,采用以行政区划名称的第二或第三位汉字替换等方式加以区别。国家高速公路网的地区环线名称,全称为"××地区环线高速公路",简称为"××环线高速"。如"珠江三角洲地区环线高速公路",简称为"珠三角环线高速"。

国家高速公路网的城市绕城环线名称以城市名称命名,全称为"××绕城高速公路",简称为"××绕城高速"。如"杭州绕城高速"。

当两条以上路段起讫点相同时,则按照由东向西或由北向南的顺序,依次命名为"××-××高速公路东(中、西)线"或"××-××高速公路北(中、南)线"。简称为"××高速东(中、西)线"或"××高速北(中、南)线"。

路线地名应采用规定的汉字或罗马字母拼写表示。路线起讫点地名的表示,应取其所在地的主要行政区划的单一名称,一般为县级(含)以上行政区划名称。

南北纵向路线以路线北端为起点,以路线南端为终点;东西横向路线以路线东端为起点,以路线西端为终点。放射线的起点为北京。编号系统完成后,也解决了自我国首条高速公路——沈大高速公路通车以来,我国高速公路有名无号的问题,更方便驾车者出行。

3)编号情况

(1)结构。

中国国家高速公路网编号由字母G和阿拉伯数字编号组成,地方高速公路编号由字母S和阿拉伯数字编号组成,如图4.8所示。

图4.8 高速公路编号结构示意图

(2)字母标识符。中国国家高速公路是国道网的重要组成部分,路线字母标识符采用汉语拼音"G"表示;中国国家高速公路网主线的编号,由中国国家高速公路标识符"G"加1位或2位数字顺序号组成,编号结构为"G#"或"G##"。

(3)数字字母编号。首都放射线的编号为1位数,以北京市为起点,放射线的止点为终点,以1号高速公路为起始,按路线的顺时针方向排列编号,编号区间为G1~G9。

纵向路线以北端为起点,南端为终点,按路线的纵向由东向西顺序编排,路线编号取奇数,编号区间为G11~G89。

横向路线以东端为起点,西端为终点,按路线的横向由北向南顺序编排,路线编号取偶数,编号区间为G10~G90。

并行路线的编号采用主线编号后加英文字母"E"、"W"、"S"、"N"组合表示,分别指示该并行路线在主线的东、西、南、北方位。该英文字母采取下标方式标示。例如:G4W 广澳高速公路纳入中国国家高速公路网的地区环线(如珠江三角洲环线),按照由北往南的顺序依次采用G91~G99编号;其中台湾环线编号为G99,取意九九归一。

中国国家高速公路网一般联络线的编号,由国家高速公路标识符"G"+"主线编号"+数字"1"+"一般联络线顺序号"组成,编号为4位数,其中后两位数值采取下标标示。城市绕城环线的编号为4位数,由"G"+"主线编号"+数字"0"+城市绕城环线顺序号组成。主线编号为该环线所连接的纵线和横线编号最小者,如该主线所带城市绕城环线编号空间已经全部使用,则选用主线编号次小者,依此类推。如该环线仅与首都放射线连接,则在1位数主线编号前以数字"0"补位,最后两位数值同样采取下标标示。

(4)出口编号。国家高速公路出口编号一般为阿拉伯数字,其数值等于该出口所在互通立交中心里程桩号的整数值。如果出口处桩号为K5+700,则该出口编号为5;某出口处桩号为K2536+700,则该出口编号为2536。同一枢纽式互通立交在同一主线方向有多个出口时,该枢纽式互通立交所有主线出口统一编号,采用出口编号后加英文字母组合表示。出口编号按照桩号递增方向逆时针排列,英文字母按照"A"、"B"、"C"、"D"等序列排序。

4.3 客货运站场

公路客运站站场是公路运输办理客、货运输业以及保管、保修车辆的场所,是汽车运输企业的技术基地,又是基层生产单位,是公路运输网点的重要组成部分。按其使用性质的不同,可分为客运站、货运站、技术站和停车场(库)。

4.3.1 客运车站

1) 客运站的分类

我国汽车客运站按站务工作量(主要指日发送旅客量)结合所在地政治、经济、文化等因素,将客运站分为四级。例如,仅从旅客日发送量考虑,则分别按7000人次及其以上、3000人次及其以上、500人次及其以上、500人次以下列为一、二、三、四级站。

汽车客运站按位置不同分为起点站、中间站和终点站;按性质不同分为客运站、客货兼运站和停靠站(招呼站)。中间站办理旅客上下和行李包裹的托运和交付作业,一般不办理有关车辆作业,因而设备比较简单,规模也较小。起(终)点站除办理与乘客有关的业务外,一般还设有维护场,办理车辆维护和小修作业。

2) 客运站的功能

(1)客运车站是旅客候车、办理售票、行包托运、寄存以及各种旅行手续的场所。客运站是人们通过交通运输工具,使旅客与货物产生空间位移的起止点和集疏场所,是空间交通、立体网络的交叉点,是交通运输中重要环节。

(2)客运车站是专门从事客运业务的基本营运单位,既要组织运营生产,又要为旅客服务,是兼有公益事业与运输企业两重性的特殊服务单位。

(3)客运车站是各种运输工具维护、维修、配件、加油、清洗的后方基地。

(4)客运车站不仅是反映国民经济发展水平和精神文明的窗口,也是城乡之间物质与文化交流的纽带,是沟通国际贸易、科技与文体交流的桥梁。

(5)客运站是多功能、开拓性、综合性、商业性、服务性建筑群的中心,是单纯社会功能与公益设施的外延。

3) 客运站的布局

客运站主体建筑平面主要由候车厅、售票厅两大部分构成。按两者的相互位置分为:沿马路一字布局,称为"一"字形,立面宏伟,但占用街道过长,立面处理费用较高。若候车厅、售票厅相互垂直布置呈"T"字形可突出临街部分,采用高层,满足城市建设的要求,根据旅客流线,这部分应为售票及综合服务之用,而候车厅则可用单层伸入内院。在交叉路口设站时,可用"L"字形。客运站的布局应有利于旅客和车辆的流线。旅客一般都是经过广场、售票厅、托运厅、候车厅、检票口、站台等,这条流线应力求短捷,避免各区旅客相互干扰。客车的流线则是进站、下客、清洗、加油、停放、调车、上车、出站,要求车辆进出口大门分设,减少干扰,洗车台、加油站应顺序布置。

4.3.2 货运站场

1) 货运站(场)的基本功能

汽车货运站场是道路交通运输的基础设施。货运站(场)的基本功能是运输组织功能、中转和装卸储运功能、中介代理功能、通信信息服务、辅助服务功能。

2) 货运站(场)的分类

汽车运输的货运形式大致可分为整车货运、快速货运、零担货运、集装箱货运四种运输方式。汽车货运站分为整车货运站、零担货运站(含快速货运)、集装箱货运站(图4.9)以及由上述两种或两种以上站组成的综合型货运站。

3) 货运站(场)的设备与设施

货运站(场)设施生产设施包括业务办公设施、库(棚)设施、场地设施、道路设施、危险货物运输设施;生产辅助设施包括维修设施、动力设施、供水供热设施、环保设施等;生活服务设施有食宿设施和其他服务设施。货运站设备配置包括运输车辆、装卸机械和计量器具或设备,如图4.10所示。

a)

b)

图4.9 集装箱货运站

图4.10 货运站设备

货运站(场)一般设在城市公路出入口及城市对外交通干线、铁路货运站、货运码头附近;以中转货物为主的货运站,既要靠近城市的工业区和仓库区,又要尽可能与铁路车站、水运码头有便捷的联系方式,以便组织联合运输;主要为城市生产、生活服务的货运站及专业零担站,要考虑货物取送方便,宜布置在市场中心区边缘。

4.4 公路运输车辆

4.4.1 汽车的类型

公路运输车辆主要是汽车。汽车是由自带动力装置驱动、无架线的运载工具。按汽车动力装置形式分为活塞式内燃机汽车、电动汽车、燃气轮汽车和混合动力汽车;按汽车对道路的适应性分普通汽车和越野车;汽车按用途分为客车、货车和特种用途的汽车。

1) 载客车

载客车是专门用作人员乘坐的汽车,可分为轿车和客车、旅游车等种类。轿车一般为2~8座的载客车。除驾驶员外乘坐9人以上的载客车为客车。客车有单层、双层型式,并可按总质量、总长度分为不同类型(表4.2)。旅游车是专门用于旅游的客车,是20世纪60年代后发展起来的现代化交通工具。

客车类型 表4.2

类 型	轻 型	中 型	大 型	铰接式	双 层
总质量(t)	<4	4~11	11~16	>18	>15
总长(m)	<6	6~9	9~12	>14	9~12

2) 货车

主要供运载货物用的汽车称为货车,又称载货汽车。货车可分为普通货车、特种车、自卸车和牵引车等。普通货车按其载质量分为轻型(小于3.5t)、中型(4~8t)和重型(大于8t)货车;特种车为普通货车的变形,具有特殊货箱,根据货物装载和运输上的专门需求设置货箱,如冷藏车、罐式车等。自卸车货箱能自动举升并倾卸散装货物、固体货物,如煤、砂石、矿料等;牵引车专门用来牵引挂车、半挂车和长货挂车的主体。

3) 特种用途的汽车

特种用途的汽车有建筑工程用汽车,专门用来起重、挖沟、埋管、混凝土搅拌等施工作业的汽车;市政、公共事业用汽车,用于清扫、除雪、医疗、救护、售货、邮政、消防等方面的专用汽车;农用汽车、竞赛汽车等。

4.4.2 汽车的基本结构

1) 汽车的总体构造

汽车类型较多,但无论何种类型的汽车,其总体构造均由发动机、底盘、车身和电气设备四个部分组成,如图4.11、图4.12所示。

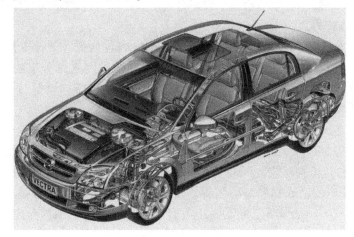

图 4.11 轿车的结构图

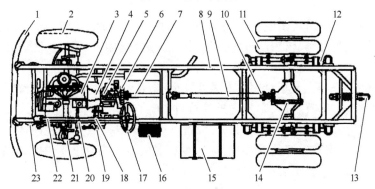

图 4.12 货车的构造图

1—前保险杠;2—转向车轮;3—发动机;4—离合器;5—变速器;6—驻车制动器;7—中间传动轴;8—车架;
9—传动轴;10—万向节;11—驱动车轮;12—后钢板弹簧;13—牵引钩;14—后桥;15—汽油箱;16—蓄电池;
17—转向盘;18—制动踏板;19—离合器踏板;20—起动机;21—前桥;22—发电机;23—前钢板弹簧

2) 发动机

汽车发动机是汽车的动力装置,其作用是使燃料燃烧后产生动力,然后通过底盘的传动系驱动汽车行驶。汽车发动机由曲柄连杆机构、配气机构、燃料供给系、冷却系、润滑系和点火系、起动系组成。

3）底盘

汽车底盘是汽车的基础，其作用是接受发动机的动力，使汽车产生运动，并保证正常行驶，并支撑及安装汽车其他各部件。底盘由传动系、行驶系、转向系和制动系等组成。

（1）传动系。汽车传动系的基本作用是将发动机发出的动力传给驱动车轮。一般发动机纵向安置在汽车前部，以后轮为驱动轮的汽车，发动机发出的转矩依次经过离合器、变速器、万向节和传动轴组成的万向传动装置以及安装在驱动桥上的主减速器、差速器和半轴传给驱动车轮。

（2）行驶系。行驶系的作用是将汽车构成一个整体，支撑汽车的总质量，将传动系传来的转矩转化为汽车行驶的驱动力，承受并传递路面作用，保证汽车平顺行驶；与转向系配合，正确控制汽车的行驶方向。行驶系中直接与路面接触的部分是车轮，因而称为轮式行驶系。轮式行驶系一般由车架、车桥、车轮和悬架等组成。除广泛应用的轮式结构外，还有履带式、车轮-履带式、跨步式等。

（3）转向系。转向系的作用是通过驾驶员转动转向盘，根据需要改变汽车行驶方向，并减轻驾驶员的疲劳程度。转向系由转向器和转向传动机构两大部分组成。转向器由转向盘、转向轴、转向传动轴、转向万向节等组成。转向传动机构由转向垂臂、纵拉杆、转向节臂、横拉杆、左右梯形臂等组成。

（4）制动系。制动系的作用是根据需要使汽车减速或在最短的距离内停车，以确保行车安全，并保证汽车停放可靠。汽车的制动系通常至少装有两套各自独立的系统：行车制动装置（脚制动装置）和驻车制动装置（手制动装置）。重型汽车和经常行驶在山区的汽车，还应增装紧急制动和安全制动或辅助制动装置。较完善的制动系还具有制动力调节装置、报警装置、压力保护装置等附加装置。制动系中每套制动装置都由产生制动作用的制动器和制动传动机构组成。

4）电气设备

汽车的电源和电气装置，由电气和用电设备两大部分组成。用电设备包括发动机的起动系以及汽车的照明、信号、仪表装置等，在强制点火式发动机中还包括发动机的点火系。

5）车身

车身安装在底盘车架上，车身用以安置驾驶员、乘客和货物。汽车车身结构主要包括车身壳体、车门、车窗、车前钣金件、车身内外装饰件、车身附件、座椅以及通风、暖气、冷气、空气调节装置等，载货汽车还包括货箱和其他设备。客车车身一般分为轻便客车、中型客车车身。轻便客车车身要求有较好的流线型，以减少行驶时的空气阻力。中型客车均采用闭式的箱式车身，以提高有效载客面积。

4.4.3　货车

货运车辆按用途分为普通货运汽车和专用货运汽车两大类。普通货车一般是指具有拦板式车厢，用于运载普通货物的汽车；专用货运汽车是指装置有专用设备、具备专用功能、承担专门运输任务的汽车，如箱式货车、冷藏车、罐式车、自卸车等。

1）普通拦板式货车

普通拦板式货车具有整车重心低、载重量适中的特点，如图4.13所示。

2) 厢式车

在物流领域,由于厢式货车结构简单,利用率高,适应性强,因此是应用前景最广泛的一种车型,如图 4.14 所示。

图 4.13　拦板式货车

图 4.14　厢式车

3) 自卸车

自卸车可以自动后翻或侧翻使货物自动卸下,是矿山和建筑工地上物流运输的理想车种,如图 4.15 所示。

4) 罐式车

罐式车装有罐状容器,密封性强,适用于运送易挥发、易燃、危险品和粉状物料等,如图 4.16 所示。

图 4.15　自卸车

图 4.16　罐式车

5) 汽车列车

汽车列车是指一辆汽车(货车或牵引车)与一辆或一辆以上挂车的组合,如图 4.17 所示。汽车和牵引车为汽车列车的驱动车节,称为主车;被主车牵引的从动车节称为挂车。

6) 冷藏保温车

冷藏保温汽车是指装有冷冻或保温设备的厢式货车,通过制冷装置为货物提供最适宜的温度和湿度条件,用来满足对温湿度有特殊要求的货物运输需要。

7) 集装箱运输车

集装箱运输车是指专门用来运输集装箱的专用汽车,如图 4.18 所示。

4.4.4　客车

1) 旅行客车

中小型客车,座位数不超过 20 个。根据其外观形状,我国俗称"面包车"。旅行客车机动灵活,有较高的乘坐舒适性,如图 4.19 所示。

2) 城市客车

行驶于城市和城郊的大型客车,常见的一种为城市公共汽车。车厢中除设有座位外,还有供乘客站立和走动的较宽通道。有的城市公共汽车的车厢分上、下两层,上层全部设座位,下层有座位和站位。双层客车较单层客车的载客数多,但重心较高,行驶稳定性较差,如图4.20所示。

图4.17 汽车列车

图4.18 集装箱运输车

图4.19 小中型客车

图4.20 大容量低排放城市客车

3) 公路客车

行驶于城市间或乡镇间公路线上的大型客车,可分为长途客车和短途客车。长途客车的运距达数百公里,有的车厢内全部设座位;有的全部设铺位,所以俗称"卧铺车",并有存放乘客随身行李的行李架或行李仓。短途客车的运距仅数十公里,车厢内除设有座位外,还有站位,如图4.21~图4.23所示。

图4.21 客运客车

图4.22 新能源客车

4) 游览客车

供游览、观光乘坐,如图4.24所示。座位间距较大,乘坐舒适,视野广阔,一般都有通风、取暖和制冷设备。高级的长途游览客车还有卧铺、卫生间、厨房和文娱室等。

图 4.23 双层卧铺车　　　　　　　图 4.24 观光车

5）校车

校车是用于运送学生往返学校的交通工具。《道路交通安全"十二五"规划》中，明确了校车具有优先通行权，如图 4.25 所示。

6）房车

房车是舒适豪华的客车，具有良好的住宿和完善生活设施，如图 4.26 所示。

图 4.25 校车　　　　　　　图 4.26 房车

7）特制专用客车

根据需要特别定制的专门用车，如指挥车（图 4.27）、机场摆渡车（图 4.28）、采血车、救护车、消防车、商务车等。

图 4.27 指挥车　　　　　　　图 4.28 机场摆渡车

根据中华人民共和国城镇建设行业标准《城市客车分等级技术要求与配置》(CJ/T 162—2002),按车辆长为主参数分:

(1)特大型城市客车:车辆长>13m 且≤18m 的铰接客车,10m<车辆长≤12m 的双层客车。

(2)大型城市客车:10m<车辆长≤12m 的客车。

(3)中型城市客车:7m<车辆长≤10m 的客车。

(4)小型城市客车:3.5 m<车长≤7 m 的客车。

特大型城市客车分超1级、高级、中级、普通级四个等级;大型城市客车分超2级、超1级、高级、中级、普通级五个等级;中型城市客车分超1级、高级、中级、普通级四个等级;小型城市客车分高级、中级、普通级三个等级。

4.4.5 公路集装箱

1)公路集装箱运输系统

公路集装箱运输系统是指由人、资源、交通设施和信息所组成的统一体,通常包括货物、集装器、汽车、车站、公路五个基本部分。集装箱货物是指能装入集装箱内而进行汽车运输的整箱货物和拼箱货物。公路集装箱分为国际标准、国内标准和非标准集装箱。集装器既是货物包装工具,又是运输生产工具;公路集装箱运输的基本要素由货、箱、车、站、线构成,它们之间的相互协调,为公路集装箱运输的营运活动提供保障。公路运输企业承运的集装箱可以是托运人托运的集装箱,也可以是承运人的自备集装箱,或者是海运企业或铁路运输企业的集装箱。公路运输企业以从事港口码头、铁路车站集装箱的集疏远业务为主,承运的集装箱多为船公司或铁路运输企业所有。

2)公路集装箱运输的特点

(1)以衔接性、辅助性为主。在大多数情况下,在集装箱的各种运输方式之间起衔接性、辅助性的作用。

(2)以末端运输为主。所谓"末端运输",是指运输活动开始与结束部分的活动。即从发货人那里取货和将货送到收货人门上。

(3)可独立地实现门到门运输。在各种运输方式中,只有公路运输可以从头至尾独立完成一次完整的集装箱运输过程,随着高速公路网络日趋完善和公路车辆性能的提高,公路运输有能力独立完成中短距离的直达运输任务。

(4)表现出公路运输共有的缺点。运力与速度低于铁路运输;能耗与成本却高于铁路、水路运输;安全性低于铁路和水路运输;对环境污染的程度高于铁路和水路运输。

3)公路集装箱运输的分类

(1)按所装载货物性质分,可分为普通箱运输、特种箱运输。特种箱包括危险货物箱、冷藏保温箱、罐式箱等。

(2)按集装箱箱型和运输合同分,可分为国际集装箱运输(外贸集装箱运输)和国内集装箱运输(内贸集装箱运输)。

4)集装箱运输车辆

汽车集装箱运输的车辆是根据集装箱的箱型、种类、规格尺寸和使用条件来确定的。一般分为货运汽车和拖挂车两种。

(1)集装箱牵引车。集装箱牵引车本身不具备装货平台,必须与挂车连在一起使用。基于不同的角度,集装箱牵引车有不同的分类。

按其车轴的数量分,集装箱牵引车有 3~5 轴、单轴驱动至 3 轴驱动;按其用途分,集装箱牵引车有箱货两用、专用、能自装自卸;按挂车结构分,集装箱牵引车有骨架式、直梁平板式、阶梯梁鹅颈式等;按其驾驶室的形式,集装箱牵引车可分为平头式和长头式两种,如图 4.29 所示。

a) 平头式半挂牵引车　　　　　　　　b) 长头式半挂牵引车

图 4.29　集装箱牵引车

(2)集装箱挂车。挂车是指并无自带的动力装置,需要与牵引车组成汽车列车的车辆。牵引车和挂车的连接方式分半挂车和全挂车。

集装箱牵引车拖带挂车,主要采用以下三种方式。

①半拖挂方式。用牵引车来拖带装载了集装箱的挂车。这类车型集装箱的质量由牵引车和挂车的车轴共同分担,故轴压力小;由于后车轴承受了部分集装箱的质量,故能得到较大的驱动力;挂车前端的底部装有支腿,便于甩挂运输。

②全拖挂方式。通过牵引杆架与挂车连接,牵引车本身可作为普通载重货车使用。

③双联拖挂方式。半拖挂方式牵引车后面再加上一个全挂车。实际上是牵引车抱带两节底盘车。

集装箱牵引车拖带挂车形式,如图 4.30 所示。

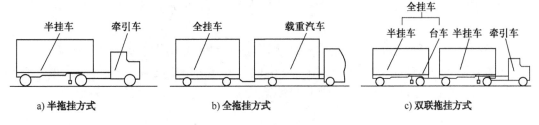

a) 半拖挂方式　　　　　b) 全拖挂方式　　　　　c) 双联拖挂方式

图 4.30　集装箱牵引车拖挂方式

5)公路集装箱中转站

(1)公路集装箱中转站及功能。

公路集装箱中转站是指设在港口或铁路办理站附近,用于水运、铁路运输向内陆和经济腹地延伸的基地和枢纽。集装箱中转站是组织与办理集装箱运输的基层生产单位,发、到达和中转作业,组织实现集装箱门到门运输。一般具有以下功能。

①承担集装箱水运目的港、集装箱铁路办理站的终点站和收货人之间集装箱公路转移的任务,完成门到门运输。或实现集装箱在内地(CY)交接方式,并可组织腹地内的干支线、长短途运输,或"水—公"联运的衔接配合,创造有利条件。

②相当于一种内陆的集装箱货运站(CFs),办理集装箱拼箱货的拆箱与拼箱作业,同时发挥拼箱货集货,货物仓储及向货主接取、送达的作用。

③靠近大型集装箱口岸与铁路集装箱办理站的,可作为疏运集装箱的缓冲区域、装箱堆场或集装箱集散点。

④进行空、重集装箱的装卸、堆存和集装箱的检查、清洗、消毒、维修等作业,可作为船公司箱管或外轮代理公司在内陆指定的还箱点,进行空箱堆放和调度作业。

⑤为货主代办报关、报检、理货以及货运代理等业务。

(2)公路集装箱中转站的分类。根据《集装箱公路中转站级别划分、设备配备与建设要求》(GB/T 12419—2005),按集装箱公路运输中转站年箱运量和年堆存量,及其所在地理位置,可划分成三级;分别为一级站、二级站和三级站,其划分标准见表4.3。

集装箱中转站站级划分标准(单位:千TEU)　　　　　表4.3

站　级	地 理 位 置	年 箱 运 量	年 堆 存 量
一级站	位于沿海地区	30以上	9以上
	位于内陆地区	20以上	6以上
二级站	位于沿海地区	16~30	6.5~9
	位于内陆地区	10~20	4~6
三级站	位于沿海地区	6~16	3~6.5
	位于内陆地区	4~10	2.5~4

按所运箱的类型,可分为国际箱中转站和国内箱中转站。同时经营国际箱和国内箱的中转站,如果其国际集装箱年箱运量达到年总箱运量的70%以上者,视为国际集装箱中转站。

(3)公路集装箱中转站的组成。公路集装箱中转站通常由以下几个部分组成:

①建筑设施包括站房、中转大厅、仓库、拆装箱库、电站、供水站、污水处理站、洗车台、职工生活用房等。

②场站设施包括停车场、集装箱堆场、装卸作业场、铁路专用线以及站内公路等。

③集装箱货运站应配备集装箱专用装卸机械和装拆箱作业机械。用于拆、装箱的机械主要是小型叉车;用于堆场的机械主要是集装箱叉车、汽车吊等。较大的集装箱货运站配备集装箱正面吊。

4.5　城市道路运输设备

4.5.1　城市道路及其分类

1)城市道路的概念

城市道路是城市中担负城市交通的主要设施,是行人和车辆往来的专用地。城市道路联系城市的各个组成部分(城市中心、城市的各种用地、对外交通设施),既是城市生产、生活的动脉,又是组织城市布局结构的骨架,同时还是安排绿化、排水以及城市其他工程基础设施(地上、地下管线)的主要空间。城市道路空间又是城市基本空间环境的主要构成要素。城市道路空间的组织直接影响城市的空间形态和城市景观,城市道路既是城市街道景观的重要组成部分,又在一定程度上成为表现城市面貌和建筑风格的媒介。

2)城市道路分类

城市道路是指辖区内的道路,既是城市的骨架,又要满足不同性质交通流的功能要求。城市道路作为城市交通的主要设施、通道,既应该满足交通的功能要求,又要起到组织城市和城市用地的作用。国家标准城市道路的分类是按城市骨架分类,根据道路在城市总体布局中的位置和作用可分为四类:

(1)快速路。快速路又称城市快速干道,是城市中为联系城市各组团的中、长距离快速机动车交通服务的道路,属全市性交通主干道。快速路布置有四条以上的行车道,全部采用立体交叉控制车辆出入,一般应布置在城市组团之间的绿化分隔带中,成为城市组团的分界。快速路是大城市交通运输的主要动脉,是城市与高速公路的联系通道。

(2)主干路。主干路又称城市主干道,是城市中主要的常速交通道路,主要为相邻组团之间和与市中心区的中距离运输服务,是联系城市各组团及与城市对外交通枢纽联系的主要通道,在城市道路网中起骨架作用。大城市的主干路多以交通功能为主,除可分为以货运或客运为主的交通性主干道外,也有少量主干路可以成为城市主要的生活性景观大道。

(3)次干路。次干路是城市各组团内的主要干道。次干路联系主干路,并与主干路组成城市干道网,在交通上主要起集散交通的作用。次干路沿路通常布置公共建筑和住宅,又兼具生活性服务功能。次干路又可分为交通性次干道和生活性次干道。交通性次干道常为混合性交通干道和客运交通次干道,生活性次干道包括商业服务性街道或步行街等。

(4)支路。支路又称城市一般道路或地方性道路,是城市一般街坊道路,在交通上起汇集性作用,是直接为用地服务以生活性服务功能为主的道路。

4.5.2 城市干道网类型

1)方格网式道路系统

方格网式又称棋盘式,是最常见的一种道路网类型,它适用于地形平坦的城市。用方格网道路划分的街坊形状整齐,有利于建筑的布置,由于平行方向有多条道路,交通分散,灵活性大,但对角线方向的交通联系不便。有的城市在方格网的基础上增加若干条放射干线,以利于对角线方向的交通,但因此又将形成三角形街坊和复杂的多路交叉口,既不利于建筑布置,又不利于交叉口的交通组织。完全方格网的大城市,如果不配合交通管制,容易形成不必要的穿越中心区的交通。

2)环形放射式道路系统

环形放射式道路系统起源于欧洲以广场组织城市的规划手法,最初是几何构图的产物,多用于大城市。这种道路系统的放射形干道有利于市中心同外围市区和郊区的联系,环形干道又有利于中心城区外的市区及郊区的相互联系,在功能上有一定的优点。但是,放射形干道又容易把外围的交通迅速引入市中心地区,引起交通在市中心地区过分的集中,同时会出现许多不规则的街坊,交通灵活性不如方格网道路系统。环形干道也容易引起城市沿环道发展,促使城市呈同心圆式不断向外扩张。为了充分利用环形放射道路系统的优点,避免其缺点,国外一些大城市在原有的环形放射路网基础上部分调整改建形成快速干道系统,对缓解城市中心的交通压力,促使城市转向沿交通干线向外发展起了十分重要的作用。

3) 自由式道路系统

自由式道路常是由于地形起伏变化较大,道路结合自然地形呈不规则状布置而形成的。这种类型的路网没有一定的格式,变化很多,司卢直线系数(道路距离与空间直线距离之比)较大。如果综合考虑城市用地的布局、建筑的布置、道路工程以及创造城市景观等因素精心规划,不但能取得良好的经济效果和人车分流效果,而且可以形成活泼丰富的景观效果。

4) 混合式道路系统

由于历史的原因,城市的发展经历了不同的阶段,在这些不同的发展阶段中,有的发展区域受地形条件约束,形成了不同的道路形式,有的则是在不同的规划建设思想下形成了不同的路网。在同一城市中,同时存在几种类型的道路网,组合而成为混合式的道路系统。

4.5.3 城市停车设施

城市停车设施指城市中的社会公共停车设施,是城市道路系统的组成部分之一。城市中往往由于停车设施能力不足或布局不合理而造成停车占用道路行车面积,影响道路系统的正常运转。根据城市交通的停车要求,可以将停车设施分为六种类型:

1) 城市出入口停车设施

为外来或过境货运机动车服务的停车设施。其作用是从城市安全、卫生和对市内交通的影响出发,截流外来车辆或过境车辆,经检验后方可按指定时间进入城市装卸货物。这类停车设施应设在城市外围的城市主要出入干道附近,附有车辆检查站、车辆小修设施、旅馆、饭店、商店等服务设施,还可配备一定的文娱设施。

2) 交通枢纽停车设施

在城市对外客运交通枢纽和城市客运交通换乘枢纽所需配备的停车设施,是为疏散交通枢纽的客流、完成客运转换而服务的,这类停车设施一般都结合交通枢纽布置。

3) 大型集散场所停车设旅

大型集散场所包括体育场馆、中心广场、大型公园以及交通限制区边缘干道附近的停车设施,这类停车设施的停车量大而且集中,高峰期明显,要求集散迅速。停车场以停放客车为主,并考虑自行车停车场地的设置。

4) 商业服务设施附近的社会公用停车设施

根据城市商业、文化娱乐设施的布局,安排规模适宜的社会公用停车场(包括一定规模的自行车停车场地)。一般这类停车场应布置在商业、文娱中心的外围,步行距离以不超过100~150m为宜,并应避免对商业中心入口广场、影剧院等建筑正立面景观和空间的遮挡和破坏。

5) 生活居住区停车设施

从安全的角度考虑,一个住宅组群应设置一处有人管理的自行车停放设施,并在生活居住区服务中心附近安排一定规模的机动车、自行车停放场地。

6) 路边临时停车设施

为避免沿街任意停车造成的交通混乱现象,在需要经常停车的地点,设置一定数量的路边临时停车位,一般一处路边临时停车带的停放车位数以不超过10辆为宜。公共交通线路沿线的车站应采用港湾式停车方式布置。

4.5.4 城市道路交通管理设施

城市道路交通管理设施是按照交通组织设计对道路实施交通管理而设置的交通信号设备、交通标志、交通标线、交通隔离物等。

1)交通信号设备

城市道路主、次干道交叉口一般都设置交通信号设备指挥交叉口交通的通行。交叉口交通信号设备有指挥信号灯、车道信号灯和人行横道信号灯。

2)交通标志

道路交通标志是用图形、符号、颜色和文字向交通参与者传递特定信息,用于管理交通的设施。我国现行的交通标志分为主标志和辅助标志两大类。

3)交通标线

城市道路交通标线是由标划于路面上的各种线条、箭头、文字、立面标记和轮廓标等所构成的交通安全设施。其作用是管制和引导交通,可与标志配合使用,也可单独使用。

4.5.5 快速公交系统

1)快速公交系统(BRT)概述

快速公交系统(Bus Rapid Transit,BRT)是目前世界上成功推广的一种新型公共交通措施。其投资及运营成本比轨道交通低,而运营效果接近于轨道交通,是一种介于快速轨道交通(Rapid Rail Transit,RRT)与常规公交(Normal Bus Transit,NBT)之间的新型公共客运系统。它是利用现代化公交技术配合智能交通和运营管理,开辟公交专用路(道)和建造新式公交车站,实现轨道交通式运营服务,达到轻轨服务水准的一种独特的城市客运系统。

2)快速公交系统(BRT)特点

BRT定位为"快、准、捷、廉"。一是快捷。主要依靠设立专用车道、信号优先系统等实现,停靠站时间比普通公交短;二是准时。通过GPS调度系统,使BRT车辆准时;三是方便。在线路的设置上,逐步完善、延伸,在班次的安排上,比普通公交密度大;同时,通过加密普通公交,方便市民换乘;四是廉价。实行低票价,享受公交的政策,财政给予一定补贴。

BRT这种崭新的公共交通营运方式,既有轨道交通固有的快速、大容量的特点,同时又保持传统公共汽车便利性和经济性的特点,很多国家称BRT为"轨道式的公共汽车交通"。BRT系统由于其运行灵活,并且建设起来既迅速,又经济,使其广受欢迎。

BRT的特殊作用主要集中在填补了轨道交通与常规公交之间的服务薄弱范围。轨道交通是一种适合长距离、大范围的运输工具,服务直径一般在30km以上;常规公交通常的服务范围适宜在15km左右。BRT所能为广大市民提供的服务,恰恰弥补了这二者之间的空白,服务范围适宜在20~30km之间。从运行速度来看,BRT接近于轨道交通的服务水平,运送能力又大于常规公交,因此,在轨道交通尚未形成网络、常规公交又不能完全满足居民出行需求的情况下,BRT是一种良好的交通方式。

3)快速公交系统的组成

完整的BRT系统应当由四部分元素组成,包括专用车道、专用车辆、专用车站和智能信息系统。这四部分元素相互独立,同时又相互联系,共同组合在一起,才能发挥出BRT的最佳效益。

(1)专用车道。专用的公交车道是确保BRT快速、畅通运行的基本保证。BRT在道路上的运行模式可以分为三个层次:使用公交专用路(Bus Way)、使用公交专用道(Bus Lane)以及使用与合乘车(HOV)共用车道,如图4.31、图4.32所示。

图4.31　BRT专用车道

BRT的公交车辆主要运行在专设的公共交通专用的车道或道路上。公交专用车道的设置方式一般包括如下几种形式:中央公交专用车道;边侧公交专用车道;单侧双向公交专用车道;逆向公交专用车道;城市高架路下的公交专用道。

BRT的运送速度和运送能力主要取决于公交专用道路或车道的设置方式。全封闭的公交专用道路可以提供大容量以及快速的公交服务,与一般轨道交通的服务水平接近或相当;一般公交专用车道由于受到交叉口信号的约束,其运送速度及能力都会下降,因此,应在交叉口设置公交优先信号系统,必要时,可对道路功能进行适当调整,以避免其作为机动车主要通行道路。

(2)专用车辆。研制专用的公交车辆,使其具有铰接式大容量、多车门、两边开门、低底板、乘坐舒适和智能型等特点,并可使用清洁能源,这是BRT的重要组成部分。BRT车辆一般应采用低底板、色彩鲜艳并统一的公交车辆,以方便乘客上下车,并与普通公交车辆相区别。

(3)专用车站。特别建造的轨道交通式的BRT车站,具有检售票、等候车、上下客、行车信息发布等功能,这也是BRT不可缺少的组成部分。开放式站台能配合公交专用道或公交专用路的设站地点,提供乘客所需要候车的空间,不采取进出的管制。因此,可以保持原有公交线路的班次、收费等管理模式。为了节约公交车在车站的停站时间,封闭式站台的设计考虑了以下因素:对车站进出进行管制,设置收费设施,以节省收费时间;站台高度与公交车辆底板齐平,以节省乘客上下车时间;配合车辆停站定位,引导站台上乘客在车门位置候车,水平等车,提高上下车效率。

(4)智能信息系统。布设各种形式的公交线路,为乘客提供多种方向和不同路径的快速直达和换乘方便的乘车条件,最大限度地吸引乘客。这是决定BRT成功的关键组成部分。

BRT运营保障体系包括运营组织机构和运营保障设施。运营组织机构包括目前规划及实施的管理机构、运营期的管理以及运营机构。运营保障设施一般包括智能化的交通管理手段,如道路交叉口采用公共交通信号优先系统、公交车辆采用全球定位系统、公交运营车站采用信息管理系统等。

a) b)

图 4.32 BRT 专用车道与标志

4) 快速公交系统的应用

BRT 在城市公共交通系统中的应用形式(图 4.33~图 4.36),是根据各城市的交通需求、城市总体发展以及城市财政状况来确定的。一般有以下几种形式:

(1) BRT 成为城市公交主体。

(2) BRT 应用于地铁或轻轨的延伸。

(3) BRT 作为今后建设地铁或轻轨的过渡交通方式。

(4) BRT 与地铁和轻轨混合使用。

图 4.33 巴西库里蒂巴市 BRT 车站   图 4.34 美国 BRT

图 4.35 我国昆明 BRT   图 4.36 我国杭州 BRT

4.6 公路运输设备的发展趋势

4.6.1 公路运输的发展趋势

1) 智能运输系统是未来公路运输的发展方向

智能运输系统简称 ITS,是将先进的信息技术、数据通信传输技术、电子控制技术以及计算机处理技术等综合运用于整个地面运输管理体系,ITS 使人、车、路以及环境密切配合、和谐统一,使汽车运行智能化,从而建立一种在大范围内全方位发挥作用的实时、准确、高效的公路运输综合管理系统。随着智能运输系统技术的发展,电子技术、信息技术、通信技术和系统工程等高科技在公路运输领域将得到广泛应用,物流运输信息管理、运输工具控制技术、运输安全技术等均将产生巨大的飞跃,从而大幅度提高公路网络的通行能力。

2) 公路运输将与现代物流日益融合

随着公路运输需求水平的逐步提高,公路货运中,小批量、多品种、高价值的货物越来越多,在运输的时间性和服务质量方面的要求越来越高。公路运输加速向现代物流的发展和融合,不仅为面对现有的国内市场的需求,更是为应对经济全球化潮流带来的压力和挑战。公路运输企业必须增强物流意识,要从单纯的客货运公司发展成为能够提供多种物流服务的现代物流公司,与现代物流融合。

3) 集约化经营、规模化发展,是公路客运发展的方向

公路客运在综合运输体系中起基础性作用。随着国民经济持续发展和人民生活水平不断提高,公路客运市场需求发生了转折性的变化,从要求"走得了"向"走得好"转变。随着公路基础设施建设的大规模投入、高等级公路,尤其是高速公路的快速发展,为提高公路客运营运质量提供了有利条件。社会经济发展的大环境以及通达能力、运行条件改善的小环境,都对公路客运发展方向提出了战略性转变的要求。集约化经营、规模化发展,成为现阶段我国公路客运发展战略中公路交通科技发展方向主要取向。公路客运企业应以"安全、快捷、舒适"为基本要求,提高营运质量,走集约化经营、规模化发展之路。

4) 公路货运将向快速、长途专重载发展

随着区域经济的发展以及公路基础设施和车辆的不断改进。中长距离公路运输需求增加,公路货运向快速、长途、重载方向发展。大吨位、重型专用运输车因高速安全、单位运输成本低,而成为我国未来公路运输车辆的主力。专用车产品向重型化、专用功能强、技术含量高的方向发展。厢式运输车、罐式运输车、半挂汽车列车、集装箱专用运输车、大吨位柴油车以及危险品、鲜活、冷藏等专用运输车辆将围绕提高运输效率、降低能耗、确保运输安全大目标发展。

4.6.2 公路交通新技术

1) 全球定位系统(GPS)

GPS 系统是以人造卫星为基础的无线电导航定位系统,利用天空中均匀分布的 24 颗 GPS 卫星轨道参数及其载波相位信号,通过地面接收设备接收其发射信息,实时测定地面接收载体的三维位置。GPS 具有全球性、全天候、连续性精密三维导航定位能力,并具有良好的抗干扰性和保密性。GPS 具有连续精确的三维导航定位能力,这一特性与道路管理监控系统紧密配合,能广泛应用于车辆定位和导航服务中,结合电子地图为车辆驾驶员提供导航

服务,同时也可应用于重要货物跟踪,使货主实时了解货物的准确位置。

2)地理信息系统(GIS)

GIS 是收集、管理、操作、分析和显示空间数据的计算机软硬件系统,其集成了计算机数据库技术和计算机图形处理技术,在对象处理上比上述两类软件更加全面,即地理信息系统所处理的事务对象具有空间地理特征,也具有统计信息特征。在公路的新建、改建、养护、运营管理等各方面都需要大量及时准确的数据信息,作为科学管理和决策的依据。基于公路数据库基础上的交通地理信息系统 GIS-T,不仅能够适应各种层次管理部门随时了解已有公路现状的需要,还能够通过强大的空间分析功能和丰富的图表显示,实现公路养护电子化管理。

3)智能运输系统(ITS)

ITS 系统利用先进的信息通信技术,形成人、车、路三位一体,从而大大提高道路交通的安全性、运输效率、行车的舒适性而且有利于环境保护。车辆更是集各种高新技术于一体,从辅助驾驶到自动驾驶,从被动安全技术到主动安全技术,智能化水平不断提高。ITS 的总体目标是使交通管理智能化,使道路用户出行更便捷安全,使道路设施最大限度地发挥功能,使多种运输方式衔接更加紧密。ITS 系统为出行信息服务,实现紧急救助服务,车辆发生事故时提供自动报警,为救援车辆提供路线引导等;车辆安全服务,为驾驶员提供行车环境信息,提供辅助驾驶和自动驾驶,提出危险警告等;收费服务,实行自动收费;交通管理自动化,提供交通管制信息,控制最合理的交通量;运输车辆效率化等。

4)公路建设新材料

(1)夜光公路:芬兰为加强交通安全,修建了夜光公路。这条夜光公路是用发光水泥划分车道,铺设各种路面标志的,可直接储藏日光能量,待到黑夜便闪闪发光,给夜行车辆带来方便,也给城市夜色增添了美景。

(2)移动公路:英国制成一种可移动的公路,它用铝板连接而成,能够伸缩。哪里的公路坏了,移动公路就被装在专用的平板卡车上运到哪里,作为临时公路。

(3)玻璃公路:瑞士有一条晶莹光滑的玻璃公路。它是用碎石、玻璃和细砂等混合物铺成的公路。它不仅光亮醒目,而且增大了摩擦力,便于高速行驶的汽车安全拐弯,避免出现事故。

(4)地毯公路:捷克成功地用聚丙乙烯等材料混合制成 1cm 厚的宽带状"地毯",用来覆盖路基。这种地毯熔化后,很快与路基紧密地贴在一起,具有寿命长、造价低、耐腐蚀等特点,还可以减轻车轮磨损。

(5)橡胶公路:加拿大有一条橡胶公路,用旧轮胎和橡胶废料加工成橡胶颗粒,拌洒沥青铺在石子路上筑成。路面有弹性、耐用。夏天不会被太阳晒软,冬天不易结冰,行车十分安全。

(6)塑料公路:挪威奥斯陆附近铺设了一条塑料公路,它是用 5cm 厚的塑料泡沫铺成的。塑料公路使用期限长,能消除和减轻路基下部建筑不稳而导致的路基损坏。

(7)消声公路:英国开发出一种新的筑路材料——"消声水泥",用这种新材料筑路,可以最大限度地降低接触点的噪声,水泥路面比热铺沥青公路噪声低 2~3dB,并同样具有很好的防滑性能,而且轮胎与水泥路面产生的噪声声调能被人类听觉所接受。一般水泥路设计使用寿命为 40 年,但只要铺上薄薄的一层消声水泥,其使用寿命就会增加一倍。

(8)除污公路:即能清除汽车废气中一氧化碳的环保公路,这种公路的铺路材料是上面有一层氧化铁的水泥块,氧化铁一经阳光照射便产生催化作用,将空气中 80% 的一氧化碳吸收到水泥块表面转化成硝酸冲走,反复吸收,反复冲走,并不影响氧化铁水泥块的永久效用。

复习与思考题

1. 简述公路系统的组成。
2. 公路的技术等级如何划分?
3. 简述我国国道系统组成。
4. 简述高速公路的特点与分类。
5. 简述高速公路的设施有哪些?
6. 简述客运车站的分类。
7. 简述货运站场的功能。
8. 公路站场有几种?它们的作业和设备有哪些?
9. 简述汽车如何分类?
10. 汽车主要由哪几部分构成?各部分的主要作用是什么?
11. 货车有哪些种类?
12. 简述公路集装箱运输的特点。
13. 城市道路分为哪几类?
14. 简述城市干道网类型。
15. 联系实际谈谈你对城市停车设施的看法。
16. 试谈你对发展城市快速公交系统思考。

第 5 章　水路运输设备

水路运输(Water Transportation)是指利用船舶及其他航运工具,在江、河、湖、海以及人工水道上运送旅客和货物的一种运输方式。水路运输是国家综合运输体系的重要组成部分,也是对外贸易运输的主要方式之一。水路运输具有运输投资少、运输成本低、运输以及续航能力大等优势,特别是在长距离的大宗、散装货物和进出口货物的运输中发挥主要作用。

本章介绍水路运输系统、水路运输的设施与设备,包括航道、航道的种类以及航行条件;港口、港口的水域、陆域和港口的水工建筑物;船舶、客、货船的种类、船舶的基本构造;航标、航标的种类及特点、水运通信导航系统和水路运输设备的发展趋势。

5.1　水路运输系统

5.1.1　水路运输系统的构成

水路运输系统由船舶、港口、各种基础设施和服务设施组成。水路运输设备系统主要包括水路运输技术设施和水路运输运载工具。水路运输的主要技术设备包括:航道、港口、船舶以及通信导航等设施。

航道是供船舶航行的水道。港口是货物和旅客由陆路进入水路运输系统或由水路转向陆路运输系统的接口。现代港口是具有仓储运输、商业贸易、工业生产和社会服务功能的现代化、综合性工商业中心和集海陆空运输为一体的立体交通运输枢纽。

水路运输工具也称为浮动工具,主要包括船、驳、舟、筏等。船与驳是现代水路运输工具的核心。

为了保证进出口船舶的航行安全,每个港口、航线附近的海岸均有各种助航设施。航标就是标示航道方向、界限与碍航物的标志,永久性航标的位置、特征、灯质、信号等已载入各国出版的航标和海图。随着水路运输的发展,水上通信的能力不断增强,水上通信导航新技术日益呈现出多样性。

5.1.2　水路运输的分类

水路运输按船舶的航行区域,大体上可划分为内河运输、沿海运输和远洋运输三大类。内河运输是指利用船舶或其他浮运工具,在江、河、湖泊、水库以及人工水道上从事的运输;沿海运输是指利用船舶在国内沿海区域各港口之间的运输;远洋运输是指国际各港口之间的海上运输。

水路运输按照运输对象不同,可以分为旅客运输和货物运输两大类。旅客运输有单一客运和客货兼运之分,货物运输有散货运输和杂货运输的两类。散货运输是指无包装的大宗货物如石油、煤炭、粮食等的运输,杂货运输是指批量小、件数多的零星货物运输。

水路运输按照船舶营运组织形式,可以分为定期船运输、不定期船运输和专用船运输。定期船运输是指选配适合具体营运条件的船舶,在规定的航线上,定期停靠若干固定港口的运输;不定期船运输是指船舶的运行没有固定的航线,按运输任务或按租船合同所组织的运输;专用船运输是指企业自置或租赁船舶从事本企业自有物资的运输。

5.2 航道

航道是指在内河、湖泊、港湾等水域内供船舶安全航行的通道,由可通航水域、助航设施和水域条件组成。现代水上航道已不仅是天然航道,而是包括人工水道、运河、进出港航道以及保证航行安全的航行标志系统和现代通信导航设备系统在内的工程综合体。

5.2.1 航道的分类

1)按形成原因分

(1)天然航道:自然形成的江、河、湖、海等水域中的航道,包括水网地区在原有较小通道上拓宽加深的那一部分航道等。

(2)人工航道:在陆上人工开发的航道,包括人工开辟或开凿的运河和其他通航渠道,如平原地区开挖的运河,山区、丘陵地区开凿的沟通水系的越岭运河,可供船舶航行的排、灌渠道或其他输水渠道等。

2)按使用性质分

(1)公用航道:由国家各级政府部门建设和维护,供社会使用的航道。

(2)专用航道:由军事、水利电力、林业、水产等部门以及其他企业事业单位自行建设、使用的航道。

3)按管理归属分

(1)国家航道:

①构成国家航道网、通航500t级以上船舶的内河干线航道。

②跨省、自治区、直辖市,常年通航300t级以上船舶的内河干线航道。

③沿海干线航道和主要海港航道。

④国家指定的重要航道。

(2)地方航道:指国家航道和专用航道以外的航道。

4)按所处地域分

(1)内河航道:河流、湖泊、水库内的航道以及运河和通航渠道的总称。

(2)沿海航道:沿海航道原则上是指位于海岸线附近,具有一定边界可供海船航行的航道。

5)按通航条件分

(1)常年通航航道:可供船舶全年通航的航道,又称常年航道。

(2)季节通航航道:只能在一定季节(如非封冻季节)或水位期(如中洪水期或中枯水期)内通航的航道,又称季节性航道。

6)依通航限制条件分

(1)单行航道:同一时间内,只能供船舶沿一个方向行驶,不得追越或在行进中会让的航道,又称单线航道。

(2)双行航道:同一时间内,允许船舶对驶、并行或追越的航道,又称双线航道或双向航道。

(3)限制性航道:由于水面狭窄、断面系数小等原因,对船舶航行有明显限制的航道,包括运河、通航渠道、狭窄的设闸航道、水网地区的狭窄航道以及滩险航道等。

7）依通航船舶类别分
(1) 内河船航道：只能供内河船舶或船队通航的内河航道。
(2) 海船进江航道：内河航道中可供进江海船航行的航道。
(3) 主航道：供多数尺度较大的标准船舶或船队航行的航道。
(4) 副航道：为分流部分尺度较小的船舶或船队而另行增辟的航道。
(5) 缓流航道：为使上行船舶能利用缓流航行而开辟的航道，一般靠近凸岸边滩。
(6) 短捷航道：分汊河道上开辟的较主航道航程短的航道，一般位于支汊内。

除上述分类方法外，航道还可按所处特殊部位分别定名，如桥区航道、港区航道、坝区航道、内河进港航道、海港进港航道等。航道见图5.1。

图5.1　航道实景图

5.2.2　航道的等级

国际上划分航道等级的技术指标有两种：一种是以航道水深作为分级指标，结合选定相应的船型；另一种是以标准驳船的吨位及船型作为分级指标。我国航道分级采用后一种。根据《内河通航标准》的规定，我国航道等级由高到低分Ⅰ、Ⅱ、Ⅲ、Ⅳ、Ⅴ、Ⅵ、Ⅶ级航道，这七级航道均可称为等级航道。通航标准低于Ⅶ级的航道可称为等外级航道。如长江口航道属于国家一级航道。

我国航道的等级划分，见表5.1。

航道的等级划分　　　　　　　　　　　　　表5.1

级　　别	可通航船舶吨位	级　　别	可通航船舶吨位
Ⅰ级航道	3000t	Ⅴ级航道	300t
Ⅱ级航道	2000t	Ⅵ级航道	100t
Ⅲ级航道	1000t	Ⅶ级航道	50t
Ⅳ级航道	500t	等外级航道	50t 以下

5.2.3　航道的航行条件

航道的航行条件通常指内河航道的航行条件。影响航道通行能力的主要因素包括航道深度、航道宽度、转弯半径、水流速度、潮汐及季节性水位变化等。

1）航道深度

航道水深是河流通航的基本条件之一，航道深浅是选用船舶吃水量和载重量的主要因素。航道深度指全航线中所具有的最小通航保证深度，是限制船舶吨位和通过能力的关键指标。航道水深取决于航道上关键性的区段和浅滩上的水深。航道深度增加，可以航行吃水深、载重量大的船舶，但增加航道深度，必然会使整治和维护航道的费用增高。因此，航道深度应满足以下公式：

$$最小通航深度 = 船舶满载吃水 + 富余水深$$

其中，富余水深应根据河床土质、船舶类型、航道等级来确定。一般沙质河床可取 0.2~0.3m，砾石河床则取 0.3~0.5m。

2）航道宽度

航道宽度视航道等级而定。通常，单线航行的情况极少，双线航行最普遍，在运输繁忙的航道上还应考虑三线航行。航道宽度应满足以下公式：

$$所需航道宽度 = 同时交错的船队或船舶宽度之和 + 富余宽度$$

其中，富余宽度一般采用"同时交错的船队或船舶宽度总和"的 1.5~2.5 倍。

3）航道转弯半径

航道转弯半径指航道中心线上的最小曲率半径。航流弯弯曲曲，船舶在航道上航行，需有适宜的航道转弯半径。一般要求航道转弯半径不得小于最大航行船舶长度的 4~5 倍。若河流转弯半径过小，将造成航行困难。若受自然条件限制，航道转弯半径最低不得小于船舶长度的 3 倍。

4）航道许可流速

航道许可流速指航线上的最大水流速度。航道上的流速不宜过大，否则不经济。比较经济的船舶静水速度，一般为 9~13km/h，即 2.5~3.5m/s。因此，航道上的流速以 3m/s 之内为宜。

5）水上外廓

水上外廓是保证船舶水面以上部分通过所需要的高度和宽度。水上外廓的尺度按航道等级来确定，通常一、二、三、四级航道上的桥梁等建筑物的净空高度，取二十年一遇的洪水期最高水位来确定；五、六级航道则取十年一遇的洪水期最高水位来确定。

5.3 港口

港湾是指具有天然掩护的，可供船舶停泊或临时避风之用的水域，通常是天然形成的。港口则通常是由人工建筑而成的，具有完备的船舶航行、靠泊条件和一定的客货运设施的区域，港口是水路运输的重要环节，具有水陆联运设备和条件，是供船舶安全进出和停泊的运输枢纽。图 5.2 为港口实景图。

5.3.1 港口的功能

港口作为船舶停泊、装卸货物、上下旅客、补充给养的场所，是联系内陆和海洋运输的一个天然界面。港口的功能主要包括以下几个方面：

1）物流服务功能

港口为船舶、汽车、火车、飞机、货物、集装箱提供中转、装卸和仓储等综合物流服务，尤其是提高多式联运和流通加工的物流服务。

2) 信息服务功能

现代国际物流具有流程长、中间环节多、风险大和销售市场覆盖面广等特点,现代信息技术可以保证物流各环节的紧密配合和协调,并为用户提供市场决策的信息及其咨询服务。采用 EDI 系统及附加贸易网络,构筑支撑陆、海、空国际物流需求的物流管理网络,提供包括贸易情报基础在内的订单管理、供应链控制等相关服务。

a)

b)

图 5.2 港口实景图

3) 商业功能

港口介于远洋航运业与本港腹地客货的运输机构之间,便于客货的运送和交接。港口的存在既是商品交流和内外贸存在的前提,又促进它们的发展。现代港口为用户提供方便的运输、商贸和金融服务,如代理、保险、融资、货代、船代、通关等。即在商品流通过程中,货物的集散、转运和一部分储存都发生在港口。

4) 产业功能

建立现代物流需要具有整合生产力要素功能的平台,港口作为国内市场与国际市场的接轨点,已经实现从传统货流到人流、货流、商流、资金流、技术流、信息流的全面大流通,是货物、资金、技术、人才、信息的聚集点。通过港口,由船舶运入供应工业的原料,再由船舶输出加工制造的产品,前者使工业生产得以进行,后者使工业产品的价值得以实现。港口的存在是工业存在和发展的前提,在许多地方,港口和工业已融为一体。

5.3.2 港口的分类

1) 按用途分类

(1) 商港:主要供旅客上下和货物装卸转运的港口,又分为一般商港和专业商港。一般商港用于旅客运输和装卸转运各种货物;专业港是指专门进行某种货物的装卸,或以某种货物为主的商港。

(2) 渔港:专为渔船服务的港口。渔船在这里停靠,并卸下捕获物,同时进行淡水、冰块、燃料及其他物资的补给。

(3) 工业港:固定为某一工业企业服务的港口,它专门负责该企业进行原料、产品及所需物资的装卸转运工作。

(4) 军港:专供海军舰船用的港口。

(5) 避风港:供大风情况下船舶临时避风的港口。通常仅有一些简单的系靠设备。

2)按地理位置分类

(1)海港:在自然地理条件和水文气象方面具有海洋性质,而且是为海船服务的港口。海港包括海湾港、海峡港、河口港。海湾港位于海湾内,常有岛屿等天然屏障作为保护,不需要或只需要较少的人工防护即可防御风浪的侵袭。海峡港处于大陆和岛屿或岛屿与岛屿之间的海峡地段。河口港位于海河流河口地段,可兼为海船和河船服务。

(2)河港:位于沿河两岸,并且具有河流水文特性的港口。

(3)湖港与水库港:位于湖泊和水库岸边的港口。湖泊港和水库港水面宽阔,有时风浪较大,因此同海港有许多相似处,如往往需修建防波堤等。

3)按潮汐的影响分类

(1)开敞港:港内水位潮汐变化与港外相同的港口。

(2)闭合港:在港口入口处设闸,将港内水域与外海隔开,使港内水位不随潮汐变化而升降,保证在低潮时港内仍有足够水深的港口。

(3)混合港:兼有开敞港池和闭合港池的港口。

4)按地位分类

(1)国际性港:靠泊来自世界各国港口的船舶的港口。

(2)国家性港:主要靠泊往来于国内港口的船舶的港口。

(3)地区性港:主要靠泊往来于国内某一地区港口的船舶的港口。

5.3.3 港口的组成

港口由水域和陆域以及水工建筑物等组成。港口水域包括港外水域和港内水域。陆域包括码头、泊位、仓库、堆场、起重运输机械及辅助生产设施和铁路及道路等。

1)港口水域

港口水域是供船舶进出港,以及在港内运转、锚泊和装卸作业使用,通常要求它有足够的水深和面积,水面基本平静,流速和缓,以便船舶的安全操作。

(1)港外水域。港外水域主要是进港航道和港外锚地。

进港航道为保证船舶安全方便地进出港口,要求有足够的深度和宽度、适当的位置、方向和弯道曲率半径,避免强烈的横风、横流和严重淤积。当港口位于深水岸段,低潮或低水位,天然水深能满足船舶航行需要时,无须人工开挖航道,但要标志出船舶出入港口的最安全方便路线。如果不能满足上述条件并要求船舶随时都能进出港口,则须开挖人工航道。人工航道分单向航道和双向航道。大型船舶航道宽度为 80~300m,小型船舶为 50~60m。

港外锚地是供进出港船舶抛锚停泊使用的,船舶在这里接受边防检查、卫生检疫等手续,引水员也在这里上下海港;内河驳船船队可在此进行编、解队和换拖(轮)作业。进出港航道和港外锚地均需用航标加以标示。

(2)港内水域。港内水域包括港内航道、船舶掉头区、码头前沿水域和港内锚地等。

港内航道与码头之间有供船舶进行回转的掉头区,该段水域要有足够的宽度。大型海轮在港内靠离码头时常有拖轮协助,而内河船靠泊时为便于控制,需要将船首面对着水流的方向,船舶掉头区正是供其使用的。

码头前沿水域要求有足够的深度和宽度,以使船舶能方便地靠离。不仅要保证船舶靠码头的一侧能进行装卸作业,有时还要考虑另一侧同时进行水上(船过船)装卸作业需要。

港内锚地主要供船舶等待泊位,或是进行水上装卸用。在气候恶劣情况下,还可供船舶避风停泊。而河港锚地主要用于编解船队和进行水上作业，水上装卸作业是内河港、河口港的主要作业方式之一，并设置有"水上作业平台"，配备有浮式起重机等。

2) 港口陆域

凡是在港口范围内的陆地面积，统称为陆域，陆域是供旅客上下船，以及货物的装卸、堆存和转运使用，陆域必须有适当的高程、岸线长度和纵深，以便在这里安置装卸设备、仓库和堆场、铁路、公路，以及各种必要的生产、生活设施。

(1) 码头与泊位。码头是供船舶停靠，以便旅客上下、货物装卸的水工建筑物。码头前沿线通常即为港口的生产线，是港口水域和陆域的交接线。码头线的布置有多种形式，与岸线平行的称为顺岸码头，与岸线正交或斜交称为突堤码头。前者多用于河港，后者多出现在海港。码头前沿的水深一定要满足船舶吃水，并考虑到船舶装卸和潮汐变化的影响，留有足够富余的水深。

泊位即供船舶停泊的位置。一个泊位即可供一艘船舶停泊。由于不同的船型其长度是不一样的，所以泊位的长度依船型的大小而有差异，同时还要留出两船之间的距离，以便于船舶系解绳缆。一个码头往往同时要停泊几艘船，即要有几个泊位，因此码头线长度是由泊位数和每个泊位的长度来确定的。

(2) 仓库和堆场。仓库和堆场是供货物装船前和卸船后短期存放使用的。多数较贵重的件杂货都在仓库内堆放保管；不怕风吹雨淋的货物，如矿石、建材等可放在露天堆场或货棚内，一般散堆装货物的堆场设在远离市区和其他码头，以免污染环境。

从港口货场到码头前沿为码头前方场地，即码头前沿作业区。码头前沿作业区设置装卸机械和火车或汽车的通道，使货物方便转运，或能进入货场或直接运往港外。码头前方场地通常是港口最繁忙的地区。

在有旅客运输的港口，还需专门设立客运码头。在临近码头的附近建有客运站，供旅客候船休息以及购买船票、存取行李之用。客运站周围通常需留有一定场地，供市内交通在此接转旅客，以及布置各种服务网点。

(3) 铁路与道路。货物在港口的集散除了充分利用水路外，主要依靠陆路交通，因此铁路和公路系统是港口陆域上的重要设施。当有大量货物用铁路运输时，需设置专门的港口车站。在这里，货物列车可以进行编组或解体，并配有专门的机车，将车辆直接送往码头前沿或库场的装卸线；装卸完毕后，再由机车取回送往港口车站编组。在没有内河的海港，铁路是主要的转运方式。

港口道路与港外公路应有很好的连接，对于有集装箱运输的港口，道路系统尤为重要，港区内的道路要能通往码头前沿和各库场，回路要通畅，进口与出口常常分开设置，并尽可能减少与铁路线或装卸线的平面交叉，以减少相互间的干扰。

(4) 起重运输机械。现代港口装卸工作基本是由各式各样的机械来完成。起重运输机械主要包括用来起吊货物机械的起重机械和用于搬运货物的运输机械。起重运输机械在港口对船舶可实行装卸作业，在船舱内可进行各种搬运、堆码和拆垛等作业，在库场上可进行起重、搬运、堆码、拆垛等作业。

港口机械通常分为起重机械、输送机械、装卸搬运机械、专用机械四大类。对于专业化的码头，通常都设有专门的装卸机械，如煤炭装船码头设有装船机，散粮卸船码头设有吸粮机，集装箱码头前方设有集装箱装卸桥，后方设有跨运车、重型叉车等。在港口经常见到的比较典型的机械有门式起重机(简称门吊、门机)、浮式起重机(简称起重船、浮吊)、装卸桥、带式输送机、带斗提升机、叉式装卸车(简称叉车、铲车,又称万能装卸机)等。图5.3为轨道式龙门起重机;图5.4为岸壁集装箱起重机;图5.5为浮式起重机;图5.6集装箱正面吊;图5.7集装箱堆高机。

a)

b)

图5.3 轨道式龙门起重机

图5.4 岸壁集装箱起重机

图5.5 浮式起重机

图5.6 集装箱正面吊

图5.7 集装箱堆高机

(5)港口辅助生产设施。港口辅助设施主要包括给排水系统,输电、配电系统,燃料供应站,工作船基地,各种办公用房,船舶修理站等设施。

港口的设施可归纳为船舶航行作业、装卸作业、货物存储以及集疏运四大部分。船舶航行作业部分包括港内外航道、锚地、港池和船舶回转水域,还有为安全航行的通信、导航设施;装卸作业部分包括码头、水上装卸锚地,以及各种装卸设备;货物存储部分主要包括陆域上的仓库和堆场,以及库场上的机械设备。对于有旅客运输的港口,在陆域上还必须特别注意建设客运站等设施。集疏运部分除了水路外,主要就是铁路与公路。

3) 港口水工建筑物

根据各种不同用途,港口水工建筑物分为防护建筑物、码头建筑物、护岸建筑物三大类。

(1) 防护建筑物。防护建筑物又称防波堤。由于建造在开敞海岸、海湾或岛屿的港口,通常由防波堤来形成有掩护的水域。防波堤的功能主要是防御波浪对港域的侵袭,保证港口具有平稳的水域,便于船舶停泊,顺利进行货物装卸作业和上下旅客。有的防波堤还具有防沙、防流、防冰、导流或内侧兼作码头的功能。防护建筑物形式有以下六种:

①斜坡式:主要由块石等散体材料堆筑而成,并用抗浪能力强的护面层加以保护,有两个侧坡的堤,坡度一般不陡于 1:1,由于石块有空隙而使海上传来的波浪被吸收,起到消波的作用,从而使港内水域不受或少受波浪的影响。一般用在水深不超过 10m 的情况。斜坡式防波堤是一种古老而简单的形式,在港口工程中得到了广泛应用。斜坡式防波堤,见图 5.8a) 所示。

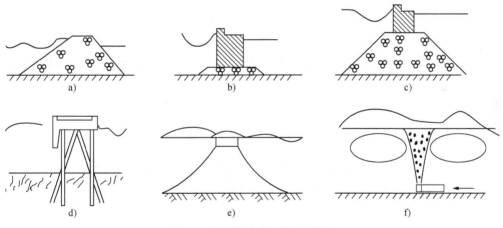

图 5.8 防护建筑物(防波堤)示意图

②直立式:用混凝土制成的大块叠砌于碎石基床上而形成的一道直立墙,使海上传来的波浪被抵抗而反射,因此使得港内不受波浪的影响。常适用于水深小于 20m 的情况。直立式防波堤,见图 5.8b)。

③混合式:由直立式与斜坡棱体共同组成,一般上部是直立墙、下部是斜坡棱体。多数用于水深大于 20m 的情况。混合式防波堤,见图 5.8c)。

④透空式:由桩基制成的类似桥墩一样的独立支墩,墩上支承着以钢筋混凝土制成的空箱桥。波浪传来时,主要由空箱桥起到阻抗反射作用,只有较少的波能从桥板下的桥墩间传入港内,而实际上因波能大部分集中在水表层,所以传入的波能对港内影响已不大,消波可达 80%。透空式防波堤,见图 5.8d)。

⑤浮式堤:将一列或几列由金属或钢筋混凝土制成的浮箱,用锚固定住位置,将水表层

的波浪反射,其道理与透空式相同,优点是更适合于水位变化大或地质条件不好的状况,其缺点也与透空式相同。浮式式防波堤,见图 5.8e)。

⑥压气式:在港口入口处的海底敷设一条带有小孔眼的管子,当有巨浪浸入港口时即灌入高压气体,使这些气体从小孔眼中喷出,形成一道气泡幕,用以抵消波浪。浮式式防波堤,见图 5.8f)。

(2)码头建筑物。码头是港口的主要组成部分,码头建筑物也是港口的主要水工建筑物。它由主体结构和附属设备两部分组成。主体结构的上部有胸墙、梁、靠船构件等;下部有墙身、基础或板桩、桩基等。附属设备主要是系船柱、护木、系网环、管沟、门扣和铁路轨道,以及路面等。

码头的主要分类方法有:

①按用途分,有客运码头、一般件杂货码头、专用码头(渔码头、油码头、煤码头、矿石码头、集装箱码头、游艇码头等)、供港内工作船使用的工作船码头以及为修船和造船工作而专设的修船码头、舾装码头。

②按码头的平面布置分,有顺岸式码头、突堤式码头、墩式码头等。墩式码头又分为与岸用引桥连系的孤立墩或用联桥连系的连续墩;突堤码头又分窄突堤(突堤是一个整体结构)和宽突堤(两侧为码头结构,当中用填土构成码头地面)。

③按断面形式分,有直立式、斜坡式、半直立式和半斜坡式。

④按结构形式分,有重力式、板桩式、高桩板梁式等。

⑤按使用时间长短可分为,临时性码头和永久性码头。

(3)护岸建筑物。港口陆域和水域的交接地带,除停靠船舶的码头岸线外,其他未被利用的天然岸坡因经常遭受着潮汐、水流和波浪的作用,若边坡土质比较松软,非常容易被冲刷而引起坍塌。由于对岸边的破坏,影响陆域及其上面建筑物的安全,同时也会影响水域的深度,因此要对这些岸边进行加固,这就是护岸建筑物的作用。最常见的护岸建筑物有护坡和护墙。

5.4 船舶

船舶是水上运输的工具,船舶种类繁多,广泛用于国防、交通运输、生活、科研和贸易等方面。按用途分类,船舶可以分为军用和民用船舶两大类。本节主要介绍民用船舶的结构和特点。

5.4.1 船舶的基本结构

船舶虽有大小之分,但其船体结构大同小异,主要由船壳、船体骨架、甲板、船舱和船面建筑五个部分构成。

1)船壳

船壳即船的外壳,船壳又称船壳板(包括船侧板和船底板)。由多块钢板铆钉或电焊结合而成,包括龙骨翼板、弯曲外板以及上舷外板三部分。船体的几何形状由船壳板的形状决定。船体承受的纵向弯曲力、水压力、波浪冲击力等各种外力首先作用在船壳板上。

2)船体骨架

船体骨架是指为支撑船壳所用各种材料的总称,船体骨架是由龙骨、旁龙骨、肋骨、龙筋、舭龙骨、船首柱和船尾柱构成。

(1)龙骨:在船体的基底中央连接船首柱和船尾柱的一个纵向构件,主要承受船体的纵向弯曲力矩。

（2）旁龙骨：龙骨两侧的纵向构件，主要作用为承受部分纵向弯曲力矩，并且提高船体承受外力的强度。

（3）肋骨：船体内的横向构件，主要作用为承受横向水压力，保持船体的几何形状。

（4）龙筋：船体两侧的纵向构件，和肋骨一起形成网状结构，以便固定船侧板，并能增大船体的结构强度。

（5）舭龙骨：在船侧和船底交界的一种纵向构件，能减弱船舶在波浪中航行时的摇摆现象。

（6）船首柱和船尾柱：安装在船体的首端和尾部，下面与龙骨连接，能增强船体承受波浪冲击力和水压力，还能承受纵向碰撞和螺旋桨工作时的振动。

3）甲板

甲板是位于内底板以上的平面结构，用于封盖船内空间，并将其水平分隔成层。甲板是船梁上的钢板，将船体分隔成上、中、下层。甲板对保证船体强度及不沉性有重要作用，而且提供了布置各种舱室、安置装备和机械设备的面积。甲板数量多少视船舶的大小，取决于船舶的类型、使命和主尺度。通常小型船舶有 1~3 层；中型船舶有 3~5 层；大型船舶有 5~10 层。

4）船舱

船舱是指甲板以下的各种用途空间，包括船首舱、船尾舱、客舱、货舱、机舱、锅炉舱和各种专门用途船舱。

5）船面建筑

船面建筑是指主甲板上面的建筑，主要用于布置各种用途的舱室。上层建筑有首楼、桥楼、尾楼、甲板室以及各种围壁建筑。上层建筑的两侧延伸至船的两舷或至舷边的距离小于船宽的 4%，称为船楼。位于船首、船中、船尾的船楼，分别称为艏楼、桥楼和艉楼，船楼以外的上层建筑，称为甲板室。

海船的舱室可分为船员舱室、工作舱室和营业舱室三大类。船员舱室供船员工作起居及存放船具，包括卧室、卫生用室、餐室、会议室等，工作舱室包括驾驶室、海图室、无线电报室、灭火器间、机炉舱、车间、锚链舱、压载水舱、给养储备间、隔离舱和其他工作舱等；营业舱室包括货舱和客舱。

5.4.2 船舶的主要技术指标

1）船舶的吨位

船舶吨位是船舶大小的计量单位，分为重量吨位和容积吨位两种。

（1）船舶的重量吨位。船舶的重量吨位分为排水量吨位和载重吨位。

①排水量吨位，指船舶在水中所排开水的吨数，也是船舶自身重量的吨数。排水量吨位可以用来计算船舶的载重吨；在造船时，依据排水量吨位可知该船的重量。

重量吨位又可分为轻排水量、重排水量和实际排水量三种。轻排水量，又称空船排水量，是船舶本身加上船员和必要的给养物品三者重量的总和，是船舶最小限度的重量。重排水量，又称满载排水量，是船舶载客、载货后吃水达到最高载重线时的重量，即船舶最大限度的重量。实际排水量，是船舶每个航次载货后实际的排水量。

②载重吨位，表示船舶在营运中能够提供的载重能力，分为总载重吨和净载重吨。

a.总载重吨：总载重吨是指船舶根据载重线标记规定所能装载的最大限度的重量，它包括船舶所载运的货物、船上所需的燃料、淡水和其他储备物料重量的总和。即

总载重吨=满载排水量-空船排水量

b.净载重吨:净载重吨是指船舶所能装运货物的最大限度重量,又称载货重吨,即从船舶的总载重量中减去船舶航行期间需要储备的燃料、淡水以及其他物品的重量所得的差数。

(2)船舶的容积吨位。船舶的容积吨位是表示船舶容积的单位,又称注册吨,是各海运国家为船舶注册而规定的一种以吨为计算和丈量的单位,以 $100ft^3$ 或 $2.83m^3$ 为一注册吨。容积吨又分为容积总吨和容积净吨。

①容积总吨,又称注册总吨,是指船舱内及甲板上所有关闭的场所的内部空间(或体积)的总和,是以 $100ft^3$ 或 $2.83m^3$ 为1t折合所得的商数。容积总吨用于表明船舶的大小,用于船舶登记,用于政府确定对航运业的补贴或造船津贴,用于计算保险费用、造船费用以及船舶的赔偿等。

②容积净吨,又称注册净吨,指从容积总吨中扣除那些不供营业用的空间后所剩余的吨位,也就是船舶可以用来装载货物的容积折合成的吨数。容积净吨主要用于船舶的报关、结关,或作为船舶向港口交纳各种税收和费用的依据,以及船舶通过航道时交纳费用的依据。

2)船舶的航速与载重线

(1)船舶的航速。船舶的航速以"节(kn)"表示,1kn=1.852km/h。船舶的航速依船型不同而不同,其中干散货船和油船的航速较慢,一般为13~17kn;集装箱船的航速较快,可达20kn以上,客船的航速也较快。

(2)船舶的载重线。载重线是指船舶满载时的最大吃水线。它是绘制在船舷左右两侧船舶中央的标志,以指明船舶入水部分的限度。载重线标志包括甲板线、载重线圆盘和与圆盘有关的各条载重线,如图5.9所示。

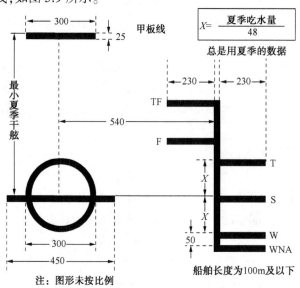

图5.9 船舶载重线标志(单位:mm)

TF-热带淡水载重线。船舶航行于热带地区淡水中,总载重量不得超过此线;
F-淡水载重线。船舶在淡水中航行时,总载重量不得超过此线;
T-热带海水载重线。船舶在热带海水中航行时,总载重量不得超过此线;
S-夏季海水载重线。船舶在夏季海水中航行时,量不得超过此线;
W-冬季海水载重线。船舶在冬季航行时,总载重量不得超过此线;
WNA-北大西洋冬季载重线。长度在100.5m以下的船舶,在冬季月份航行于北大西洋区域(北纬36°以北)时,总载重量不得超过此线。

5.4.3 船舶的尺度

1)船舶的主要尺度

船舶的主要尺度是表示船体外形大小的基本量度,有船长 L、型宽 B、型深 H 和吃水 T 船舶尺度,见图 5.10。

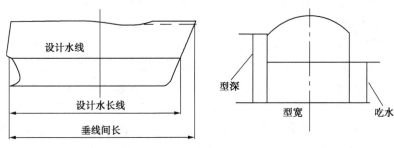

图 5.10 船舶尺度

(1)船长 L。船长 L 一般分为船的总长 LOA、垂线间长 LBP 和设计水线长 LWL 三种。

①总长 LOA:船舶首端至尾端的最大水平距离。

②垂线间长 LBP:首垂线与尾垂线之间的水平距离。

③设计水线长 LWL:设计水线平面与船体型表面首尾端交点之间的水平距离。

(2)型宽 B。型宽 B 指沿船体设计水线自一舷的肋骨外缘量至另一舷的肋骨外缘之间的最大水平距离,一般在船长的中点处。

(3)型深 H。型深 H 指在船长中点处,沿舷侧自龙骨上缘量至上甲板下缘的垂直距离。

(4)吃水 T。吃水 T 指在船长中点处,从龙骨上缘量至设计水线的垂直距离。

2)船舶主要尺度的比值

船舶的主要尺度是一组表示船舶大小的绝对数值,而其主要尺度的比值(主尺度比)则是一组相对数值,在一定程度上反映了船舶的航行性能,用以说明船体的特征。船舶常用的主要尺度的比值有:

(1)长宽比 L/B:指垂线间长(或设计水线长)与型宽的比值。该比值对船舶的快速性影响显著,通常高速船的 L/B 值较大,表示船型瘦长,而低速船的 L/B 较小,表示船型短宽。

(2)宽吃水比 B/T:指型宽与设计吃水的比值。该比值对船舶稳性影响较大,B/T 值越大,船舶稳性越好。

(3)深吃水比 H/T:指船舶型深与吃水的比值。该比值影响船舶大倾角稳性和抗沉性。比值越大,干舷越大,大倾角稳性和抗沉性越有保证。

(4)长吃水比 L/T:指垂线间长(或设计水线长)与吃水的比值。该比值影响船舶操纵性,比值越大,船舶的航向稳定性越好;比值越小则操纵越灵活,船舶的回转性越好。

(5)长深比 L/H:指垂线间长与型深的比值。该比值对船体结构的坚固性有影响。

5.4.4 船舶的种类

1)客船

客船是专门用于载运旅客及其行李和邮件的运输船舶;以载运旅客为主,兼运一定数量货物的运输船舶则称为客货船。

客船一般有较大的甲板面积和舱室面积,其长度比一般同吨位货船长,上层建筑庞大,甲板层数较多,一般有 8~9 层,多者可达十多层。

为保证旅客安全,客船设有足够数量的消防、通信、救生等设备;客船有较高的航速和较大的功率储备;为改善船舶操纵性,客船通常采用双螺旋桨推进,以便其中一个推进器发生故障时,另一个推进器仍能保证船舶继续航行。对于要求较高的客船,为了使船舶在海洋中航行平稳,船上装有减摇水舱或减摇鳍等装置。中小型沿海客船的航速一般为 16~18kn,大型高速客船的航速大约 20kn 以上。

(1)海洋客船。海洋客船主要包括远洋、近海与沿海几种形式。这类船舶一般吨位大、航速高、设备齐全。在航空运输兴起之前,国际邮件主要靠这类船舶输送,故又称为邮船。远洋客船的吨位一般在 2 万~3 万 t,最大的可达 7 万 t;航速较高,约 29kn,最高可达 36kn。近海、沿海客船的吨位在 1 万 t 左右,航速为 18~20kn,见图 5.11。

(2)旅游船。旅游船供旅游者旅行、游览之用。其船型与海洋客船相似,但吨位较小。船上设备齐全,能为旅客提供疗养、娱乐、智力开发等综合服务,见图 5.12。

图 5.11　海洋客轮

图 5.12　旅游船

(3)内河客船。运行在江河湖泊上的客船。其载客量较小,速度较低,设备也较海洋客船简单。

(4)汽车客船,也叫滚装客船。除载客外,还能同时载运一定数量的旅客自备汽车。这种客船在船中或船尾设置跳板,以供旅客自备的小型客车驶进船上的车库,见图 5.13。

图 5.13　汽车客船

(5)小型高速客船。小型高速客船主要有水翼船和气垫船,多用于沿海及内河的短途航行。

①水翼船(图5.14):船体下装有水翼、航行时靠水翼产生的升力支持船体全部或部分升离水面而高速航行的船舶。水翼船的航速可达40~60kn,排水量为100~300t,最多可设有300个客位。

②气垫船(图5.15):利用高压空气在船底与水面间形成气垫,使船体部分或全部垫升而实现高速航行的船舶。工作时,行用大功率鼓风机将空气压入船底下的围蔽空间,由船底周围的气封装置限制其逸出而形成气垫,托起船体从而使船舶高速航行。目前,气垫船的航速为60~100kn,最大可达130kn,客位为100~200个。

图5.14 水翼船　　　　　　　　图5.15 气垫船

2)货船

货船是专门运输各种货物的船只,是物流运载的工具。货船有干货船和液货船之分。

(1)杂货船。杂货船是干货船的一种,它是装载一般包装、袋装、箱装和桶装的普通货物船。杂货船在运输船中占有较大比重。万吨级货船是指其载重量在1万t或1万t以上,而其总重量和满载排水量还要大很多。在内陆水域中航行的杂货船吨位有数百吨、上千吨,而在远洋运输中的杂货船可2万t以上,见图5.16。

图5.16 多用途远洋杂货船

杂货船通常据货源具体情况及货运需要航行于各港口,设有固定的船期和航线。杂货船有较强的纵向结构,船体的底多为双层结构,船首和船尾设有前、后尖舱,可用作储存淡水或装载压舱水以调节船舶纵倾,受碰撞时可防止海水进入大舱,起到安全作用。船体以上设有2~3层甲板,并设置几个货舱,舱口以水密舱盖封盖住以免进水。机舱或布置在中部或布置在尾部,各有利弊,布置在中部可调整船体纵倾,在后部则有利于载货空间的布置。在舱口两侧设有吊货扒杆。为装卸重大件,通常还装备有重型吊杆。

为提高杂货船对各种货物运输的良好适应性,能载运大件货、集装箱、件杂货,以及某些散货,现代新建杂货船常设计成多用途船。

(2)散货船。散货船是专门用来装运煤、矿砂、盐、谷物等散装货物的船舶,与杂货船不同的是,它运输的货物品种单一,货源充足,装载量大。依照不同的散货品种,装卸时可采用大抓斗、吸粮机、装煤机、皮带输送机等专门的机械。不像杂货船那样装的是包装或箱装等杂货,规格大小不一,理货时间长,运输效率低。因此,散货船比杂货船的运输效率高,装卸速度快。

散货船驾驶室和机舱一般设在尾部;货舱口比杂货船的货舱口大;内底板和舷侧用斜边板连接,使货物能顺利地向舱中央集中;有较多的压载水舱,作为空载返航时压载之用。散货船一般为单甲板船,甲板下面两舷与舱口边做成倾斜的顶边舱,以限制散货向左右两舷移动,防止船的稳定性变坏。为避免运输货物单一空载返航的损失,多数散货船采取独特设计以适应运输不同货物的需要,见图5.17。

图 5.17 散货船

(3)集装箱船。集装箱船是用来专门装运规格统一的标准货箱的船舶。根据国际化标准组织(ISO)公布的规格,集装箱一般都使用20ft和40ft两种,20ft集装箱被定义为统一标准箱。各种货物装船前已装入标准货箱内,在装卸作业过程中不再出现单件货物,便于装卸。

集装箱船的结构和形状跟常规货船有明显不同,一般采用球鼻首船型,外形狭长,单甲板,上甲板平直,货舱口达船宽的70%~80%,便于装卸;上层建筑位于船尾或中部靠后,以让出更多的甲板堆放集装箱,甲板上一般堆放2~4层,舱内可堆放3~9层集装箱;船上一般不设装卸设备,由码头上的专用机械操作,以提高装载效率。集装箱船装卸速度高,停港时间短,航行大多采用高航速,每小时20nmile以上,但为节能会采用经济航速,每小时18nmile左右。在沿海短途航行的集装箱船,航速每小时仅10nmile左右。

集装箱船的机舱设在尾部或中部偏后。集装箱船可分为全集装箱船、半集装箱船、兼用集装箱船三大类。

①全集装箱船:全部货舱和甲板上均可装载集装箱,舱内装有格栅式货架,以适于集装箱的堆放,适应于货源充足而平衡的航线。

②半集装箱船:这种船舶一部分货舱设计成专供装载集装箱,另一部分货舱可供装载一

般杂货,适应于集装箱联运业务不太多或货源不甚稳定的航线。

③兼用集装箱船:又称集装箱两用船,既可装载集装箱也可装其他包装货物、汽车等;这种船舶在舱内备有简易可拆装的设备,当不装运集装箱而要装运一般杂货时,可将其拆下。

(4)载驳船。载驳船也称子母船,专门装运以载货驳船为货物单元的运输驳船。其运输方式是先将货物或集装箱装载在规格统一的驳船(子船)上,再把驳船装上载驳船(母船)。到达目的港后,将驳船卸到水中,由拖船或推船将其分送内河各地,载驳船则再装载另一批等候在锚地的满载货驳开航驶向新的目的港。

载驳船装卸效率高,运载成本低。载驳船不受港口水深影响,不需占用码头泊位,不需装卸机械。采用载驳船装运货驳的运输方式,是海河直达运输的有效方法。

(5)滚装船。滚装船是专门装运以载货车辆为货物单元的运输船舶。装船或卸船时,类似于汽车与火车渡船,载货车辆从岸上通过滚装船的跳板开到船上,到港口再从船上经跳板开到岸上。

滚装船具有纵通全船的主甲板和多层车辆甲板,不设舱口和装卸设备,主甲板下通常是纵通的无横舱壁的甲板间舱,甲板间舱高度较大,适用于装车;各层甲板之间用斜坡道或升降平台连通,便于车辆在多层甲板间行驶;上层建筑位于船首或船尾,且首尾设有跳板,供车辆上下船用;机舱设在尾部甲板下面,多采用封闭式;主甲板以下两舷多设双层船壳;主甲板两侧还设有许多通风筒排放车辆产生的废气。

(6)油船。油船是专门运载石油类液货的船只。在外形和布置上很容易与一般的干货船区别开来。油船上层建筑和机舱设在尾部,上甲板纵中部位,布置纵通全船的输油管和步桥。石油分别装在各个密封的油舱内,装卸石油用油泵和输油管输送,油船不需起货吊杆和起货机,甲板上也不需大货舱开口。油船的干舷很小,满载航行时,甲板离水面很近。油船的机舱多设在尾部,可以避免桨轴通过油舱时可能引起的轴隧漏油和挥发出可燃气体,引起爆炸的危险,防止烟囱排烟时带出的火星往后吹落入油舱的通气管内而引起火灾。油船各油舱内装有蒸汽加热管路,当温度低时石油的黏度增加,不容易流动,有了加热管加温舱内的石油,就可使石油流动,便于装卸。

(7)冷藏船。冷藏船是使鱼、肉、水果、蔬菜等易腐食品处于冻结状态或某种低温条件下进行载运的专用运输船舶。冷藏船上设置有制冷装置,根据货物所需要温度,制冷装置一般可控制冷藏舱温度在 15~20℃,见图 5.18。

图 5.18 冷藏船

3)其他船舶

(1)渡船。渡船有旅客渡船、汽车渡船、列车渡船和新型的铁路联络船等多种类型。

①旅客渡船,用来载运旅客及其随身携带的物品渡过江河、湖泊、海峡,同时可以运送非机动车和小型机动车辆。旅客渡船上,设有旅客坐席,常采用双体船船型。

②汽车渡船,用来载运汽车渡过江河、湖泊、海峡,有端靠式和侧靠式两种。前者首尾相同,甲板呈长方形,两端设有吊架和带铰链的跳板,汽车通过跳板上下渡船;后者船比较宽大,汽车可通过码头上的跳板从两侧上下渡船。汽车渡船的特点是首、尾端对称,首、尾端均装有推进器和船舵,因此船的首、尾端均可以靠岸。

③列车渡船,又称火车渡船,用于载运铁路车辆渡过江河、海峡。它的甲板呈长方形,上铺轨道。船的首位形状相同,列车可从两端进出。船的两端都有舵和推进器,航行时不需要掉头。列车上下渡船要经过栈桥。对于要渡过较宽海峡的列车渡船,要有较好的耐波性,因而首部与常规船相似,列车从船尾端上下渡船。

④铁路联络船,载运列车和旅客渡过海峡的多用途船。船的下层铺有轨道,用于停放列车,列车由船尾上下船。船上上层建筑,可供旅客和列车乘务员在渡海航程中活动或休息。

(2)双体船。高速双体船由两个瘦长的片体组成,上部用甲板桥连接,体内设置动力装置,甲板桥上部安置上层建筑,内设客舱、生活设施等,见图5.18。由于高速双体船把单一船体分成两个片体,使每个片体变瘦长,从而减小了兴波阻力,使其具有较高的航速,航速达到35~40kn;由于双体船的宽度比单体船大得多,其稳定性明显优于单体船,且具有承受较大风浪的能力;双体船不仅具有良好的操纵性,而且还具有阻力峰不明显、装载量大等特点。见图5.19。

图5.19 双体船

(3)驳船。驳船是本身无自航能力,需拖船或顶推船拖带的货船。其特点为设备简单、吃水浅、载货量大。驳船一般为非机动船,与拖船或顶推船组成驳船船队,可航行于狭窄水道和浅水航道,并可根据货物运输要求而随时编组,适合内河各港口之间的货物运输。少数增设了推进装置的驳船称为机动驳船,机动驳船具有一定的自航能力。

5.4.5 船舶动力装置

船舶动力装置是保证船舶推进及其他需要提供各种能源的全部动力设备的总称。船舶动力装置由推进装置、辅助装置、管路系统、甲板机械以及自动化设备组成。

1) 推进装置

推进装置也称主动力装置,是船舶动力装置中最主要的部分。推进装置包括主机、传动设备、轴系和推进器。

主机发出动力,通过传动设备及轴系驱动推进器产生的推力,使船舶克服阻力航行;再通过改变主机的转数和轴系的转动方向,来控制船舶航行的快、慢和进退。船舶动力装置由于工作条件的特殊性,要求可靠、经济、机动性好、续航能力大等。根据主机形式不同,船舶动力装置可分为蒸汽机动力装置、燃气机动力装置、柴油机动力以及核动力装置等几种。

2) 辅助装置

辅助装置是产生除推进装置所需能量以外的其他各种能量的设备,包括船舶发电站、辅助锅炉装置和压缩空气系统。它们分别产生电能、蒸汽和压缩空气供全船使用。

3) 船舶管系

船舶管系是为某一专门用途而设置的输送流体(液体或气体)的成套设备。

(1) 动力系统。动力系统指主、辅机安全运转服务的管系,有燃油、润滑油、海水、淡水、蒸汽、压缩空气等系统。

(2) 船舶系统。船舶系统管系又称为辅助系统,为船舶航行安全与人员生活服务的系统,如压载、舱底、消防、生活供水;施救、冷藏、空调、通风和取暖等系统。

4) 甲板机械

甲板机械为保证船舶航向、停泊以及装卸货物所设置的机械设备,如锚泊机械、操舵机械和起重机械等。

5) 自动化设备

自动化设备用以实现动力装置的远距离操纵与集中控制。主要由对主、辅机及其他机械设备进行遥控、自动调节、监测、报警等设备组成。

5.4.6 船舶的其他设备

船舶其他设备主要设备包括舵设备、锚设备、系泊设备、起货设备、救生设备等。

1) 舵设备

舵设备是用于控制船舶方向的装置,由舵、舵机、传动装置以及操纵装置等部分组成。驾驶员操纵舵轮或手柄,或由自动舵发出信号,通过传动装置带动舵机,由舵机带动舵的转动来控制船首方向,使船舶保持航向或回转。通常,舵装在船尾螺旋桨后,远离船舶转动中心,使舵产生转船力矩的力臂最大,而且使螺旋桨排出的水流作用于舵上,增加舵效。

舵按舵面积在舵杆轴线两侧的分布,分为平衡舵、不平衡舵和半平衡舵;按照剖面形状分为平板舵与流线型舵。单螺旋桨船是一个舵,双螺旋桨船是两个舵。

2) 锚设备

锚设备是船舶锚泊时所用装置和机构的总称,由锚、锚链、锚链制动装置、锚机和锚链舱等组成。锚利用它在海底的抓力(一般为锚重的4~5倍)以及锚链与海底表面的摩擦力来制动船舶,主要用于船舶在海上锚地固定船位,同时也可作为协助船舶制动、控制船身和掉头的辅助手段。

常见的锚分为档锚、无档锚以及大抓力锚。商船常用的锚为无档锚中的霍尔锚。一般在船首左右各布置一只锚,称为主锚。较大船舶还有备锚和装在尾部的尾锚。锚链用于连接锚与船体,当锚链在海底时,也可增加固定船舶的拉力。它由链环、卸扣、旋转链环和连接环组成。锚链的大小以链环的断面直径表示。锚链的长度以节为单位,每节为27.5m,一般左右舷锚链各为12节。锚机主要用于收锚或缓慢放锚用。

3) 系泊设备

系泊是船舶的主要停泊方式,系泊设备就是用分布在舷侧的缆绳将船舶固定于码头、浮筒、船坞或邻船用的设备,它主要包括系缆索、带缆桩、导缆器、绞缆机卷缆车和系泊机械。较先进的船上卷缆车本身有动力,用于收绞缆绳。缆绳有尼龙缆、钢丝绳与棕绳,目前用得最多的是尼龙缆。

4) 起货设备

起货设备是船舶自备的、用于装卸货物的装置和机械,主要包括吊杆装置、甲板起重机和其他装卸机械。如液货用输送泵与管路,散货用传送带或抓斗,件货则用吊杆或吊车。吊杆或起重吊车,由吊杆、起重柱(或桅)、起货机、钢丝绳、滑车、吊钩等组成。吊杆负荷一般不超过10t,重吊杆负荷最大几百吨。起重吊车,则是将起货设备与起货机械合为一体。

5) 救生设备

救生设备是装在船上,供船舶失事时船上人员自救和营救落水人员的设备。常用的救生设备有救生艇、救生筏、救生圈和救生衣等。船舶还配备消防和堵漏设备确保船舶安全航行。

5.5 航标

5.5.1 航标的功能

航标是航行标志的简称,是标示航道方向、界限与碍航物的标志,是帮助引导船舶航行、船舶定位和标示碍航物与表示警告的人工标志。航标包括过河标、沿岸标、导标、过渡导标、首尾导标、侧面标、左右通航标、示位标、泛滥标和桥涵标等,见图5.20。

a)

b)

c)

图 5.20 航标

航标设置在通航水域及其附近,用以表示航道、锚地、碍航物、浅滩等,或作为定位、转向的标志等。航标也用以传送信号,如标示水深,预告风情,指挥狭窄水道交通等。永久性航标的位置、特征、灯质、信号等都载入各国出版的航标表和海图。

航标的主要功能:
(1)船舶定位,为航行船舶提供定位信息。
(2)表示警告,提供碍航物及其他航行警告信息。
(3)交通指示,根据交通规则指示航行方向。
(4)指示特殊区域,如锚地、测量作业区、禁区等。

5.5.2 航标的种类

1)海区航标

海区航标是指在海上的某些岛屿、沿岸以及港内重要地点所设的航标。按照工作原理,分为视觉航标、音响航标、无线电航标三种。

(1)视觉航标。视觉航标,又称是目视航标。白天以形状、颜色和外形,夜间以灯光颜色、发光时间间隔、次数、射程以及高度来显示,能使驾驶员通过直接观测迅速辨明水域,确定船位,安全航行。目视航标常常颜色鲜明,以便白天观测;发光的目视航标可供日夜使用。常见的视觉航标有灯塔、灯桩、立标、浮标、灯船、系碇设备和各种导标。

①灯塔:灯塔是设置在重要航道附近的塔型发光固定航标,是海上航行的重要航标,一般设在港口附近和海上某些岛屿的高处。大的灯塔夜间能照射 20~30nmile,小的灯塔能照射 5~6nmile。

②灯船:灯船是作为航标使用的专用船舶,装有发光设备,灯光射程一般为 10nmile。灯船的作用与灯塔相同,锚碇于难以建立灯塔而又很重要的航道进出口附近。

③立标:立标是设置在岸边或浅滩上的固定航标,标身为杆形、柱形或桁架形。发光的立标称灯桩,发光射程比灯塔近得多。

④浮标:用锚碇泊于水中的航标,设在港口附近及进出港航道上,用于表示航道、浅滩和碍航物等,发光的称灯浮标,主要有方位标志、侧面标志、中线标志和专用标志。方位标志用来直接表示各种危险物的所在地或危险物以及危险区的界限。方位标志分为北界标、南界标、东界标、西界标以及孤立障碍标五种。侧面标志用来标示航道一侧界限,一般在进出港的狭窄航道上使用。侧面标志分为左侧标、右侧标以及分支汇合标三种。航道左侧设左侧标,右侧设右侧标,水道的分支汇合处,则设分支汇合标。中线标志设于航道或荐用航道的中央入口处,示意船舶可靠近标志的任何一侧驶过。专用标志:包括沉船标、检疫标、测量标以及捕鱼作业标等。

⑤导标:用于引导船舶进出港口,通过狭窄航道,进入锚地以及转向、避险、测速和校正罗经等。

(2)音响航标。音响航标是指以音响传送信息,引起航海人员注意的助航标志。音响航标可在雾、雪等能见度不良的天气中向附近船舶表示有碍航物或危险,包括雾号、雾笛、雾钟、雾锣、雾哨、雾炮等。

空中音响航标以空气作为传播介质,是使用最早、最普遍的音响航标。空中音响航标包括有雾钟、雾锣、雾角、雾哨、雾炮和雾号。

水中音响航标以水为传播介质,常用的有水中钟、水中定位系统和水中振荡器。水中音响航标使用极少。

常用音响航标是雾号,即下雾时按照规定的识别特征发出的音响信号。一般听程仅为几海里。根据工作原理分为气雾号、电雾号与雾情探测器。气雾号用压缩空气驱动发声,电雾号以电能驱动发声,雾情探测器能自动测量能见度和开启电雾号。

(3)无线电航标。无线电航标是利用无线电波的传播特性向船舶提供定位导航信息的助航设施,包括无线电指向标、无线电导航台、雷达应答标、雷达指向标、雷达反射器、卫星导航系统和全球定位系统等。

①无线电指向标:供船舶测向用的无线电发射台,有全向无线电指向标和定向无线电指向标两种。

②无线电导航台:船舶无线电定位和导航系统的地面设备。

③雷达应答标:被船用雷达波触发时,能发回编码信号,在船用雷达荧光屏上显示该标方位、距离和识别信息。

④雷达指向标:一种连续发射无方向信号的雷达信标。船用雷达接收机收到这种信号,荧光屏上便显示出一条通过该标的径向方位线。

⑤雷达应答标和雷达指向标安装于需要与周围物标回波区别开的航标上。

⑥雷达反射器:反射能力很强并能向原发射方向反射雷达波的无源工具,安装在灯船或浮标上,可以增大作用的距离。

2)内河航标

内河航标是准确标出江河航道的方向、界限、水深和水中障碍物,预告洪汛,指挥狭窄和急转弯水道的水上交通,引导船舶安全航行的助航标志。

内河航标,一般分为三等。在航运发达的河道上设置一等航标,由岸杆和浮标交相组成,夜间全部发光,保证船舶昼夜都能从一个航标看到次一个航标;在航运较为发达的河段上设置二等航标,它的密度较一等为稀,夜间只有主航道上的航标发光,亮度也较弱;在航运不甚发达的河段上设置三等航标,密度稀,夜间不发光,船舶只能利用航标和天然参照物在白天航行。内河航标的种类很多,各国不尽相同。我国目前分为三类,即航行标志、信号标志和专用标志,共计19种。

(1)航行标志。航行标志用于标示内河安全航道的方向和位置等。有过河标、接岸标、导标、过河导标、首尾导村、桥涵标6种。例如,过河标,标示跨河航道的起点或终点,引导由对岸驶来的船舶过河,同样引导沿本岸驶来的船舶,在标志达到本船正横的时候驶往对岸;接岸标,标示沿着河岸的航道,指示船舶继续沿本岸行驶。

(2)信号标志。信号标志用于标示航道深度、架空电线和水底管线位置,预告风讯,指挥弯曲狭窄航道的水上交通。有水深信号杆、通行信号杆、鸣笛标、界限标、电缆标、横流浮标、风讯信号杆7种。

①水深信号杆:设在浅滩两端航道附近的江河岸上,一般设有水深信号杆,以指示该航道当时的水深。信号杆由直立标杆和水平横梁组成。

②通行信号杆:设在船舶对驶向有危险的狭窄航道、单孔通行的桥梁、急弯、船闸以及其他临时封锁河段的两端,利用信号指挥上下船舶安全通过。

(3)专用标志。专用标志用于指示内河中有碍航行安全的障碍物。有三角浮标、浮鼓、棒形浮标、灯船、左右通航浮标、泛滥标6种。

我国规定,江河左岸、右岸的原则是按水流的方向确定河流的上下游,面向河流下游,左手一侧为左岸,右手一侧为右岸。港口的左右岸以面向进港为准。左岸的航标,标顶漆白色,标杆漆黑白相间的横纹,夜间灯标发白光或绿光;右岸航标,标顶漆红色,标杆漆红白相间的横纹,夜间灯标发红光。

5.5.3 水运通信导航系统

1)船舶自动识别系统(AIS)

(1)船舶 AIS 系统的组成。船舶自动识别系统(Automatic Identification System,AIS)是一个在海上移动通信频带 VHF 上工作的广播转发器系统。由岸基(基站)设施和船载设备共同组成,是一种集新型的集网络技术、现代通信技术、计算机技术、电子信息显示技术为一体的数字助航系统和设备。AIS 还包括利用和使用 AIS 信息的各种应用系统。

船舶自动识别系统(AIS)由舰船飞机敌我识别器发展而成,配合全球定位系统(GPS)将船位、船速、改变航向率以及航向等船舶动态结合船名、呼号、吃水以及危险货物等船舶静态资料,由甚高频(VHF)频道向附近水域船舶及岸台广播,使邻近船舶及岸台能及时掌握附近海面所有船舶之动静态资讯,得以立刻互相通话协调,采取必要避让行动,对船舶安全有很大帮助。

(2)船舶 AIS 系统的基本功能。船舶 AIS 最基本的功能是船对船、船对岸的信息交换。它能把船舶信息诸如识别码、位置、航向、速度等发送到其他船舶或岸上,并能以快速的更新频率处理多路通信。

岸基 AIS 则可以通过接收船载 AIS 广播发射的识别码、船位、航向、航速、船舶长度、船型和货物信息,使用适当的标绘显示系统,标绘海上交通状况,同时可以建立航行船舶数据库,以利于日后跟踪查询船舶航行信息。

船载 AIS 在无需船员干预的情况下,连续、自动地发射识别码、船位、航向、航速、船舶长度、船型和货物信息,同时连续、自动接收其他船舶或岸基台站发射的信息。船载 AIS 使用适当的标绘显示系统时,通过接收目标船发射的位置信息、航速、航向信息,可以计算两船会遇的最近点和到达最近点的时间,因而可以快速、自动和准确地提供有关碰撞危险信息,同时也接收岸基 AIS 台站发射的航行通告、警告信息。

船舶 AIS 信息服务的目的:

①识别船舶。

②帮助跟踪目标。

③简化和促进信息交换,为避免碰撞提供辅助信息。

④减少口头的强制船舶报告,实现交通运输管理信息化。

利用 AIS 可设置虚拟航标、为事故调查取证提供证据、完成航路分析、向港口提供船舶流量统计图表等。从功能方面看,AIS 系统已逐渐成为保障航行安全的主要基础设施和系统,是实现海事航标快速发展和水路运输可持续发展的重要保障。

2)航标遥测遥控系统

(1)航标遥测遥控系统结构。航标遥测遥控系统利用现代网络技术、电子海图技术、GPS 技术、通信技术和数据处理技术来实现。其航标遥测遥控系统结构网络图,如图 5.21 所示。

航标遥测遥控系统,主要分为航标监测和控制两部分。航标终端采用 GPRS 无线移动数据传输方式,通过虚拟专网(VPN)和航道分局的数据库服务器建立链接,数据传输采用 TCP/IP 模式;航道分局的服务器通过数传专网和航道局的服务器进行互联,数据通过数据库同步的方式进行传输。

(2)航标遥测遥控系统的基本功能。

①监测功能。基于 AIS 航标,将采集到的航标健康状态数据,以二进制电文格式,周期性或按要求发送给航标管理部门。

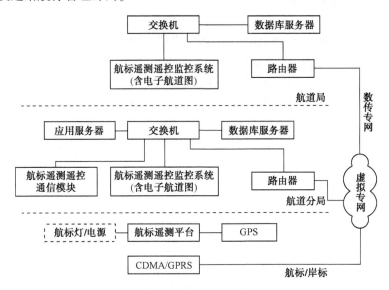

图 5.21　航标遥测遥控系统结构图

航标健康状态参数主要有航标设备运行参数、主副电机工作状态、供电系统参数、环境参数等。

②控制功能。航标管理中心通过航标遥测遥控系统界面,向指定航标发布相关数据信息。管理中心通过设置航标的健康状态参数,控制航标的运行状态,并可实时获取航标的相关信息。航标遥测遥控系统运行原理,如图 5.22 所示。

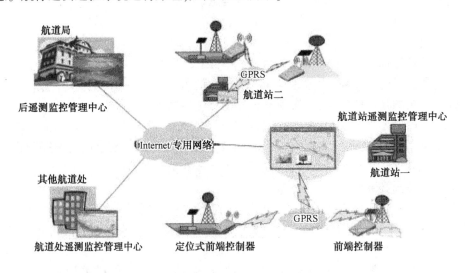

图 5.22　航标遥测遥控系统运行原理

3)船舶远程识别和跟踪系统(LRIT)

船舶远程识别与跟踪系统(Long Range Identification and Tracking of ships,LRIT)。通过

从船载自动识别系统(AIS)提取船舶识别码、船位和时间等数据,并利用全球海上遇险和搜救系统(GMDSS)的 Inmarsat—C 或高频设备(HF)以固定的时间间隔发送 LRIT 数据,经计算机对数据处理,实现船舶的远程识别与跟踪。

(1)LRIT 系统的组成。LRIT 系统由船载终端设备、通信服务提供商(CSP)、应用服务提供商(ASP)、数据中心(DC)、国际数据交换(IDE)和数据分配计划(DDP)等组成。其基本原理是航行船舶通过卫星通信把 LRIT 信息发送到陆地地球站,地球站再通过 ASP 和 LRIT 分配网络转发到经 IMO 授权的用户终端——IMO 缔约国政府,后者就可以实现对航行船舶进行全球性识别和跟踪。

LRIT 系统还可以把 LRIT 信息(预先设定发送时间的船位报告、被要求发送的船位报告和事件报告)发送给其他经授权的用户。

(2)LRIT 系统的基本服务功能。

①海上保安:主要包括加强船舶的保安和沿岸国、港口国的保安。

②海上安全:主要为海上搜寻救助提供信息支持。

③环境保护:为调查海上非法排放、溢油事故等方面提供信息支持。

④其他用途:如通过与 AIS 系统数据的整合,建立船舶监控系统,应用于卫生防疫、海关等相关管理部门,应用于全球航运生产和管理等。

LBIT 信息内容主要包括:船舶身份,船舶位置(经度和纬度),提供位置的日期和时间(UTC 时间)。在 LBIT 系统中,对于船舶有三种身份:船旗国、港口国和沿岸国。船旗国主管当局有权接收悬挂其国旗的船舶位置信息。港口国政府有权接收表明意图进入该缔约国港口设施或地点的船舶的信息,无论这些船舶位于哪里,只要不位于根据国际法规定的另一缔约国政府的基线的近陆水域内。沿岸国政府有权接收在其沿岸不超过 1000nmile 距离内航行的其他国家的船舶信息,只要该船不位于根据国际法规定的另一缔约国政府的基线近陆水域内或者船舶悬挂其国旗的缔约国政府领水内。

加强海上保安已成为国际航运界当务之急。为此,2002 年 12 月,国际海事组织海上安全委员会(MSC)第 76 届会议审议并在 IMO 海上保安外交大会通过了 SOLAS 公约修正案,将《国际保安规则》(ISPS 规则)纳入 SOLAS 公约,LRIT 作为海上保安的特别措施被提交给航行安全分委会和通信及搜救分委会(COMSAR)研究。在 2006 年 3 月召开的 COMSAR 第 10 次会议上,LRIT 性能标准草案获得通过。5 月在伦敦召开的 MSC 第 81 次大会采纳了"LRIT 性能标准及功能要求",被纳入 SOLAS 第五章,规定从事国际航行的客轮、300 总吨及以上的货船和海上移动平台,都必须强制实施船舶的远程识别和跟踪,并于 2008 年 1 月 1 日生效。

4)海事卫星

海事卫星是一个提供各类通信服务的综合系统,服务包括:电话、传真、数据(IP 和电路)、图像和图片、遇险安全通信等。海事卫星经历了四代发展。第一代:Inmarsat-A 站,可以为水上交通通信提供模拟话音、传真、数据服务;第二代:Inmarsat-B 站、Inmarsat-C 站,可为水上交通通信提供数字话音、传真、低速数据服务;第三代:Inmarsat M,mini-M,F 站,可为水上交通通信提供话音、传真、ISDN、MPDS 服务;第四代:BGAN、卫星手机,可提供 500kbit/s 的 IP 数据服务,为水上交通通信提供高速数据传输网络。

5.6 水路运输设备的发展趋势

水路交通运输经过长时间的发展,取得了明显成效,在基础设施建设方面,一批专业化煤炭、原油、铁矿石、集装箱码头投入运营,以长江、珠江等水系和京杭运河为主体的内河水运格局基本形成;在技术装备方面,超大型油轮、集装箱船舶的建造水平大幅提升;深水筑港、河口航道治理等关键技术取得重大突破;在运输服务水平方面,交通安全监控措施不断完善,运输安全性不断提高,多式联运发展迅速;在节能环保方面,实施港口机械油改电,淘汰老旧车船,优化航路航线等,着力推进节能环保技术与装备的应用,在信息化方面,覆盖全国沿海和重要内河水域的船舶自动识别岸基网络系统基本建成,沿海重要港口进港航道、重点码头和内河重点航段的视频监控系统基本建立;整合了雷达、船舶自动识别、卫星定位、视频监控、海岸电台和卫星通信等监控和通信手段,提高了船舶日常监管和应急处置能力。

按照国家"十二五"发展规划,我国将继续积极发展水路运输,具体体现在:

(1) 在客运方面,将在现有水平上有所发展;在货运方面,大宗货物的散装运输,件杂货的集装箱运输,将是水路货物运输发展的主要趋势。

(2) 在航道方面,航运网的规划和建设会得到充分重视,在通航河流上应以航运为主,结合发电、灌溉、防洪、供水、渔业等方面进行综合开发和利用。

(3) 在港口方面,港口建设将同工业区的发展紧密结合,将建设大量深水专业化码头;提高港口现代化装备水平,鼓励港口使用电力驱动的装卸设施,淘汰高耗能交通设施设备和工艺,使装卸设备和工艺将向高效率和专业化方向发展。

(4) 在船舶方面,继续发展大型干散货船、大型油轮、集装箱船、滚装船和液化气船,鼓励发展邮轮、游艇,加快推进内河运输船舶标准化,加速淘汰老旧船舶,提升远洋、沿海和内河运输船舶的整体技术水平,优化船队结构,船队总体上达到国际先进水平。

(5) 在水运信息化方面,将完善船舶交通管理、航道管理、港口安全管理信息系统,健全沿海港口重点水域及内河高等级航道的船舶交通、通航环境、航道变迁、港航设施、水域污染、水文气象等状态的实时监测和安全预警体系,整合现有各种交通动态监控资源,合理调度船舶安全通过风险水域,防止航道阻塞,及时发布航行通(警)告、航道通告(通电)等信息,避免船舶交通事故发生,并为水上人命救助、通航水域清障、船舶污染防治、船舶消防等应急抢险提供信息支撑。

复习与思考题

1. 水路运输设备系统包括哪些?
2. 水路运输主要分为几种类型?
3. 什么是航道?航道的等级如何划分?
4. 影响航道通行能力的主要因素有哪些?
5. 港口的主要功能有哪些?
6. 港口有几种分类方法?如何分类?
7. 港口水域和港口陆域的基本组成和各个部分的作用是什么?
8. 船舶的基本结构包括哪些?

9.船舶的主要技术指标有哪些？
10.客船主要有哪几种？现代客船有哪些特点？
11.货船主要有哪几种？
12.船舶的基本结构有几部分？有什么作用？
13.航标有什么用途？
14.海区航标和内河航标分别包括哪几类？
15. 什么是船舶自动识别系统？
16.航标遥测遥控系统的基本功能有哪些？
17.什么是船舶远程识别和跟踪系统？其基本服务功能主要有哪些？

第6章 航空运输设备

航空运输(Air Transportation),是使用飞机、直升机及其他航空器运送人员、货物、邮件的一种运输方式,是交通运输体系的一个重要组成部分。航空运输相对于其他运输方式,具有快速、机动、方便、舒适和安全等优势,是现代旅客运输,特别在中长途旅客运输、国际客货运输、城际快速运输、特定区域运输以及自然灾害应急救援等领域,更体现其不可替代的作用,尤其是国际远程旅客运输的重要方式,为国际贸易中的贵重物品、鲜活货物和精密仪器运输所不能缺少的运输工具。

航空运输设备主要包括航路、航空港、飞机和通信导航设施等。航路是指飞机航线飞行的领域,以连接各个地面导航设施的直线为中心线,在航路范围内规定上限高度、下限高度和宽度而划定。航空港是飞机安全起降的基地,也是旅客、货物、邮件的集散地。飞机是主要载运工具。通信导航设施是沟通信息、引导飞机安全飞行并到达目的地安全着陆的设施。

6.1 航空港

航空港是航空运输系统中航线网络的交汇点,是航空运输用的机场及其服务设施的总称。航空港俗称机场,机场是供飞机起飞、降落、停放和维修等活动的场所,场内设有为飞行服务的各种建筑物和设施。航空港内的服务设施主要包括客、货运输设施,有候机楼、货运站等。大型的航空港还配有商务、餐饮、娱乐等附属设施。

航空港按照其所处的位置分为干线航空港和支线航空港。按照业务范围可以分为国内航空港和国际航空港。国际航空港用来供国际航线的航空器起降运营,航空港内配有海关、边检、检验检疫等机构。国内航空港仅供国内航线的航空器使用,除特殊情况外不对外国航空器开放。我国的国内航空港包括地区航线机场,即包括我国内地城市与港、澳等地区之间定期或不定期航班飞行使用,并设有相应的类似国际机场的联检机构。

航空港划通常分为飞行区、航站区和机务维修区等区域。图 6.1 为某城市航空港俯视图。

图 6.1　航空港俯视图

6.1.1 机场的构成

机场是供飞机起飞、着陆、停驻、维护、补充营养以及组织飞行保障活动所用的场所。机场主要由飞行区、航站区以及进出机场的地面交通系统构成。机场一般分为空侧和陆侧两部分。空侧(又称对空面或向空面)是受机场当局控制的区域,包括飞行区、站坪及相邻地区和建筑物,进入该区域是受控制的。陆侧是为航空运输提供各种服务的区域,是公众能自由进出的场所和建筑物。机场包括相应的空域及相关的建筑物、设施与装置,一般布局如图6.2所示。

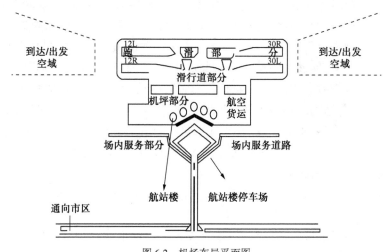

图6.2 机场布局平面图

1) 飞行区

飞行区是机场的主要区域,也是占地面积最大的区域。在飞行区内有跑道、滑行道、停机坪、指挥塔等设施。飞行区是机场内用于飞机起飞、着陆和滑行的区域,通常还包括用于飞机起降的空域在内,由跑道系统、滑行道系统和机场净空区构成。相应设施有目视助航设施、通信导航设施、空中交通管制设施以及航空气象设施。

(1) 跑道。跑道是飞行区的主体工程,是供飞机起降、着陆、滑跑以及起飞滑跑前和着陆滑跑后运转的场地,是飞机起降必要设施。跑道由结构道面、道肩、跑道安全地带和防吹坪等组成。机场的构成主要取决于跑道的数目、方位以及跑道与航站区的相对位置。因此,跑道必须要有足够的长度、宽度、粗糙度、平整度、坡度。

跑道的长度是机场的关键参数之一,是机场规模的重要标志,它直接与飞机起降安全有关。跑道长度的主要依据是飞机的起降特性,特别是要求跑道最长的那种机型的构形和性能特点。跑道的长度是衡量飞行区能满足多重的飞机起降要求的关键参数,主要根据飞机起飞和着陆性能、起飞重量、气候条件确定。根据起飞和着陆情况考虑,起飞长度要考虑正常起飞、继续起飞和中断起飞等三种情况。20世纪50年代,供活塞式飞机起飞所需的跑道长度最长可达2400m。随着大型喷气式飞机的出现,所需跑道的长度增加到3600m。涡轮风扇发动机的应用,改善了飞机的爬升性能,使跑道长度增加的趋势得到了缓和。例如,上海浦东国际机场的跑道长4000m,宽60m,可满足现有所有型号大型飞机的起降需要。世界上最长的民用机场跑道是中国的昌都邦达机场,长度为5500m,其中的4200m满足4D标准,同时它也是海拔最高的跑道,其高度为4334m。而世界上最宽的跑道在俄罗斯的乌里扬诺夫斯克东方港机场，有105m宽。

跑道的方位即跑道的走向，主要与当地风向有关。飞机最好是逆风起降，且过大的侧风也会妨碍飞机起降，因此跑道的方位应尽量与当地常年主导风向相近。跑道的方位还受到周围地形、机场发展规划、可用面积大小以及相邻机场状况的影响。跑道方位以跑道磁方向角度表示，由北顺时针转动为正，如首都机场的两条跑道方向均为179°~359°。

跑道数目取决于航空运输量的大小。运输不很繁忙，且常年风向相对集中的机场，只需单条跑道，运输非常繁忙的机场，则需要两条或多条跑道。

跑道坡度包括纵坡和横坡。横坡应有坡度，且宜采用双面坡，以加速道面的排水，能保证道面排水通畅，不因道面积水使飞机产生"飘滑"现象。跑道对纵坡的限制包括两个方面：飞行安全需要的限制和运行需要的限制。飞行安全需要的限制是要求在高出跑道表面上一定视线高度处任意一点，能通视跑道全长一半以外的另一相对应高度处的其他点；运行需要的限制是要求跑道各部有最大纵坡的限制和当必需变坡时，应按规定的竖曲线半径设置竖曲线，还应尽量避免跑道的纵向坡度及坡度的变化，以保证飞机起飞、着陆和滑跑的安全。

着陆长度为，飞机以要求的速度，从高于着陆表面15.2m(50ft)处通过跑道入口到接地并完全停止所需的水平距离。考虑到实际情况，将计算值除以0.6作为实际着陆的距离。此外，跑道长度还要考虑海拔修正、气温以及坡度修正：

①海拔修正：海拔高度每高出海平面300m，跑道长度增加7%。非常热或高海拔地区另外考虑。

②气温修正：机场基准温度每超过机场海拔高度的标准大气温度1℃，起飞跑道长度增加1%。气温修正是在海拔修正的基础上进行的。如海拔和气温两项修正的总量超过修正前长度的35%，应做专门研究。

③坡度修正：经过海拔和气温两项修正后，跑道长度再按有效坡度（跑道中心线上的最高点与最低点的标高差与跑道长度之比）进行修正。有效坡度每增加1%，跑道长度增加10%。

跑道道面应具有良好的平整度和摩擦特性，以便保证飞机滑跑时的稳定性、着陆滑跑和中断起飞时飞机的减速，以及飞机接地时机轮的正常转动。跑道道面分为刚性和非刚性道面。刚性道面由混凝土筑成，能把飞机的载荷承担在较大面积上，承载能力强，在一般中型以上空港都使用刚性道面。非刚性道面有草坪、碎石、沥青等各类道面，这类道面只能抗压不能抗弯，因而承载能力小，只能用于中小型飞机起降的机场。图6.3为机场跑道细节示意图。

跑道的基本形式可以是平行、交叉或开口V形（图6.4）非平行跑道可以避开过大的侧风，平行跑道的间距、交叉跑道交叉点的位置对跑道容量（单位时间内可能容纳的最大飞机运行次数）是有影响的：

①单条跑道：最简单的一种跑道，在目视飞行规则（VFR）下每小时的容量在50~100架次，在仪表飞行规则（IFR）下，根据不同的飞机组合和具备的助航设备，其容量减至50~70架次。单条跑道如图6.4a)所示。

②平行跑道：常见的是2条和4条平行跑道，多于4条平行跑道时，其空中交通管制将变得困难。平行跑道的容量取决于跑道数目和跑道间的间距。对运输机场来说，间距在210~750m为近距平行跑道，在IFR下每小时的能力在50~60架次；750~1300m为中距平行

跑道,容量在 60~70 架次;远距跑道间距在 1300m 以上,其能力为 100~125 架次。在 VFR 下,近距、中距、远距平行跑道容量在 100~200 架次。平行跑道如图 6.4b)、c)所示。

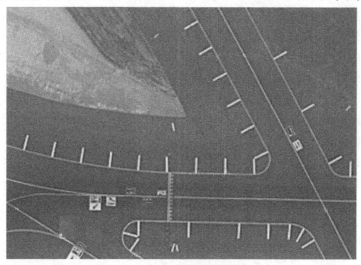

图 6.3　机场跑道细节示意图

③交叉跑道:当机场所在地区存在强风且风向较为固定时,如果仅有一条跑道,会受到过大侧风的影响,因而需要采用交叉跑道,以便在风力强时使用其中的一条。风弱时,两条跑道均可使用。交叉跑道的容量在很大程度上取决于其交叉位置和跑道使用方式。交叉点离跑道的起飞端和着陆入口越远,跑道容量越低;故相交点接近起飞端和着陆入口可得到最大容量,交叉跑道的小时容量在 60~70 架次(IFR)或 70~175 架次(VFR),如图 6.4d)所示。

④开口 V 形跑道:两条跑道方向散开而不交叉称为"开口 V 形跑道"。提供最大容量的策略是飞机起飞与着陆从 V 形顶端向外散开,在 IFR 下的小时容量可达 50~80 架次,VFR 下的小时容量为 60~180 架次。开口 V 形跑道如图 6.4e)所示。

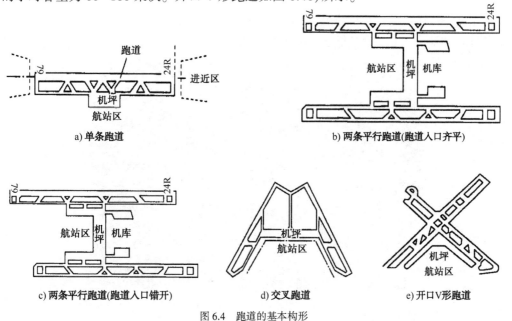

图 6.4　跑道的基本构形

（2）滑行道。滑行道的主要功能是提供飞机从跑道滑行到航站区，进入跑道的规定通道，使已着陆的飞机迅速离开跑道，不与起飞滑跑的飞机相干扰，并尽量避免延误随即到来的飞机着陆；以实际可行的最短距离连接性质不同的各功能分区（飞行区、航站区等），从跑道到航站区和维修库的通道，使机场最大限度地发挥其容量潜力并提高运行效率。

滑行道系统主要包括：主滑行道、进出滑行道、飞机机位滑行通道、机坪滑行道、辅助滑行道、滑行道道肩以及滑行带。主滑行道又称干线滑行道，是飞机往返于跑道与机坪的主要通道，通常与跑道平行。进出滑行道（俗称联络道），旨在使着陆飞机尽快脱离跑道大多与跑道正交。飞机机位滑行通道和机坪滑行道均为机坪上的滑行道，辅助滑行道提供飞机通向维修机坪、隔离机坪等所用。为了保证飞机的滑行安全，通常在滑行道两侧对称地设置道肩，而且还要向两侧延伸一定的距离，延伸部分连同滑行道（机位滑行道除外）统称为滑行带。

（3）停机坪。停机坪上设有机位，即供飞机停放的划定位置。停机坪包括站坪、维修机坪、隔离机坪、等候机位机坪、等候起飞机坪等。停机坪也可称为"试车坪"或"预热机坪"，通常设置于邻近跑道端部。活塞式飞机可在此做起飞前的最后检查。等待起飞机坪应能容纳2~4架飞机。停机坪（特别是客货机坪）供飞机长时间停放、满载滑进滑出，其受载条件与跑道端部相近，因此其厚度亦应与跑道端部相等。

（4）待机坪。待机坪设置在滑行道和跑道端的接口附近，用标志线在地面标出，供飞机在进入跑道前等待许可指令用。

（5）指挥塔。指挥塔是控制航空器进出航空港的指挥中心。一般设置在航空港建筑物的最高处，有利于指挥和航空管制，维护飞行安全。

2）航站区

航站区是飞行区与机场其他部分的交接部。航站区设备包括航站楼、助航设施地面活动引导和管制系统、地面特种车辆和常务设备等。航站区系统包括旅客航站系统、机坪门位系统、机场维护与管理系统等。

航站楼空侧所设停机坪称作站坪，可供飞机滑行、停住机位、停靠门位以便上下旅客、行李和货邮及加油。图6.5为某机场飞行区实景图。

图6.5 机场飞行区实景图

（1）航站楼。航站楼，即候机楼，是航站区的主体建筑物。航站楼一侧连着机坪，另一侧又与地面交通系统相联系。旅客、行李及货邮在航站楼内办理各种手续，并进行必要的检查以实现运输方式的转换。旅客航站楼基本功能是安排好旅客和行李的流程，为其改变运输方式提供各种设施和服务，使航空运输安全有序。

旅客航站楼的基本设施应包括：

①车道边。

②公共大厅。

③安全检查设施。

④政府联检机构。

⑤候机大厅。

⑥行李处理设施（行李分检系统和行李提取系统）。

⑦机械化代步设施（人行步道、自动扶梯等）。

⑧登机桥。

⑨旅客信息服务设施等。

大型机场的旅客航站楼还设有机场和航空公司的办公机构、特许商业经营部门和服务设施。因此，航站楼不仅是民航的营运中心，而且还是商业中心。

机场可能包含贵宾服务，包括快速登机手续、专用登机柜台、专用的起飞或到达贵宾休息室、优先登机、独立登机空桥和行李优先处理等服务。

（2）航站楼布置形式。航站楼布局是否合理，对运营和管理的影响极大。航站楼的水平布置的一般原则：对于空侧，航站楼要有足够的停机位以便接纳到港和离港的飞机。对于陆侧，应有足够的地面旅客接纳能力。在一般情况下，一个机场设一个航站楼，如果旅客流量大，集中办理无法满足旅客要求，也可设多个航站楼。通常航站楼的水平布置形式有以下几种：

①前列式候机楼。登机口沿候机楼前沿布置，见图6.6。

②廊道式候机楼。候机楼主楼朝停机坪方向伸出一条或数条廊道，登机口沿廊道两侧布置，见图6.7。

图6.6 前列式候机楼

图6.7 廊道式候机楼

③卫星式候机楼。在候机楼主楼之外建造一些登机厅，沿登机厅周围布置登机口，而登机厅与主楼用廊道连通，见图6.8。

图 6.8　卫星式候机楼

④转运车式。飞机停在远离候机楼的停机坪上,旅客搭乘登机车登机或离机。采用这种登机方式,候机楼可集中布置,平面灵活,不受飞机载客增多、飞机型号增大的影响,见图 6.9。

⑤综合式候机楼。采用上述 4 种中其中两种或两种以上形式建造的候机楼。

航站楼竖向布置的原则是要合理安排旅客和行李的流程。一般情况下,航站楼层数越多,旅客越感到不方便。因此,航站楼的层数不宜超过三层。

(3)航站系统。

①旅客进出航站部分是,旅客从出入机场的交通方式到办理旅客进程的通道交接面。该部分

图 6.9　运转车式候机楼

的活动包括车流的流通、停车、旅客上下车与出入机场等;主要设施包括供旅客上下机和迎送者使用的通路;为出入航站楼的车辆提供停靠位置;汽车停车设施;车辆进入航站楼的行车通道;停车设施与航站楼间的各种人行过道、地道、桥梁和自动设施;为航空货运、加油站、邮政、消防等服务的各项设施。

②办理旅客进程部分。办理旅客准备开始或结束其空中旅行的进程,包括办理机票和登机手续、托运和提取行李、客运检查和保安工作等。其主要设施应有为航空公司用于办理机票事务、受托和交付行李的柜台和办公场所;航站楼服务场所;旅客候机大厅及楼梯、过道等设施,发送、到达与中转行李场所;机场管理和服务场所;各种检查设施等。

③飞行交接部分,即旅客从办理进程部分到登乘飞机或下机后出站。主要活动包括:旅客上下机和出站。其主要设施包括出站厅以及去出站厅和航站其他部分的过厅;旅客登机设备;航空公司工作场所;保安设施及航站服务场所等。

(4)机屏门位系统。机坪是航站楼与飞行区之间的连接区域。它包括停机的地面、飞机进出停机地面所用的回旋和滑行地面。停机地面上飞机按门位停放,停机门位的大小由飞机门位的数目、门位的大小以及门位上飞机停放的类型确定。飞机的停放类型是指飞机停放位置相对于航站楼的样式(即机头向内、平行或成角度停放)和飞机进出停放位置的方法。飞机停放类型及停放时的地面服务,如图 6.10 所示。

3)机务维修区

机务维修区是飞机维修厂、维修机库、维修机坪等设施所在的区域。区内包含为保证航空港正常运转和安全所需的各项设施,如气象、供电、供冷、供热、给排水、消防、输油等设施。

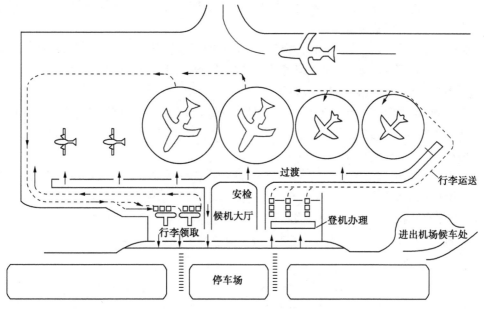

图 6.10　飞机停放类型及停放时的地面服务

4)进出机场的地面交通系统

进出机场的地面交通系统通常是公路,也包括铁路、地铁(或轻轨)和水运码头等。其功能是把机场和附近城市连接起来,将旅客、货物及时运进或运出航站楼。进出机场的地面交通系统的状况直接影响航空运输业务。

5)其他配套设施

(1)目视助航设施。为了满足驾驶员的目视要求,保证飞机的安全起飞、着陆、滑行,应在跑道、滑行道、停机坪及相关区域内设置目视助航设施,包括指示标和信号设施、标志、灯光、标记牌和标志物。此外,还要设置表示障碍物及限制使用地区的目视助航设施。

(2)地面活动引导和管制系统。地面活动引导和管制系统是指由助航设备、设施和程序组成的系统。该系统的主要作用是使机场能安全地解决运行中提出的地面活动需求,即防止飞机与飞机、飞机与车辆、飞机与障碍物、车辆与障碍物以及车辆之间的碰撞等。

(3)地面特种车辆和场务设备。为了保证飞机在飞行区内正常运行,机场应配备维护、检测设备(清扫车、吹雪车、推雪车、割草机、道面摩擦系数测试车等)以及驱鸟设备等。

机场配套设施包括供油设施、应急救援设施、动力与电信系统、环保设施、旅客服务设施、保安设施、货运区以及航空公司区等设施。

6.1.2　机场的分类

(1)按航线性质分,可分为国际航线机场(国际机场)和国内航线机场。

(2)按机场在民航运输网络中所起作用划分,可分为枢纽机场、干线机场和支线机场,国内国际航线密集的机场称为枢纽机场,干线机场连接枢纽机场,客运量较为集中,支线机场则空运量较少,航线多为本省区内航线或邻近省区支线。

(3)按机场所在城市的性质、地位划分,可分为Ⅰ类机场、Ⅱ类机场、Ⅲ类机场和Ⅳ类机场。Ⅰ类机场等级最高,Ⅳ类机场等级最低。

Ⅰ类机场,即全国经济、政治、文化大城市的机场,是全国航空运输网络和国际航线的枢纽,运输繁忙,除承担直达客货运输外,还具有中转功能。北京、上海、广州三大城市机场属于Ⅰ类机场,亦称枢纽机场。

Ⅱ类机场,即省会、自治区首府、直辖市和重要的经济特区、开放城市和旅游城市,或经济发达、人口密集城市机场,可建立跨省、跨区域的国内航线,是区域、省内民航运输的枢纽,有的可开辟少量国际航线,亦称干线机场。

Ⅲ类机场,即国内经济比较发达的中小城市,或一般的对外开放和旅游城市的机场,除区域和省内支线外,可与少量跨省区中心城市建立航线,故亦称次干线机场,如青岛、温州、三亚等机场。

Ⅳ类机场,即省、自治区内经济比较发达的中小城市和旅游城市,或经济欠发达、单地面交通不便城市的机场,航线主要在本省内或连接邻近省区,亦称支线机场,如义乌机场。

(4)按旅客乘机目的,又分为始发/终程机场、经停(过境)机场和中转(转机)机场。

(5)按服务对象机场可分为军用机场、民用机场和军民合用机场。

6.1.3 机场等级划分

为了合理配套机场人员和相应设施,保障飞机安全、有序、正点起降,促进优质服务并提高经济效益和社会效益,必须给机场划分等级。飞行区等级、跑道导航设施等级、航站业务量规模等级分别从不同侧面反映了机场的状态。我国民用运输机场就是根据上述三个指标来进行等级划分的。

(1)飞行区等级。跑道的性能及相应的设施决定了什么等级的飞机可以使用这个机场,机场按其跑道的性能及设施分组,称为飞行区等级。对于跑道来说,飞行区等级有两个要素组成。第一位为数字,表示所需要的飞行场地长度;第二位为字母,表示相应飞机的最大翼展和最大轮距宽度。表6.1中代码表示飞行场地长度,它是指某型飞机以最大批准起飞质量,在海平面、标准大气条件(15℃、1个大气压)、无风、无坡度情况下起飞所需的最小飞行场地长度。代码根据翼展或主起落架外轮外侧间距来确定,并取两值要求较高者。

机场飞行区等级分类　　　　　　　　　　表6.1

第一要素		第二要素		
代　码	飞机基准飞行场地长度(m)	代　字	翼展(m)	主起落架外轮外侧间距(m)
1	<800	A	<15	<4.5
2	800~1200	B	15~24	4.5~6.0
3	1200~1800	C	24~36	6.0~9.0
4	≥1800	D	36~52	9.0~14.0
5	≥1800	E	52~65	9.0~14.0

(2)跑道导航设施等级。根据在不同气象条件下的着陆能力,对跑道分类如下:

①非仪表跑道:跑道上不安装帮助飞机着陆的仪表,驾驶员全凭肉眼观测来操纵飞机,当气象条件不好,如有雾或云层很低时,就不准飞机在非仪表跑道上着陆,以保安全,代字

为V。

②仪表跑道:跑道上安装帮助飞机着陆的仪表,飞机可按仪表提供的信息来进行飞行,仪表跑道又可分为四类。

a.非精密进近跑道:对着陆的飞机提供方向性的引导,代字为NP。

b.Ⅰ类精密进近跑道:能供飞机在决断高度低至60m,跑道视程低至800m时着陆的跑道,代字为CATI。

c.Ⅱ类精密进近跑道:能供飞机在决断高度低至30m,跑道视程低至400m时着陆的跑道,代字为CATII。

d.Ⅲ类精密进近跑道:可引导飞机直至跑道,并沿道面着陆和滑行,代字为CATIII(CATIIIA、CATIIIB、CATIIIC)。

(3)航站业务量规模等级。航站业务量规模等级主要依据年旅客吞吐量或货物(及邮件)吞吐量来进行划定。若年旅客吞吐量与货物(及邮件)吞吐量不属于同一等级时,可按较高者定级,详见表6.2。

航站业务量规模分级标准 表6.2

航站业务量规模等级	年旅客吞吐量（万人）	年货邮吞吐量（kt）	航站业务量规模等级	年旅客吞吐量（万人）	年货邮吞吐量（kt）
小型	<10	<2	大型	300~1000	100~500
中小型	10~50	2~12.5	特大型	≥1000	≥500
中型	50~300	12.5~100			

(4)民航运输机场规划等级划分。综合以上指标,民航运输机场规划等级划分,详见表6.3。

民航运输机场规划等级 表6.3

机场规划等级	飞行区等级	跑道导航设施等级	航站业务量规模等级
四级	3B、2C及以下	V、NP	小型
三级	3C、3D	NP、CATI	中小型
二级	4C	CATI	中型
一级	4D、4E	CATI、CATII	大型
特级	4E及以上	CATII及以上	特大型

6.2 飞机

6.2.1 飞机的分类

飞机是航空运输的主要运载工具。按照不同的分类标准,有不同的类型。

1)按运输类型划分

按运输类型的不同可分为运输机与通用航空飞机两大类。运输机是供航空公司运送客、货的飞机。通用航空飞机是供工农业生产、抢险救灾、教学训练使用的飞机。

2)按起飞质量及客座数划分

按起飞质量及客座数可以划分为大型、中型、小型飞机。飞机起飞质量在15~30t为小型飞机,30~60t 为中型飞机,60t 以上为大型飞机。飞机的客座数在 100 座以下的为小型,100~200 座之间为中型,200 座以上为大型。

3) 按航程划分

按航程可以划分为远程、中程、短程飞机。远程飞机的航程为 11000km 左右,足以完成中途不着陆的洲际飞行,中程飞机的航程约 3000km,短程飞机的航程一般在 1000km 以内。

4) 按构造划分

按机翼数目,飞机一般可分为双翼机和单翼机;按发动机类型可分为活塞发动机、螺旋桨组飞机和喷气式飞机;按发动机数目可分为单发动机飞机、双发动机飞机、三发动机飞机和四发动机飞机;按旅客过道数目,大多数客机的客舱内只有一个旅客通道,若客舱内有两个客舱通道,则称其为宽体(或双通道)客机;按尾翼位置或数量、机身数量分类。

5) 按性能特点分

按最大飞行速度分为亚音速(即飞机飞行速度与音速之比或称马赫数 M 小于 0.75)、跨音速(M 为 0.75~1.2)、超音速(M 为 1.2~1.5)、超超音速(M 大于 5.0)飞机。亚音速飞机又可进一步分为低速飞机(飞行速度在 400km/h 以下)和高音速飞机,目前使用的喷气式客机大多数属于高亚音速飞机。

6) 按用途划分

由于飞机的性能、构造和外形基本上由用途来确定,故按用途分类是最主要的分类方法之一。现代飞机按用途主要可分为军用机与民用机两类,另有一类专门用于科研和试验的飞机,可称为研究机。

7) 民用飞机的分类

民用飞机包含民航机和通用航空机。民用飞机类标准,也有多种划分方法:

(1) 旅客机。用于运载旅客和邮件,联络国内各城市与地区或国际的城市。旅客机可按大小和航程进一步分为,洲际航线上使用的远程(大型)旅客机,国内干线上使用的中程(中型)旅客机,地方航线(支线)上使用的近程(轻型)旅客机。目前,各国使用的旅客机大都是亚音速机。超音速旅客机有两种,其最大巡航速度约为 2 倍音速。中型旅客机使用较广泛,既有喷气式的,也有带螺旋桨的,如"三叉戟"。图 6.11 为国产大型喷气旅客机。

(2) 货机。用于运送货物,一般载重较大,有较大的舱门,或机身可转折,便于装卸货物;货机修理维护简易,可在复杂气候下飞行。图 6.12 为民用货机。

图 6.11 国产大型喷气旅客机

图 6.12 民用货机正在装货作业

(3)教练机(民用)。用于训练民航飞行人员,一般可分为初级教练机和高级教练机。
(4)农业机、林业机。用于农业喷药、施肥、播种、森林巡逻、灭火等,属于轻型飞行。
(5)体育运动机。用于发展体育运动,如运动跳伞等,可作机动飞行。
(6)多用途轻型飞机。这类飞机种类与用途繁多,如用于地质勘探、航空摄影、空中游览、紧急救护、短途运输等。

民航机指民用的客机、货机和客货两用飞机。农林业机、体育运动机、多用途轻型飞机均属于通用航空范畴。

6.2.2 飞机的构造

飞机主要由机身、机翼、起落装置、动力装置、操纵系统等部件组成。飞机构造示意图如图 6.13 所示。

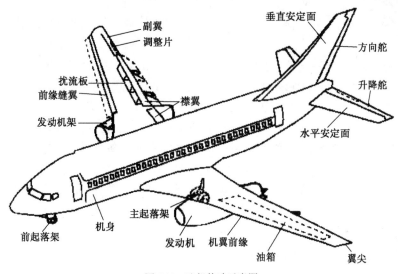

图 6.13 飞机构造示意图

1)机身

机身是飞机的主体,机身是装载人员、货物、燃油及其他各种物资与装备的部件,并连接机翼、尾翼、起落架及其他相关部件,将飞机的各部件连为整体。

根据机身的功能,其构造要求具有尽可能大的空间,以便使单位体积利用率最高;连接必须安全可靠;还要有良好的通风加温、隔音设备,视界广阔,利于飞机起落;在气动方面要求尽可能减少阻力;在保证强度、刚度、抗疲劳能力的条件下重量尽可能轻。

机身的外形与发动机的类型、数目以及安装位置有关。一般机身的侧面外形为拉长的流线体,它很大程度上受驾驶舱的影响。机身的剖面形状有圆、椭圆、方、梯形等,它们适合不同用途和速度范围的飞机。例如,低速飞机可用方形,具有气密座舱的高亚音速大型客机多用圆形或椭圆形。机身的构造形式包括构架式、梁式与复合式三种。

构架式机身像桥梁结构,完全靠内部的骨架受力,它适合于速度与高度较低、体积与重量较小的飞机。构架式机身的优点是构造简单、便于施工、开口方便;缺点是阻力大,空气动力性能较差,蒙皮只受空气动力,其他载荷全由骨架承受,故重量较大,此外由于有纵横构件,机身内部空间难以很好利用。

梁式机身又称薄壁式机身,它用金属蒙皮代替蒙布,将蒙皮与骨架牢固地结合在一起而成为一个整体。梁式机身又包括桁梁式机身、桁条式机身、硬壳式机身3种。

复合式机身是构架式和梁式结合,如前机身采用桁梁式、后机身采用桁条式;构架式加梁式、硬壳式加半硬壳式等。图6.14为硬壳式机身的基本构架。

由于机身的重要作用是装载人员、货物的设备,其配备各种舱室和必要的装备,如驾驶员座舱、旅客舱、货舱、军用机的炸弹舱等。此外,还有机身的通风、保暖、防止噪声、增压与安全等辅助设备。

2)机翼

机翼是为飞机飞行提供升举力的部件。飞机在平衡飞行时,受到4个力的作用:举力、阻力、拉(推)力与重力。这些外力称为"外载荷",它们会使飞机的某些部件产生变形,而飞机内部会产生一种抵抗变形的内力。这些载荷加到机翼上,会使机翼产生弯曲、扭转、剪切、拉伸和压缩5种变形。因此,要求构件必须有足够的强度、刚度和抗疲劳能力来抵抗这种变形,以保证空气动力外形的精确度。机翼受力构件包括内部骨架、外部蒙皮以及

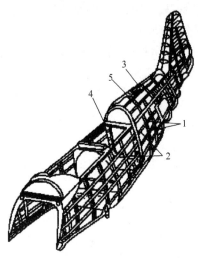

图6.14 硬壳式机身的基本构假
1—桁梁;2—桁条;3—蒙皮;4—加强隔框;
5—普通隔框

与机身连接的接头,见图6.15。其中骨架包括沿翼展方向的纵向骨架和沿翼弦方向的横向骨架。纵向骨架包括3个部件,一是翼梁,主要功能是承受弯矩和剪力;二是桁条,主要功能是支持蒙皮;三是纵墙,又名假梁,与蒙皮等组成围框以承受扭矩;横向骨架包括普通翼肋、加强翼肋和张线等。

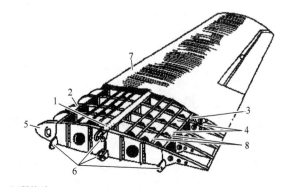

图6.15 机翼构造
1—翼梁;2—前纵墙;3—后纵墙;4—普通翼肋;5—加强翼肋;6—对接接头;7—硬铝蒙皮;8—桁条

蒙皮具有承受局部空气动力(吸力和压力)、形成并维持机翼外形的双重作用。早期的蒙皮是布质的,质轻、价廉、易维修,目前蒙皮有金属铆接蒙皮、夹心蒙皮等。现代飞机采用的大多是金属铆接蒙皮,飞行速度高的,采用钛合金和不锈钢蒙皮。

3)起落装置

飞机的起落装置能使飞机在地面或水面上平顺地起飞、着陆、滑行和停放,主要由吸收着陆撞击能量的机构、减振器、机轮和收放机构等组成。

现代飞机起落架都是可收放的,可大大减少飞机阻力并有利于飞机姿态的控制。陆上

飞机起落装置包括起落架与改善起落性能的装置两部分,起落架的作用是使飞机在地面起落、滑行、停放。

改善起落性能的装置,包括增举装置、起飞加速器、机轮制动和阻力伞或减速伞等。早期飞机采用四轮式起落架,优点是稳定且便于操纵,但结构复杂,重量与阻力较大,尤其是不易收放。现代飞机大多采用三点式起落架:由于飞机机身前部有发动机、螺旋桨等设备,较早应用的是后三点式起落架;后三点式起落架的两个主轮在飞机重心前靠重心处,尾轮则在飞机纵轴平面的尾部,主要适用于低速轻型活塞发动机飞机。某些高速重型飞机上还出现了自行车式起落架。

起落架的收放形式有沿机翼方向收放和沿翼弦方向收放两种方式。前者多用于单发动机飞机,后者则用于双发动机或多发动机。由于飞机着陆、滑跑时机轮与地面发生巨大的撞击振动和颠簸,起落架必须具备减振机构,现代飞机上广泛采用油气减振器,即主要依靠压缩空气受压时的变形来吸收撞击动能,并通过油液高速流过小孔产生的摩擦来消耗动能,它具有吸收能量大而反跳小的优点。

4)推进装置

飞机的推进装置主要是指发动机。航空发动机分为活塞式发动机、燃气涡轮(喷气)发动机、原子航空发动机等类型,其中活塞式发动机分为液冷活塞发动机、气冷活塞发动机,而燃气涡轮发动机分为涡轮喷气发动机(离心式压气机、轴流式发动机)、涡轮螺旋桨发动机、涡轮轴发动机和涡轮风扇发动机。

(1)活塞式发动机。活塞式发动机是按四冲程原理来进行工作的,即空气进入汽缸与燃油混合、经燃烧后形成高温高压燃气、燃气推动活塞做功及排气,见图6.16。

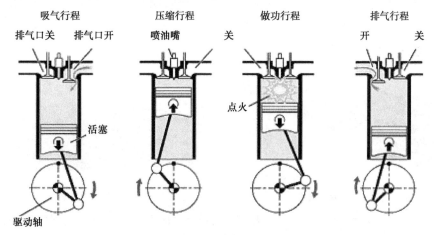

图6.16 四冲程活塞发动机工作原理

活塞式发动机按冷却方式可分为液冷式和气冷式两种。液冷式是用水来冷却发动机的汽缸;气冷式是用空气来冷却发动机的汽缸。航空用的活塞式发动机汽缸数有2~28缸或更多,最大功率近4000马力。

(2)燃气涡轮发动机。任何一种燃气涡轮发动机都是由燃气发生器和其他附属装置组成。

①燃气发生器(图6.17)。航空燃气涡轮发动机仍属于热机的一种,燃气涡轮发动机和活塞式发动机原理基本相同的,都需要有进气、加压、燃烧和排气这四个阶段。对进入发动

机的空气进行压缩,形成高压空气。空气进入燃烧室与燃油混合后燃烧形成高温、高压燃气。高温、高压燃气进入驱动压气机的涡轮机中膨胀,使涡轮机高速旋转做功。活塞式发动机是以汽油作为燃料的一种四冲程内燃机。按冷却方式,活塞式发动机可分为液冷式和气冷式两种。活塞发动机的汽缸数目最多可达 28 个或更多,最大功率近 2940kW。航空活塞发动机要求重量轻、尺寸小、马力大、油耗低。螺旋桨为活塞发动机飞机提供拉力,有二叶、三叶、四叶或六叶。螺旋桨活塞式发动机一般用于时速不超过 700km。

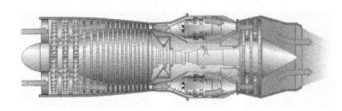

图 6.17　燃气发生器

②涡轮喷气发动机(图 6.18、图 6.19)。当飞机飞行速度提高到需要突破"音障"时,螺旋桨动力装置便不能满足需要。这时要用结构简单、重量轻、推力大的涡轮喷气式发动机。涡轮喷气式发动机的气流速度越大,推力也越大。目前有的喷气发动机的喷气速度可达到 600～900 m/s。它包括进气道、压气机、燃烧室,在燃气发生器后紧跟一个尾喷管,由燃气发生器出来的燃气在尾喷管中膨胀加速,从尾喷管中高速排出,产生推力。涡轮喷气发动机转速高,推力大,适合飞机高速飞行,适合飞机以 2～3 倍音速飞行。由于涡轮喷气发动机的推力是由高速排出的燃气所获得的,所以动能和热能损失较大,耗油率高,在飞机低速飞行时更为明显。

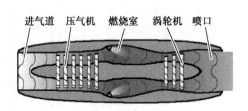

图 6.18　涡轮喷气发动机实物图　　　图 6.19　涡轮喷气发动机原理图

③涡轮螺旋桨发动机(图 6.20)。从涡轮机中出来的燃气通过减速装置降低转速后再驱动螺旋桨,提供拉力,燃气中剩下的少部分能量在尾喷管中膨胀,产生小部分推力,这种发动机称为涡轮螺旋桨发动机。涡轮螺旋桨发动机由于有直径较大的螺旋桨,而且螺旋桨在高速飞行时的效率很低,所以飞行速度受到限制,一般用于时速为 300～400km 的飞机上。由于它的排气能量损失少,推进效率高,所以耗油率低。在时速 600～800km 的飞机上,也可采用涡轮螺旋桨喷气发动机,其原理与组成与涡轮喷气发动机相似,但其涡轮不仅要带动气压机和各种附件,还要带动前面的螺旋桨。由于螺旋桨的转速远低于涡轮,故发动机上要安装一套减速齿轮。涡轮螺旋桨发动机广泛应用于各种运输机、旅客机、反潜机及中远程轰炸机。

④涡轮轴发动机(图6.21)。涡轮轴发动机的工作原理和结构基本与涡轮螺旋桨发动机相同。不同的是涡轮轴发动机输出的能量主要是驱动直升机旋翼而不是螺旋桨。涡轮轴发动机除装有普通涡轮外,还装有自由涡轮(即不带动压气机),此外,燃气发生器排出的燃气基本上已在动力涡轮中完全膨胀,由尾喷管中排出时,气流速度很低,它产生的推力很小,如折合为功率,大约仅占总功率的十分之一;有时甚至不产生什么推力。为了合理安排直升机的结构,涡轮轴发动机的喷口,可以向上向下或向两侧,不像涡轮喷气发动机那样非向后不可。这有利于直升机设计时的总体安排,缺点是制造困难且成本较高。

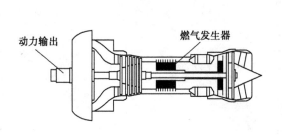

图6.20 涡轮螺旋桨发动机结构　　图6.21 涡轮轴发动机结构

⑤涡轮风扇发动机(图6.22)。涡轮风扇发动机的动力涡轮传动轴通过燃气发生器轴中心,驱动外径比燃气发生器大的风扇叶片。流入发动机的空气经风扇增压后,一部分流过燃气发生器,称为内涵气流;一部分由围绕燃气发生器的流道环中流过,称为外涵气流。发动机由内、外涵气流分别产生推力。

飞机上除发动机外,还需要有一整套保证发动机可靠、有效工作的装置,包括发动机固定装置、进排气系统、燃油及滑油供应系统、防火、防冰等安全设备与发动机操纵系统。

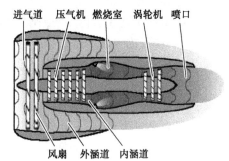

图6.22 涡轮风扇发动机结构

6.2.3　飞机系统

飞机系统主要有操纵系统、液压传动系统、空调系统、防冰系统等。

1)操纵系统

飞机操纵系统可分主操纵系统和辅助操纵系统。主操纵系统是对升降舵、方向舵和副翼3个主要操纵面的操纵,辅助操纵系统指对调整片、增举装置和水平安定面等的操纵。操纵系统用于传递驾驶员发出的操纵指令(操纵动作),改变和控制飞行姿态。改变和控制飞行姿态的主要设备有升降舵(控制飞机抬头或低头)、副翼(控制飞机左右倾斜)、方向舵(控制飞机左右转)。操纵系统,如图6.23、图6.24所示。

主操纵系统包括中央操纵机构和传动系统两部分。中央操纵机构位于座舱内,由驾驶员直接操纵。它包括手操纵和脚操纵两部分;手操纵部分连接升降舵和副翼,脚操纵部分则与方向舵相连。手操纵可分两类,一是驾驶杆,多由硬铝管制成,多用于小型飞机;二是驾驶盘,也用铝管制成,可使驾驶员省力,但灵敏度低一些。脚操纵经驾驶员用脚踩动,经传动机构使方向舵偏转。由于前述3个主操纵面均在飞机尾部或翼尖,故要将驾驶员的动作传至舵面必须要有传动系统。常用的传动方式有两种。一是软式传动方式,主要元件有钢索和滑轮。软式操纵系统的优点是线路安设方便,重量轻,多用于低速飞机;二是硬式传动,主要元件有传动杆、摇臂和导向滑轮。与软件传动系统相比,硬式传动系统具有弹性变形小、操纵灵敏、连接拐弯处摩擦力小、寿命长的优点,多用于高速飞机。

图6.23 飞机系统主操纵界面

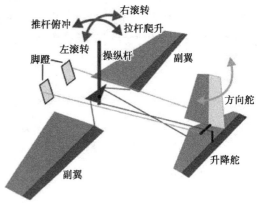
图6.24 飞机操作系统示意图

2)液压传动系统

液压传动系统用于传动、控制操纵系统、起落系统等。燃油系统用于储存飞机所需燃油,并保证在飞机一切可能的飞行姿态和工作条件下,按照要求的压力和流量连续可靠地向发动机供油。此外,燃油还可以冷却飞机上的有关设备和平衡飞机。现代喷气式飞机耗油量很大,大推力的涡轮喷气式发动机每小时要消耗7000kg甚至更多的燃油。

3)空调系统

飞机在高空飞行时,气象条件较好,风速与风向条件稳定,因此飞机的飞行高度一般都在7000~10000m,但高空的低压、缺氧和低温使人体难以承受,故必须要采用空调系统。空调系统的功能就是向座舱供给具有一定压力、温度的空气,并按需要调节,保证机上人员的舒适与安全。在飞机上使用的空调系统有通风式、再生式两种。

(1)通风式。利用涡轮喷气发动机的压气机将空气加压,同时也就提高了气流的温度,如果温度适当,将其引入到座舱中;否则先引导空气到散热器进行降温,再将其引入到座舱中,座舱中有压力调节器,可用来调节气压的大小。其优点是对座舱的气密性要求较低、构造简单、增压空气的温度较高、不要另装加温设备。缺点是使用高度受限制,一般只适用于升限不超过20000~25000m的飞机。

(2)再生式。自备液氧(高压氧气瓶或压缩空气瓶),从中放出氧气,送入座舱,以补偿舱中漏掉的及人消耗的氧气,使舱内保持适宜的含氧量和气压。其优点使用高度不受限制。缺点对气密性要求高、附件设备复杂。

4)防冰系统

飞机在高空飞行时,气温大都在0℃以下,飞机的迎风部位易结冰。飞机的防冰系统功能主要包括防止结冰和除去结冰。

5)机载设备

机载设备主要有指示飞行状况设备、发动机仪表设备、导航、通信设备等。机载设备的目的就是为驾驶员提供有关飞机及系统的工作情况,使驾驶员能随时得到飞行所必须的信息,并可在飞行后向维修人员提供有关信息。

辅助操纵系统包括对水平安定面、襟翼、调整片的操纵等。它一般需要采用特殊装置,如液压、冷气、电动或机械等方式,将操纵面固定在规定位置上;驾驶员通过转盘或手柄以及钢索将动作传动到操纵面上去。

6.2.4 飞机的主要技术参数

1) 基本参数

(1) 机长。机长指飞机机头最前端到飞机尾翼最后端之间的距离。机长与机身长是两个不同的概念,机身长一般指机身段的长度,这一概念较少使用。

(2) 机高。机高指飞机停放在地面时,飞机尾翼最高点的离地距离。

(3) 翼展。翼展指飞机左右翼尖间的距离。这个参数在实际运作中较为重要,确定飞机滑行路线、停放的位置、安全距离时,均以它作为重要指标。

(4) 最大起飞重量。最大起飞重量指飞机适航证上所规定的该型飞机在起飞时所许可的最大重量。

(5) 最大着陆重量。最大着陆重量是飞机在着陆时允许的最大重量,确定飞机的最大着陆重量时,要考虑着陆时的冲击对起落架和飞机结构的影响,大型飞机的最大着陆重量小于最大起飞重量,对于中小型飞机二者差别不大。其值由飞机制造厂和民航当局规定。

(6) 空机重量。空机重量也称飞机基本重量,指除商务载重(旅客及行李、货物邮件)和燃油重量外,飞机做好执行飞行任务准备时的重量。

(7) 转弯半径。转弯半径包括从旋转中心至飞机不同部位的距离形成的半径,它是前起落架转动角度的函数,转动角越大,转弯半径越小。

2) 性能参数

(1) 商务载重。商务载重简称业载,即运输机有收益的运载能力,包括旅客及其行李、邮件、快件和货物。旅客总重量为:

$$座位数 \times 旅客平均重量$$

我国一般旅客(含随身携带的行李)平均重量按 75kg 计算。

(2) 航段燃油。航段燃油指飞机正常飞行中应耗的燃油,也是指飞机起飞后准备到第一个目的地两点之间所需的燃油。

(3) 巡航速度。飞机完成起飞,进入预定航线后的飞行状态称为巡航。巡航速度指发动机消耗燃油最少的情况下的飞行速度。飞机以巡航速度飞行时,最为经济,航程最远。

(4) 爬升速度(爬升率)。爬升速度指飞机每分钟上升的垂直方向的高度。

(5) 升限。升限是指飞机上升所能达到的最大高度。飞机爬升受到高度的限制,因为高度越高,发动机的推力就越小。当飞机达到某一高度,发动机的推力只能克服平飞阻力时,飞机就不能再继续爬升了,这一高度称为理论升限。为安全起见,通常采用实用升限来表示飞机的爬升性能,就是指飞机还能以每秒 0.5m 垂直速度爬升时的飞行高度,这也称为飞机的静升限。

(6) 最大平飞速度。飞机水平飞行,当阻力与动力相等时,飞机能达到的最大速度叫最大平飞速度。由于飞机的阻力、动力与飞行高度有关,所以最大平飞速度在不同高度是不同的,通常在 11km 左右的高度上,飞机可获得最大平飞速度。

(7)航程和续航时间。航程是指飞机起飞后,中途不降落、不加燃料和滑油所能飞行的距离。续航时间是指飞机加一次油在空中能持续飞行的时间。

部分民航飞机的主要技术参数,如表 6.4 所示。

部分民航飞机的主要技术参数　　　　　　　表 6.4

飞机型号	机身长（m）	翼展（m）	最大起飞质量（t）	最大载客数（人）	巡航速度（km/h）	航程（km）	机场长度（m）	发动机台数（台）
B737-300	33.4	28.9	62	149	856	2993	1996	2
B737-700	33.6	34.3	70	149	856	6038	1996	2
B747-300	—	—	—	—	935	8220	3200	4
B747-400	70.6	64.4	395	416	935	13570	3200	4
B767-300	54.94	47.57	175	269	900	11393	1722	2
B777-200	63.73	60.93	230	320	935	9525	—	2
A300-600	54.1	44.8	165	298	891	7500	2664	2
A320-200	37.57	34.09	73.5	150	900	5000	—	2
A340-200	59	60.3	275	239	—	14850	—	4
A380-200	72.8	79.8	560	555	—	14800	—	4
伊尔76	46.59	50.5	170	—	—	5000	—	4
运12	14.86	17.24	5.3	17	290	1400	—	2

6.3 通信与导航设施

6.3.1 通信设备

民航客机用于和地面电台或其他飞机进行联系的通信设备包括:高频通信系统(HF)、甚高频通信系统(VHF)、选择呼叫系统(SELCAL)。

1)高频通信系统(HF)

一般采用两种制式工作,即调幅制和单边带制,以提供飞机在航路上长距离的空与地或空对空的通信。它工作在短波波段,频率范围一般为 2~30MHz。

2)甚高频通信系统(VHF)

一般采用调幅方式工作,主要提供飞机与地面塔台、飞机与飞机之间近距离视线范围的话音通信。其工作于超短波波段,频率范围一般为 113~135.975MHz。

3)选择呼叫系统(SELCAL)

地面塔台通过高频或甚高频通信系统对指定飞机或一组飞机进行联系。由选择呼叫控制盒、选择呼叫译码器和终生装置组成。当被呼叫飞机的选择呼叫系统收到地面的呼叫后,指示灯亮、钟响,告诉飞行员地面在呼叫本飞机。

6.3.2 导航设备

1)飞机导航方法

导航的任务是确定飞机飞行中所在的位置,以及确定飞机的飞行方向。飞机主要的导航方法有目测导航、定点推算导航、天文导航、无线电导航和卫星导航等。

(1)目测导航。这是最简单的导航方法,就是驾驶员靠目力观察地面熟悉的地形和地物,如山峰、河流、铁路等,或者借助于航空地图认识地面标记来飞行。显然这种方法有很大的局限性。天气不好或者飞行地区没有详尽的航空地图,就会发生困难,所以只限于短途和低空飞行。但是只要有可能,总是尽量把目测导航和其他导航方法配合起来进行工作,以便获得更好的效果。

(2)定点推算导航。这一导航方法是根据出发地和目的地的已知位置,利用航空地图选择航线,再根据风向、风速和飞行速度,依靠罗盘、航空时钟、空速表和高度表来推算出已飞过的距离和目前飞机所在位置,以及应该采取的飞行方向。如第一次飞越大西洋就是采用这种方法(纽约至巴黎),但是定点推算不精确,所以现代飞机上已很少采用了。

(3)无线电导航。

①自主式导航(多普勒导航)。多普勒导航是利用"多普勒效应"工作的。当振动着的波源逐渐靠近观测者时,测量到的频率比从波源发出的频率高。当波源离去时,测量到的频率则低于发出的频率。这就叫作多普勒效应或叫多普勒原理。飞机飞行时,它上面安装的多普勒雷达向地面发出无线电波,如果它的频率为 f_0,那么反射回来的无线电波的频率就变成 f_0+f_d,这里 f_d 叫多普勒频率,飞机的速度越快,f_d 就越大,多普勒雷达通过测定多普勒频率,获得飞机的地速和偏流角。地速等于飞机空速(飞机相对于空气的速度)和风速相加,空速和地速之间的夹角就叫偏流角。

多普勒导航系统由脉冲多普勒雷达、航向姿态系统、导航计算机和控制显示器等组成。多普勒雷达测得的飞机速度信号与航向姿态系统测得的飞机航向、俯仰、滚转信号一并送入导航计算机,计算出飞机的地速矢量并对地速进行连续积分等运算,得出飞机当时的位置。利用这个位置信号进行航线等计算,实现对飞机的引导。

②协调式导航。必须使飞机上的设备和地面无线电导航台协调工作,目前在飞机上使用较广,其优点是准确可靠,缺点是必须依赖地面设备,无法在敌区工作,而且易受干扰。

(4)天文导航。以天体(如星体)为基准,利用星体跟踪器测定水平面与对此星体视线间的夹角(称为星体高度角)。高度角相等点构成的位置线是地球上的一个大圆。测定两个星体的高度角可得到两个大圆,它们的交点就是飞机的位置。

(5)卫星导航。基于北斗/GPS 兼容型的机载卫星导航设备,将多功能显示控制组件、导航显示器、主飞行显示器高度集成,能够使国产通用飞机具备 RNP 运行能力。该设备能够实现飞行计划制定、实际导航性能计算、增强型近地警告和横纵向导航显示等功能,可为飞行提供精确、可靠的定位和导航服务。

2)跑道导航设施

现代商业航空运输主要是以大型客机为主,大型客机主要体现在飞机吨位大、速度大、安全责任大。跑道导航设施是一种辅助飞机安全着陆的系统仪表着陆系统。仪表着陆系统根据地面台的精度,机载设备的分辨能力以及机场的净空条件,跑道视程等因素,国际民航组织将仪表着陆系统分为三类。用跑道视程和决断高度两个量来表示。跑道视程(RVR)是在跑道中线上飞行的飞行员能看清道面标志或跑道边线灯或中线灯的最大距离。决断高度(DH)是机轮高于跑道平面的高度。

根据仪表进近程序最后航段所使用的导航设备及精密仪表进近程序分为两类:一类是所使用的设备在最后航段既能提供方位信息又能提供下滑道信息的称为精密进近程序。精密进近程序的精度较高,如仪表着陆系统进近(ILS),精密进近雷达进近(PAR);另一类是所使用的设备在最后航段只提供方位信息,不提供下滑道信息的称为非精密进近程序。非精密进近程序,精度较低,如 NDB 进近、VOR 进近等。

进近又叫进场,指飞机在机场上空由地面管制人员指挥对准跑道下降的阶段,有着严格的标准和操作规程的。该阶段飞机需要按规则绕机场飞行后直接对准跑道,飞机减速,放下襟翼和起落架。

(1)仪表导航原理(图 6.25)。航向台沿跑道发出两种频率不同的无线电信号,在跑道中心线上,这两种无线电波强度相等,形成一条"等信号区",它恰好与跑道中心线一致,在航向台前有一个航向监视器,用来检查等信号区是否偏离跑道中心线。

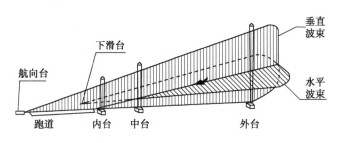

图 6.25 仪表导航原理

下滑台也发出两种频率不同,但带有方向性的无线电波束,形成"下滑等信号区",它是一个斜面,其倾斜坡度为 2°~4°。下滑台前也有下滑监视器,其作用是检查信号是否偏离跑道。指点标台用于标志下滑道上某点的高度与离跑道入口的距离的关系,最多有 3 个指点标。它们垂直向上发射扇形波束,由于它们离跑道的距离是已知的,所以当飞机飞到它的上空时,接收到它们发出的信号,就知道高度与离跑道入口的距离了。下滑台等信号区是一个斜面,航向台等信号区是一个垂直平面,这两个平面的交线就是飞机下滑的正确航线。飞机只要沿着这条航线飞行就能正确地完成着陆动作,不管外面是有大雾还是黑夜。

(2)自动着陆原理。仪表着陆可以在气象条件不好或夜晚着陆,但仍存在很多困难。一是在着陆过程中,驾驶员既要全神贯注地看着数个仪表,又要观察驾驶舱外的情况,同时还要手脚并用地操纵三个操纵面和油门,处于高度紧张状态;二是地面建筑物和车辆对无线电波的反射,可能使无线电波等信号区发生变化,越靠近地面,变化越大,大约在 60m 高度以下,便不太可靠。而自动着陆其措施是:首先,在跑道两侧各铺一条电缆,在电缆中通以不同频率的交流电,在其周围就产生了磁场,两条电缆在跑道中心线上产生的磁场强度是相等的,这就起到了与航向台等信号区的作用;其次,在飞机上增加一个精确的无线电高度表,再增加信号处理器,信号经处理后传给自动驾驶仪,代替驾驶员手动操纵。

3)无线电导航系统

民航客机的导航主要依赖于无线电导航系统,其设备有:甚高频全向无线电信标/测距仪系统(VOR/DME)、无方向性无线电信标系统(NDB)、仪表着陆系统(ILS)等。

(1)甚高频全向无线电信标/测距机系统(VOR/DME)。甚高频全向信标系统(VOR)是一种近程无线电导航系统。1949 年,被 ICAO 采用为国际标准航线的无线电导航设备。它由地面发射台和机载设备组成。地面设备通过天线发射从 VOR 台到飞机的磁方位信息,机载设备接收和处理该信息,并通过有关指示器指示出飞机到 VOR 台的磁方位角。

测距机(DME)是为驾驶员提供距离信息的设备。1959 年,它成为 ICAO 批准的标准测距系统。它由机载测距机和地面测距信标台配合工作。一般情况下,地面测距台与 VOR 台安装在一起,形成极坐标近程定位导航系统。它是通过询问应答方式来测量距离的。

(2)无方向性无线电信标系统(NDB)。无方向性信标系统(NDB),即导航台,是用来为机上无线电罗盘提供测向信号的发射设备。根据要解决的导航任务,导航台可以设置在航线上的某些特定点、终端区和机场。航线上导航台,可以引导飞机进入空中走廊的出入口,或到某一相应的导航点以确定新的航向。终端区的导航台,用来将飞机引导到所要着陆的机场,并保证着陆前机动飞行和穿云下降,也用来标志该机场的航线出口位置。机场着陆导航台,用来引导飞机进场,完成机动飞行和保持着陆航向。

(3)仪表着陆系统(ILS)。仪表着陆系统(ILS)为飞机标准进近和着陆设备。ILS是目前最广泛使用的飞机精密进近指一条由跑道指向空中的狭窄"隧道",飞机通过机载 ILS 接收设备,确定自身与"隧道"的相对就可沿正确方向飞近跑道、平稳地下降高度,最终飞进跑道并着陆。它能在气象恶劣和能见度差的条件下,给驾驶员提供引导信息,保证飞机安全进近和着陆。

6.3.3 空中交通运行与管理

1)空中交通管理相关概念

为了保证航空器的飞行安全,提高空域和机场飞行区的利用效率而设置的各种助航设备和空中交通管制机构及规则统称为空中交通管理系统。空中交通管理系统是为了保证航空器飞行安全及提高空域和机场飞行区的利用效率而设置的各种助航设备和空中交通管制机构及规则。助航设备分仪表助航设备和目视助航设备。仪表助航设备是指用于航路、进近、机场的管制飞行,包括通信、导航、监视(雷达)等装置。目视助航设备是指用于引导飞机起降、滑行的装置,包括灯光、信号、标志等。空中交通管制机构通常按区域、进近、塔台设置。空中交通管制机构及规则,包括飞行层的配备、垂直间隔和水平间隔的控制等。管制方式分程序管制和雷达管制。下面简述相关概念。

(1)航路:就是空中一条带状的区域,其宽度为20km(中心线两侧各10km),沿途有良好的备降机场、导航设备和监视雷达,以保证飞机在航路内准确飞行。

(2)航线:也是空中一条带状的区域,与航路相比,航线上的飞机密度较少。航线可分为固定航线和临时航线,固定航线上有导航设备,一般与航路相同。临时航线上的导航设备不全,不能保证飞机作仪表飞行。

(3)空中走廊:机场是飞行频繁的地区,各个方向的飞机都在这里起飞降落,容易产生混乱和冲突。空中走廊就是针对这一情况而出现的,空中走廊就是在机场区域内划出进出机场的空中通道,宽度为8~10km,它能减少飞行冲突,提高飞行空间利用率。

(4)机场区域:指机场及其附近地区上空,是飞机在机场上空飞行、加入航线、进入机场和进行降落而规定的区域。

(5)空中禁航区:禁止航空器飞行的区域。

(6)限制区:只有当飞机符合规定的条件时,才能飞行的区域。

(7)危险区:存在对飞行有危险活动的区域。

2)空中交通管制

空中交通管制就是对飞机的飞行进行管理,引导飞机按既定航线飞行,并合理控制空中交通流量,保证飞行安全。空中交通管制分为程序管制和雷达管制。

(1)程序管制。程序管制是依照空中交通管制规则、机场和航路的有关规定,依靠通信手段进行管制的方法,要求机长报告飞行中的位置和状态,管制员依据飞行时间和机长的报告,通过精确的计算,掌握飞机的位置和航迹。程序管制的任务是为飞机配备安全间隔(出发机场放行仪表飞行飞机的时间间隔规定、航路仪表穿越航线的时间间隔规定等)。机场放行仪表飞行飞机的时间间隔:前后两架飞机同速度、航迹和巡航高度时,前一架飞机起飞后10min,放行后一架飞机;前后两架飞机同速度、航迹但不同巡航高度时,前一架飞机起飞后5min,放行后一架飞机;前后两架飞机不同速度、相同航迹时,速度较快飞机起飞后2min,放行较慢飞机。航路仪表飞行飞机穿越航线的时间间隔:穿越处无导航设备,在穿越航线中心线时,保持与其他飞机时间间隔不少于15min;穿越处有导航设备,在穿越航线中心线时,保持与已飞越导航设备的飞机时间间隔不少于10min,与未飞越导航设备的飞机时间间隔不少于15min。

(2)雷达管制。监视空中飞行的飞机,掌握飞机的航迹位置和有关飞行数据,引导飞机飞行。

①一次雷达:雷达发射机产生足够的电磁能量,经过收发转换开关传送给天线。天线将这些电磁能量辐射至大气中,集中在某一个很窄的方向上形成波束,向前传播。电磁波遇到波束内的目标后,将沿着各个方向产生反射,其中的一部分电磁能量反射回雷达的方向,被雷达天线获取。天线获取的能量经过收发转换开关送到接收机,形成雷达的回波信号。由于在传播过程中电磁波会随着传播距离而衰减,雷达回波信号非常微弱,几乎被噪声所淹没。接收机放大微弱的回波信号,经过信号处理机处理,提取出包含在回波中的信息,送到显示器,显示出目标的距离、方向、速度等。

②二次雷达:发射询问信号并接收目标的应答信号来获得目标信息的雷达。二次雷达的概念是相对于依靠接收目标反射回波工作的一次雷达而言的。由询问机和应答机两部分组成。询问机与雷达安装在一起,应答机安装在飞机上。询问机和应答机使用两个不同的频率。询问机定向地向飞机发出"识别"或"高度"模式的询问信号,该飞机上的应答机则回答一组含有识别编号或高度数据的编码脉冲。由询问机的定向天线扫描接收到目标回波时的方向以及询问和应答之间所经过的时间,可以测出飞机的方位和距离。这样就得到了被管制飞机的方位、距离、高度数据,显示在一次雷达或二次雷达的显示器上,供交通管制人员指挥飞机安全飞行和起降。二次雷达不能探测和识别无应答机的非合作目标。

在向飞机提供雷达管制服务前,管制员必须对飞机进行识别确认,可采用一次雷达或二次雷达识别。对飞机进行识别后,即可确定飞机是否偏离既定航线,与附近飞机的间隔是否符合规定,以及既定航线上天气情况是否适合飞行,然后决定是否对飞机进行必要的引导。

(3)空域管理,是对供飞机飞行的空间进行管理,在保证飞行安全的情况下,使空间得到合理利用。

①飞行高度层的规定。

a.机场区域:不论航向如何,从600~6000m,每隔300m为一个高度层;6600m以上,每隔600m为一个高度层,直到12000m。

b.航线区域内:真航线角在0~179°范围内,从900~5700m,每隔600m为一个高度层;

6600～11400m,每隔1200m为一个高度层;13000m以上,每隔2000m为一个高度层。真航线角在180°～359°范围内,从600～6000m,每隔600m为一个高度层;7200～12000m,每隔1200m为一个高度层,12000m以上,每隔2000m为一个高度层。

②空中交通服务区域。

a.飞行情报区:为飞行提供情报服务和告警服务而划定的区域。它主要是针对外国飞机进出和飞越我国境内而划定的。

b.飞行管制区:主要为飞机提供管制服务、飞行情报服务和告警服务,分为区域管制和机场管制两种。

区域管制可分为高空管制(6600m以上)和中低空管制(6600m以下)。机场管制通常是指以机场基准点为中心,水平半径50km,垂直高度6600m以下空间。

6.4 航路、航线和航班

6.4.1 航路和航线

航路是政府有关部门批准的,使飞机能够在地面通信导航设施的指挥下沿着一定高度、宽度和方向在空中飞行的空域,是多条航线共用的公共空中通道。航线是飞机飞行的路线,飞机的航线由飞行的起点、经停点、终点等要素组成,它与实际飞行线路的具体空间位置没有直接关系。一般情况下,航线的开辟是以大城市为中心,在大城市之间建立干线航线,再由大城市以建立支线航线的形式辐射至周围的中小城市。

航线有很多种,按飞行区域可以划分为以下两种。

1)国内航线

国内航线是指飞行的起点、经停点和终点都在同航线又可以分为三种。

(1)干线,即骨干航线,在我国是指北京和各省会、直辖市、自治区首府和大城市之间的航线。

(2)支线,是指一个省或自治区内的各个城市之间,或大城市至中小城市之间的航线。

(3)地区航线,是指我国大陆城市与香港、澳门和台湾地区之间的航线。

2)国际航线

国际航线是指飞行的起点、经停点和终点超过两个以上国家的航线。

6.4.2 航班

航班是指飞机定期由始发站按规定的航线起飞,经过经停站至终点站或不经停站直达终点站的运输飞行。在国际航线上飞行的航班称为国际航班,在国内航线上飞行的航班称为国内航班。为方便运输和用户,每个航班均编有航班号。

航班号由字母和数字组成。我国国内航班的航班号由执行航班任务的航空公司的二字代码和四个阿拉伯数字组成。其中,第一位数字表示执行该航班任务的航空公司或所属管理局;第二位数字表示该航班终点站所属的管理局;第三、四位数字表示班次,即该航班的具体编号,若第四位数字为奇数,表示该航班为去程航班,为偶数则为回程航班。国内部分航空公司代码和民航地区管理局所在地代码,如表6.5和表6.6所示。目前,由于民航企业间的重组、地方航空公司的发展、代码共享、飞行区域交叉等原因,航班号有些变化,不再严格遵循上述规律。

国内部分航空公司代码   表 6.5

航空公司名称	代码		航空公司名称	代码	
	二字	数字		二字	数字
中国国际航空集团公司	CA	1	上海航空公司	FM	5
中国东方航空集团公司	MU	5	海南航空公司	HU	7
中国南方航空集团公司	CZ	3	厦门航空公司	MF	8

国内部分航空公司代码   表 6.6

民航地区管理局名称	所在地代码	民航地区管理局名称	所在地代码
华北管理局	1	华东管理局	5
西北管理局	2	东北管理局	6
中南管理局	3	乌鲁木齐管理局	9
西南管理局	4		

6.5 航空集装箱运输设备

航空运输中集装箱的应用已十分广泛。我国 4 类以上的机场均配有集装箱设备。航空运输中的集装箱设备主要是指为提高飞机运输效率而采用的托盘、货网和集装箱等成组装载设备。为了使用这些设备,飞机的货舱和甲板都设置了与之配套的固定系统。

6.5.1 航空集装箱

国际航空运输协会(IATA)采用"成组器"这一术语命名航空运输中使用的集装箱,表示它是成组装载用的一种工具。可以分为航空用成组器和非航空用成组器两种,其分类方法如图 6.26 所示。

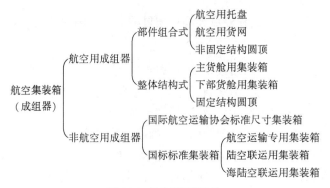

图 6.26 航空集装箱分类

(1)托盘。托盘又称集装板,是指具有平滑底面的一块货板。其作用是借助于货网、编织带,把货物捆绑在其上,并能方便地固定在机舱内。托盘的主要规格尺寸,如表 6.7所示。

国内部分航空公司代码 表6.7

名　　称	规格尺寸(in×in)	名　　称	规格尺寸(in×in)
2A4P/PAG	88×125	2L3P/PLA	60.4×125
2M3P/PMC	96×125	FQA	60.4×96
2K43P	61.5×60.4		

注:1in=25.4mm。

（2）货网。货网又称网套或网罩,是用编织带编织而成的,主要用于固定托盘上的货物。货网与托盘利用货网上的金属环相连接。根据托盘的尺寸,货网也有相应的规格尺寸。

（3）固定结构圆顶。固定结构圆顶是一种与航空用托盘连接的,不用货网就可以固定货物的罩壳。托盘固定在罩壳上,与罩壳连成一体。

（4）非固定结构圆顶。非固定结构圆顶是一种用玻璃钢、金属制造的,没有箱底,能与航空用托盘和货网相连的罩壳。

（5）主货舱用航空集装箱。主货舱用航空集装箱又称上部货舱用集装箱。由于飞机的机身是圆筒状的,其货舱分上部货舱和下部货舱,航空集装箱的形状要求与货舱形状相配。

（6）下部货舱用集装箱。下部货舱用集装箱是指装在飞机下部货舱的集装箱。

（7）国际航空运输协会标准尺寸集装箱。此类集装箱是按国际航空运输协会的规定制造的集装箱。该协会对属于非航空用成组器范畴内的集装箱有如下定义:"所谓集装箱是指用铝、波纹纸、夜板纸、玻璃纤维、木材龙合板和钢材等组合而制成的,可以铅封和密闭的箱子。侧壁可以固定,也可以拆卸。制成的集装箱必须能承受压缩负荷。"

（8）国际标准集装箱。国际标准集装箱是指与国际标准化组织制定的集装箱标准同型的集装箱。

航空集装箱在各种机型中的互换性很大,能够适应不同货物的运输需求,能够提高航空运输装卸效率、缩短飞机停场时间、减少货损。

6.5.2　搬运与装卸设备

航空集装箱搬运与装卸设备主要有托盘拖车、集装箱拖车、升降平台、传送车等。

（1）拖车。拖车是机场经常使用的短距离搬运车辆,一船采用蓄电池或电动机作为动力驱动,或采用内燃机牵引车牵引。

（2）升降平台。升降平台是用于拖车及集装箱卡车的过渡设备,可以使集装箱做横向、纵向、旋转及升降运动。升降平台为货物快速输送、转移提供了保障,提升了物流工作的能力和效率。

6.6　航空运输设备的发展趋势

6.6.1　航空运输设备的发展现状与问题

我国经济社会持续快速发展,我国交通发展取得了显著的成绩,由铁路、公路、水路、航空和管道等多种方式共同构成的综合运输体系基本建立,航空运输在综合运输中承担中长距离客货运输的功能日益突出。总体发展现状可以概括为以下几点:

（1）航空客货运输总量快速增长,综合运输中的比重日益提高。

（2）航空承担中长距离客货运输,构建综合交通国际运输网络。

(3)航空运输技术装备水平较高,航空旅客服务水平最优质。

同时,民航在综合运输发展中也面临的诸多问题:

(1)民航在国家战略层面未得到足够重视。

(2)民航与其他运输方式网络衔接不畅。

(3)民航综合枢纽内部存在衔接障碍。

(4)运输服务一体化运行水平较低。

6.6.2 航空运输的发展目标与策略

1)航线网络

民航将进一步合理配置航空资源,优化网络布局,构建快线化运营的干线网络、轮辐化运营的支线网络和全球可达的国际网络,实现 8h 内国内任意两城市通达,36h 内国内通达国际任意城市。

(1)快线化运营的干线网络。依托干线网络构建快线航空服务网络,在全国旅客吞吐量前 20 位机场间开展点对点、高频率、服务优的航空快线,构建 4h 航空快线交通圈,提升东中西部地区各大经济区域间的航空通道运输能力。

(2)轮辐化运营的支线网络。鼓励航空公司间分工合作,依托区域枢纽机场,开展枢纽航班中转运营,实现支线航空轮辐化运营,提升支线网络的可达性。中小机场连接临近枢纽机场的日均航班量不低 2 班。

(3)全球可达的国际网络。培育网络型航空公司,积极参与国际竞争,航线网络通达全球各大洲主要城市。进一步增强我国到日韩、东盟、欧美等地区的客货运航线通达的广度和深度、服务的密度;经海外运营节点的支撑,拓展我国到南美、非洲等地区航线,扩大国际网络的市场覆盖范围。

2)枢纽机场中转与衔接

(1)枢纽航班中转效率显著改善。航空公司依托枢纽机场,开展轮辐式网络运营,实现中转航班一票到底和行李直挂。优化机场航空资源配置,简化航班中转流程,降低航班最短中转时间,枢纽机场国内航班之间最短中转小于 60min;国际枢纽机场国内与国际航班之间最短中转小于 150min。

(2)与多种交通方式衔接显著增强。加强航空运输与多种交通方式的衔接与协调,按照国际、区域等不同枢纽机场类型,完善机场集疏运体系,实现航空运输与高速铁路、城市轨道、高速公路、客运码头等多种运输方式的紧密链接,增强机场的综合枢纽功能,提升综合运输网络的综合效率。

基于发展目标的基本策略可概括如下:

(1)充分发挥比较优势,配置运输通道资源(加快发展长距离国际航线,构建快线化运营的国内航空干线网络,积极推动支线航空轮辐化网络运营)。

(2)加强衔接与优化,提升机场枢纽功能,国家中长期综合交通网络规划提出了建设 42 个国家级综合交通枢纽。

(3)积极协调与合作,推进综合运输一体化发展。

6.6.3 航空运输设备的新技术

1)机场安全

（1）机场安检技术。传统的全身成像技术基于毫米波能够利用衣物材料在特定波段的"透明"特性进行检测反射发现任何材料的隐藏物品,例如金属、液体、陶瓷、危险品等,是手持安检仪的升级版。Smiths 公司又推出了微米波技术的全身扫描仪,以及针对手提行李中液体、电脑等开发了多角度射线扫描安检机,并将多种技术整合为 iLane 的安检通道整体改进方案,最多同时检查 3 名旅客。Optosecurity 公司也对现有设备作出改进,加装分析设备,能自动分析通过的受检物品,探测武器与危险品。

（2）生物识别技术,包括指纹、虹膜、掌纹、脸部识别等。

（3）控制区门禁系统,Newton 安全公司设计了一种 T-DAR 系统,可设置在一个特别设计拥有出口、入口的门廊中,防止借道行为。

2）旅客及行李的无线识别技术

（1）无线射频识别技术(RFID)。

（2）无线登机牌识别技术(NFC)。

3）行李系统技术

（1）利用线性同步电机技术(LSM)提升用电效率。

（2）运用自助行李托运系统,配合自助值机系统(CUSS)。

4）跑道技术

（1）仪表着陆系统(ILS)。

（2）LED 跑道灯光系统。

5）无线航班信息显示系统

无线航班信息显示系统,利用 iFIDS 显示屏查找航班信息。

6）气象预测技术

气象雷达技术、协同地面适应雷达系统、微波辐射计、雷电预测等。

7）环保技术

（1）融雪除冰技术,红外线加热、回收除冰液、新型环保除冰液。

（2）利用替代能源的地面保障车辆。

随着我国经济社会快速发展,航空运输将进一步突出网络资源优化配置,提高枢纽节点中转效率,发挥航空运输的比较优势,促进我国综合交通的一体化快速发展。

复习与思考题

1.简述航空运输的优缺点。
2.简述航空运输的功能、地位和作用。
3.什么是航路、航线、空中走廊?
4.飞机的组成部分有哪些?
5.机场的组成和各部分作用。
6.飞机系统的工作原理是什么?
7.飞机发动机有哪些类型?
8.简述飞机的主要性能。
9.民航通信设备有哪些?
10.试比较分析飞机的导航方法。

11. 简述飞机起飞与着陆过程。
12. 无线电导航系统有哪些?
13. 航站楼布置形式分类是什么?
14. 简述空中交通管制概念。
15. 试分析跑道设计应考虑哪些因素?

第 7 章 管道运输设备

管道运输(Pipeline Transport)是一种用管道作为运输工具的长距离由生产地向目的地输送液体、气体、固体料浆等物资的运输方式,被称作继铁路、公路、海运、空运四大运输方式之后的"第五种运输方式"。管道运输有着其他运输方式无可替代的优势,特别是油气与浆料运输方面,具有一次性投资少、运输成本低、安全性高、环境友好、自动化程度高等独特优势。

采用管道运输,分送固、液、气体已有几百年的历史,城市自来水、暖气、煤气和排污管道可以看作管道物流的原始形式。随着管道运输技术的发展,管道运输范围显著扩大。目前,管道运输承担着很大比例的能源物资运输,不仅可以输送原油、成品油、水、天然气、煤气等液气体介质,而且也可以输送城市垃圾、工业原料、粮食、水泥、煤浆等固体散装物料,随着原有油气长输管道的逐步完善,近海、沙漠管道的建设,固体物料也已经开始应用管道输送。管道运输设备主要包括输油管道设备、输气管道设备、固体料浆管道设备等。

7.1 输油管道设备

7.1.1 输油管道的组成

输油管道运输是在原油管道运输基础上发展而来,作为管道运输的后起之秀,正在逐步替代成品油在铁路和公路方面的运输,成为成品油运输的重要方面。输油管道是由油管及其附件所组成,按照工艺流程的需要,配备相应的油泵机组,设计安装成一个完整的管道系统,以完成油料接卸及输转任务。长距离输油管道由输油站和管线组成。

1)输油站

输油站包括首站、末站、中间站等。输油管道的起点称为首站,其任务是收集油品,经计量后加压向下一站输送,故首站的设备以输油机泵、油罐为主。输油管道沿途设有中间输油站,其任务是对所输送的原油进行加压升温,即中间泵站,主要设备有输油泵、加热炉、阀门等。输油管道末站接受输油管道送来的全部油品,供给用户或其他方式转运,主要设备为油罐、准确计量装置。

2)管线

输油管道的线路包括管道、沿线阀门室、穿江和穿山设施、管道阴极防腐保护和检测渗漏设施等。为保护长距离管道运输的正常运行,还有配套供电、通信设施。

长距离输油管道组成,如图 7.1 所示。

7.1.2 输油管道的分类

1)按照输油管道的长度和经营方式进行划分

(1)企业内部的输油管道。企业内部输油管道主要是指油田内部连接油井与计量站、联合站的集输管道,炼油厂及油库内部的管道等,其长度一般较短,不是独立的经营系统。

(2)长距离输油管道。长距离输油管道主要是将油田的合格原油输送至炼油厂、码头或铁路转运站的管道,其管径一般较大,有各种辅助配套工程,是独立经营的系统。这类输油管道也称干线输油管道,长距离输油管道长度可达数千千米,如今原油管道最大直径达1220mm。沿线需要输油泵站加压输送。

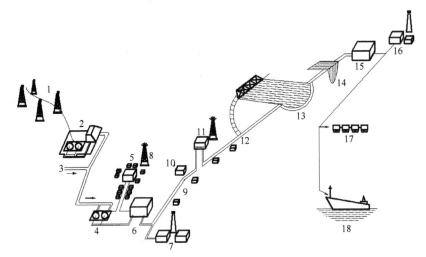

图 7.1　长距离输油管道组成

1-井场;2-输油站;3-来自油田的输油管;4-首站罐区和泵房;5-全线调度中心;6-清管器发放室;
7-首站锅炉房;8-微波通信塔;9-线路阀室;10-维修人员住所;11-中间输油站;12-穿越铁路;
13-穿越河流;14-跨越工程;15-车站;16-炼厂;17-火车装油线桥;18-油轮码头

2) 按照所输送油品的种类进行划分

(1) 原油输油管道。原油管道主要是指输送原油产品的管道,它和成品油管道是有区别的。在我国运行的主要原油输油管道有中俄原油输油管道和中亚原油输油管道等。

(2) 成品油输油管道。成品油输油管道是长距离输送成品油的管道。我国有多条成品油输油管道已经运营或在建,如兰成渝成品油输油管道、兰郑长成品油输送管道、港枣成品油输送管道等。

3) 按输油管道的原材料进行划分

(1) 碳素钢管。固定的输油管线多用碳素钢管,碳素钢管按其制造方法可分为无缝钢管和焊接钢管,无缝钢管又分为热轧和冷拔两种,通常碳素钢管都是采用沸腾钢制造,温度适用范围为 0~300℃,低温时容易脆化,采用优质碳素钢制造的钢管,温度适用范围则为-40~450℃,采用 16Mn 钢,温度适用范围低温为-40℃,高温则可达 475℃。

(2) 耐油胶管。耐油胶管是主要用于临时装卸输转油设施上或管线卸接的活动部位的输油管。耐油胶管有耐油夹布胶管、耐油螺旋胶管和输油钢丝编织胶管三种,都是由丁腈橡胶制成。分压力、吸入和排吸三种不同情况用途,正压输送应选用耐压胶管,负压输送则选用吸入胶管,有可能出现正负压力时则需选用排吸胶管。

常见的管道布置形式有单管系统、双管系统、独立管道系统。为了减少阻力,输油管道一般都尽量采取直线敷设,其方法有地上、管沟和地下三种。在油库围墙以内的管道,都应在地上敷设,而原已埋在地下的管道或已敷设在管沟里的管道,要结合油库的技术改造,亦应尽可能逐步地改为地上敷设。围墙以外的输油管道,为了不妨碍交通和占用农田,一般都把管道经过防腐处理后直接埋在地下,深度为 0.5~0.8m。

7.1.3 输油管道的特点

在油气运输方面,管道运输具有独特优势,一是可以平稳、不间断地输送,管道运输可以使炼油化工工业不停地生产成品,提高生产效率;二是实现安全运输,油气用汽车、火车运输存在很大的危险性,运用管道在地下密闭输送,安全性高;三是保质运输,管道在密闭状态下运输,油品不挥发,质量不受影响;四是经济,管道运输损耗少、运费低、占地少、污染低。

7.1.4 输油管道的主要设备及功能

1)离心泵与输油泵站

(1)离心泵。泵是一种将机械能(或其他能)转化为液体能的水力机械,是输油管线的心脏。泵的种类较多,按工作原理,可将其分为叶片式泵(如离心泵、轴流泵等)、容积式泵(如齿轮泵、螺杆泵等)和其他类型泵(如射流泵、水锤泵等)三类。大型的输油泵可采用多级离心泵串联工作,每级的扬程可高达500~600m。离心泵的种类也很多,如按泵轴位置可分为卧式泵、立式泵;按叶轮级数可分为单级泵与多级泵;按压力可分为低压泵与高压泵;按用途可分为井用泵、电站用泵、化工用泵、油泵等。图7.2为我国自行研发的HPT2843-194型大功率管道输油泵机组,额定流量2843m^3/h,额定扬程194m,额定转速2985r/min,效率88%,轴功率1.7MW。

图7.2 国产HPT2843-194型大功率管道输油泵机组

离心泵通过离心力的作用完成介质的输送任务。当泵内充满液体时,叶轮旋转产生离心力,槽中的液体被甩向外围而流进泵壳,使叶轮中心压力降低并低于水池液面压力,液体在此压力差下由吸入池流进泵壳,通过泵的不断吸入和压出,完成液体输送。从结构上看,离心泵由吸入机构、过流部件、导流机构、密封部件、平衡部件、支承部件以及辅助机构部分组成。吸入机构与导流机构组成泵壳;过流部件的轴、叶轮、轴套以及轴上的部件组成泵的转子部分。蜗壳式泵体与泵盖组成泵壳,是液体的导入机构。泵壳的导流机构中,液体流断面由小到大呈螺旋形,故称蜗壳式;壳体上半部称泵体,下半部称泵盖。转子部分的关键是减少振动,保证转子平衡。离心泵需具有良好的密封性能,包括转子轴伸部分与固定壳体间的密封和泵内高低压腔的密封。离心泵结构示意图,见图7.3所示。

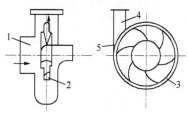

图7.3 离心泵结构示意图
1-吸气室;2-叶轮;3-排空量;
4-扩压管;5-泵舌

(2)输油泵站。输油泵站的任务是供给油流一定的能量(压力能或热能),将油品输送到终点站(末站)。输油泵站包括生产区和生活区两部分,生产区又可分为主要作业区和辅助作业区。主要作业区的设备或设备包括输油泵房、总阀室、清管器收发装置、计量间、油罐区、油品预处理装置(多设于首站)、加热护或换热器组等;辅助作业区包括供电系统、供热系统、供水系统、排污与净化系统、车间与材料库、机修间、调度及监控中心、油品化验室与微波通信设备等。

油品输送有不同的工艺,如等温输送、加热输送等。在加热输送过程中,既存在摩阻损失,又存在热能损失。一般长输管道上每隔几十公里建一个加热站,每站定装若干台加热炉。等温输油管道通常按全年平均温度时的油品黏度来确定泵站数。当地温高于平均地温时,输油量增大;低于平均地温时,输油量减少。在实际设计中,出站温度通常设定一个最高限定值,油品的比热容也需分段选取,通过对管道的分段降温和热负荷测算来确定合理的站间距。要经济、安全地将规定输量的油品从起点输送到终点需要消耗的压力常达到几百个大气压,需要在沿线设置若干个泵站来提供压力能。确定泵站数量的原则是各泵站提供的总扬程与总消耗的总能量平衡。

2)输油加热炉与储油罐

(1)输油加热炉。在原油输送过程中,对原油采用加热输送的目的是使原油温度升高,防止输送过程中原油在输油管道中凝结,减少结蜡,降低动能损耗。通常,采用加热炉为原油提供热能。

加热炉一般由四个部分组成,即辐射室(炉膛)、对流室、烟囱和燃烧设备;加热方法有直接加热和间接加热两种方式:直接加热方法是使原油在加热炉炉管内直接加热,即低温原油先经过对流室炉管被加热,再经辐射室炉管被加热到所需要的温度。其中,辐射室为炉内前墙与挡火墙间的空间。从燃烧器内喷出的燃料在辐射室内燃烧,由于火焰温度可达1500~1800℃,故不能直接冲刷炉管,热量主要以辐射方式转送。加热炉热负荷的70%左右在辐射室内传递;火焰放出一部分热量后成为700~900℃的烟气进入对流室,再以对流方式将另一部分热量传给对流室炉管内流动着的原油。对流室一般比辐射室小,但较窄较高,可设多排蒸汽管或热水管,燃烧产生的高温火焰以辐射换热方式使热量通过辐射室炉管传给管内流动着的原油。辐射室的侧壁、底部或顶部安装有燃烧器(俗称火嘴),可提供燃烧用的燃料和空气。火嘴是加热炉中的主要部件,输油用加热炉中常用的火嘴以原油为燃料的燃油型火嘴,原油以雾形式从火嘴喷出。烟气携带相当输量的热量经烟囱排入大气。有时对流室与烟道间可设热水炉,其热水可供内管道伴热、油罐加热或生活采暖。

(2)储油罐。油罐是19世纪60年代发展起来的一种存储石油及其产品的设备。按照建造方式可分为地下油罐(罐内油品最高液面比邻近地面低0.2m以上)、半地下油罐(油罐高度2/3左右在地下)和地上油罐(油罐底部在地面或高于地面);按照建造材料分为金属油罐、非金属油罐;按结构形式分为立式圆柱形油罐、卧式油罐、双曲率形油罐。一般应用较广的是钢质金属油罐,特点是安全可靠,经久耐用,施工方便,投资省,可储存各种油品。

3)清管设备与计量标定装置

(1)清管设备。油品在运输过程中,管道结蜡使管径缩小,造成输油阻力增加、能力下降,严重时可使原油丧失流动性,导致凝管事故。处理管道结蜡有效而经济的方法是机械清蜡,即从泵站收发装置处放入清蜡球或其他类型的刮蜡器械,利用泵输送原油在管内顶挤清蜡工具,使清除并随油输走。进行管道清蜡要求,不导致管道明显变形且清蜡工具易通过;同时,清蜡器具应有足够强度,在清蜡过程中不易变形和损坏。

清管器按功能可分为清蜡、封堵、检测三类。前两类清管器按结构也可分为皮碗式、球式、泡沫式和机械清管器四种。机械清管器的刮蜡效果好,使用寿命长,但遇到变形的管道和障碍物时,通过能过能力较差且较笨重。泡沫清管器的优缺点则相反,通常用于估计有较大变形的管道。国外近年研制了一些新型的清管器,如英国气体公司研制的"智能"检测清管小车可在不影响管线运行的条件下使用,并可检测出有意义的缺陷,指出假的缺陷、缺陷程度以及位置。

(2)计量标定装置。为保证输油计划的完成、加强输油生产管理,长输管线上必须对油品进行计量,以及时掌握油品的收发量、库存量以及耗损量。现代管道运输系统中,流量计已不仅仅是一个油品计量器,它还是监测输油管运行的中枢。如通过流量计调整全线运行状态、校正输油压力与流速、发现泄漏等。输油管道上常用的流量计有容积式流量计和涡轮流量计两种,实际中应根据所输油品性质、流速与流量范围、计量要求(如精度等)与仪表安装要求(温度与压力等环境条件等)来选择。计量系统包括流量计、过滤器、温度及压力测量仪表、标定系统及排污管5部分。一般流量计只能测体积,大庆油田安装了一套我国自行研制出的原油计量装置,能同时报出体积、质量、原油中的含水率等重要数据,而且系统精度控制在0.4%以内。

4)管线连接和附件、配件

输油系统一般采用有缝或无缝钢管,大口径者可采用螺旋焊接钢管。无缝钢管壁薄、质轻、安全可靠,但造价高,多用于工作压力高、作业频繁的主要输油管线上。管道间的连接方式分为丝机、焊接和法兰三种,管道连接的附、配件主要有:

(1)弯头:分铸钢、焊接和煨管三种,有90°和45°两种弯度。

(2)大小头:是一截两夹口径不一的短管,用以连接两根大小口径不一的管道,分铸钢和焊接两种,有同心大小头和偏心大小头两种类型,油泵的进口与输油管道多用偏心大小头连接,以防止产生气蚀。

(3)三通:分铸钢和焊接两种,它是在管道上分装支管和其他附件时使用。

(4)法兰:是油库应用最广的连接件,适用于管道与附配件之间和管道与油罐设备、油泵之间的对接。多用平焊法兰,平焊法兰取材与制作均较容易、造价低,在焊接与装配、施工操作中极为方便。

(5)盲板:也称闷头、法兰盖,用于封闭管道或阀门的一端截止油路。

(6)法兰垫片。法兰表面即使经过精密加工,在使用中也很难做到使两个法兰接合面贴紧不漏。垫片的作用是把一种半塑性材料置于两个法兰板间,通过螺栓压紧,使垫片将法兰面微小不平整处加工密封,油库通常使用的垫片是耐油橡胶石棉软垫片。

(7)自动转路安全阀。多装在往复泵、旋转泵吸入口与排出口之间,将安全阀压力调整在油管工作压力时,自动转路安全阀自行开启,使液体在排出口与吸入口之间循环,防止油管或油泵因高压损坏。

(8)截止阀和止回阀都是只能使介质(油水、蒸汽或煤气等)在管道内单向流通的一种阀体。一般多装在离心泵出入口两端或其他需要单向流通的部位。

(9)伸缩器(补偿器)管道在使用中,由于受到温度的影响会发生热胀冷缩,温差变化较大时,还可能导致管道断裂,为此油库管道都装有补偿器,使油管能有一定限度的伸缩性,常见的补偿方式和补偿器有如下几种。

①U 型补偿器,在管道布置时,在管道延伸方向的适当部位,安装一副 U 型管道,依靠它来缓解由于温度过低或过高而产生的冷热效应力。

②填料补偿器,它由管体和活动套筒组成,并用填料保持伸缩时严密性能。

③波纹补偿器是由许多个压制的波纹组成,每个波纹的伸缩能力为 58mm。波纹补偿器构造简单、严密体积小,适用于场地受到限制的地方,有焊接型与法兰型。

7.1.5 长距离输油管道的输送方式

长距离输油管道的输送方式是指管路沿线各泵站与管道的联系关系,前后两泵站的连接关系不同,则站内流程、设备选择、管理方式及管理水平也不一样。长距离输油管道的输送方式通常有"通过油罐"、"旁接油罐"和"从泵到泵"三种。

1)"通过油罐"的输送方式

这是一种上站来油进罐,油泵再从罐内抽油加压输送到下站的运输方式。这种输送方式下,油罐可在数量不平衡时起调节作用,又可将管线中带来的空气排出,把杂质沉积下来,但由于罐内油品扰动剧烈,油品蒸发损耗大,这种输送方式多用在投产试运行过程中,因为这时全线运行尚不协调,各站输量波动较大,油罐起到缓冲作用,同时上站来油在罐内排除空气及杂质,可保证泵站设备的安全运行,在全线协调后改为旁接油罐或从泵到泵的输送方式。

2)"旁接油罐"的输送方式

这是一种上站来油同时进入油泵和油罐,油罐与干线并联的运输方式。这种输送方式当相邻两泵站间输量不平衡时,油罐可起到缓冲作用;当上下站的输量均衡时,罐内液面平稳,使蒸发损耗大为减少。

3)"从泵到泵"的输送方式

这种一种上站来油全部进入下站油泵,中间站与站间的输油泵采用接力式密闭输送的输送方式,这种输送方式可以避免中间站的蒸发损耗。"通过油罐"和"旁接油罐"这两种输送方式的每一泵站和它的下一个泵站之间的管道组成一个单独的水力系统,各泵站在短期内可自行调整运行参数,而不直接影响其他泵站,存在于管道上的油罐的缓冲作用给全管线的调节带来很大的灵活性,但该两方式不能保证大型长距离管道的输油主泵正压进泵,每个泵站都必须设置给油泵系统,油罐的存在使流程比较复杂,使得固定投资经营费用增加。"从泵到泵"输送方式是所有泵站与全线管道组成一个统一的水力系统,各泵站必须具备足够可靠的自动调节和自动保护设施,因而这种"从泵到泵"输送方式工艺流程简单、损耗少、节省油罐设备、动力消耗较少。

7.1.6 输油管道防腐措施与检漏方法

1)输油管道防腐措施

管道和储罐的腐蚀会造成穿孔从而引起油、气、水的跑漏,甚至爆炸。根据金属管道腐蚀机理,可分为化学腐蚀、电化学腐蚀两类,相应管道和储罐的防腐措施及方法有:

(1)选用耐腐蚀材料制造管道,如城市管道采用聚氯乙烯管,海洋油气管道采用含钼和钛的合金钢管。

(2)在输送或储存介质中加入缓蚀剂抑制管道内壁腐蚀。

(3)管道内外壁上采用防腐绝缘涂层,使钢管与腐蚀介质隔离。如在输气管道内壁喷涂环氧树脂,可防止内腐蚀并减少输送的摩擦阻力。

(4)采用阴极保护法,改善电化学腐蚀。对需保护的金属管道连通外接电源,使管道成为腐蚀电池的阴极,从而得到保护。该方法也常用于保护储油罐罐底。

2)输油管道检漏方法

输油管道检漏方法主要有直接检漏方法和间接检漏方法。直接方法就是利用预置在管道外的检测元件直接测出泄漏介质。这种方法可以检测到微小的渗漏,并能定位,但是要求在管道建设时与管道同时安装。间接方法就是通过检测管道运行参数的变化推断出泄漏的发生,这种方法的灵敏度不如直接方法高,适合检测较大的泄漏,优点是可在管道建设后不影响生产的情况下安装,并可不断升级。

高精度管道泄漏监测定位技术,是一个多学科结合的集成技术。该系统集成了次声波管道泄漏定位技术、GIS(地理信息管理系统)和 GPS(全球卫星定位系统)。它是基于 GIS 技术的综合管理平台,适合长距离、多管段、复杂条件下的应用。系统以 GIS 为基础,建立可视化的生产信息管理平台,实现生产数据的集中管理和共享,适合于管道管理中对生产运营管理和安全管理要求。

以次声波法为核心的管道运行安全管理监测系统,担负着管道异常泄漏的监测。此系统实时监测管道运行状况,针对打孔偷盗泄漏进行全天候的监测。

7.1.7 输油管道发展趋势

1)运行趋势

(1)发展大口径、高压力的大型管道。

(2)采用高强度、韧性及可焊性良好的管材。

(3)管道输送运行高度自动化。

2)技术趋势

(1)常温输送技术。

(2)管道监控技术。

(3)高含蜡高黏易凝原油低温和常温输送技术。

(4)冷热原油交替输送技术。

(5)多油品/多品种成品油管道输送技术。

世界各国尤其是盛产含蜡黏性原油的大国,都在大力进行长距离管道常温输送工艺的试验研究。随着含蜡高黏原油开采量的增加以及原油开采向深海发展,各国都特别重视含蜡高黏原油输送及流动保障技术研究。挪威、法国、英国、美国等石油工业发达国家在含蜡高黏原油流变性及其机理、管道蜡沉积预测等方面达到很高水平,并即将带来应用技术的新突破。

目前,管道监控技术上分为泄漏后报警技术和开孔前预警技术两种。从管道防护角度看,泄漏后报警技术已不符合管道安全生产的要求,其报警滞后,定位不准,易被盗窃分子掌握规律等弱点被生产实践证明,不是未来发展主流。开孔前预警技术是 21 世纪发展起来新技术研发领域,分为场式监控和感知监控。场式监控包括红外、微波、磁场感应电缆、泄漏电缆等技术,感知监控包括光纤振动、分布式光缆、磁感应振动电缆、声波探测、地震仪监控等技术。场式监控重在监控人的进入,感知监控重在监控人的行为,场式监控仅限于短时间小范围内的监控,感知监控可以用于长距离、长时间、不间断监控。

7.2 输气管道运输设备

7.2.1 输气管道系统的组成

输气管道是将天然气(包括油田生产的伴生气)从开采地或处理厂输送到城市配气中心或工业企业用户的管道。利用天然气管道输送天然气,是陆地上大量输送天然气的唯一方式。在世界管道总长中,天然气管道约占一半。

输气管道系统包括矿场集气管网、干线输气管网、城市配气管网、相关站场等设备,从气田井口装置,经矿场集气、净化、干线输送,在配气管网到用户,形成一套统一、密闭的输气系统。例如,输气天然气管道输送系统由管道输气站和线路系统两部分组成,而线路系统包括管道、沿线阀室、穿跨越建筑物(管道穿越工程和管道跨越工程)、阴极保护站(管道防腐)、管道通信系统、调度和自动监控系统(管道监控)等。输气管道系统组成,如图7.4所示。

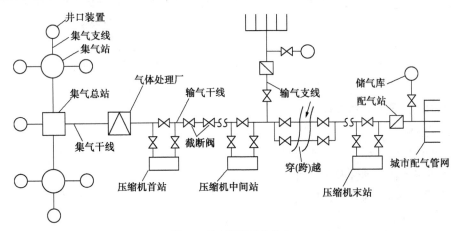

图7.4 输气管道系统组成

7.2.2 输气管道的分类

输气管道可按其用途分集气管道、输气管道、配气管道三类。

1) 集气管道

从气田井口装置经集气站到气体处理厂或起点压气站的管道,主要用于收集从地层中开采出来未经处理的天然气。由于气井压力很高,一般集气管道压力约在98MPa(1001 kgf/cm²)以上,管径为50~150mm。

2) 输气管道

从气源的气体处理厂或起点压气站到各大城市的配气中心、大型用户或储气库的管道,以及气源之间相互连通的管道,输送经过处理符合管道输送质量标准的天然气,是整个输气系统的主体部分。输气管道的管径大于集气管道和配气管道的管径,目前最大的输气管道管径为1420mm。天然气依靠起点压气站和沿线压气站加压输送,输气压力为7~8MPa(70~80kgf/cm²),管道全长可达数千千米。

3) 配气管道

从城市调压计量站到用户支线的管道,压力低、分支多,管网稠密,管径小,除大量使用钢管外,低压配气管道也可用塑料管或其他材质的管道。

7.2.3 输气管道的主要设备及功能

1）集气设备

集气过程指从井口开始,经分离、计量、调压、净化和集中等一系列过程,到向干线输送为止。

集气设备包括井场、集气管网、集气站、天然气处理厂、外输总站等。一般气田的集气有单井集气和多井集气两种流程。单井集气方式下的每一口井场除采气树外,还有一套独立完整的节流(加热)、调压、分离、计量等工艺设施和仪表设备。多井集气方式下,主要靠集气站对气体进行节流、调压、分离、计量和预处理等工作,井场只有采气树;气体经初步减压后送到集气站,每一个集气站可汇集不超过十口井的气体。集气站将气体通过集气管网集中于总站,外输至净化厂或干线。

2）输气站

输气站又称压气站。核心设备是压气机和压气机车间。其主要功能是对气体进行调压、计量、净化、加压和冷却,使气体按要求沿着管道向前流动。由于长距离输气需要不断供给压力能,故沿途每隔一定距离(一般为 110~150km)设置一座中间压气站(或称压缩机站),首站(第一个压气站),当地层压力大至可将气体送到第二站时,首站也可不设压缩机车间。第二站开始称为压气站,最后一站即干线网的终点是城市配气站。

压气站也可按作用分为压气站、调压计量站、储气库三类。调压计量站多设在输气管道的分输处或末站,其作用是调节气体压力、测量气。气流量,为城市配气系统分配气量并分输到储气库;储气库则设于管道沿线或终点,用于解决管道均衡输气和气体消费的昼夜及季节不均衡问题。

压缩机或称压气机是提高气体压力、输送气体的机器,分容积型和速度型两大类。容积型通过压缩体积、增大密度来提高气体压力;速度型则通过提高气体速度并使其从很高的速度降低,动能转化为压力能。输气管线上的压缩机主要是容积型的活塞式往复压缩机和速变受的离心式旋转压缩机。往复式压缩机的优点是排出气体的压力稳定,调节性能好,效率高,压缩机制造材料要求不高,但结构复杂,易损件多,运转中振动、噪声较大,多适用于升压要求高、输气量低的线路。

离心压缩机的优点是结构紧凑,排气均匀、连续,可直接串联运行,振动与易损件小,机内无须润滑油,不污染输送气体、转速高、节能、维修工作量小。但对流量小、压力要求高的输送要求难以满足,效率较低。

活塞式压缩机中,活塞在汽缸中做往复运动对气体加压。气体从轴向进入高速旋转的叶轮并被离心力甩出进入扩压器。叶轮中速度高、动能大的气体进入断面渐大的扩压器后速度降低;部分动能便变为压力能。接着气流通过弯道和回流器被第二级吸入,进一步提高压力。依此逐级压缩,直至获得所需压力。每级叶轮中,排气压力与进气压力之比称为叶轮的压力比。干线输气管上一个站的压缩比大致为 1.2~1.5,可采用多台压缩机串联使用。压气站站址的选择要求地面平坦,有缓坡可排水,土壤承载能力不低于 0.12MPa,站址尽量靠近已有的道路系统和居民区,以减少建筑费用、便于安排职工生活。

3）输气干线

干线是指从矿场附近的输气首站开始到终点配气站为止。由于输气管道输送的介质是可压缩的,其输量与流速、压力有关。压气机站与管路是一个统一的动力系统。压气机的出站压力就是该站所属灌录的起点压力,终点压力为下一个压气机站的进站压力;输气管线可以有一个或多个压气机站。在各种影响因素中,管道对流量影响最大。管径增大1倍,输气量可增加6倍;压气站距离缩短一半,输气量可增加约41%。输送压力与温度的提高也有利于提高输气量。

输气管道是由单根管子逐根连接组装起来的。现代的集气管道和输气管道是由钢管经电焊连接而成。钢管有无缝管、螺旋缝管、直缝管多种,无缝管适用于管径为529mm以下的管道,螺旋缝管和直缝管适用于大口径管道。集输管道的管子横断面结构,复杂的为内涂层—钢管—外绝缘层—保温(保冷)层;简单的则只有钢管和外绝缘层,而内壁涂层及保温(保冷)层均视输气工艺再加以确定。

钢管是管道的主要材料。管道钢的组织形态,由于工艺技术的差别,各厂商生产的管道钢存在一定的差异。长达4843km的西气东输二线干线管道全部采用了直径为1219mm的X80钢级管道钢,将输气压力提高到12MPa。对于天然气管道的管材来说,强度、韧性和可焊性是三项最基本的质量控制指标。图7.5为西气东输二线干线管道。

图7.5　西气东输二线干线管道

4)城市配气

城市配气指从配气站(即干线终点)开始,通过各级配气管网和气体调压所按用户要求直接向用户供气的过程。配气站是干线的终点,也是城市配气的起点与枢纽。气体在配气站内经分离、调压、计量和添味后输入城市配入管网。城市配气管网形式可分树枝形和环形两类,按压力则可分高压、次高压、中压和低压四级。由于不同级别的管网上管道等设施的强度不同,上一级压力的管网必须调压后才能输向下一级管网。城市一般均设有储气库,可调节输气与供气间的不平衡。当管网输气量大于城市供气量时,储气库储存气体,否则输出气体。

为了增加输气管输气能力、降低能耗,通常需要对输气管道在生产过程中进行扩建或改造。当输气管最高工作压力达到管路强度所允许的最大值时,可采用铺设副管、倍增压气站两种方法来提高输气能力。设副管需要扩建原有压气站、增加并联机组;倍增压气站是通过在站间增建新的压气站、减少站间管路长度,从而获得输气管通过能力的提高。采用哪种方法,取决于新增输气量的大小。一定直径的输气管道有其合理输量范围,超过该范围时,铺设两条管线比一条更经济有利。

7.2.4 输气管道系统的特点

(1)输气管道系统是个连续密闭输送系统。
(2)从输送、储存到用户使用,天然气均处于带压状态。
(3)由于输送的天然气比重小,静压头影响远小于液体,设计时高差小于200m时,静压头可忽略不计,线路几乎不受纵向地形限制。
(4)不存在液体管道水击危害。
(5)发生事故时危害性大,波及范围广,管道一旦破裂,释放能量大,撕裂长度较长,排出的天然气遇有明火,还易酿成火灾。

7.2.5 输气管道发展趋势

(1)管道建设正在向大型、高压和网络方向发展。
(2)注重高新技术应用,建立稳定、高效的数字化信息保障体系,实现地下管道管理的可视性。
(3)实施完整性管理策略,提高管道系统安全性。
(4)创新运行体制改革,降低运输成本,保证管道运输经济效率。
(5)重点建设环境友好型管道,减少环境污染,实现管道建设与使用的可持续发展。

7.3 固体料浆管道运输设备

7.3.1 固体料浆管道设备的组成

将固体破碎成粉粒状,与适量的液体配制成浆液,利用管道进行长距离输送,这种管道称为固体料浆管道,简称固体管道。因输送的物质是用液体载着固体的浆液,又称浆液管道。目前,固体料浆管道主要用于输送煤、赤铁矿、磷矿、铜矿、铝矾土和石灰石等矿物。在矿业开采中,早已应用矿石与水掺和,通过管道由高处泄入低处的输送形式。这种形式运送距离较短,输送动力靠重力作用。而固体料浆管道是用增压设备为输送浆液提供压力能,运距远、输量大。

料浆管道的基本组成部分与输气、输油管道大致相同,但还有一些制浆、脱水干燥设备。以煤浆管道为例,整个系统包括煤水供应系统、制浆厂、干线管道、中间加压泵站、终点脱水与干燥装置,大致也可分为浆液制备厂、输送管道、浆液后处理系统等不同部分。

7.3.2 固体料浆管道的分类

固体料浆管道可按所输物质分为煤浆管道、铁矿浆管道等;按所用的载体,可分为液送管道、风送管道等。液送管道用管道输送各种固体物质的基本措施是将待输送固体物质破碎为粉粒状,再与适量的液体配置成可泵送的浆液,通过长输管道输送这些浆液到目的地后,再将固体与液体分离送给用户。用增压设备为输送浆液提供压力能,运距远、输量大。风送管道用压缩空气作为载体,气动管也可以做到类似工作,以压缩气体输送固体舱,而里面装有货物。

目前,浆液管道主要用于输送煤、铁矿石、磷矿石、铜矿石、铝矾土和石灰石等矿物,配制浆液的主要是水,还有少数采用燃料油作为载体,也正在发展用甲醇等其他液体作为载体。风送管道用压缩空气作为载体。目前,长距离、大输量的固体料浆管道都采用浆液输送工艺。

7.3.3 固体料浆管道功能

1) 浆液制备系统

浆液制备系统包括两项工作:一是将所要输送的固体破碎到要求的粒度范围;二是将破碎的固体配制成符合管道输送要求质量的浆液。将储仓中的煤输到振动筛上粗选,再进入球磨机破碎,经振动筛筛分后再进入棒磨机掺水湿磨,然后经储浆槽,安全筛筛分,合格的浆液最后进入稠浆储罐,罐中装有搅拌器,进行搅拌。用离心泵将经掺水稀释的稠浆进行抽样检验,符合外输要求的浆液即进入外输罐,准备外输。以煤为例,煤浆制备过程包括洗煤、选煤、破碎、场内运输、浆化、储存等环节。为清除煤中所含硫及其他矿物杂质,一般要采用淘选、浮选法,对煤进行精选,也可采用化学法或细菌生物法。图 7.6 为制煤浆工艺流程。

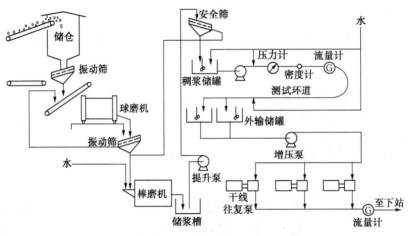

图 7.6　制煤浆工艺流程

从煤堆场用皮带运输机将煤输送至储仓后,经振动筛粗选后进入球磨机进行初步破碎,再经第二级振动筛筛分后进入第二级棒磨机掺水细磨,所得粗浆液进入储浆槽,由提升泵送至安全筛筛分,最后进入稠浆储罐。在进行管输前,为保证颗粒级配和浓度符合质量要求,可用试验环管进行检验,不合格者可返回油罐重新处理。煤浆管道首站一般与制浆厂合在一起,首站的增压泵从外输罐中抽出浆液,经加压后送入干线。

2) 管道输送

在管道中流动的浆液是固液二相的混合物,其流态多变,必须在一定的流速下浆液才能稳定流动。在输固体料浆管道量降低、流速减缓的情况下,会出现多种不均质流态,甚至产生固体沉积现象。为了保持浆液稳定流动,须确定合理的输送工艺,如筛选均质固体、确定合理破碎筛分、确定颗粒级配、配制适合浓度的浆液;还要根据年输送量选择适宜的管径、确定临界流速等。此外,在确定固体粒径和级配时,要考虑便于固液分离。因此,确定输送工艺是十分复杂的技术问题。在固体管道中浆液的浓度受固体的重度、粒径等的限制。煤浆管道的浆液重量浓度在 50%左右,而铁矿浆液的重量浓度为 66%左右。

3) 中间泵站

中间泵站的任务是为煤浆补充压力能。停运时,则提供清水冲洗管道。输送煤浆的泵也可分容积式与离心式两种,其特性差异与输油泵大致相同。泵的选用要结合管径、壁厚、输量、泵站数等因素综合考虑。为了减少浆液对活塞泵缸体、活塞杆、密封圈的磨蚀,国外研制了一种油隔离泵,可避免浆液进入活塞缸内,活塞只对隔离油加压并通过它将压力传给浆液。工艺流程多采用装有耐磨材料叶轮的大排量、低扬程的离心泵。管道沿线中间增压站的外输泵都用高压力、耐磨损的往复式活塞泵。

4) 后处理系统

煤浆的后处理系统包括脱水、储存等部分。管输煤浆可脱水储存,也可直接储存。脱水的关键是控制煤表面的水含量,一般应保证在7%~11%。输来浆液影响脱水的因素主要有浆液温度与细颗粒含量。图7.7描述了一般的煤浆脱水流程。

固体料浆管道所输送的浆液一般由固体和水组成的,输至末站需进行脱水,以分离出固体送给用户。浆液先进入受浆罐,以调节管道输量和脱水量之间的不平衡。罐内的浆液输到振动筛区分为粗细粒度的浆液后再分别处理,粗粒浆液进入离心脱水机,脱过水的煤直接输给用户,排出的废液输往浓缩池。细粒浆液直接进入浓缩池,浓缩后的浆液经压滤机脱水得煤,供给用户。

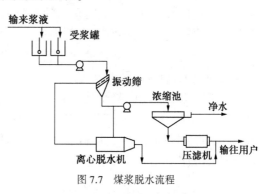

图7.7 煤浆脱水流程

7.3.4 固体料浆管道输送工艺特点

1) 浆液管道的流态

在相同的流速下,由于粒径级配不同,可形成三种基本流态:均质流态,在管道断面上颗粒均匀悬浮,各点的固体浓度相同;半均质流态,细颗粒均匀分布在管道全断面上部,但大颗粒则在下部运动,因此下部浓度大,上部浓度小,但不出现固体颗粒沉淀;非均质流态,全断面上浓度分布很不均匀,出现固体颗粒沉淀,并在管道底部出现沉淀层。严格来说,纯均质的浆液流是不存在的,同一种浆液当流速变化时,可以在均质流与半均质流或半均质流与非均质流之间转化。出现沉淀时的流速称为浆液的临界流速,这一流速也是非均质流与半均质流的分界点。固体管道应在临界流速以上输送浆液。

2) 固体料粒径的选择

固体管道营运是否经济,与颗粒粒径的选择有密切关系。制浆和脱水费用主要由设备投资和运行费用这两项组成,而这两项费用都与颗粒粒径有关。粒径越小,需要破碎的设备就多,耗用动力大;脱水也难,脱的设备多,时间长,能耗也多。粒径与输送费用的关系更为复杂。粒径越大,浆液流态不稳定,临界流速大,耗能也大;粒径小,流态稳定,临界流速低,但也有一定的限度。如粒径小于某一数值,则会使浆液的黏度增加,能耗上升,脱水更加困难,输送费用反而增加。粒径的选择又与固体的重度有关。根据黑梅萨煤浆管道的经验,煤浆管道中的全部颗粒粒径要小于1.19mm,其中20%的粒径要小于0.044mm。当粒径小于0.044mm的占14%时,停输时会造成管道堵塞;后改为16%通过0.044mm筛孔,仍有堵塞,但较易于起动;最后改为19%的粒径小于0.044mm,再起动就比较容易。对于不同的管道,上述条件还会改变。

3) 管道坡度

管道坡度是造成管道堵塞的因素之一,因而应对其有严格限制。固体料浆管道常用间歇输送来调节输量,停输后固体颗粒会沉淀。如果管道坡度大于沉淀物的自然安息角,沉淀物将向下滑动堆积,形成堵塞。如果堵塞的长度较短,可在起动压力下恢复流动。如果坡度大的管段过长,而堆积长度过长,将会给再起动带来困难。煤浆管道的敷设坡度一般不大于16°。

4)水力坡降

某一输量下,浆液在单位管长的压力降称为水力坡降。在固体料浆管道的计算中,采用最广泛的是杜兰德与康多利奥斯的计算式。这种计算式可用于煤浆、铝矾土固体管道计算,也可用于管径在720mm以下、固体重度为1.5~3.95、重量浓度为5%~60%、粒径为0.509mm左右的管道计算。浆液的摩阻是水的摩阻加上固体在浆液中所产生的摩阻之和,与固体重度和体积浓度成正比,还有瓦斯普半均质流的计算式等多种经验计算式。影响水力坡降的因素很多,既有流态,又有粒径配比、粒状、浓度、流速、管径等。因此,在试验中实测输送各种浆液的摩阻,更有实际意义。

由于管道中流动的浆流是固液两相的混合物,其输送过程中除了要保证稳定流动外,还要考虑其沉淀的可能,尤其是在流速降低情况下。不同流速、不同固体粒径以及浓度条件下,浆液管道中可能出现均质流、非均质流、半均质流3种流态。非均质流浓度分布不均,可能会出现沉淀,其摩阻高,输送费用大。

7.4 管道运输的发展趋势

随着电子技术、电子商务、地下管道的非开挖施工技术等相关技术的不断成熟,管道运输越来越受到重视。特别是地下管道物流运输系统,发达国家都积极开展研究,主要有德国的Ruhr University Bochum、美国的University of Missouri-Columbia、荷兰的Delft University以及日本的Kyoto University等。我国相关领域的专家正在积极探索适合我国国情的管道物流系统模式,研究地下管道物流对城市配送物流、城市可持续发展、城市环境改善与城市生活质量提高的作用和影响。地下管道运输和运输工具,如图7.8所示。

a) 圆形运输管道和运输工具

b) 方形运输管道和运输工具

图7.8 地下管道运输和运输工具

城市地下管道物流,是一项综合性跨学科的复杂系统工程,涉及经济学、地下工程、机械工程、电子工程、运输工程和信息技术等多个领域,需要考虑城市布局、交通规划、物流管理、物资分拨与配送、地下管道工程施工、机械传输自动化和信息传递网络化等多个方面。管道运输的发展研究将主要集中在:

（1）现代非开挖地下管线工程技术。
（2）管道物流运输工具的结构设计、驱动方式和驱动技术。
（3）监控技术，包括采用物流运输领域已经成熟的条码识别技术、GPS 系统，或者闭路电视监控系统、雷达控制系统等，对整个管道运输运行过程进行自动控制。
（4）地下物流运输管道直径的合理选择和优化。

复习与思考题

1. 简述管道运输的优缺点。
2. 简述输油管道运输的组成。
3. 简述输油管道运输的主要设备与工作原理。
4. 简述输油管道运输的防腐措施。
5. 简述输油管道运输的检漏方法。
6. 简述输油管道运输的清管设备。
7. 简述输油管道运输的计量标定装置。
8. 简述输油管线连接的附件、配件。
9. 简述输油管道运输的运行趋势。
10. 简述输油管道运输的发展方向。
11. 简述输气管道运输的组成。
12. 简述固体料浆管道系统的组成与特点。

参考文献

[1] 宋瑞.交通运输设备[M]北京:中国铁道出版社,2003.
[2] 中华人民共和国国家标准 GB 50490—2009 城市轨道交通技术规范[S].北京:中国建筑工业出版社,2009.
[3] 何宗华,汪松滋,何其光.城市轨道交通供电系统运行与维修[M].北京:中国建筑工业出版社,2005.
[4] 杨浩.交通运输概论[M].2版.北京:中国铁道出版社,2009.
[5] 孙章,蒲琪.城市轨道交通概论[M].北京:人民交通出版社,2010.
[6] 吴晓.城市轨道交通运输设备[M].北京:电子工业出版社,2011.
[7] 彭辉.城市轨道交通系统[M].北京:人民交通出版社,2008.
[8] 周顺华.城市轨道交通设备系统[M].北京:人民交通出版社,2009.
[9] 陈维亚,吴庆杰.现代交通运输概论[M].2版.北京:中国铁道出版社,2012.
[10] 曾青中,韩增盛.城市轨道交通车辆[M].成都:西南交通大学出版社,2009.
[11] 赵时旻.轨道交通自动售检票系统[M].上海:同济大学出版社,2007.
[12] 吴芳.铁路运输设备[M].北京:中国铁道出版社,2007.
[13] 宋永增.动车组概论[M].北京:北京交通大学出版社,2012.
[14] 金友良,等.现代交通运输概论[M].北京:中国铁道出版社,2007.
[15] 张弦.物流设施设备应用与管理[M].武汉:华中科技大学出版社,2009
[16] 李骏.现代交通运输与载运工具[M].成都:西南交通大学出版社,2006.
[17] 吴汶麒.城市轨道交通信号与通信系统[M].北京:中国铁路出版社,2006.
[18] 佟立本.交通运输设备[M].2版.北京:中国铁道出版社,1997.
[19] 孙家庆.集装箱运输实务[M].北京:北京大学出版社,2013.
[20] 王修智,王裕荣.交通运输概论(交通运输卷)[M].济南:山东科学技术出版社,2007.
[21] 陆锡明.快速公交系统[M].上海:同济大学出版社,2005.
[22] 统计局:"十一五"期间我国交通运输业成就卓著 http://www.gov.cn/gzdt/2011-03/04/content_1815960.htm
[23] 2013年民航行业发展统计公报 中国民用航空局 http://www.caac.gov.cn/H1/H2/
[24] 中国铁路总公司 http://www.china-railway.com.cn/index1.html
[25] 中国城市轨道交通网 http://www.ccmetro.com/product/
[26] 中国南车股份有限公司 http://www.csrgc.com.cn/cns/cpyfw/jch/index.shtml
[27] 中国北车股份有限公司 http://www.chinacnr.com/p187.aspx? Category
[28] 铁道馆 中国科普博览 http://www.kepu.net.cn/gb/technology/railway/railway_station/5.6_01b.html
[29] 中国永磁悬浮列车及轮轨技术系统 http://wenku.baidu.com/link? url = Q0koNqZOymz0mFfNGw4MjKdN5yVuQIX0lQgO6FDxVoqQfkuMCgXyX6PLvxtx5naHXz
[30] 中华铁道网 http://www.chnrailway.com/news/2008617/20086171647489759101l.shtml
[31] 中国高速铁路 http://www.nra.gov.cn/zggstlzt/

[32] 国家铁路局 http://www.nra.gov.cn/
[33] 全国高速公路一览表 http://www.china-highway.com/htmls/names.htm
[34] 高速公路发展方向 http://www.abaogao.com/c/yunshu/T61651HTD3.html
[35] 公路运输发展五大趋势 http://www.chinahighway.com/news/2008/239362.php
[36] 百度百科.http://baike.baidu.com/view/64932.htm
[37] 2012年经济师考试中级水路运输专业预习讲义(33).
[38] "十二五"综合交通运输体系规划, http://www.sdpc.gov.cn/nyjt/fzgh/t20120723_493135.htm
[39] 余华等.AIS航标遥测遥控的研究[J].航海技术,2010(5)
[40] 公路水路交通运输信息化"十二五"发展规划, http://www.caigou.cn/News/Detail/141470.shtml